朱保良 /著

一所百年老校的文化情怀

——我和我的廊小

上海教育出版社

《上海教育丛书》编委会

前　言

建设一流城市，需要一流教育。办好教育，最根本的是要建设好教师队伍和学校管理干部队伍。

在长期的教育实践中，上海市涌现了一大批长期耕耘在教育第一线呕心沥血、努力探索，积累了丰富经验的优秀教师；涌现了一批领导学校卓有成效，有思想、有作为的优秀教育管理工作者。广大优秀教育工作者教育教学和管理工作的经验，凝聚着他们辛勤劳动的心血乃至毕生精力。为了帮助他们在立业、立德的基础上立言，确立他们的学术地位，使他们的经验能成为社会的共同财富，1994 年上海市领导决定，委托教育部门负责整理这些经验。为此，上海市教育局、上海市中小学幼儿教师奖励基金会组织成立《上海教育丛书》编辑委员会，并由吕型伟同志任主编，自当年起出版《上海教育丛书》(以下称《丛书》)。1995 年上海市教育委员会成立后，要求继续做好《丛书》的编辑出版工作。2008 年初，经上海市教育委员会领导同意，调整和充实了《丛书》编委会，并确定夏秀蓉同志任执行主编，协助主编工作。2014 年底，经上海市教育委员会领导同意，调整和充实了《丛书》编委会，确定尹后庆同志担任主编。至 2021 年 2 月，先后共编辑出版《丛书》133 册。《丛书》的内容涵盖了基础教育和中等职业教育的各个方面，包含有较高理论水平和学术价值的著作，涉及中小学教育、学前教育、师范教育、职业教育、校外教育和特殊教育，以及学校的领导管理与团队工作，还有弘扬祖国优秀文化、促进国际教育交流等方面的著作，体现了上海市中小学教育改革与发展的轨迹，体现了上海市中小学教育办学的水平与质量，体现了优秀教师和教育工作者的先进教育思想与丰富的实践经验。《丛书》出版后，受到广大教师、教育工作者及社会的欢迎。

为进一步搞好《丛书》的出版、宣传和推广工作，对今后继续出版的《丛书》，我们将结合上海教育进入优质均衡、转型发展新时期的特点，更加注重反映教育改革前沿的生动实践，更加注重典型性、实用性和可读性。希望《丛书》反映的教育思想、理念和观点能起到抛砖引玉的作用，引发大家的思考、议论和争鸣；更希望在超前理念、先进思想的统领下创造出的扎实行动和鲜活经验，能引领当前的教育教学改革工作，使《丛书》成为记录上海教育改革历程和成果的历史篇章，成为广大教师和教育工作者的良师益友。限于我们的认识和水平，《丛书》会有疏漏和不尽如人意之处，诚恳地希望广大读者提出宝贵意见，帮助我们共同把《丛书》编好。

《上海教育丛书》编委会

2021年2月

序

这是一本饱含教育情怀，有思想、有故事、有温度、有深度的书。全书每章每节，字里行间，充满对历史的敬畏和对家乡的深情。纵观全书，内容丰富、实在，有特色；语言流畅、通俗，有风格，很值得一读。

朱保良校长所在的廊下小学，坐落于远离繁华市区、与浙江平湖毗邻的金山区廊下镇上，是一所有着116年历史的百年老校。朱校长是百年廊小的第25任校长。自1983年7月毕业后，他就一直在廊小从教，数十年来一直情系廊小。人民教育家于漪老师曾这样评价过朱校长："朱保良同志是一位令人十分尊敬的农村小学校长。一所极其偏远的不为人知的处于低谷的百年老校，在他十数年的精心治理下，元气恢复，生气蓬勃，创新发展，努力登攀，步入上海教育先进行列，进入全国教育系统先进集体排头兵队伍。对他办学所取得的优异成绩，我肃然起敬，倍加赞赏；然而，更使我仰慕敬重的是他的赤子之心、人格魅力、专业追求和奉献精神。这些精神元素注入了学校工作，熏陶全校师生，构成教育磁场，群策群力，在改革开放新时代创造百年老校新精彩。"

大道至简，纯朴施爱。这是朱保良校长十数年从教治校笃行的一条操守底线。

对朱校长的学校管理，于漪老师也作过精准的提炼："朱校长的办学治校，既把握纵横交错，又推行内外结合，突出重点，带动一般，目标高悬，节节推进，以科学有序赢取实效，以艺术张扬增添色彩。"

我十分赞同于漪老师的评价。前几年，我曾先后两次到百年廊小调研，走进花园般的校园，闻到了浓郁的文化气息，看到了精致的文化环境，领略了深厚的文化底蕴，又聆听了朱校长如数家珍的介绍，很感动于他对学校的那份深情，对孩子、对事业、对乡土的那种纯朴的爱和艰辛的付出。

朱保良校长是土生土长的廊下人，出身于一个普通的农民家庭。他从报考中师的那一刻起，在心中就埋下了挥之不去的家乡情愫。待到走上教育岗位尤其是做了校长后，这种发自内心的持久、特殊、难以割舍的守望和情怀，一直在激励他为家乡的教育事业全身心地工作、奋斗。他立志要为农家的孩子提供最好的教育。因为他从自身的成长经历中，更懂得教育对农家孩子的重要意义。接过"校长"这根接力棒后，他心中一直有这样一个目标：要让廊小每一个学生追求智学，过得快乐身心又健康，成为好孩子；让廊小每一个教师追求善教，过得幸福事业又有成，成为好教师；既要使每一个廊小人的生命变得更加滋润和精彩，更要使百年廊小的生命继续焕发青春的活力。他说："这就是我，一个作为廊下这块土地上成长起来的平民教师、平民校长的教育职责和使命担当。"朱校长这种赤子之心和奉献精神，怎能不令人"肃然起敬，倍加赞赏"呢？他的这种情感、智慧和无私的奉献，值得让每一位教育工作者学习和研究。

敬畏历史，寻根探源。这是朱保良校长十数年办学治校的一条最为重要的成功经验。

历史需要铭记。一个时期的历史，总会有那个时代的烙印，那是时代的积淀赋予后世的遗产。要让百年老校继续焕发青春的活力，先要把学校的根根底底弄清楚。弄清楚"根"在哪里，"魂"在何处，价值意义何在。这样，既可使我们更清醒地认识现在，又能够令我们更理智地思考将来。朱校长深知其中要义，他觉得要传承历史文脉，首先要"知我廊小"。因此，他上任后尤其自 2004 年百年校庆始，花大力气作深入细致的调查研究，查阅文献资料，访问老校长、老教师、老校友，访问学校创始人后裔，十多年来，他以常人难以想象的勤奋和毅力，带领大家用情、用智慧、用韧劲挖掘并整理出了几百件能述说学校的点点滴滴和艰难历程的教育史料和文物，其中有多件堪称"镇校之宝"，特别是找到了有关创始人"何朱两先生"和何氏教育世家难觅的众多史料，弥足珍贵。朱保良校长在追寻廊小百年文化的过程中，详细、深入地了解了学校历史和沿革，厘清了学校的脉络，提炼了学校的精气神，弄清楚了百年老校的"根"在哪里，"魂"在何处，这为后来物化校园人文景点、场馆和开发校本课程，打下了很好的基础。

历史更需要传承。没有传承，就不会有进步。每一所百年老校都会有自己的特色、光辉和积淀，值得我们好好记录、发掘和光大。创办于 1904 年的廊下小学，其前身为“开智初等小学”，由廊下乡绅何静渊、朱志贤两先生创办。他俩提出了“开启智慧，报效社会”的办学精神。在长达一个多世纪的历程中，一任又一任校长始终坚持这一办学初心，与祖国同呼吸共命运，以天下为己任，播种文明，振兴中华。这是廊小宝贵的精神财富，也是学校建设校园文化最坚实的人文基础。

“不忘初心，方得始终”，百年老校，历经沧桑，爱国兴校、兴校爱国的传统要继承，要发展。为了更贴近学生、适合学生，在新的历史起点上，学校确立了“开启智慧，润泽生命”的办学理念。办学为了“启智”，为了让每一个生命更充实，更好地为国家为社会服务。但传承不是照搬，而是要把握根本性的东西，根据育人需要、时代特点，进行创造性的发展。朱保良校长更是精准地把握了这一点。

百年老校更需要创新。没有创新，社会不会进步，文化无法前行，教育更不能发展。只有勇于革新、与时俱进，百年老校才会春风化雨、积健为雄，再铸新时代的辉煌。为使校史文化、地域文化活起来，能让孩子们随时听得到、看得见、摸得着，从中得到良好的熏陶，朱保良校长提出了一个大胆的设想，那就是，由平面变为立体，由资源转成课程，将历史和文化穿越时空，物化成校园一个个美丽的景点、场馆，开发成一门门独树一帜的校本课程。2004 年，借百年校庆之契机，建造了十大人文景点，集资修建了“书香苑”；2012 年，借助“校安工程”又新建了十大人文景点，还精心打造了园林式的“五园三区”；2014 年，在建校 110 年之际，复建了初创校舍“斗姥阁”（校史馆），创建了大师级的“何鄂雕塑馆”；最近几年，在二十景的基础上又陆续打造了“百年廊小赋”“百年复旦与百年廊小牵手纪念碑”等新十大人文景点，使廊小成了一所名副其实的花园学校和一座绚丽的校园“人文博物馆”。现在，经过多次整合、改造、提升的廊小校园特别美丽，特别有文化韵味。那“五园三区”“一阁一馆”“三十景”，让学校有根有魂、有情有景，无不散发出浓浓的乡土文化魅力，充满着生机和朝气。尤其让人赞叹的是，朱保良校长善于运用与学校有关的一切优质教育资源，精心提炼、组合、创新，引领大家打造出了“三十景”“打莲湘”“拍手歌”“学鲜军”“玩泥巴”“七校歌”“小导游”“大舞台”等多个特色鲜明、贴近学生的校本课程项目，从而使“润物细无声”的环境熏陶、“睹物思情”的历史浸染、“名人名家”的谆谆教诲、“杰出校友”的言行引导、“能歌善舞”的气质养成、“名言古训”的暗示和启迪等，能与学校的日常教育教学水乳交融地结合在一起，构成学校教育的有机整体。

现在,当地百姓、社会各界和领导专家对廊下小学均赞不绝口,给予高度评价和认可。学生们走进这样的校园,能时时处处感受到乡土历史的熏陶、地域文化的感染,让悠久的历史和深厚的文化积淀复活在每个孩子的心中,对学校油然地产生强烈的认同感、自豪感,最终成为学生的精神家园,使廊小学子无论人在何处,时间多久远,对于母校的一草一木、一砖一瓦、一点一滴都终生难忘。

朱校长是一位"有诗、有远方"的追梦人。从追忆校史竖起先人丰碑,从大爱筑起雕塑之巢,从深情到传承坚守教育。他用一辈子的教育情怀,38 年的教育生涯,18 载的校长眼光,终于办出了一所有追求、有文化、有特色、有品位的农村学堂。

朱校长又是一个善于捕捉故事、编写故事、讲解故事的人,将学校文化底蕴、景点内涵、办学思想、课程开发融入一个个精彩的故事中,让校园温暖起来,让教育生动起来,让学生共鸣起来,焕发出了育人的勃勃生机和文化韵味。

这所上海远郊的乡村百年老校,能办出如此有文化韵味的景象,着实出人意料。凡走进廊小校园的教师、专家和领导,无不为廊小匠心独运的校园文化所震撼,无不感佩于朱保良校长的执着与追求。朱校长敬畏历史、敬畏先辈、敬畏教育,带领全体教师不仅弘扬了一所百年老校的独特文化,发掘了根植廊下小学的教育财富,而且为如何深入发掘有独特历史的学校的文化价值提供了一个可供借鉴的范例。

我们可从《一所百年老校的文化情怀——我和我的廊小》里,感受到一位校长的阳光心态、炽热忠诚、务实作风和创新精神。我希望,读者能静下心来读,"读"出其中的办学真谛、教育情怀。教育,尤其是有乡土味的学校,能涌现出更多既有教育理想和信念,能守望乡土、钟情事业、潜心教育,又能真抓实干、敢于创新、奋发有为的校长,一定是教育的幸事!

尹后庆

2020 年 11 月

(作者系国家督学、中国教育学会副会长、上海市教育学会会长、上海市教育委员会原副主任、巡视员)

目录

引　子

一位教授如是说

创建于1904年的上海市金山区廊下小学，坐落于远离繁华市区的与浙江平湖市毗邻的金山区廊下镇上。校园古朴典雅，亭台楼阁，黛瓦白墙，小桥流水，曲径通幽，亦校亦园，犹如一座绚丽的人文博物馆。

这所地处偏远郊区、过去鲜为人知的百年老校，在2004年百年庆典后，却引来了不少赞誉。2008年10月，时任中央教育科学研究所学术委员会主任、研究员程方平教授，在考察了百年廊小后，就曾留下了这样不寻常的评价：

"在中国最繁华的大城市上海的郊区金山，有一所建校百年的乡村小学给我留下难以忘怀的印象。在从教20多年的校长朱保良指点下，我一进学校就感受到其中充满人文精神的清香。在学校不大的校园里，有着师生们共同建设的廊下小学'十大人文景点'，其中有的经历了百年风雨，有的还是数年前的新作。在绿茵和花丛装点的校园里，这些在外人看来并不雄伟壮观的'景点'却蕴含了丰富、深刻的教育意义，可以使人感受到教育者志向高远、胸怀宽广、充满智慧的教育思想。经过学校生活的熏陶，学生们可以由热爱家乡、热爱学校、热爱上海、热爱中国，延伸至热爱人类，学生思想和情感的成长轨迹是清晰、合理和充满活力与色彩的。

我走过众多国内国外城市和乡间的学校，见过众多标新立异的校本课程，给我感受最深的，是廊下小学的这一系列立体的、系统的、有历史纵深感和鲜活生命信息的'校本课程',它已经超出了通常我们思想中认识的'校本课程'的作用和功效,使'润物细无声'的环境熏陶、'睹物思情'的历史浸染、'英雄贤达'的言行引导、'名言古训'的暗示和启迪等,能与学校的日常教育教学水乳交融地结合在一起,构成学校教育的有机整体。"

之后,"校安工程""金山漕廊公路观光带""110 周年校庆"先后启动,"斗姥阁"如期竣工,"何鄂雕塑馆"圆满落成,"五园三区"持续建成……从十景点到双十景,再到三十景,景景生辉。廊下小学抓住了一次又一次发展机遇,跨上了一个又一个台阶,不断提升层次,使学校发生了翻天覆地的变化。

十多年来,学校厘清了百年文化文脉,提炼了学校的精气神,把挖掘、整理出来的地域资源、校史资源和校友资源物化成一处处景点和场馆,开发出一个个传统项目,研发出一门门校本课程,策划出一个个经典活动,打造出一个又一个特色品牌,让传统底蕴变成感人的力量,让百年老校焕发青春活力,办成了一所独树一帜、有根有魂、有情有景、有血有肉、可读可品的名校,成了廊下老百姓心目中的家门口好学校。正如程教授所说:

"一所成功的学校不在于她有多少豪华的建筑和耀人眼目的设备,而在于其是否拥有丰富的精神文化内涵和全体师生对学校教育教学理念的认同。对于一所乡村小学来说,在经济条件方面可能与城市的学校无法相比,但在精神和文化方面,不仅不会逊色,还可能有更多创新和改革的探索空间。关键是我们的教育者能否有这样的理念、胆识和智慧,有没有'用心'去培育我们的教育事业。

在廊下小学,我感受到的正是这种宝贵的精神、文化和火热的心。我认为,这就是希望,这就是潜力,这就是中国教育界最应该拥有的资本,也是我们最应该传递给教师和学生的至关重要的信念和信息。"

现在,师生们一走进校园,感受到的是浓厚的文化气息,看到的是深厚的文化积淀,赏到的是亮丽的文化景点,听到的是优美的文化旋律,悟到的是深远的文化启迪。学生们能时时处处感受到历史的熏陶、文化的感染和时代的激励。深厚的历史文化巧妙地复活在每个孩子的心中,使他们对学校油然地产生强烈的认同感、自豪感。学校最终成为学生的精神家园,使一代代廊小学子无论人在何处,时间多久远,对于母校的一草一木、一砖一瓦、一点一滴都终生难忘。

如今,学校"开启智慧,润泽生命"的办学核心理念,"以文育德,以文化人"

的校园文化已深深融入学生、教师和学校的血脉，形成了学生有“廊小特质”，教师有“廊小品质”，校园有“廊小空气”，学校有“廊小品牌”的教育格局。

校园文化成为学校最有成效、最有影响、最有魅力的品牌，在全市乃至全国具有示范、辐射、引领作用。特色项目“打莲湘”“十景点”“拍手歌”先后荣获上海市教育系统校园文化建设优秀项目奖，“打莲湘”和“拍手歌”还登上了中央电视台；校园文化育人经验《弘扬优秀校风，传承名人家训》《穿越百年文化时空，感悟乡土文化魅力》先后被选入 2015 年《未成年人思想道德建设工作简报》、2018 年全国中小学德育教育典型经验名单；“人民日报少年客户端”曾对廊下小学环境育人经验作过专题介绍；吕型伟、柳斌、于漪、顾明远、何鄂、苏士澍、文怀沙等近 30 位名人名家相继给学校题词或写寄语（图 1），连复旦大学也主动牵起了这所百年老校的手。

图 1　中国书法家协会主席苏士澍题词

校园文化建设全面促进了学校整体发展和提升。学校先后荣获全国教育系统先进集体、上海市文明校园、上海市文明单位、上海市十大家门口好学校、上海市花园单位、上海市校园文化环境建设示范校、上海市行为规范示范校、上海市艺术教育特色学校、上海市非遗进校园十佳传习基地、上海市首批“一校一品”特色学校、金山区素质教育实验校等荣誉称号。

天道酬勤，春华秋实。2019 年 6 月 25 日，经教育部基础司推荐，校长朱保良代表学校在国家教育行政学院作了题为《穿越百年文化时空，感悟乡土文化魅力》文化育人主题汇报，向全国教育工作者展现了“一所乡村百年老校的文化情怀”。

第一章

百年廊小，不凡春秋

百年廊小，岁月如歌。

回望一个多世纪以来的办学历程，廊小从昔日斗姥阁起步，虽饱经沧桑，屡经变迁，但学校教育先驱何静渊和朱志贤两先生提出的"开启智慧，报效社会"的办学精神，在一任又一任校长的接力中传承。廊小人始终坚守初心，与祖国同呼吸共命运，以天下为己任，播种文明，振兴中华，矢志不渝。

2004年始，我们抓住建校百年庆典契机，想方设法通过各种途径，不遗余力地用心挖掘廊小百年文化，找回了无数弥足珍贵的传承着学校文化基因并富有教育价值的史料和文物；同时，我们还特别注重梳理学校文化根基，提炼学校文化之魂，根据育人需求、时代特点，进行创新性发展，并运用古今故事，诠释、传播校训校风，引领师生同成长。

以梦为马，不负韶华。站在新百年的起点上，我们以"开启智慧，润泽生命"为办学核心理念，自豪地肩负起时代赋予的使命，铭记历史，务实创新，奔向更美好的未来。

第一节　斗姥阁，百年廊小从这里起步

历史是一部厚重的教科书。

每天清晨，当我走进廊小熟悉的校园，看到坐落于学校桃李园里西南角那幢在2014年重建的斗姥阁，内心就有一种肃然的敬意。这不是一幢普通的小阁楼，而是一幢真实再现初创校舍原貌的典型历史建筑。这里，有历史、有故事。

今日的百年廊小，当年就是从这里起步，开启了一个多世纪的不凡春秋。

回溯一百多年前，处于清朝末期的祖国，危难不断，国运艰辛，人民生活困苦，教育滞后，民众中文盲居多。面对列强入侵，清政府迫于无奈，不断签订丧权辱国的不平等条约。列强的坚船利炮，击碎了封建统治者闭关锁国的迷梦，国家危机四伏，民族岌岌可危，文化落后。但内忧外患的现状也激起了国人救亡图存、教育兴国的热情。当时，已有开明人士深感国家衰败的重要原因之一，就是缺失全民的教育，导致缺乏复兴中国的人才。于是，在一些地区，兴办新学堂、新学校之端倪渐显。

据考查，我国正规、系统的科学教育已有上百年的历史。1856年，江南制造局成立并初设机器学堂，讲授物理、化学等课程，这就是我国近代科学教育的雏形。此后，相继又有中西书院（1881年）、格致书院（1895年）、西湖书院（1898年）等新式学校成立，设有物理、化学等课程，进行科学教育。直到1903年，我国第一个在全国施行的法定学制——“癸卯学制”颁布。

正是在这样的历史背景下，1904年7月（清光绪30年），廊下名人何静渊先生在昔日廊下镇斗姥阁创办了廊下小学的前身——“开智初等小学”，又称为“开智学堂”。从此，斗姥阁，成了廊下小学办学历史沿革过程的始点。

据考证，斗姥阁，是清朝（具体日期不详）由金山廊下当地名人夏月舟等12名商民捐助建筑的小阁楼。它最初叫文昌阁，是一处道教场所，为本地儿童求学前必须先礼拜祈求之处，后改名为斗姥阁。

斗姥阁是一幢具有阙门特色的两层楼阁式建筑，砖木结构，造型独特，翘角系铃，朱漆柱子，枋木雕花，精致细腻，外表秀美，是典型的道家建筑风格，颇具

地方特色。

斗姥，又名斗姆，是道教供奉的女神。在民间有这样一个美丽的传说：斗姆，宋、元以来被尊为“先天斗姆大圣元君”。根据《道藏》所谈，她是北斗众星的母亲，斗是她的“魄”，水是她的“精”，号为“斗姆元君”。据道教典籍记载：周御王妃子紫光夫人，曾发下宏誓大愿要生出圣子以辅佑乾坤。一次，她春日游览御花园，到金莲花温玉池边，脱衣到池中沐浴，看到水中有莲花九苞，忽然心中有所感动，而后她就有了身孕，诞生出九子，长子为玉皇大帝，次子为紫薇大帝。其余七子为贪狼、巨门、禄存、文曲、廉贞、武曲、破军，也就是北斗七星。斗姆神像有四个头、八只手臂、三只眼睛，其中两只手在胸前合十，其余六只手分别握着日、月、宝铃、金印、弓、戟。她的本领非常大，道教典籍《北斗本命经》中说，不管你多么贫穷下贱，多么背运倒霉，只要诚心礼拜斗姆元君，称念她的名号，就会消灾灭祸，延生得寿，获福无量。

这虽是一个美丽的传说，但她的名号无疑也给了人们“获福”的象征。开智初等小学的创办，拉开了廊下地区百姓教育的序幕。从此，廊下百姓也有了受教育恩惠、获知识甘露的福泽。

悠悠岁月，学校历经风雨沧桑，时起时伏，百转千回，但斗姥阁的星火始终未灭。学校就像一条小船，在风浪中飘荡前行，并经受着各种考验。即使是烽火连天的抗战期间，或是秩序混乱的“文革”期间，斗姥阁都没有被毁坏，幸运地完整保存了下来。但非常可惜的是，1979 年 5 月，学校为了新建一幢二层教学大楼而拆掉了斗姥阁。由于当时人们对文物保护、文物传承缺乏足够的意识，更不知其价值所在，里面的东西卖掉的、送掉的，更有丢弃的……以至于四方流散。

2004 年，正值学校庆祝百年华诞之际，在整理校史时了解到了斗姥阁的历史，我油然地冒出了“如果斗姥阁还在，那该多有意义”这一晃而过的想法。

一般来说，百年庆典结束就是挖掘校史的结束，而我校将其作为一个新的起点。从此，动用各种力量、利用各方资源，走上了致力于追寻学校历史、办学文化之路。每年都有史料、文物挖掘出来，而且越挖越深，越挖越多。难以想象，到 2014 年，已经有几百件珍贵的史料和文物汇集到学校。尤其让我激动的是，一个偶然的机会，从一位老校长那里得知，我校还保存着从斗姥阁里传承下来的一只红木茶几和四五根从斗姥阁上拆下来的木梁。后来，曾有好几位古董商要高价收购这个茶几。这茶几正是学校办学历程的见证，是学校的宝贝，怎么可以轻易卖掉？为此，我特地把这只茶几放在了我的办公室。

2014 年临近，如何庆祝 110 周年校庆？如何向学校 110 周年校庆献礼？如果把这些史料和文物集中存放到一个最有意义的地方该多好啊！10 年前冒出的“如果斗姥阁还在，那该多有意义”想法触动了我要重建斗姥阁的念头，在学校班子会上，大家都认为这个想法很好，我又请教了我校校园文化设计顾问何顾继德先生，他也认为这个想法太有意义了。当时学校桃李园南侧正好有一幢属于危房的二层小阁楼需要改造，我借机向上级打了个申请报告，设想对该危房进行改造，并很快得到教育局批准。虽然斗姥阁改建时碰到了很多困难，经受了难以想象的考验，但得到各方人士相助，最终还是成功建成，让斗姥阁重见天日(图 1－1)。建造时，学校特地把从原斗姥阁上拆下来的几根木梁做成楼梯的踏板，寓意穿越文化时空，承载历史脚步。

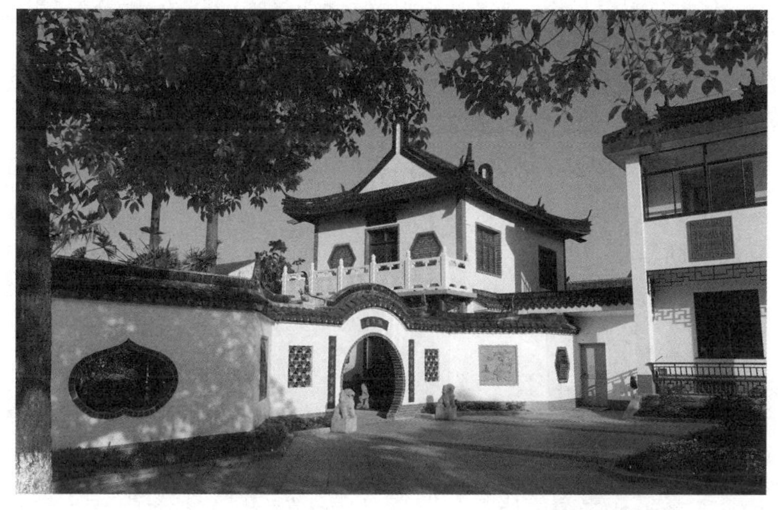

图 1－1　2014 年复建的斗姥阁（校史馆）

重建后的斗姥阁被用作学校的校史馆，馆内布展共分“初创校舍”“教育先驱”“薪火百年”“崭新十年”四个部分，以实物、图文等方式浓缩了 110 年的校史。几百件教育史料和文物一一陈列，其中包括多件“镇校之宝”。从原斗姥阁里传承下来的红木茶几被放在最显眼的地方。我们还特地收购一对太师椅，配置在茶几两边，看上去既厚重又有历史感，显得特别有意义、有价值，使历史元素得到“激活”。

如今，斗姥阁与桃李园连成一体，别致优雅。登楼四眺，何朱两先生铜像、静渊亭、志贤门、何鄂雕塑馆、老房子、廊下老街、大舞台、新教学大楼，尽收眼底。斗姥阁屋檐下，挂着一只传承下来的民国期间用于提示上下课的铜铃，这成了小朋友课间玩耍的特有玩具，更为斗姥阁增添了别样的学堂韵味。

当你一步一步走上小阁楼，一次一次拉响铜铃时，斗转星移，仿佛又回到了1904年，听到了何静渊先生的谆谆教导，从斗姥阁里，也似乎隐约传出不同时期小朋友们的琅琅读书声……

有人说，走进廊小而不看斗姥阁，等于没来廊小。步入斗姥阁，穿越百年时空，能看到不一样的史料、不一样的文物、不一样的“镇校之宝”；走出斗姥阁，心中烙下深深印记，仍回味着不一样的文化、不一样的留恋、不一样的“眼福”。

我们自豪，百年廊小从这里起步。斗姥阁是百年廊小发展的缩影，成了学校永远的记忆、永远的见证；我们自信，斗姥阁具有无限的历史意义和文化价值，是对学生进行历史教育、感恩教育、传统文化教育的最生动的教科书。

第二节　“何朱两先生”，永远的教育先辈

打开历史的篇章，拂去岁月的风尘，百年廊小的教育先驱——何静渊和朱志贤两先生，仿佛就在我们眼前。回眸廊下小学的办学历史，“何朱两先生”成了学校永远的教育先辈。

图 1-2　何静渊先生

纵观民国时期兴办新教育者，大都是爱国、爱家乡的实业家。他们为挽救中华民族危亡，开发平民百姓的智力，坚持实践教育兴国，出资兴办学校。“何朱两先生”正是这种热心公益的代表。

据校史记载，何静渊（1867—1910），金山廊下五区头人，是廊下有重要影响的名人，才华出众，方正不阿，具有强烈的社会责任感和爱国心。他在当地进步人士的影响下，认识到强我中华须教育先行，开启民智方能奋发图强，终其一生重视教育并矢志兴办学校（图 1-2）。

何静渊先生早在1903年（清光绪29年）就出资730个银圆在何氏宗祠创办金山第一所乡村学堂——育英公学，招收学生63人。翌年，他又出资206个银圆，在廊下镇斗姥阁创办开智初等小学（今廊下小学的前身），7月上旬招生开学，学校初期开设三个学级，共招收23名学生，利用一间房屋作教室，一至三年级为三复式教学；学校还设女塾，为金山县第一所女子学校。1908年（清光绪34年），何先生又出资100银圆在新建江彭家沼赁房成立劝学所，附设南四启发初等小学，收学生11人。

短短5年间，他先后创办了3所小学，并"不分性别，男女兼收"，以大无畏精神顶住"舆论犹歧"，纠正颓风陋俗，创男女平等新风尚，这需要何等的勇气和魄力！

当时读书风气虽然有所好转，但是，社会舆论对办新学、女校的看法还不一致。何先生就是在那样艰难的条件下创业，辛勤地工作。尽管常常费力大，收效小，他依然耐心地启发引导学生。为振兴教育，办好学校，何先生广泛阅读报章杂志，广泛征求大家意见，想方设法来扩大学校编制。

但令人惋惜的是，由于他操劳过度，"筚路蓝缕之勤，事倍而功半""积劳撄疾，未竟其业"，于1910年不幸去世，年仅44岁。

何静渊逝世后，金山众多名人满怀悲痛，纷纷通过各种形式表达哀思，表达对何静渊才华品行和矢志教育壮举的高度认可和赞赏。

据有关史料记载，名列江南三大名儒之一的南社名宿、著名国学家高燮（字时若，号吹万）曾为之写了挽联：

去岁忆同游，饱看湖山，此日方回西子棹；
多君真先觉，热心教育，昔年久着祖生鞭。

张堰南社创始人之一高旭的塾师、同邑名儒顾莲芳也赋诗悼念何静渊（收入《高燮集》第272页）：

《寄何静渊》

近时旅况益萧疏，谈笑无人慰索居。
客思三更虫自语，离愁万种笔难摅。
不知旧雨来何日，聊把新诗代寄书。
偏是多才恒善病，茂陵千古马相如。

高燮与何静渊是表兄弟关系，《高燮集》第857—858页有记载：

“静渊为余表兄，居五区头，称五区何氏。何固大族，而静渊具干才，能任事，尤万正不阿，虽族之尊长行率严惮之。办学最早，开邑中风气之先。”

何静渊逝世后，廊下贤士陈光照接任校长，但学校办学困难重重，难以为继。辛亥革命第二年，在最艰难的关键时刻，曾与何静渊一起策划建校的朱志贤先生毅然接受了市议会的举荐，挑起了学校的重担，担任学校第三任校长。

图 1－3　朱志贤先生

朱志贤(1882—1917)，字炳文，金山廊下人，上海震旦公学毕业。他家世富而好义，是一位支持辛亥革命，热心公益事业的教育家、实业家。他曾变卖家产以助军饷，并组织保卫团治安乡里(图 1－3)。

廊下朱家在当地也是名门望族。家族多聚居在西墙门(今廊下小学西校门对面)。西墙门曾是镇上响当当的地标，坐落于此的和康酱园更是远近闻名的品牌。和康酱园筹建于 1912 年，次年开业，由朱志贤独资经营。当时，酱园有房 100 多间，缸 800—900 只，占地 5 亩。“三伏晒油”和“和康糟蛋”享誉一方。

在朱家西墙门的老地方，至今还留存着两排老平房(原景阳高小开智国民学校毕业学生实习职业的场所)、一条小弄堂、一棵朱志贤亲自种下的瓜子黄杨，记录着廊下“大宅门”朱姓家族的沧桑历史。

朱先生担任校长后，独自出巨资在斗姥阁北面建造数间新校舍，招生“不以方隅为限”，即不以本地人为限，不以居住地设限，气度恢廓。学校收 33 名学生，开设四个学级，一、二、三、四年级均采取复式教学，教师从原来的 2 名增加到 4 名。学校开设的科目有国文、算学、修身、劳作、体育、唱歌、美术，以后又增添了常识课，把修身改为公民课。

1916 年，他又捐巨资再次扩展校舍，增设高等小学，更名为“景阳高小开智国民学校”。学制为 7 年，即初小 5 年，高小 2 年，增设英文、卫生、自然、地理、历史、社会等课程。学校规模和影响在当时的金山与平湖都首屈一指。北洋政府教育部嘉奖朱先生，授予三等金质嘉祥奖章。

朱志贤是金山大力推广职业教育的先驱。职教由川沙黄炎培先生首倡，在金山“施诸乡邦”，予以大力推广的先驱则是朱志贤先生。朱志贤的职教计划，“非徒惠莘莘胄子而已，将使农工商沟通其知识，发舒其艺能，增益其乐利”“与农村脉络相通，工肆供求相应”。1916 年，朱志贤先生“裒资十余万”，开办了钱庄、糟酱坊、米行及碾米厂等，还“增设商店，为高小毕业生实习职业之所”，“握金融之总枢，导学津之先路”。朱志贤先生“以先觉觉民”为己任，描绘出了发展廊下经济与教育的蓝图。

1917 年，他又极力筹建中学。可是天妒英才，计划刚排定，朱先生却因病离世了。从此，地方上少了一位杰出人才和教育家。

天不佑人，宏愿未了。但朱先生热心于教育事业的精神深深地铭刻在廊下人的心间。尤其是他那句“人在年富力强的时候，正是应当为社会服务效劳的时候”，以满满的正能量，影响了廊小一代又一代学子。

1917 年(民国 6 年)5 月 20 日，学校隆重举办由金山当地 34 位名人发起、数千人参加的朱志贤先生追悼会，留下诸多怀念文章，还编纂了由高燮题写书名的《志贤先生哀挽录》。书中收入两张清晰的有关追悼会的照片，还汇编了上百挽联挽辞。其中有南社创始人之一高旭、南社后期主任姚光、民国时期曾任江苏省省长的陈陶遗、学校第六任校长何震生等写的挽联挽辞：

谁能振兴教育家与实业家，世方以黄君公续相期，讵料未展宏图，哲人萎矣；
不特惹起一家悲迺合邑悲，我正在宣武城南作客，争禁突闻鹤唳，万里凄然。

——高旭

经商兴学已非常，我更多君规划长。壮志未酬遽撒手，斯人斯疾剧堪伤。

——姚光

舍悭吝以谋众利，浊世尽如君，君能不死；
兴教育而得奖励，伟业岂犹人，人其何堪。

——陈陶遗

经商遥慕郑弦高，正当弘此远谟嗟咄之间光里党；
兴学近希黄叔度，谁料具兹毅力后先相继痛人琴。

——何震生

景阳高小开智国民学校全体学生也写了挽辞：

为吾乡大放光明，方冀宏谋成功有日；
使小子空瞻遗范，从兹长夜待旦无时。

景阳高小开智国民学校中的开智女校学生杨逸君拜挽：

女权不振久矣，仗公一片悃忱，大放光明提耳醒；

天道难凭如此，令我几番打算，永留纪念刻心铭。

岁月虽在流逝，但“何朱两先生”的“开启智慧，报效社会”办学精神始终在影响和激励着后人。1934年（民国23年），在建校30周年之际，由朱家发起，各界捐助，时任校长蒋斐君经手建造了“何朱两先生纪念堂”楼房一幢，共七底二楼。纪念碑碑文由曾任江苏省议长的沈维贤所写，南社早期社员、能诗善画的篆刻家费砚所刻。全文如下：

“古有先农先蚕，重其朔也。四民以士为首，而大农大工大商，周书称之。夫农以厚民生，工以前民用，倡导而使改良，则士为之殖其本，化居而获两利，则商为之舒其末，本末兼赅，其天民之先觉者乎！金邑之有新教育，始自清光绪辛丑，惩于国本之阽危，民智之锢蔽，而敬教劝学以振之。何先生静渊其先觉者也，初就宗祠设小学，旋改为育英公学，复于廊下镇创立开智小学，又增设区学，以女塾为女学之嚆矢。当是时，儒风始变，舆论犹歧，筚路蓝缕之勤，事倍而功半。何先生哓音瘏口，以牖群蒙，博览诹谘，以弘创制，积劳撄疾，未竟其业，譬犹河流奋于积石，昆仑始源，不可忘也。至朱先生志贤，乃发挥光大之。朱先生年始三十，属辛亥革命，慨然斥家资佐军饷，且组保卫团，邦人知其有经世之志也。明年，市议会举以长开智小学，是何先生精勤缔构者。中经时变，经济艰危，飘摇是惧，朱先生独镯巨金，创建校舍，推广学额，不以方隅以限。未及期而富有日新之盛构，以甲乎金平之间。教育部闻而嘉奖之。顾先生之志，愿欲胥全国民，跻于富教之一涂。故其兴学，非徒惠莘莘胄子而已，将使农工商沟通其知识，发舒其艺能，增益其乐利。此职业教育之计划，倡自川沙黄先生炎培，而朱先生以施诸乡邦，其家世富而好义，裒资十余万，经营商市，若钱业，若糟酱坊，若米肆，若碾米厂，皆与农村脉络相通，工肆供求相应。于是所握金融之总枢，导学津之先路，恢恢乎一日千里矣。民国五年，朱先生复独力设办景阳高等小学，尝谓其友曰，人当壮年，正为社会服务时也，高小果有成绩，当亟办中学，而增设商店，为高小毕业学生实习职业之所，其规模弘远，以先觉觉民自任若此。天假之年，必使学校如林，商场与工厂次第拓展，于时农工商皆有造于学，君以大实业家成大教育家，岂非东南一钜之哉。迺经划既定，方招工谋建中校，而君遽病，病三月，遂归道山。其所设施，絜之志愿，十不能二三，盖先后廑六年耳。自朱先生出，学界得陶朱计然，试目以觇速化，岂意中道而殂，与何先生后先一揆，何斯民之不幸也！顾陬僻如廊下镇，士风商业，蔚为巨擘，邦人式之，咸竟于学，民治蒸蒸，不后于他县者，繄谁之力与？夫先农先蚕，报之无斁，为其先知觉后知也。两先生以斯道觉斯民，于其卒也，褰裳而赴追悼会者数千人。历时痡久，怀之痡不能忘，爰相缀拾厓略，树之于碑，溯洄伊人，亦以劝来者。中华民国二十三年六月。”

此碑文详述了两先生“敬教劝学”之精神和办学业绩，对这两位先觉者的教育思想的阐述和评价更是精到恰当。

南社名宿高燮还写有《何朱两先生纪念堂记》一文：

“学风之坏也久矣。其始起于通都大邑，桀黠者倡之，浮嚣者和之。英年学子，如中疫疠，凌师干政，无所不为。二三十年来，学制几经变革，然每况愈下，识者用以为忧。而偏隅僻壤间，乃有立学最早，不懈益勤，能无染时习，历久而不失先正典型承学之士，每推本于吾邑何朱二先生，以为不可及也。何先生讳汝諏，字静渊，其为人也，刚正而勇敢，与人言学，辄哓哓不肯休。当民国纪元前九年，时郡邑未有学校，先生于其乡毅然首创之，曰育英。翌年，复于廊下镇创设一校，曰开智。不数年，而何先生卒，年四十有四。继其后者，为朱先生炳文，字志贤。其为人也，温厚而端谨，就之恂恂，而其志甚雄。时当民国初元之际，先生既由市议会公举而长开智，即慨然助巨赀，建校舍，扩而充之，增加额级，规模益宏矣。后不数年，而朱先生亦卒，年三十有六。今时异势殊，校之名称既改为第七中心小学，而学风无所丕变，不移于俗尚，固犹是二先生之志也。癸酉之岁，实为是校成立之三十周，同人等追惟二先生创造光大之功，爰建斯堂，以资纪念，用式多士，而属余为之记。余于何君为中表行，于朱君则为甥行。称二先生者，众人之意也。遂歌以落之，其词曰：

惟木有本兮惟水有源，小子有造兮谁锡之恩，无为之先兮孰任其艰，无为之后兮孰大其传，一哄之市兮笃生夫二贤，顿菁莪之聿起，遂扬厉而无前，胡壮年之不禄，俱墓草之宿焉，幸遗风之尚在兮，至今犹承学而无愆，登斯堂以展拜，冀长闻夫诵弦。”

这篇《何朱两先生纪念堂记》在追忆两先生“创造光大之功”同时，进一步阐明“建斯馆”之目的所在。

高燮与朱志贤是舅舅与外甥关系，他写的悼念文则更详尽地记述了朱志贤一生的教育之旅和办学业绩，是研究朱志贤先生最为珍贵的史料。《高燮集》第

289—291 页这样写道：

“余甥朱君志贤，为我邑之廊下镇人，富于赀，而慷慨能识大体。不幸天不假年，中道赍志，以民国六年丁巳二月卒。远近惜之，余为追悼会启，拟之于黄君公续，人皆韪余言，故哀吊之作，以君与黄君并称者，比比皆是也。其追悼启曰：‘金山自黄君公续逝世后，我实业界及教育界黯然而无色久矣。越数年而朱君志贤乃踵起于区井僻壤间，其魄力之充足，志愿之宏大，皆恢然不亚于黄君。嗟咄之顷，而寥寥市集，顿成巨观，邈尔村塾，忽一变而为规模宏阔之学校。于是乎吾邑人士视线所集，咸一注于朱君，与昔日之爱重黄君，而同心倾向之者无以异。即朱君亦以谋梓乡幸福自任，尝谓其友曰：人当壮年之时，正为社会服务之时也。君年少多病，终岁恂恂不出家门，自弱冠以后，入上海复旦学院，则气体加健。既而归，渐崭然露头角。当辛亥光复，君时年三十，即慨然出家资以助军饷，并组保卫团以图治安，盖至是而人始知君将大展其才抱矣。近岁以来，慨于内地商业之凋敝，无资本家以为之倡，以致实力少而鲜整齐划一之规，故前后四五年中，各种肆业若钱庄也、酱园也、碾米厂也，次第而创设者不下五六所，投资近十余万金。然君固非专为营利耳，意尤在为平民谋生计，故既设各种商店外，更以力图职业学校为急务。君之任教育也，始于民国元年。由市议会推举而长廊下之开智小学。廊下为君所居地，金山之市集也，与浙之平湖毗连交界。君在前清虽入平湖学，而居廊下已数世，例当籍金山。然君之志愿固不限于一隅，故所收学生亦无分畛域。虽以开智之萎靡无可措手，而自君长校，即力加整顿，慨助巨资，建筑校舍，而规模气象焕然一新矣。于是乎有今教育部三等嘉祥章之奖给。至去年秋，复独力设办景阳高等小学。君谓同志：如此校将来有成绩可观，更当创设中学，而以高小隶属之，日后商店既多，即可为高小学生实习职业之所，如高小毕业而有志深造者，则升入中学。迨计划已定，方招工另建校舍，而君已病，由去冬至今年闰二月而竟殁矣，年才三十有六。嗟夫嗟夫，使君而得永其年，则事业方来，正未有艾，他日者，吾乡平民之秀，由所习以进达于所用，由商店而扩充为工厂，皆转瞬间事，则数十年之后，吾邑之大资本家而兼大实业家，固非君莫属也。奈何鸿业草创，遽萎哲人，天其不欲福吾邑耶！何既丧黄君于前，而复夺君于后也。’云云。朱君志事，大抵略尽于此矣。其业师张翰生先生有挽诗一首，明白详备，为并录于此。诗云：‘问君年几何，君年三十六，平生大有为，抗希黄公续，人生天地间，年命风中烛，为善日孜孜，犹恐日不足，富家翁何求，求良田华屋；屋以安吾身，田以饱吾粟，农人来输租，租价恣所欲，业主钱万串，贫佃泪一掬，年岁有丰凶，不问荒与熟，租差如星火，无钱困桎梏，称贷苦无门，典尽寒被褥，哀哉蚩蚩氓，不如经沟渎，君家夙忠厚，格言铭租斛，少收多几年（少收几何多收，几年租斛铭辞），思泽穷檐沐，吾昔馆君家，安坐门侧塾，君兄弟二人，中心悦诚服，先后撷芹香，君冠全军独（县元入学），君少曾多病，家居甚拘束，自学复旦回，崭然露头角，辛亥光复时，出资助军毂，是时年三十，慷慨超凡俗，组织保卫团，邻里相亲睦，商业日凋敝，君意锐兴复，投资十余万，各肆富储蓄，毫无谋利心，为民谋事畜，既设商店外，尤急兴教育，廊下小学校，无一善可录，自君为校长，校舍立建筑，开智焕然新，景阳立附属，三等嘉祥章，奖给寓勉勖，鸿业甫初创，天夺善人速，黄君丧于前，君又痛不禄，苍苍本爱民，吾民何无福，就君一家言，言之欲痛哭，高堂需奉养，稚子赖育鞠，茕茕鲜兄弟，又无胞伯叔，犹子才十龄，辕下驹局促，令尊好藏书，书待儿孙读，是在良师资，因材以为笃，吾为下里吟，吟罢殊怅触。”

这三篇文章非常珍贵，对学校史料研究特别是对“何朱两先生”的研究具有重大意义。

这一段发生在特定时期的事件和故事，不仅集中展示了百年廊小办校先驱何静渊和朱志贤两先生的生平事迹和珍贵史料，而且也蕴含着一种办学传统和感人的教育力量。

何朱两先生纪念堂，如此珍贵的历史见证，却于 1937 年 11 月，连同学校大多校舍被日寇付之一炬，纪念堂只剩下一块纪念碑碑额和一块刻有“何朱两先生纪念堂”八字的石匾（图 1 - 4）。1947 年，学校在建造新校舍的同时，又新建

图 1 - 4　何朱两先生纪念堂石匾

何朱两先生纪念堂一幢。这足以说明两先生对廊下教育的贡献和影响是不可估量的,廊下百姓难以忘却两先生热心教育、献身教育的精神。

解放后,纪念堂一直作为大礼堂用于学校集会活动,也经常在里面放电影。1986 年 6 月,学校因新建校舍而拆去纪念堂,现在看来,当时我们还是太缺乏文物保护意识。

2004 年,学校在 1935 年的《金山县鉴》上找到了"何朱两先生纪念碑"碑文,并将全文刻在一块铜牌上,连同遗留下来的碑额和石匾一起存放在当年纪念堂的遗址上。

2013 年,学校建造了以创始人名字命名的"静渊亭"和"志贤门",还请著名雕塑家、学校创始人后裔何鄂大师创作了"何朱两先生铜像",矗立在何朱两先生纪念堂遗址的北面,并改遗址为"何朱两先生纪念堂遗址遗迹",成为学校三十景中最有历史意义的景点之一。2016 年,"何朱两先生纪念堂遗址遗迹"被列为金山区文物保护点,成为永久保留的一个文化景点。

2018 年,学校又在"何朱两先生纪念堂遗址遗迹"的两边竖起了两块碑,一块复制了"何朱两先生纪念碑",另一块刻有高夔写的"何朱两先生纪念堂记"一文。新添的两块碑让"何朱两先生纪念堂遗址遗迹"的文化气息更厚重,让百年廊小更有历史文化积淀。

"何朱两先生"矢志教育、磨血兴学、孜孜不倦,为金山廊下的教育、为百年廊小的发展谱写了壮丽的篇章。我们将永记于心,世代相传。

第三节　百年廊小,在接力中传承

百年廊小,不凡春秋,从 1904 年(清光绪 30 年)创办至 2020 年,已历经 116 年。

开智初等小学是第一个校名,后来学校先后改成景阳高小开智国民学校、开智小学、金山县立第七小学、金山县立廊下中心校、金山县廊下中心国民学校、金山县廊下中心小学、景阳小学、金山县廊下中心小学、金山区廊下中心小学、金山区廊下小学。

学校历任有 25 任校长,他们是何静渊、陈光照、朱志贤、何旭东、夏挹清、何震生、何聿堪、顾志刚、王雨苍、施瑞琪、蒋斐君、余长欣、缪瑞清、何修伦、陈抱墅、蒋尔毅、倪元欣、陈抱冰、夏平森、陈洪范、滕五松、庞祝楼、赵保全、浦小弟、朱保良。

116 年来，廊下小学栉风沐雨，几经沧桑，但薪火相继，壮心不已，光荣与梦想一直与廊小人相伴。

一、1904—1937 年：何静渊办学精神在何氏家族中传承

廊下何氏是金山巨族，世代正直，救苦怜贫，友善勤劳，人才辈出，在金山享有很高的名望。

何氏共有 5 位贤士担任过廊下小学校长，其中两对是父子，还有很多何氏家族人员参与学校管理或曾在学校任教，可谓“教育世家”，为廊下教育做出了不可磨灭的贡献，并为后人留下了许多感人肺腑的故事。

何静渊先生当时办了三所学校，事务繁忙，身体又不佳，学校很多工作靠其弟弟何叔嘉帮忙打理。何叔嘉才华出众，曾是张堰南社后期主任姚光童年时的私塾老师。但天不佑人，因劳累过度，何叔嘉先生在何静渊过世两个月后，也英年早逝，年仅 40 岁。

何静渊和何叔嘉两兄弟热心教育的精神深深地感染和影响了何氏家族的后裔，族中一个又一个后裔站出来投身廊小教育。

——何叔嘉的儿子何旭东在朱志贤逝世后担任学校第四任校长（1918—1920），1920 年年终因病而故。

——何静渊的侄子何震生曾担任学校第六任校长（1923—1925），他是南社早期社员。何震生担任校长期间的 1925 年，学生增多，旧校舍不足容纳，新校舍建成不久，屋高壁单并有倾斜，这年 7 月，在震生校长的发起下，请示上级，征得地方人士朱履仁和朱志贤父亲等人同意，修建校舍。除教室外，办公室、厨房、乒乓室、储藏室等一应俱全，使学校初具规模。

何震生是个爱国知识分子。史料曾记载：1903 年，驻日公使蔡钧电请清廷停派留日学生，正好这时上海的南洋公学（上海交通大学前身）因学校不准学生谈论政治，爆发了全体学生罢学的风潮。何震生作为领导罢学的组织者之一被退学。他与退学同学在教育会资助下成立了“爱国学社”，章士钊和柳亚子后期加入。柳亚子在《海上送何震生、姚石子归云间》诗中有“草草光阴又别离”的惜

别诗句,他们的情谊可见一斑。此外,何震生与诗僧苏曼殊等一大批文豪名流保持着联系。1906 年,他为到健行公学读书的柳亚子引荐了该校负责人、同盟会会员高天梅,间接为南社成立做出贡献。1911 年,他还介绍了温州乐清人张云雷加入南社。1911 年武昌起义后,革命领袖陶成章有《致何震生书》,其中记有“因长江事急,欲速返国”。此外,诗僧苏曼殊也有《致何震生书》。1919 年 4 月,何震生还参加了在上海徐园举行的南社第十七次雅集。

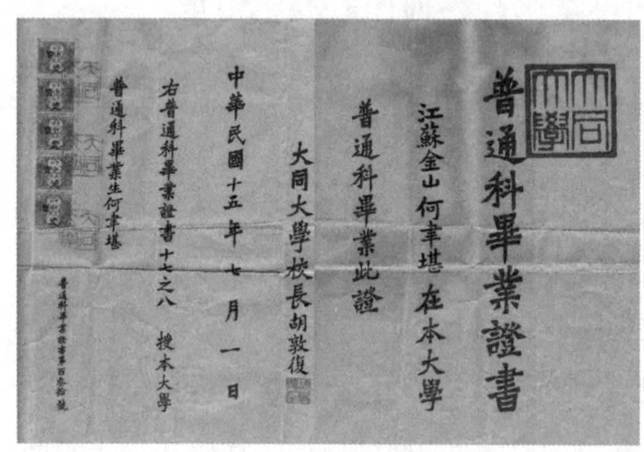

普通科畢業證書

江蘇金山何聿堪在本大學

普通科畢業此證

大同大學校長胡敦復

中華民國十五年七月一日

右普通科畢業證書十七之八 授本大學

普通科畢業生何聿堪

图 1－5 何静渊儿子何聿堪的 1926 年上海大同大学毕业证书

——何聿堪,何静渊的儿子,在其父亲何静渊、叔叔何叔嘉和堂哥何旭东、何震生的影响下,于 1926 年自上海大同大学毕业后(图 1－5),毅然回到家乡担任学校第七任校长(1926—1928)。

——何修伦,何旭东的儿子。1935 年 7 月,他从私立上海中学毕业,于 11 月担任廊下小学第十四任校长(1935.11—1937.11)。在何修伦任校长期间,全校好多教师是同乡同学。如杨子江、杨子恒、吴锦文、何谨、钱模敬、张雁冰以及冯前楣等,他们都年轻有为,积极传承先辈的办学理念,在乡间倡导读书的风气,为本地儿童求学尽心竭力。1936 年,何修伦校长曾试办乡村义务教育,动员学区以内的学龄儿童一律免费入学,课本奉送。此项教育活动得到了地方热心教育人士朱履仁、冯志伊(杰出校友马本初父亲)、夏挹清等先生的赞助。警察所还设有“学警”一名,协助其事,实行强制教育。然而,在当时的社会制度下,虽经试办,结果无法实现。

——何震生先生的侄子何修尧先生(著名雕塑家何鄂的父亲),1937 年也在学校任教。

民国早年,还有很多何氏家族人员在何静渊创办的三所学校和金山、上海的一些学校任教。

何氏家族重视兴学,办学历程虽饱经沧桑,但秉持对教育的追求,始终前赴后继、矢志不渝,令人钦佩。

据有关史料记载，何静渊、朱志贤两位先生和张堰南社渊源深厚。

南社是一个曾经在中国近代史上产生过重要影响的文化团体，其发起人是柳亚子、高旭和陈去病等。南社受孙中山先生领导的同盟会的影响，是中国近代史上爱国知识分子最集中、成员社会职业面最广、参加人数最多，以推翻专制政体、建立共和民主国家，弘扬中华优秀传统文化、吸取西方进步文化、促进社会革新为主要宗旨的革命文学团体。

何静渊的姑母是南社后期主任姚光的祖母；何静渊的胞弟何叔嘉是南社后期主任姚光童年时的私塾老师；何静渊的侄女何亚希是南社创始人之一高旭的夫人，是南社第一位女社员；何静渊的侄子何震生也是南社社员，参加过南社第十七次雅集，1923 年至 1925 年任廊小第六任校长；朱志贤是南社名宿高燮的外甥，曾多次资助南社发展。

南社的进步思想对何静渊、朱志贤两位先生和后来多位校长的办学都产生过重要的影响，当时廊下小学也是南社创办时期重要的文化教育传播场所。

1931 年至 1935 年期间，施瑞琪和蒋斐君先后任校长。他俩都有浓厚的家乡情怀，深深地热爱家乡的教育，具有平民教育思想。学校开展的各项教育教学活动，其蕴含的教育思想至今仍对我们具有启迪作用。

当时，学校教师大多数是自上海中学师范科毕业的同班同学，志同道合，有全心全意在廊下大搞一番乡村教育事业的愿望。他们曾去嘉定县学习陶行知先生的办学经验，回来后在辅导区推广实行。

在学校管理上，中心校全体教师首先做到：校长、教导、工友分工不分家，大家齐动手，来改变学校的面貌。特别在广招学生方面，均参照嘉定县的经验。但令人遗憾的是，不久，因施瑞琪校长调走、蒋斐君身体欠佳，这项工作未能持续。在这段时间里，学校虽没有什么学生组织，但有一个学生纠察队，对维护校风校纪很有作用。据老校友王菊池回忆：

“那时，每天有学生纠察员轮流值日，其中两位同学背上带子、木棍，站在学校门口，当每个同学进校时，必须先向值班纠察员念一遍：我愿遵守中国公民的行为规范，锻炼我的身体，用功我的学问，永远不买日本货。念完，才可以进校门。每天早晨要填写早到表，学校设有锦旗一面，开展早到竞赛活动。如果学生打人、骂人、随地吐痰、乱抛纸屑等都要由纠察员记下来，交裁判所处理。我当时被选为裁判所所长。”

1935年至1937年期间，学校办学管理制度逐渐完善，每周的纪念会、晨会课、夕会课和周会规范有序，办学成效也不错，在全县可称得上名列前茅。

每周一上午举行一次纪念会。全体师生出席，由校长或教导主任主持，向孙中山像三鞠躬，领读“总理遗嘱”全文，静默三分钟，校长训话，唱国歌，领读“总理遗言”——“革命尚未成功，同志仍须努力。”

每天早晨有晨会课。先由体育老师领操，后由值日老师向全体学生讲话。

每天下午放学前有夕会课。全体学生在操场上分向家庭方向列队，高唱夕会歌：“功课完毕，要回家去，老师、同学大家暂分手，老师们明天见，好朋友明天见”。唱歌毕，齐声喊“明天见”。

每周周末有周会。由教导主任或值日老师作一周来学生学习情况小结。最后表演文娱节目。

1936年至1937年期间，学校还创办过《廊下学讯》。其内容以探讨教育问题、交流教学情况为主。每月出一期，分送全县各校，互通信息。同时，又为《金山民众》报编辑《儿童生活》副刊，丰富全县小学生的学习生活。

当时的教学科目也很丰富，据记载有：语文、算术、常识（中、低年级）、地理、自然、英语、珠算、社会（五、六年级）、音乐、体育、劳作以及图画等。

在此期间，全县性的竞赛活动也不少，廊下小学参赛学生大都夺得第一、第二名。据《金山县鉴》（民国22年本、民国25年本）记载，1936年，当时廊下小学学生参赛的成绩如下：

参加1936年1月写字比赛：

中级组　大字　第一名　小字　第一名

高级组　大字　第四名　小字　第七名

参加1936年演说竞赛：

初级组　廊下小学获第一名

高级组　廊下小学获第二名

参加全县第三届自然科学实验竞赛成绩：总平均80分，团体第七名

镀银　王慧玉　徐敏辉　得74分　第七名

苹果的解剖　张美珍　金娟英　得83分　第三名

碳酸气之制法及实验　秦聿观　冯前栋　得84分　第八名

二、1937—1949 年：百年廊小在不屈中负重前行

1937 年 11 月 5 日，日寇从金山卫海滩偷偷登陆，到处烧杀抢掠，廊下小学校舍也被焚毁大半，剩余校舍除斗姥阁外全部拆去修筑防御工事，学校被迫停办 3 年之久。但廊下人没有屈服于日寇的淫威，随着抗日救亡运动蓬勃开展，学校师生积极投身运动，教学内容也补充了社会方面的材料。师生还上街进行宣传，教唱救亡歌曲，激发人民群众的斗志。每天晚上，老师还带领歌咏队在廊下救火会门前的空地上进行宣传，通报抗日消息。当时，经常带队的有夏平森、张雁冰等老师。

1939 年，日寇、伪军驻扎廊下，学校满目疮痍。但尽管这样，此时地方上热心教育的人士仍敦促老校友陈抱朴招收一个班级学生上课。其经费自给自足，教材抄摘一些旧课文，以识字课、算术课为主。当时上学的学生虽没几个，但日军还命令当时廊下镇镇长徐共明来教“日语”。徐共明不得不两三天来校一次，对学生教几句极简单的日语。当日军一调走，日语教学就停止了。

1939 年底，日寇由廊下调回吕巷、金山。此时国民党的游击队已长期驻扎在廊下以南，平湖县的新庙、新仓一带，成立了游击政府，并且时常出没于廊下镇。

1940 年 1 月，由游击政府教育科委任陈抱墅担任廊下小学校长，借廊下旧警察所礼堂、办公室、粮库六间作校舍，学校经费全部向游击政府领取。教师工资待遇每月相当于糙米一石五斗。至陈抱冰任职期间，一方面，由金山汪伪政府派来两位教师，他们的工资向金山汪伪政府领取。另一方面，原来的 3 位教师仍向游击政府领取。

蒋尔毅（斐青）、倪元欣和陈抱冰任校长期间（1941—1945），廊下小学的教育情况极不正常。此时，廊下镇俗称“阴阳界”。因为廊下以北五公里是吕巷镇，由日寇长期驻扎，廊下以南三华里外为国民党政府的管辖区，也是游击队的出没之处。因此，两支军队经常交替到廊下来。八年沦陷，广大人民深受苦难，廊下小学更是惨遭破坏，校舍荡然无存，严重影响了廊下地区的文化教育，直至抗战胜利后，教育才得到逐步恢复。

1945 年 8 月，日寇投降。同年 12 月，当时的国民党县政府委任夏平森接任廊下小学校长。此时，全校共有六个年级，五个班级（五、六年级复式上课），学

生 207 人，教师 8 人，工友 1 人。

1946 年 12 月，在夏平森校长的建议下，经请示上级及征得当地社会人士的同意，着手在原校址重建校舍。此时适有联合国善后救济总署苏宁分署拨助一部分救济物资，学校申请到面粉 1642 袋、豆粉 820 袋(尚有衣服 20 多件，分配给教职工)，加以各界人士捐款，遂成立建舍委员会，于 1946 年 12 月动工，历半年校舍落成。

图 1-6　1947 年建造的何朱两先生纪念堂

廊下中心国民学校校舍，由朱邦平、夏挹清、冯志伊、樊西园、何飞云，以及时任校长夏平森发起创建。计建成校舍 16 间，每间可容纳 80 人，内辟何朱两先生纪念堂一幢(图 1-6)，樊寿堂二间。经费共用法币六千八百余万元，除苏宁分署拨助豆面粉变价充用外，概为捐款，朱邦平捐助特多，兹将收支数抄录于下：

收入项　　总　计：	67,898,538 元
苏宁分署第一次面粉款：	20,845,683 元
苏宁分署第二次面粉款：	16,078,700 元
苏宁分署豆粉款：	7,847,100 元
各界捐款：	18,072,075 元
樊西园六旬寿移助：	1,580,000 元
落成典礼贺仪：	2,455,000 元
杂收：	1,019,800 元
支出项　　总　计：	68,006,440 元
(一) 水料：	24,058,900 元
(二) 森料：	14,671,000 元
(三) 工资：	15,311,800 元
(四) 铁料：	3,843,040 元

（五）用具及杂支费：　　　　　　5,730,750 元

（六）领物川旅费：　　　　　　　1,337,300 元

（七）照相及办公费等：　　　　　3,062,650 元

1947 年 4 月 5 日，学校由廊下旧警察所迁回原校址新校舍，当天举行校舍落成典礼，出席典礼的有金山县前任县长徐乐同、教育科科长张肇林、建舍委员会全体委员、各界人士以及学校全体师生。县参议长丁迪光为纪念堂厅柱题了词。学校还聘请了当地著名中医师冯志洽担任义务校医。从此以后，学校教学逐步恢复正常。

1947 年，廊下小学建筑面积有 735 平方米（新校舍十六间，斗姥阁楼上全部使用），当时全校有六个班级、210 个学生、教职员 9 人。与此同时，学校还新制课桌五十副、风琴一只，篮球、排球、垒球、足球、乒乓台等体育用品，以及一部分图书及食品设备。

1946 年至 1947 年的暑期，金山县举办了两期暑期师资训练班，借以提高教师的业务水平，陈抱墅、倪康时、孙志坚、唐本、卢名华、曹鼎雄等人均先后参加。

在此期间，学校的各项活动也相继开展。如：

1947 年 5 月，全校举行了一次规模较大的演讲比赛，聘请校外各界知名人士参加评比。学生冯泱、浦秀华、冯潮分别获得第一、二、三名。

1947 年夏季，全县小学生在朱泾西林寺小学举行一次劳作比赛。由夏平森、陈抱墅二位教师带领杨道生、陆志刚、夏竞时三位同学带了自制作品参加展览，其中还展出了本校的新校舍模型，被评为全县一等奖。在旧的社会制度的局限下，这些活动对学生来说还是有一定教育意义的。

在这段时间里，学生组织方面有“童子军”。只要家长有钱，能买一套“童子军”服装及附带的绳子、水壶、六件刀、哨子等设备，学生就可以参加。另外，有活动能力、爱好文体的学生，如喜爱打鼓、能吹号子的，即使家长无钱，也要动员参加。至于“童子军”组织的活动，本校以外出为主，例如去金山、张堰会师。1948 年，本校和金山朱一中心学校、干巷中心学校去乍浦旅游，三校雇了两艘机油船，先行的船驶至平湖南约四华里，触及桥桩沉没，朱一中心两名女学生（王文浩、程菊初两先生的孩子）不幸淹死了，没趣而归。

中华人民共和国成立前，深受压迫和剥削的劳动人民，过着饥寒交迫的生活，劳苦子弟的入学率极低。

三、1949 年 5 月—1966 年：一唱雄鸡天下白，学校翻开了新篇章

“一唱雄鸡天下白，万方乐奏有于阗。”1949 年 5 月，金山地区解放，从此，廊下教育有了新的起点。

人民政府委派渡江干部、吕巷区区长魏罗明，解放军六连连长顾能山接管了学校，夏平森代表校方办理了移交手续。魏罗明同志代表政府宣布教师全部留用，夏平森继任校长之职。当时学校有六个班级、354 名学生、12 名老师、2 名工友。10 月，廊下中心小学中国少年先锋队成立，倪康时老师任少先队大队辅导员。

刚解放时，教师思想混乱。区长魏罗明、区教导员王金玉、女干部徐美仙以及六连连长顾能山等经常到学校里来，宣传党的方针政策，和教师们促膝谈心，同时还指导教师们阅读《新华日报》以及毛主席的《新民主主义论》《实践论》等著作，又教广大教师扭秧歌、唱革命歌曲。经过一段时间之后，广大教师的思想逐步安定了下来，并且积极向共产党靠拢，拥护共产党的领导。

1952 年 2 月，滕五松接任校长，本校开始实施新制一年级的教学工作，并采用“五级记分制”。

1956 年上半年，斗姥阁楼房全部归学校使用，楼上仍作为教工宿舍，底层作为教室。

1957 年，教师办公室由何朱两先生纪念堂靠北一间迁至斗姥阁，使用其中两间。此时校舍面积扩大了好多。

1960 年 8 月，由国家拨款，本校在何朱两先生纪念堂北面的西侧，新建平房校舍六小间，设两间教室。此后，校舍逐年更新，办学规模也相应扩大。

为了贯彻教育向工农开门的方针，大力动员工农子弟入学，中心校班级数、学生数、教师数逐年得到发展。1962 年，辅导区共有初小 12 所，班级 15 个，学生 367 人，教职工 15 人；民办班 13 个，学生 308 人，教师 13 人。

1964 年，为了解决部分农村学生因为参加家庭辅助劳动和带弟妹等带来的入学困难，又创设、发展简易小学（耕读小学）等灵活多样的办学形式。据 1964 年 9 月 16 日报表记载：全辅导区共有 7—12 岁学龄儿童 3306 人；7—12 岁在校儿童数有：全日制小学 1749 人，简易小学（耕读小学）935 人，合计 2684 人。儿童入学率达 81.2%。

1965 年，为了让儿童就近入学，把学校办到了家门口，这年全辅导区有公办小学 25 所、民办小学 13 所、耕读小学 33 所；有教职工 127 人，其中代课教师 25 人、民办教师 13 人、耕读小学教师 33 人。同年，学龄儿童入学率达 98%，这充分体现了社会主义制度的优越性。

1950 年至 1957 年，学校课堂教学推行苏联“五个教学环节”（即组织教学、检查复习、讲授新课、当堂巩固、布置作业），也称“五段教学法”；并以苏联教学理论的精神，在教学过程中贯彻“直观性、自觉性、系统性、巩固性、可接受性”五个教学原则。

1958 年，学校搞教育革命，批判了凯洛夫、普希金等教育理论和教学方法，强调在课堂教学中教师应充分发挥主导作用，要循循善诱，启发学生积极思维，使他们接受和掌握新知识。

1952 年至 1957 年期间，由于教师们认真工作、耐心教育，调动了学生的学习积极性，各科的活动开展得比较正常，取得了一些成绩。

学校着重提出了“尊师爱生”的号召，教育学生尊敬师长，团结同学，努力学习。广大教师首先做到以身作则，为人师表，平时关心、爱护学生，课间深入到学生之中了解学生的思想和学习情况；并且每天护送学生回家，特别是遇到下雨天，教师们总是背着低年级学生过桥，还组织高年级学生护送低年级学生。教师们的这种行动，得到了家长们的赞扬和支持。在家长们的密切配合下，学生的思想觉悟有了很大的提高，明显转变的有：做到遵守纪律；品质好转；用功学习，成绩有较大的提高；学生的入学率普遍提高；学生升学率明显增长。

当时，学校教学采用五级记分制是向苏联学习的一个内容。在此期间，本校也一度采用五级记分制配合新课堂教学，并制作了四种表格：教师平时记分册、学生平时成绩考查簿、学生半月成绩评定表、学生成绩汇总簿。

期间，辅导区教师对中心校教学注音符号的成功经验评价很高，邱移校的冯镇老师说：“中心校一年级的学生注音符号学得这样好，竟可以做我的老师。”女教师倪康时调到青岛后，在那里推行了本校的教学经验，获得一致好评，后被评为先进教师。

与此同时，学校还举办了星期学校（20 世纪 50 年代初，为了提高教师的文化素质，在业余时间开设文化补习班，每月上课 3 次，每次分上午和下午两段，每段 3 个小时。授课时间都在星期日，故名星期学校），组织全辅导区的教师学习政治知识和业务知识，取得很多成绩，深受教师欢迎和上级好评。因此，1953年5月，校长庞祝楼代表金山县出席江苏省教育厅召开的星期学校座谈交流会，在会上介绍了本校的经验。

1956年，王寿观、张龙观、冯镇3位教师出席江苏省优秀教师代表大会。1960年，秦宝兴、徐富观、徐新根、吴昌辉4位教师评为金山县先进儿童工作者。

1959年起，廊下中心小学广大教师在赵保全校长的领导下，学习育才中学“紧扣教材、新旧联系、精讲多练、因材施教”的经验，在课堂教学中进行了一系列改革，尝试减少教师讲解，增加学生的练习时间。

在教学上，教师们能根据各个时期的特点对学生进行政治思想教育，例如：结合土改，教师对学生进行“啥人养活啥人”的教育。教育学生养成劳动习惯，使他们懂得“一粥一饭当思来之不易，半丝半缕恒念物力维艰”。还贯彻教学与生产劳动相结合的方针，开展多种形式的活动。例如：

（1）把政治思想教育贯彻到各种课程中。国语方面：结合五年级“一分钟也不让它停”这一课文，学校组织学生参观信孚碾米厂及和康酱油制造厂。常识方面：结合三年级“劳动发家”一课，学校组织学生开展农家生活与地主生活对比等活动。技术方面：学校组织学生开展唱歌课大唱革命歌曲、体育课学习跳舞、劳动课学农民插秧、美术课学绘制宣传画和漫画；晴天搞小农场，开鱼塘；雨天搓草绳，编竹篮等活动。

（2）通过民主管理，建立学生对民主的正确认识，使学生在教师的正确引导下，过自觉、自动、自治的新生活。

（3）订立并自觉遵守各种公约，加强对学生组织的领导，建立学生会、青少年学生演讲会，树立学生主人翁的作风和态度。

（4）通过各种运动来贯彻政治思想教育。如生产节约运动、治螟运动、红五月宣传、国庆节、儿童节以及和平签名运动（原文见《苏南日报》1950年8月10日夏平森的报道文章）。这不但使学生提高了政治思想觉悟，而且还学到了书本上学不到的知识。

四、1966—1976年：学校遭受严重破坏

自1966年5月16日，“文化大革命”开始，直至1976年粉碎“四人帮”为止，这是国家遭受浩劫的十年，学校是重灾区，受到了严重的破坏。

随着“文化大革命”的深入，学校从1966年底起被停课，接着领导干部被揪斗，广大教师被审查，17名教师被关进“牛棚”，门窗、课桌不时被砸，书籍账册散失，廊下小学一片混乱。

1968年，学校由贫下中农管理，本校划归景阳大队领导，校名改为景阳小学，先后由贫宣队和贫管会进驻学校，具体负责学校的行政领导工作。其他各校也均被所属的大队领导和管理。各大队内设有专管学校的文教委员，指定一名贫协成员进驻学校，领导学校的具体工作。

“文革”初期，一直没有教材，以“语录”为语文主要教学内容，迟至1968年始有教本，但语文、政治合并，破坏了语文教材的知识性。算术题目多系应用题，先是陈述大道理，然后结合生产实际课题，出现一些带有计算性的习题。

1969年，公社成立教材编写组，编写乡土教材，供各校在教材不足的情况下参考使用。

1970年，语文、政治开始分开，但语文教材以“语录”为统帅，宣传突出政治，排斥智育，实行开卷考试。

同年实行普及初中，本辅导区每个大队的小学纷纷办起了“戴帽子”中学。全辅导区共办起了14所“戴帽子”中学。有的学校还附带建起了村校，造成“戴帽穿靴”、力不从心的现象。

在此期间，学制改为九年一贯制，即小学五年，初中二年，高中二年。

1972年，公社成立教育组，并着手抓各校教学业务工作。全公社开始成立各科中心教研组，进行教研活动，此后各校相继重视教师的备课和课堂教学工作。但好景不长，1973年，在批判“反回潮”的口号下，教育战线又出现了一股否定“72年”工作的逆流。1974年，全国各地开展“批林批孔”运动，学校也开展了“红小兵批判大圣人”的活动，各校出现了对学生从未接触过的《三字经》《神童诗》的批判。1975年，“反击右倾翻案风”“批邓”之风也波及学校。

十年中，在重重压力下，教师不敢抓教学，学校不敢建立必要的规章制度，学生不能专心地学习，校风、学风空前败坏，教育质量严重下降。

1976年，粉碎了“四人帮”，教育战线逐步得到拨乱反正，党的教育方针得到了贯彻落实，从此廊下小学工作又走上了正常的轨道。

五、1978 年 7 月起，历史转折，学校全面恢复与发展

自 1978 年 7 月起进行教育体制改革，撤去公社教育组，将景阳小学重新改为廊下中心小学，并且成立了中心校领导班子，赵保全同志继任本校校长。领导机构设有正副党支部书记、正副校长、正副教导、工会主席、事务主任、团支部书记、少先队大队总辅导员，加强了中心校的领导。从此，廊下小学的教育事业开始蓬勃发展。

拨乱反正以来，学校把爱国主义教育贯穿在整个教育教学之中，广泛开展学雷锋，争“三好”（身体好、学习好、工作好）活动，进一步贯彻《小学生守则》，深入持久地开展“五讲”（讲文明、讲礼貌、讲道德、讲秩序、讲卫生）、“四美”（语言美、心灵美、环境美、行为美）、“三热爱”（热爱党、热爱祖国、热爱社会主义）的教育活动，并加强对学生进行热爱农村、建设新农村的教育，引导学生积极向上，健康成长。

1978 年起，学校贯彻全国教育工作会议精神，学习邓小平同志的讲话，开始理直气壮地抓教学工作，着手研究提高教学质量的措施。学校相继恢复成立了各科中心教研组，全校分语文、数学、英语、体育四小组，并配备了各科的正副教研组长。

1979 年后，学校为了加强教研组的工作，多次组织各科教研组长学习上海市教育局《关于教研组工作和组长的职责》文件精神，明确教研组工作的性质和任务。同时，校长和教导主任根据其工作特点和业务专长，分工抓教研组，指导制订教研组工作计划，开展经常性的教学研究，搞好期中和期末总结，发挥了教研组在改进教学、提高教学质量中的作用。

学校认真贯彻上海市教育局关于《教师备课的几点要求》和课堂教学的五个基本环节的精神，自 1979 年起，连续几年在教师中开展“三个一”活动。学校要求每个教师根据指定内容，备一份像样的教案，上一堂课，组织同年级同学科的教师互相听课，并根据课堂教学的五个环节，认真进行评课活动，学期结束时每人写一份小结。这“三个一”活动，受到上级的好评。

学校还开始重视对学生学习质量的分析。学校除了每学期抓好期中、期末两次试卷分析外，更重要的是抓好对学生平时学习情况的分析研究工作。对存在的问题，采取有效措施加以改进，尤其注意对班级中的差生，做好拉差补缺工

作，努力提高学生的学习兴趣。

1981年下半年起，根据上级的指示，对小学学制进行了改革，由原来的五年制改为六年制。与此同时，在学制改革的基础上，学校教材也进行了改革，由用上海市市编教材改用全国全日制统编教材。

1979年到1981年的两年时间里，政府先后对教师进行了两次工资调整，并且调整面和调整率大大超过以往几年。据资料统计：1979年，全公社教职工158人(其中民办教师15人)中，增加工资的有130人(其中民办教师14人)，占全公社教师的82.3%。增加工资的总额为389.50元(其中民办老师25.20元)，平均每人增加工资3元。1981年，全公社教职工160人(其中民办教师15人)中，增加工资的有141人(其中民办教师13人)，占全公社教师的88%。增加工资总额为1166.50元(其中民办教师93.50元)，平均每人增加工资8.27元。

除了调整工资以外，还给教师增加了许多补贴费。如：副食品补贴费、冷饮费、车贴、独生子女费、卫生费、困难补助费、公费医疗费、托儿费等，从1979年起，还增加了班主任津贴，使教职工的福利待遇得到了很大的改善。对符合退休条件的老年教工，给予退休待遇，以安度晚年。

1984年12月3日，原任校长赵保全调往嘉定任职，中心校由浦小弟同志任校长。当时学校对中心校的中层干部作了全面调整：周龙根同志任教导主任，谢霄同志任副教导主任，夏强观同志任事务主任。

同时又调整了部分初完小负责人，如勇敢小学由王锡麟同志任校长，红星小学由何巧林同志任校长。

自1980年起，各师范学校的中师毕业生陆续分配到辅导区内，特别是1988、1989、1990年，每年都有十多名以上(1990年有24名)新中师生充实学校的教师队伍。这些中师生素质高、能力强，迅速成长起来，涌现出了一批骨干教师，其中有：区学科带头人2名，张亚芳(语文)、朱保良(思品)；区首届骨干教师：张亚芳、陶卫琴、钱慧泓、宋林英、曹宝龙、朱建红、卢益平。区第二届骨干教师：潘玲娣、张雪芳、陈春蓉、贾明芳、彭保弟、汤丹红、陈国元；区优秀班主任(辅导员)：孙伟东、孙引忠、朱军、曹玲玲、潘玲娣、张雪芳、庄丽。

1984年，学校成立红读写作兴趣小组，以“学好功课、打好基础、多看书刊、增长知识；天天练习，记好日记，仔细观察，丰富生活”为指导思想，坚持每周活动一次，经常开展社会调查、参观游览等丰富多彩的活动；设立了两届“苗苗文学奖”，创刊了习作园地《小春园报》（达90多期），编印了本校学生习作选4辑8本；积极组织学生参加各项比赛，学生在市级、区级以上的作文红读比赛中荣获十多个集体奖，一百多篇习作获奖或被有关习作刊物录用，多家报刊、电台、电视台作过报道。

从1987开始，学校教学质量逐年上升。1989年，英语、数学在县组织的毕业班统考中分别取得平均分第一、第二名的优良成绩。1992年，学校得到上海市教育局表彰奖励。

值得指出的是，学校在1978年至1991年期间向社会招聘了许多素质高、能力强的代课教师以弥补教师的不足，最多时的1980年有45位代课教师。当时，他们的工作量和正式教师一样甚至比正式教师还要大，有些教得好的连续几年教毕业班。后来，随着师范学校毕业生的充实，这些代课教师才被逐年辞退。

2002年8月4日，教育局任命朱保良同志担任校长，同年12月镇党委任命钱贵祥同志为学校党支部书记，浦小弟同志调至金山区教育局校产基建设备管理站工作。

从此，学校又走入了一个新的历史阶段。

第四节　寻觅征集，挖掘廊小百年文化

挖掘校史资源，探寻校史文化，这是一项极为重要的工作。学校校史，是学校文化一脉相承的重要记录和见证，既是一种历史积淀的教育文化，蕴含着丰富的教育资源，又是一种引发学生思索的启蒙文化，可以让学生在校史文化中获得陶冶。

廊下小学是一所百年老校，它应有历史可寻，也应有古迹可访。但长期以来，我们对它还知之甚少。当时我们手中虽有一本1983年编的《廊小校史》，但只能从中知道个大概，详尽的史料还有待我们去挖掘。

一、百年校庆期间的追寻

借百年校庆东风，我们开始了寻访和挖掘工作，期许通过不懈的努力，能够

丰富校史资源、厘清学校文化脉络。

从 2003 年开始，我们就在 1983 编的《廊小校史》的基础上，广泛发动教师，想方设法收集那些珍贵并富有教育价值的校史资料。我们班子成员，每一位都怀有教育情怀，都有一种要把学校办好的欲望，充满了教育激情。事情一旦决定，大家都愿意朝着目标努力前行。只要有一点线索，有与廊下小学有关的“片言只语”，我们都不放过，一步一步地追寻下去。

我们多次拜访健在的老校长、老教师、老校友，多次召开座谈会，让他们一起来追忆在峥嵘岁月中经历的人与事。我们想方设法，利用各种途径联系各方人士，于是，众多关于先辈艰苦办学的史料被觅得、被挖掘。天道酬勤，我们用情怀、执着、韧劲找到了许多珍贵的文字、照片等史料和文物。

百年校庆期间，我们一共寻找、征集到 13 位老校长的照片。其中，第 13 任校长缪瑞清和第 14 任校长何修伦的照片来之不易。

有一次，我听说缪瑞清的女儿定居在台湾，曾回大陆探亲。于是我想法设法通过有关部门获取了她家里的电话号码。缪女士接到我的电话很激动，说感谢学校没有忘记她的父亲。不久，她从台湾寄过来一张缪瑞清的照片。后来，我把百年校庆纪念册《百年廊小》寄给她，她收到后非常激动，特地打电话向我、向学校表示感谢。

2004 年的暑期，我听一位老教师说过，老校长何修伦曾经担任过黄浦区教师进修学院的副院长。于是，我联系该学院，对方一位领导告诉我，何先生已是 90 高龄，身体很健康，现住在浦东一个女儿家里，并给了我电话号码。当天，我打电话给何修伦的女儿并和何修伦老校长通了电话，电话里听得出何先生特别高兴和激动。

2004 年 9 月 21 日，我和学校钱贵祥书记专程去浦东看望 90 高龄的老校长何修伦先生。

何校长在 1937 年逃难离开家乡廊下，已 67 年还没有回过家乡。当我和钱书记在电话里说上门看望他时，他非常激动，像小孩似的好几次催其女儿到门口看看家乡人来了没有。何校长尽管已经是 90 高龄，但记忆清晰，思路敏捷，回忆起 20 世纪 30 年代的事仍如数家珍，为学校提供了许多珍贵的史料，还把他年轻时的照片提供给了学校。

交谈中，何先生告诉我们，1937 年离开廊下小学后，他曾先后在上海私立湘姚小学、私立新姚小学任职；中华人民共和国成立后，他一直在黄浦区中小学从事教育工作，曾任黄浦区教师进修学院副院长。在 71 岁时，他光荣地加入中国共产党，曾当选为上海市黄浦区第五届、第六届政协委员。

何先生说，他一直深深地怀念在廊下小学当校长的那段日子。“不过，我离开廊小时，此时的中国，已‘摆不下一张平静的书桌’。日本军国主义正虎视眈眈。1937 年，发动了‘卢沟桥事变’，接着南下，到了 1937 年 11 月 5 日（农历十月初三），扯着太阳旗的日本鬼子，竟从海滩爬上上海东海之滨——金山卫，到处烧杀抢掠。当时，廊下小学的大部分校舍，包括纪念堂均被日寇付之一炬”。

当我和钱书记诚邀何校长参加百年庆典时，何校长马上拿出笔和纸写下了美好祝愿：“祝贺母校——廊下小学建校一百周年”，并紧紧地拉着我和钱书记的手连声说：“谢谢！谢谢！庆典那天只要身体允许，我一定回来看看母校，看看家乡！”但在庆典前十几天，何先生突然给我打了个电话，说非常抱歉，原定要参加的庆典来不了了，并给我写了表示歉意的一封信。我接到这封信，尽管有点遗憾，但能在百年庆典之际寻觅到这样一位德高望重的前辈，也是莫大的安慰。

这次百年廊小史料征集活动，夏平森、陈抱墅、赵保全和浦小弟 4 位老校长提供了大量的珍贵素材，也写了内容翔实且具有时代感的回忆文章，为校史的挖掘、整理做出了重要贡献。

夏平森提供的 6 张照片特别珍贵。其中两张是在 1917 年 5 月 20 日举行教育先辈朱志贤追悼会时拍摄的老照片：一张是全体师生的合影（图 1－7），另一张是社会各界知名人士的合影；三张是 1947 年 4 月 5 日举行新校舍落成典礼时拍摄的照片：第一张是全体师生在新落成的校门口前合影，第二张是金山县前任县长徐乐同、教育科科长张肇林等和全体教师在新校舍前合影，第三张是教师们在新校舍前燃放鞭炮以示庆贺；一张是 1950 年的廊下小学辅导区全体教师合影，上面共有 19 位教师，分两排，第一排 9 位教师坐在长条凳子上，中间是时任校长夏平森。10 位教师站在后面一排，其中 3 位是女教师。非常有趣的是，照片上还有两个坐在第一排中间前面地上的四五岁小孩，是夏平森校长的两个孩子。照片上竖贴在墙上的两条标语特别引人注目，一条是“有计划、有步骤、有信心”，另一条是“有困难、有办法、有希望”。从这两句口号和全体教师的神态，以及后来和老校长夏平森的交谈中了解到，当时刚刚解放，学校百废待兴，但教师面对困难没有任何畏难情绪，目标明确，信心百倍，工作有条不紊，有计划，有办法，有步骤，对新中国教育充满期待。这张照片上的陈抱墅、蒋尔毅，后来曾做过学校校长。

图 1-7　1917 年 5 月 20 日，全体师生合影

赵保全校长提供了 20 世纪 60 年代学生学农插秧和耕读小学的两张照片，都很有价值。

回忆文章中，最为引人注目的是 20 世纪 30 年代就读于廊下小学，1940 年至 1941 年担任廊下小学校长的陈抱墅先生撰写的追忆文章《世纪廊小》：

我是 20 世纪 30 年代进该校读书，在历任校长中最使我难以忘怀的是蒋斐君老师(廊下万春村人)。他瘦长的身材，待人和蔼，教学生动形象，由浅入深，易于接受。在筹建新何朱二先生纪念堂时(七间二楼)，拖着病体亲临工地指挥。但新屋落成不久，因为患沉疥、大量咯血，竟一病不起，英年早逝，使我们失去了良师，全校师生均感恸哀，这种鞠躬尽瘁的办学精神，至今尚萦绕我的脑中。

1937 年 10 月，金山沦陷，狼烟四起，校舍被毁，尤感痛惜的是全县少有的动植物标本及全套实验仪器也全付之一炬。学校停办，学童辍学达五年之久。

1941年秋,(汪伪)“和平建国军”13师教导团驻廊下,师长丁锡三……我结识了该团团副张砚四(奉贤人),在结识交往中他鼓励我办学,由于他的支持,廊下小学于1942年8月复校,校舍借用原警察所、积谷仓库,经费由张团副向师部政工处商量补贴,学费充作教师工资。但在1942年12月丁部移驻浙江绍兴。嗣后,学校受国民党游击县政府及汪伪政府双重管辖。

1945年9月,抗日战争胜利,国民党县政府令调夏平森任校长,继又借用乡公所作教室。1946年秋在满地瓦砾的老校舍处新建略具规模的校舍(计:何朱先生纪念堂二间,教室七间,均系平房)。落成后,学校即迁新舍。

1949年5月,金山解放,学校照常上课。当时,吕巷区长魏罗明与徐美仙(渡江女干部),经常来校宣传共产党的政策,并要我校搭台演戏、开万人大会,宣传土改政策。是年秋,在后操场隆重举行,由魏区长主持,我当翻译(本地人听不懂北方话)。讲话毕,我校演出自编自导的独幕话剧——《封建家庭》,由夏平森、姜文望和我扮演。这次大会影响很大,效果颇佳。由此,廊下镇工会主席蔡汉贤(和康酱园职工)发起组织廊下文工团,主要参演者均为我校教师,共排练了《不拿枪的敌人》《见面》及大型歌剧《刘胡兰》等,曾到吕巷、钱圩、金山等镇公演,获得一致好评,迄今尚传为佳话。1951年8月,我奉令参加松江专区教师教研班学习,1955年我调离廊下小学。

这是一份很难得的史料,真实地反映了一位老校长的办学历程。从中我们可以看到在漫长的岁月中廊小几经沧桑,但师生始终坚强不屈,爱国爱乡的热情始终不减,那由廊小教师组成的廊下文工团,就是生动的一例。

图1-8 老房子

陈抱墅老校长还告诉我,学校南侧这排破旧的老房子曾是20世纪30年代廊下的警察所,学校曾在那里断断续续办学5年。因为这个信息,让学校知道了这个特殊历史时期的校舍,并将其发展成学校一个爱国主义教育的景点(图1-8)。

老校长浦小弟则告诉我们百年老井的确切位置,以及还保存着的解放初期老校门的相关情况。

我们在廊下镇档案室、金山区图书馆、金山区档案馆、徐家汇藏书楼，连同1983年汇编的校史册中找到了很多珍贵的资料。在徐家汇藏书楼收藏的《金山县教育季刊》第三卷第四期第294页上，我们找到了何静渊创办的育英、开智和启发三所学校概况的资料；在民国时期汇编的《金山县教育状况》上找到了学校1912年、1913年和1937年的办学情况资料；在1935年汇编的《金山县鉴》第185页上，我们竟然找到了“何朱两先生纪念碑”碑文，在1946年汇编的《金山县鉴》上找到了学校的办学概况资料。

一位老教师曾说起，在校园里曾似乎看到过“何朱两先生纪念碑”残碑，为此，我们寻遍了整个校园的角角落落，终于在一个偏僻角落里找到了20世纪30年代的“何朱两先生纪念碑”残碑；在校园改造挖地基时，我们惊喜地挖出了写着“何朱两先生纪念堂”的石匾。这残碑和石匾是反映何朱两先生办学精神的最重要的实物见证，可谓“镇校之宝”，特别有价值。

我们还从1983年的校史册上了解到很多史料，如学校在20世纪民国时期毕业的学生人数和名单：民国12年有学生10人，其中1位是何静渊的侄子何聿怀；民国22年毕业8人；民国23年在籍11人、毕业3人；民国24年在籍11人、毕业9人；民国36年毕业16人；民国37年毕业23人。

经过近一年的收集、整理、精选，在各方的帮助下，一本近15万字的图文并茂的校庆纪念册《百年廊小》终于问世。

全书分为四大篇章，第一章为“百年廊小，不凡春秋”，第二章为“爱我廊小，以心育人”，第三章为“塑我廊小，求真务实”；第四章为“兴我廊小，开拓创新”。书中系统而翔实地介绍了学校的历史和沿革，多彩而生动地展现了校友、师生的精神风貌，为百年庆典献了一份厚礼。

二、百年庆典后的追寻

百年廊小，有着挖不尽的宝贵资源。百年庆典虽然结束了，但我们挖掘校史、寻找史料的热情却有增无减，走上了一段新的探寻之路，我们主要从以下几个途径继续寻找、搜集。

一是来源于创始人后裔。

让我最兴奋的是搜集到了创始人何静渊先生和其儿子何聿堪的照片及有

关资料。

何静渊的孙子何雷先生知道其爷爷何静渊曾办过一所学校，也知道其父亲担任过这所学校的校长。他和亲戚常常从报纸、电视等途径了解到一些廊下小学的情况，久而久之，渐渐地产生了廊下小学是不是他爷爷创办的学校的猜测，更想着能有机会到廊下去看看，希望能找到他爷爷创办的、父亲工作过的学校。何雷先生先托一位曾经在金山亭林工作的亲戚打前哨，终于确认廊下小学就是他先辈创办的学校，他激动万分，于是，马上就约好了回家乡的日期。

2014 年 10 月 5 日，何雷先生夫妻以及亲戚一行 13 人回廊小参观，我和班子人员热情接待。我带他们参观校园，逐一讲解，并汇报了学校的发展历程和学校的现状。座谈时，何雷先生还告诉我一个特别令人惊喜的消息——历任校长中的何聿堪就是他的父亲，说 1926 年其父亲大学毕业后到廊下小学担任校长。这次，他们一行回家乡参观先辈创办、工作过的学校，感到万分欣喜和激动。临走时，何雷先生拉着我的手激动地说，想不到他先辈创办、工作过的学校现在如此美丽、如此有文化韵味，发展得这么好，又对他爷爷的铜像永远安放在校园里这一做法很感欣慰、自豪和骄傲，说回去后一定要把其爷爷和父亲的有关资料整理出来全部捐赠给学校。

过了一段时间，何雷先生打来电话说整理出了很多资料。第二天，我就和学校钱书记一起到位于徐汇区的何雷先生家拜访。看到何先生拿出的资料后，我非常激动。这些资料真的弥足珍贵，有何静渊的两张照片，有何静渊夫人的照片，有何聿堪年轻、英俊潇洒的照片，还有一张何聿堪的 1926 年上海大同大学毕业证书。看着这些珍贵的照片等资料，我的眼睛湿润了。

何静渊逝世时，其儿子何聿堪八九岁。何静渊一生献给廊下教育事业的事迹和办学救国的精神肯定已深深感染了其儿子，故 15 年后何聿堪大学毕业，毅然回到其父亲创办的学校担任第七任校长，令人感动，令人崇敬。

为了找到更多有关何静渊和何家的资料，我多次打电话给何家，要他们帮学校打听和收集与学校有关的所有信息。2014 年，我获得定居在太原的，已经 90 多岁的何静渊的孙女何南柔写给她外甥女荣熙的一封信。

荣熙：

来信与廊小的百年刊物都已收到，学校当局要了解我祖父与后辈的关系，我略知一二，请你转告。

我们没有家谱传留，老一代都已驾鹤西归。依据分析，自高祖至何鄂已属第八代子孙，祖父何静渊属第三代传人，所以他与“修”字辈是叔祖父与侄孙的关系；至于何修伦与何修尧是属堂兄弟相称，而你妈与我则是他俩的堂兄妹。

廊小百年刊物中的历任校长何旭东，他是何修伦的父亲，英年早逝；而何震生、何聿堪（飞雄）与何穆他们都是“聿”字辈的堂兄弟，是祖父的堂侄，而何聿堪则为其小儿子。

再说何修尧是何鄂的爸爸，他比我大十多岁，一九三七年任教廊小，其时我亦在廊小念书。是年十月初四，日寇入侵家乡，我们一别至今未会面，不知他还健在否？何鄂的母亲与你家是老乡，同是钱家圩人。

现在我有一个不清楚的问题：为什么他的弟弟姓顾而不姓何？我的猜测是这样：因为她的祖母是姓顾，是独生子女，是否为了接顾家的香缘而为之？

廊小办得很好，如今名闻浦南。更值得欣喜的是祖父的塑像与朱老先生的塑像都巍巍座立在廊小的桃李园内，而又是由其曾侄孙女的双手勤奋新雕塑，想祖父会含笑于九泉。

何鄂不愧是何门女杰，我作为她的堂姑亦是眉开眼笑。匆匆就此，即颂近佳。

合家问好诸亲友并代道候。

南柔手启

二〇一四.十.十六

多么珍贵的一封信，让我又从中知道了很多弥足珍贵的信息。

非常幸运，从何修伦、何雷和何南柔那里，终于弄清楚了 5 位姓何的校长之间的关系：何静渊和何聿堪，何旭东和何修伦是两对父子，何旭东和何震生都是何静渊的侄子。我油然地对何家产生了一种无限的崇敬和敬佩之情，何家为了廊下教育做出了不可磨灭的历史贡献，廊下人民应铭记于心。

为了找到创始人朱志贤的资料，我也多次联系、相约朱志贤先生的后裔来学校参观。

朱志贤先生的后裔朱晓先生，是个文物收藏爱好者，他除了把保存的有关学校的资料文物捐出外，还帮学校从民间搜集、购买了许多民国时期的学校书籍、教育教学用品和生活用品。他捐赠的乾隆年间的一本字典和 1903 年的数学教科书特别珍贵。2019 年，朱晓先生把 1901 年清朝浙江临安县令陆文焕赠送给朱志贤的书法作品送到了学校，还给学校提供了他撰写的有关朱氏家族兴起、传承并发扬光大的文史稿《廊下朱氏春秋》。

2014 年 10 月 16 日，朱志贤的孙子朱坊先生一行 10 人来我校参观，还带来了很多有关朱志贤的史料。当他们看到学校建设得这么美、这么有文化底蕴，尤其看到学校创作了何朱两先生铜像时感动地流下了眼泪。后来，朱志贤先生的两位孙女从美国回来，也先后来校参观。他们说，百年廊小已紧紧地和他们朱家连在一起，今后要让他们的子孙后代经常回百年廊小走一走、看一看。

……

图 1－9　何朱两先生纪念碑拓片

二是来源于校友。

20 世纪 40 年代校友、退休教师秦宝兴提供了一条很有意义的信息：我校西校门对面，原朱家“西墙门”的院子里，还有一棵朱志贤先生在 1917 年亲自种下的瓜子黄杨树，已列入金山区古树保护名录。现在，朱志贤的后裔参观完学校后，我总要带他们去看看这棵已有百年的黄杨树。20 世纪 50 年代校友黄钺捐出了特别珍贵的“何朱两先生纪念碑”拓片，现作为“镇馆之宝”珍藏在校史馆（图 1－9）。20 世纪 60 年代校友怀明富曾担任金山区图书馆馆长，对金山教育史料比较熟悉，陆续给学校提供了很多珍贵史料，如廊小与南社的渊源、《志贤先生哀挽录》、高吹万文章《何朱两先生纪念堂记》等重要史料。20 世纪 70 年代校友唐晨主动把一张 1970 年的小学奖状和一张成绩报告单捐给了学校。

……

三是来源于教师。

我抱着试试看的心情，给一位位退休教师打电话，要他们寻找一下就读廊下小学时的毕业证书和奖状之类的物品。真想不到，退休教师顾林根、曹玲玲、陈功宝、夏希云至今还保存着 20 世纪五六十年代的廊小毕业证书。初次征集就获成功，真令人喜悦万分，于是，每次退休教师聚会，我总要提醒、动员大家再找一找，把和学校有关系的东西都捐赠给学校。就这样，一件又一件有价值的物品捐过来了，陆惠良把一支刻蜡纸的铁笔、姚积荫把用蜡纸油印的资料送到了学校；金云良把他珍藏的从小学到中师的所有毕业证书，全部捐赠给了学校；夏希云还把他儿子 20 世纪 70 年代的所有成绩报告单送到了学校……直到现在，还陆陆续续有退休教师和校友把成绩报告单、家庭联系册、证书、小人书等史料捐给学校。

在职教师李国根把家里的一只脚踏风琴送到了学校，还讲了一个故事：20 世纪 90 年代末，学校里的脚踏风琴要么当作废品廉价卖掉，要么作为垃圾处理掉。李老师有个女儿平时喜欢唱唱跳跳，李老师就要了一只破风琴让女儿玩。女儿长大后，风琴就作为废品放在楼梯间里沉睡了。学校复建斗姥阁后，李老师就把这只脚踏风琴和很多小人书捐赠给了学校。学校事务主任刘春祥把家中的木匠工具送到了学校。

……

四是来源于偶然。

老校长何震生先生和顾志刚先生的照片，可谓“踏破铁鞋无觅处，得来全不费工夫”。

2013 年的某一天，我偶然从一本金山民间杂志上看到“何震生参加了南社第十七次雅集”这句话。我曾参观过张堰南社纪念馆，看到过南社第十八次雅集的所有照片。第二天，我马上赶到张堰南社，找到了南社第十七次雅集的合影。但我不知道照片中哪一个是何震生，就请南社纪念馆负责人姚先生帮我打听，结果从南社后期主任姚光的儿子姚昆田那里弄清楚了，而且还了解到关于何震生的很多生平事迹。

2016 年的一天，祖籍金山，现住在西安的顾霄、顾霖两兄弟到学校参观，我陪同并讲解。当他俩在校史馆里看到 1929—1930 年担任校长的顾志刚和他曾爷爷同名同姓，就说记忆中听他爸爸说过，曾爷爷在廊下曾担任过校长。回去后，马上询问了他们的父亲，其父亲证实了廊小校长顾志刚就是他们的曾爷爷。于是，兄弟俩就把一张非常清晰的顾志刚夫妇和孩子的一家三口合影照片寄给了学校。因为顾志刚长得很像鲁迅先生，看过这张照片的人印象都特别深刻。

特别巧合的是，这张照片上的小孩后来与我校杰出校友马本初有密切关系，他就是顾志刚的儿子顾源江。1937 年，日寇入侵金山，马本初约 7 位同乡去寻找革命队伍，一路艰辛，第一个落脚点就是西安。当时，顾源江在西安开了家电影院，安排收留了从家乡过来的马本初等 8 个同乡。后来，顾源江了解到马本初参加革命的意愿非常强烈，于是就想方设法送马本初到延安，临走时还把五块大洋和身上的大衣赠送给了马本初。解放后马本初特地回西安看望顾源江，顾源江也到北京探望了马本初。

还有很多史料和文物都来自于偶然的巧合。

五是来源于热心人士。

我校在金山有一定的知名度和影响力，很多热心人士非常关注、关心廊下小学的发展，经常提供有关学校历史的资料。金山区博物馆馆长余思彦非常欣赏我校的校园文化建设，多次来我校参观指导，一发现有关我校的史料马上告知我。2020 年 2 月 11 日，余思彦在微信上给我发来了《高燮集》中有关朱志贤先生的文章，第二天又给我发来了《高燮集》中有关何静渊的文章，非常珍贵。

六是来源于校内。

我们在学校仓库、角落、杂物间等地方，乃至旧物堆里挖掘、整理出来很多“宝贝”。如 20 世纪五六十年代的课桌椅，20 世纪八九十年代的高音喇叭、手风琴、电铃、医用卫生箱等。

七是来源于外购。

我们在网上收购了一些书籍、练习册、小人书和教学用具。

机遇总是留给有准备的人。我们历尽千辛万苦，挖掘、搜集、整理出许多史料和文物，着实出人意料。

校本藏物，有根有魂。有关创始人、历任校长的照片和史料，20 世纪 30 年代的老石头、老石碑等史料文物留住了百年老校的文化根脉，展现了百年老校的丰厚文化积淀。

书籍簿册，彰显特色。征集到的教科书、连环画、练习册有清光绪年间的，有民国时期的，有解放初期的，有“文革”期间的，还有 20 世纪八九十年代的。其中印有孙中山、毛泽东等伟人头像的本子具有特别的时代烙印。

教学用具，应有尽有。有清朝末年、民国时期、中华人民共和国成立初期和“文革”时期学校用过的教具、学具以及各类工具，诸如钢板、铁笔、蜡纸、中文打字机、英文打字机、手推油印机、手摇油印机、拉铃、摇铃、高音喇叭以及手摇电话机等，还有已很少见的清代戒尺，民国教鞭、算盘等。“文革”时期的教具、学具也有几十种，如书包、蘸笔、铁皮笔盒、木质圆规、哨子、挂表、手风琴、电唱机、幻灯机以及老电视机等。

这一件件史料和文物，见证了漫漫办学路上的点点滴滴，记录了办学的艰难历程，更是深深打上了文化烙印，体现了百年廊小创建发展的历史，是一所百年老校特别有价值的宝贵财富。

第五节　梳理特色根基，提炼文化之魂

走上校长这一岗位后，一个亟待解决的问题摆到了我和领导班子面前，那就是站在新百年的起点上，基于学校百年文化积淀，如何根据新的历史时期对学校教育提出的新要求，努力做好对学校精气神的梳理和提炼，进一步传承和发展廊小风采。

我们的工作首先从梳理特色根基开始，围绕办学理念、培养目标和学校“三风”建设而一步步展开……

一、校魂：办学理念的传承和创新

在20本世纪初，我校曾提出过“诚实、文明、进取、创新”的办学理念，也将其高高地挂在学校的围墙上。但该理念与他校大同小异，没有自己的特色，和学校具体工作联系也不紧。2002年8月，我担任校长后，尤其是举行建校百年庆典后，就开始思考如何提炼一所百年老校所独有的办学理念。

办学理念，是学校发展的灵魂，是一切办学行为的逻辑起点，是校长基于“办怎么样的学校”和“怎样办好学校”的深层次思考的结晶，它集中地呈现着一所学校的精神风貌和价值取向。一所学校提出怎样的办学理念，反映了学校对文化的传承与发展的理解，反映了对学校定位的理解，也在一定程度上预示着学校未来发展的方向。所以，办学理念一定是和学校的历史积淀与文化传承有关，和学校与学生的时代发展有关，也一定和教师与管理者的想法、实践有关。

20世纪初，我校创始人何静渊和朱志贤两先生一起策划创办了开智初等小

学，提出了"开启智慧，报效社会"的办学精神。这一精神高瞻远瞩，不仅看到了国家贫穷落后，民众愚昧无知，而且认识到唯有办学校，开启百姓的智慧，让百姓觉醒，才有可能去推翻黑暗社会、黑暗制度，才能去报效社会、服务社会。可以说，这八个字，至今仍具有重要的现实意义。

但我们感到，"报效社会"，虽然很响亮，很有正能量，道出了办学的目的所在，但对现在的小学生来说，概念大了些，成人化了一点，距离远了点。百年沧桑，百年文化，百年传承，站在新的历史起点上，为了更贴近学生、适合学生，我们反复研讨与论证，最终将"报效社会"改成"润泽生命"，提出"开启智慧，润泽生命"的办学新思考，作为学校新百年的办学核心理念。

"开启智慧，报效社会"与"开启智慧，润泽生命"两者一脉相承。前者是后者的历史基础，后者是前者的时代发展。虽然时间跨度长达一个世纪，但是核心理念依然不变——办学为了启智，教育为了育人，而根本目的就是为了让每一个生命更充实，使精彩的人生更好地为国家和社会服务。

教育的对象是人，是一个个鲜活的生命体；教育的目的，就是要开启每个人的智慧，润泽每个人的生命。所以，今天的教育与传统教育之不同，就是在于必须要坚持以人为本的原则，做到目中有人，心中有人，教育应该让孩子越学越聪明，越学越智慧。学校不能把学生教成考试的机器和分数的奴隶，学校也不能把老师训练成只会照本宣科的教书匠。

教育是一项常青的事业，是一门科学，也是一种艺术。我们追求的是科学与艺术完美结合的常青的事业。讲事业，就要爱生、敬业、乐于奉献；讲科学，就要严格遵循教育规律，遵循学生身心发展的规律，遵循教师专业成长的规律；讲艺术，就要讲究教育智慧，探究最合理、最适合、最有效、最有情感的教育方法。其支撑点是建设一支师德高、学业精的智慧型教师队伍，其着力点是打造生动有趣而又充满活力的智慧课堂，其出发点和落脚点都是为了开启学生的智慧，润泽学生的生命。

因此，我们不仅要开启学生的智慧，开启他们学习的智慧、活动的智慧、做事的智慧、做人的智慧；而且还要开启教师的智慧，开启他们教书的智慧、育人的智慧、管理的智慧、家校联系的智慧、自我专业成长的智慧；同时也要通过合适的途径开启家长的智慧，开启他们家庭教育的智慧、健康生活的智慧、积极参与学校教育的智慧。

所以，我们探索的每一项改革，尝试的每一项创新，采取的每一项措施，开展的每一项活动，创设的每一处环境，都要坚持“开启智慧，润泽生命”的办学核心理念。我们要让每一个教师在廊小追求善教，教得自信，教得多彩，教得成功，过得幸福，立志成为好老师；让每一个学生在廊小追求智学，学得主动，学得有趣，学得健康，过得开心，立志成为好学生。既要使每个廊小人的生命变得更加滋润和精彩，更要使百年廊小的生命继续焕发青春的活力。

为了突出、加深“开启智慧，润泽生命”这八个字的印象，我们把这八个字写在校徽上，让校徽闪闪发光，催人奋进；做成中英文塑料大字，斜放在教学楼前的大花坛里，使教学楼主题鲜明，给人力量；还特地请人民教育家于漪老师题写了这八个字，并刻在学校北校门上方的横梁上，成为学校一道亮丽的风景线（图 1－10）。

图 1－10　人民教育家于漪题词

作为学校之魂的办学核心理念，需要物化在学校的醒目位置上，让师生一推开校门就能看到。当然，更重要的是，要让办学核心理念深入师生心田，成为全校师生乃至家长的共识、目标和行动。

现在，“开启智慧，润泽生命”这一办学核心理念，有故事、接地气、富内涵，是办学传统的积淀和升华，又能体现时代精神，有思想冲击力和情感冲击力，具有持久的生命力，发挥着越来越重要的影响和作用，正引领着全体师生一起践行“教育是一项开启智慧，润泽生命的事业”的崇高理想和伟大愿景。

二、目标:学校培养目标的提炼

2002 年 8 月,我被任命为校长时,正值小城镇建设步伐加快,从乡镇走向城区成为一种时尚、一种追求,于是,乡镇学校的教师争着往城区跑。我校先后有近 20 位骨干教师调走,造成校内教师的整体水平严重下降,在很大程度上影响了教学质量和学校发展,家长也为此抱怨,对学校办学质量表示不满。面对这种情况,为了尽快提高教学质量,我们学校采取了四项措施:一是搞“题海战术”,试卷一张连一张;二是搞加班加点,利用每天早晚和双休日时间进行补课;三是对语、数、英教师占用综合学科课时的现象“睁一眼闭一眼”;四是少搞活动,能不搞的尽量不搞、少搞,集中精力抓教学质量。

借助这些举措,教学质量确实提高很快,尤其是五年级毕业班教学质量显著提升。教师、班子成员和家长都感到很高兴、很自豪,社会反响也不错,上级领导对学校给予很高评价。为了奖励五年级毕业班教师,以往学校每年要组织教师两日游,因为考得好,从两天增加到三天乃至四天。说实话,当时我也感到很高兴、很自豪,乃至很得意。但有一件事却深深地触动了我。

一天中午,我走进一个毕业班教室,想和学生们交谈几句,给他们鼓鼓劲、加加油。那时上课时间还未到,教室里早已鸦雀无声,学生们正在做试卷,虽然很认真、很专心,但看上去一个个很疲惫。再看看老师,正在边监考边批改作业,老师也是那么认真,那么负责,但看上去也是很疲倦。

顿时,我没有了说话鼓劲的欲望,悄悄地走出教室,回到办公室,陷入了沉思。我想,学校教育到底是为了什么?难道为了分数,学生就要学得那么苦,教师教得那么累吗?用加班加点、题海战术、占用综合学科时间的措施,分数是上去了,但学生学得太辛苦了,他们没有欢乐、没有童趣,缺乏创新能力,这难道就是我们要培养的学生吗?老师教得也太辛苦了,没有幸福感,这绝对不是我们教育的真正方向和目标。

从此以后,我一直在思考:学校如何进一步端正办学思想,明确培养目标,把老师和孩子们从“题海”中解放出来?

我们不禁重新审视廊小在创办初期开设的科目,或许,先辈的办学举措至今还可以借鉴。据记载,1912 年(民国元年),学校开设的科目有:国文、算学、修身、劳作、体育、唱歌、美术,以后又增添了常识课,把修身改为公民课。高小还设英文、卫生、自然、地理、历史、社会等课程。这些科目涉及方方面面，丰富多彩。而当下，我们却为了一丝功利竟把综合学科也挤掉了，搞“题海战术”，这怎么行?

回顾历史，面对现实，先辈的办学理念和做法带给我深切的思考。我深感小学教育无疑是人生的启蒙教育，它将为人一生的发展打下非常关键的基础。一个人最快乐、最纯真的童年时代，就是在小学度过的，它会留下许多难以磨灭的美好回忆。因此，我们的教育应该要让学生快乐起来，健康起来，聪明起来，智慧起来，真正用“开启智慧，润泽生命”的核心理念去培养我们的学生。

于是，我们便引导全体教职工就培养目标展开讨论，又请了好几位专家进行指导，大家的意见逐渐趋向统一，认为既要“全面发展，快乐健康”，又要富有学校特色，接地气，最后把“倾心培养快乐健康、能歌善舞、微笑待人的开心果和全面发展、兴趣广泛、敢于提问的智多星”作为学校的培养目标。

这样的培养目标，既与国家的教育方针一致，又富有地域文化色彩和学校特色。比如，其中的“能歌善舞”就具有特殊的含义:“歌”，主要指我校的特色教育品牌拍手歌;“舞”，主要指我校的特色教育品牌民间舞蹈打莲湘。廊小学生人人会唱拍手歌，人人会打莲湘。所以，“能歌善舞”成为我校学生有别于他校的一个特质。

非常有趣的是，这个培养目标中的“开心果”和“智多星”，与学校始创时校名“开智初等小学”也很吻合。“开心果、智多星”的第一个字，连起来正好就是“开智”，这多巧啊！无意之中，也印证了先辈的理念，传承了先辈的做法。

为了让学生更喜欢“开心果”和“智多星”，人人争做“开心果”和“智多星”，学校又设计了卡通形象的学校吉祥物:乐乐和星星。乐乐，就是“开心果”;星星，就是“智多星”。用吉祥物代表学校的培养目标，这是我校的一个创举。我们把吉祥物做成标志，让学生天天佩戴在胸前，学生感到很自豪。一年级小朋友，我们在学习准备期内分三批颁发。第一批是各方面表现最好的;一两个星期后，第二批再选出各方面进步大的;对第三批小朋友，老师就提出一些他通过努力能做到的要求，最后人人得到“乐乐”和“星星”吉祥物。这样颁发，主要是为了激励小朋友有目标、有追求、有努力，最终人人成为“开心果”“智多星”。就这样，我是“开心果”，我是“智多星”，成了廊小学生非常自豪的名字，成了廊小学生天天向上的力量和希望，成了廊小学生孜孜追求的目标和方向。

廊小这个独特培养目标的提出，逐步端正了学校领导和全体教职工的办学思想，题海战术、占用综合学科、加班加点等现象慢慢消失了，校园活动慢慢多起来了，学生的兴趣和提问多起来了，有趣的游戏、快乐的玩耍给校园带来了更多的生机和活力，一个个欢笑的“开心果”和一个个闪耀的“智多星”逐渐成为廊小最亮丽的风景。

三、“三风”：校风的来历和教风、学风的提出

廊小北大门的东西两侧，各有一块大型精致砖雕，上面分别刻着六个大字，东侧是“方方正正做人”，西侧是“踏踏实实做事”。这十二个大字，就是我校的校风。

说起这十二字校风的来历，还得从我校校友马本初说起。

马本初，生于1917年，金山廊下镇人，1932年毕业于廊下小学。他聪明伶俐，在小学学习时，成绩经常是第一名。他酷爱看书，经常把进步书刊借给同学看，平时乐于助人，喜欢打抱不平，在同学中有很高的威信。1934年，他考入上海国立中法公学院。读书期间，他积极参加抗日救亡运动，被选为该校学生救国委员会委员。

1937年，他从上海辗转到延安参加革命，改名为郎夏。这个名字，既是家乡廊下的谐音，表达出他怀念家乡之情，又寓意着他生活在明朗的夏天和光明的道路上。后来，有人对马本初说：“郎夏，你的这个名字太热了，一年四季春夏秋冬，有冷有热，不能光过夏天。”马本初一听，觉得有道理，就把郎夏改成方正之。人家问他为什么要改成方正之，他说：“我要方方正正、老老实实做一个中国共产党党员。”

马本初“两次改名”的故事，是我们在2004年百年校庆时从来宾口中得知的。听到这个故事后，我们觉得这是学校宝贵的精神财富，充满正能量。学校在提炼校风时，把校风确定为一看就明白、一听就能记住的——“方方正正做人，踏踏实实做事”两句话，其中就蕴含了马本初“两次改名的故事”。在改造校门时，我们用砖雕把这十二字校风镶在古色古香的校门两边，让师生天天耳濡目染。

为了让全校师生记住校风、践行校风，我们给十二字校风赋予新的时代教育内涵：

方方正正做人：行好礼举止美，说好话语言美，做好事行为美，养好德心灵美。

踏踏实实做事：从小处着眼，从小事做起，从身边做起，从自己做起。

这 12 字校风，内涵丰富，通俗易懂，它是对学校百年文化的一种传承与发展。方方正正做人，踏踏实实做事，这既是做人的一种基本标准、基本要求，又是我们中华民族的一种传统美德。学校是育人的场所，是孩子成长的地方，我们的理念是在校园内培植这种优良的校风。

践行校风，我们从小事抓起，做到脑里记的、心里想的、嘴上说的、实际做的要“知行统一”。从这一要求出发，我们又逐步提出了“三个一样”“每天四问”和“新德育观”。

三个一样：努力做到老师在与不在一个样；有人督促与没人督促一个样；校内校外一个样。

每天四问：今天，我努力进步了吗？今天，我上课提问了吗？今天，我露出微笑了吗？今天，我帮助他人了吗？

新德育观：德育无小事，事事可育人；教师无小节，处处应示范；学生无好坏，个个要尊重。

在这些教育理念的引领下，学校坚持“行为规范、卫生清洁每日一查”“行为规范流动红旗、卫生流动红旗每周一评”“鲜军式好少年、上课乐之星每月一评”制度，把“每天一查”重点放在引导、督促、改进上，把“每周一评、每月一评”重点放在激励、熏陶、引领上。一句话，就是要把校风的落实与学生平时的学习和生活紧密结合起来，这样校风就不是一句空话、一句口号，而是实实在在的行动、目标和方向。

除了这 12 字校风外，我们还根据学校的办学核心理念制定了廊小的教风和学风。

教风：爱教、善教。

爱教，就是爱学校、爱教育、爱学生、爱课堂；善教，就是善于培养学生的兴趣习惯，善于激发学生的提问思考，善于组织学生的参与体验，善于引导学生的互动合作。

爱教，是善教的前提，是善教的动力，只有爱教才可能善教；爱教、善教，是一个教师最重要的核心素质。一个爱教、善教的教师，一定是个优秀的教师、智慧的教师。

学风:乐学、智学。

乐学,就是乐读书、乐提问、乐动手、乐交流;智学就是兴趣高、思维活、参与强、合作好。

乐学是智学的前提,是智学的动力,只有乐学才可能智学;乐学、智学是一个学生最重要的核心素养。一个乐学、智学的学生一定是个优秀的学生、智慧的学生。

我们提出这样的教风和学风:一是依据学校“开启智慧,润泽生命”的办学核心理念,课堂是师生践行办学理念的最重要阵地;二是依据学校“倾心培养快乐健康、能歌善舞、微笑待人的开心果和全面发展、兴趣广泛、敢于提问的智多星”的培养目标,乐学就是“开心果”,智学就是“智多星”;三是依据“着力培养一支师德高、学业精的智慧型教师队伍”的教师建设目标,爱教是体现教师师德高不可缺少的条件,善教是教师学业精的具体表现;四是依据学校“以教师的发展来促进学生和学校的发展”的办学策略,只有教师爱教,学生才会乐学;只有教师善教,学生才会智学,达到教学相长;五是好记,朗朗上口,印象深刻,又容易操作。

从这里我们看出,教风和学风的提出,是与学校顶层设计和课堂实际做法完全一致的,做到顶天立地。其目的,就是打造充满生机、活力的智慧课堂,让教师热爱教育,在课堂上,主导起来,激情起来,善教起来,成为智慧教师;让学生热爱学习,在课堂上开心起来,聪明起来,智慧起来,成为“开心果”和“智多星”。

一所学校,是否拥有良好的教风和学风,还和师生间的关系有很大的联系。学校一定要树立正确的师生观,摆正、处理好师生关系,应该让全校师生在头脑中树立这样一个观念——“每个学生在老师的心目中都是好学生,每个老师在学生的心目中都是好老师。”

这个新师生观是针对学校的校情而提出来的。当时,因为单纯注重分数的提升,学校里产生了这样一股“风”:有不少教师总希望自己班里成绩差的学生或者调皮的学生转到其他学校去,而对其他学校转来的成绩差的,或者调皮捣蛋的学生又不愿意接受。我深感这种注重成绩、注重分数的想法和做法是错误的。特别是在上海二期课改“为了每一个学生的终身发展”这一核心理念提出后，我更意识到这不是一般的问题，是办学思想上出现的偏差，因此，需要及时纠正过来，于是在校内开展了“什么是好学生”的讨论。通过大讨论，大家认为“学生无好坏，个个要尊重”，无论学生户籍在哪、行为如何、成绩好坏，都要一视同仁，不能戴有色眼镜去判断学生、教育学生。在此认识的基础上，我们才响亮地提出了这个新师生观。

这个新师生观其实对我校师生都提出了新的要求。对学生来说，做一个好学生，这既是一个目标、一个追求，又是一种自信；对教师来说，做一个好老师，这同样是一个目标、一个追求、一种自信，教好每个学生既是责任，又是义务。当教师一旦形成这个意识后，其教育观念、教学方法、教学手段就会发生变化，教育教学就会产生意想不到的效果，也会使师生关系更和谐、更温馨、更平等。这既是对每个教师、每个学生的尊重、信任和认可，也是对每个老师、每个学生的期望、要求和鞭策。

这个新师生观刚提出时，教师一开始是有想法的。尤其是对“每个学生在老师的心目中都是好学生”这句话，部分教师认为，经常令教师头疼的个别学生，很难在心里看作好学生。但绝大多数教师还是非常认可这个理念，在工作上积极探索，也取得了很好的成效。有的教师说，当真的树立了“每个学生在老师的心目中都是好学生”这一观念的时候，老师的方法、老师的语气、老师的眼神、老师的心情就会不一样，效果当然也不一样了。学校就是学生犯错误、改正错误的地方，学生犯点错误、有点不足是非常正常的。现在，这个理念在我校教育教学工作中起到的作用越来越大，效果也越来越好，好多原本认为很难教育好的学生，最终都有了很大进步。同时，新师生观也有效地促进了校风、教风和学风的好转，很好地起到了教学相长的作用。师生的精神越来越饱满，师生的关系越来越和谐，教师更爱学生，对学生的教育方法、手段更多；学生更爱老师，学习兴趣更大、更爱动脑筋。

我们的新师生观得到了家长的广泛好评。家长们认为，把孩子送到廊小，交给廊小老师，非常满意、非常放心，廊小教师就是他们心目中最好的老师。

通过实践和思考，我们得出这样一个结论：一所学校风气正不正，关键在于能否抓好校风；一所学校教学质量高不高，关键在于能否抓好教风和学风。当然，良好的校风、教风和学风的形成，是一个长期、艰苦的过程，需要我们每个教育工作者尤其是校长去思考、去努力、去奋斗。

第六节　运用古今故事，诠释、传播校训

校训，是一所学校的灵魂，是指引全校师生前行的标杆。它体现的是办学的原则与目标，反映的是一种文化积淀、一种教育理念、一种精神追求。

我校的校训是“文渊德厚，志远行近”。这八字校训，既是对历史的传承，又是对未来的一种期望，一种需求，一种鞭策。

廊下小学，从以“开启智慧，报效社会”为宗旨的创始校——开智初等小学开始，已走过一个多世纪，早已形成了浓厚的文化气息和深厚的文化积淀，多姿多彩的校园文化已成为学校的品牌特色，可谓“文渊德厚”；而另一方面，我校虽是一所普通的乡镇小学，但我们能仰望天空，志存高远，敢创一流，又能脚踏实地，行在脚下，行在细节，可谓“志远行近”。一所“文渊德厚，志远行近”的学校，一定是一所充满希望、走向成功的学校。

但校训，绝不是镶嵌在墙上、放置在匾额中的装饰品。它应深深印在师生的脑海里，真正落实在行动上，切不能采取空喊口号或贴标语式的张扬，其价值在于唤醒，在于激励和鼓舞。

苏格拉底有一句名言：“教育不是灌输，而是点燃火焰。”那么，怎么样去唤醒学生，去点燃学生心中的火焰呢？长期的教育实践经验告诉我，对小学生来说，说教和口号是没有效果的，应该用具体、生动和形象的方法去传播、去点燃。因此，自我担任校长之日起，特别是在廊小百年盛典之后，站在新百年的起点上，我就经常借助各种场合，如晨会、校会，运用生动形象的故事来传播廊小的八字校训——“文渊德厚，志远行近”。

爱听故事，这是少年儿童的共同特点。因为在这个时期，他们的理解能力还没有得到完全发展，而感性能力往往主导着他们的认识。故事源于生活，它往往运用通俗语言来描述人物或事件，情节又那么生动逼真。因此，传播校训文化，运用讲故事的方法是最有效的。故事，不仅能扩展孩子的知识面，丰富孩子的语言，启发他们的想象，而且能使他们明白事理，学习做人的道理。

我在原有校史的基础上又发掘了很多有关两位教育先辈的资料和故事，于是，我就进一步借助各种场合，用绘声绘色的故事向学生们一次又一次地描述

廊小的过去和今天：

在一百多年前的 1904 年，我校创始人何静渊先生抱着办学救国的夙愿，拿出巨款先后在家乡办了“育英”“开智”和“启发”学堂，五年内为廊下百姓办了三所学校，多不容易，多了不起！从何先生取的非常有内涵的三所学校的校名和办学救国的夙愿中，我们就可以看出，他是一位学识渊博、道德高尚、令人敬佩的教育先辈，是“文渊德厚”的真实写照。

另一位学校教育先辈朱志贤先生于 1912 年担任开智初等小学校长，他捐巨款扩大校舍，又不限方隅，扩招学生。几年后，学校规模和影响力在金山、平湖两县首屈一指，得到北洋政府教育部嘉奖。1916 年，朱先生又捐巨款，创办了景阳高等小学，还增设商店，作为高小毕业生实习职业的场所。1917 年，当他准备大展宏图筹建中学时，却英年早逝。从中我们看出朱志贤先生就是一位志向远大、脚踏实地的教育先辈，是“志远行近”的真实写照。

巧合的是，这两位教育先辈名字中的“渊”和“志”自然地融合在八字校训中，而且校训很好诠释了两位教育先辈的夙愿、壮志和渊源。令人惊奇的是我们在概括、提出这八字校训的时候根本没有联系到两位教育先辈的名字。更为巧合的是，校训中的“文渊德厚”，除了有何静渊的“渊”字，还有学校创始人何静渊的后裔、高级工艺美术师何顾继德的“德”字。我们廊小能有今天这样美丽又有文化底蕴的校园环境，就是由何顾继德先生用整整三年时间废寝忘食、呕心沥血，用心、用情、用智设计打造出来的。他为家乡、为我们廊小也做了件功德无量的大好事。

这样，通过讲述廊小一个个历史和现今的故事，孩子们就更明确这八字校训的深刻含义了：“文渊德厚”——就是要向何静渊学习，要努力追求“学识渊博，道德高尚”；“志远行近”——就是要向朱志贤学习，要努力做到“志向远大，脚踏实地”。

为把校训内化为孩子们的自觉行动，我们在讲校史故事的同时，还结合我们身边的英雄——张鲜军，广泛开展讲鲜军的故事、学鲜军的优秀事迹、做鲜军式好少年的活动。

张鲜军是我校的校友。1997 年 8 月 1 日，22 岁的张鲜军在金山石化海滩纵身一跃，救出了三个孩子的英雄事迹，被定格成壮美的永恒。当鲜军舍己救人的事迹传开后，平时他习以为常的很多细小事也跟着浮出水面。事实上，爱人、助人，早已是他生活的常态；诚实、勤奋，也早已是他一生的作风；而上进、自强，更早已是他长期的追求。

张鲜军的事迹，其实是我校校训精神的充分体现。因此，我们不失时机地开展学鲜军活动，编写了校本读物《闪光的年华——廊下雷锋张鲜军的故事》，创作了《做鲜军式好少年》校歌，并开展了一系列学鲜军的德育实践活动，比如，鲜军塑像前扫墓，鲜军主题班队会，升旗仪式唱《做鲜军式好少年》校歌，在“勇敢的鲜军”塑像前进行入队宣誓，还有诸如学鲜军献爱心捐款、学鲜军做好事等。

我们廊小还有一位杰出校友，叫姚芳，她曾获得残奥会冠军。学校多次邀请姚芳回母校和小朋友见面，给小朋友讲赛场上的故事，讲生活中的趣事。廊小学子被姚芳“身残志不残，坚强勇敢，乐观向上”的精神深深感动，纷纷表示要向姚芳阿姨学习，好好读书，好好做人，长大了要成为社会有用人才。

2013 年，学校进行校园环境改造，我们在校园里放置了两块大石头，在对着北校门的石头上写上了“文渊德厚”，由中国人民大学教授程方平先生题写，在对着西校门的石头上写上了“志远行近”（图 1 - 11），由著名书法家、中国书法研究院副院长李鑫华先生题写。这两块校训石给校园文化增添了厚重感，成为师生朝夕观照的镜子，尤其是它们蕴含的故事潜移默化地感染着、影响着全校每一个教师、每一个学生。

图 1 - 11　校训石

故事最能感动人、最能影响人、最有说服力，这些真实、亲切、感人的故事将是廊小学子践行校训的最好见证、最好“教科书”。

校训文化，不仅要靠故事来传播，还要靠制度去约束，靠自觉去延续。在传播和延续的过程中，更重要的一点，就是靠全校师生的参与性。师生参与进来了，大家在理念上、思想上达成了共识，就能产生一种力量。我们在讲校史故事的同时，还从制度上去规范，去落实，去延续，让师生在参与中获得激励和鼓舞。

作为校长，切不能让校训虚有其外表，不仅仅要把它镶嵌在墙上，放置在匾额之中，更重要的是要把它扎根在师生的心田里，落实在师生的行动上，用校训引领师生和学校发展。

第七节　百年庆典，一个崭新的起点

百年廊小，经历了一个世纪风雨洗礼，即将迎来她的百年诞辰。

创一个精彩，来一个突破，找一个自信——这是我自 2002 年任校长后，面对廊小建校 100 周年，心中一直在琢磨的一件大事。

然而，这个“精彩”如何“创”？“突破”“自信”从何处着手？要不要搞百年庆典？我一直在为这一现实问题而寻求答案。

一、契机：百年一遇，一定要精心策划和细致准备

百年一遇的诞辰，这是一个大契机，可遇而不可求，这更是展示廊小形象的最好机会，但现实是，搞庆典，学校资金非常紧张，不知上级领导是否支持；不搞庆典，将失去一次提升影响力、鼓舞全校师生士气的机会。于是，我想先听听镇领导的意见后再作决定。

镇主要领导一致认为，小学百年庆典是一件大事，也是廊下人民的一件喜事，要搞而且一定要搞成功。我说，学校没有资金怎么办？两位领导说，没钱不要紧，我们发动全镇上下，一起为廊小百年庆典集资。教育局领导也给予了大力支持，拨出百年庆典专款，并嘱咐庆典要办得隆重、简朴、热烈。

有了镇领导和局领导的关心、支持和指示，我心里有底了，开始认真筹划庆典事宜。学校成立了筹委会领导小组和执委会领导小组，下设资料组、联络组、演出组、接待组和后勤组，落实了班子具体分工。

2004 年 9 月 3 日，学校举行了一次由镇相关部门、各村负责人参加的以“为了教育，为了孩子”为主题的迎百年校庆座谈会。会上，大家踊跃发言，纷纷表示要支持、关心廊小，一起和廊小办好这件大事。当场，勇敢村率先捐了 10000

元，带了一个好头。

座谈会后，我们开始跑单位筹资。很多单位都能尽一己之力慷慨解囊。让我们感到惊喜的是校友陆金光、曹云辉等纷纷主动带头捐款，增添了我们集资的信心和力量。在各方共同努力下，这次百年校庆一共筹得了40多万元。

校庆，贵在要有庆典的特色。因此，在编排庆典节目中，我要求老师们所排的节目内容要体现学校历史文化、体现学校特色、体现学校成绩、体现师生精神风貌。

为了营造庆典氛围，展示廊小教师良好的精神风貌，学校给每位教师做了一套校服。当时，做校服的情况还不多见，教师们很开心，教师生涯中第一次穿上了统一的工作服，特别有精神。

校庆以什么主题为好？大家想了很多主题，我也想了不少，但我始终不满意。最终，我受教育家吕型伟为我校题的"要站在巨人的肩膀上向上攀登"所启发，决定以"站在新百年的起点上"为庆典主题，我觉得这句话简单明了又响亮，含义也很深刻，既是对廊小百年历史的总结，也昭示新百年的开始，更体现一种向上的力量和对未来充满希冀的信心。

说实话，2004年之前的几年，我校正处于低谷阶段，那时，调走了一大批骨干老师，学校特色不"亮"，校舍可以说是金山区最陈旧的，领导也很少到我校调研指导。学校教师包括一部分班子成员总认为我们是乡镇学校，"乡下狮子乡下调"，都不够自信，尽管工作很投入，但没有追求一流的意识，且大家对我这个朴实、低调的校长期望也不够高，这是学校发展的很大障碍。所以，我想抓住这次百年庆典的难得机会寻求突破，有一种非搞好庆典不可的决心。

于是，彩排，修改，再彩排，再修改，我们力求完美；讨论，完善，再讨论，再完善，我们力求精彩；辛苦，劳累，再辛苦，再劳累，我们力求一流。其实，当时，"完美、精彩、一流"这些词语，我还不敢大胆地提出来，只是隐藏在心里的想法和追求。

我校没有大型室内活动场地，庆典活动只能在室外举行，但庆典那天天气预报说有雨，因此学校准备了上千件一次性雨披。

庆典前夕，我心中有激动，有喜悦，有沉重，也有担心，这毕竟是我担任校长后遇到的第一件大事、喜事。

二、庆典：创一个精彩，找一个自信

2004 年 10 月 18 日，这是一个定会永远载入廊下小学史册、廊下镇志的日子。

这天，伴着朝霞，校礼仪队、鲜花队、鼓号队、气球队、葵花队早早列队整齐，静候嘉宾；踏着晨露，接待处、休息室、停车场的工作人员，纷纷就位，喜迎贵客。18 只鲜艳的花篮簇拥着崭新的校门，散发着清香；一座写着“热烈庆祝金山区廊下中心小学建校 100 周年”的红色充气大门，如浅浅笑脸，露着喜气，带着欢庆，矗立在校门前。

8 点未到，我和钱书记等候在校门口迎接领导和贵宾的到来。

这时的廊小，花似海，人如潮，笑语盈盈，喜气洋洋。

8 点 40 分，朝气蓬勃的学生，穿着节日盛装，排着整齐的队伍，在老师的带领下，踏着欢快的步伐，走进会场。此时的会场：棕色的跑道，环绕着翠绿的草坪，在雪白的围墙映衬下，显得格外的清新与庄重，而那墙壁上一幅幅妙趣横生的壁画，又给这清新与庄重点缀了一墙的喜庆，欢喜雀跃的学生，将那庄重平添了满园的灵性：美丽的校园让他们更可爱，可爱的他们让校园更美丽。会场上空，高高飘扬的两个大气球，更是把这节日的喜庆引向了空中，气球下方悬挂的两条条幅“百年廊小、栉风沐雨、不凡春秋”“兴我廊小、求真务实、开拓创新”抒发着廊小人奋发向上、进取创新的豪迈气概；鲜红的舞台背景，透着浓浓的节日氛围，“站在新百年的起点上”几个金光大字，更道出廊小全体师生矢志不渝的奋斗精神；舞台右边，摄于 1917 年的景阳高小开智国民学校全体师生合影，寓意学校历史悠久，积淀深厚，很好地体现了百年庆典的氛围和意义；舞台左边，著名教育家吕型伟的题词“要站在巨人的肩膀上向上攀登”，表达了一个老教育家对廊下小学的殷切期望，一个硕大的“书”字，似正在书写着廊小的沧桑，书写着廊小的辉煌，书写着廊小全体师生的意气风发。

9 点整，我陪同领导和嘉宾走入会场。9 点 10 分，在雄壮的国歌声中，庆典大会正式开始。

4 名少先队员用充满稚气的童声为学校献词，表达着对廊小百年的祝福、对学校最纯真的热爱。

当区领导宣布廊下小学建校一百周年庆典大会正式开始时，会场内外，鼓乐齐鸣，掌声动天，近三千只五彩缤纷的气球带着廊小人的欢欣与喜悦，飘向空中；几百只和平鸽载着廊小人的荣耀、希冀和梦想，飞向远方，飞向辉煌。

这一刻，是属于廊小的一刻，是属于廊小全体师生的一刻，是属于廊小所有校友、嘉宾的一刻；这是光荣的一刻，神圣的一刻，让人无法忘怀的一刻。

伴着廊小风风雨雨一起走过的老校长、老书记，带着欣慰的笑容，步上主席台，接受了少先队员献上的鲜花。此时，掌声雷动，群众、师生、领导、嘉宾用热烈的掌声，传送着对老一代教育工作者最真挚的感谢和最崇高的敬意。

作为现任校长，我首先致辞。面对新百年，我最后自信地说："我们要站在巨人的肩膀上向上攀登，进一步弘扬学校优良传统，进一步求真务实、开拓创新，进一步扬学校之长，创农村小学英语教育特色，全力办出让廊下人民更满意更放心的小学教育。"

校友代表的精彩发言，表达了所有校友对母校廊小的眷恋、感激和祝福。区委、镇、局领导的讲话，都对廊小所取得的成绩给予了充分肯定，对廊小的明天更是寄托了无限的希望。

兄弟学校代表的发言，道出了对廊小的美好祝福。学校创始人后裔朱泠襄女士的发言，怀着无限的欣慰，表达对廊小美好明天的祝愿。

当镇和局领导共同揭起了由何静渊先生的第四代后裔、著名雕塑家何鄂女士赠送的"勇敢的鲜军"雕像上的红绸布时，会场上响起了热烈的掌声，领导、群众、嘉宾和全体师生一起用这庄严的掌声向烈士鲜军表达着最崇高的敬意。

接着鲜军的母亲蒋妈妈作了简短的发言，对鲜军的母校——廊小的全体教师表达了衷心的感谢，对全体学生寄予了殷切的期望。

9 点 50 分，庆典仪式在欢庆的气氛中结束。由学生表演的学校一校一品"打莲湘"拉开了校庆文艺演出的序幕。教师诗朗诵《百年廊小，不凡春秋》，道出了廊小的风风雨雨和她走过的艰难历程，同时也向客人们展示了廊小全体教师的风采。舞蹈《花裙子》《健美操》则把廊小学生的天真活泼、健康向上、朝气蓬勃表现得淋漓尽致，向客人们传达了廊小学生对未来的渴望之情。由廊小全体青年教师倾情演绎的歌伴舞《举杯吧朋友》，为远道而来的校友、嘉宾，为真诚关心廊小事业的各级领导和各界群众送上了最真挚的祝福，展现了廊小教师的良好素质。

最后，师生同唱《歌声与微笑》，向来自四面八方的客人们传送微笑，传送歌声，传送美好的祝福，把诚挚的祝愿洒向海角，洒向天涯，洒向四面八方。

当庆典全部结束，送走了一位位领导、嘉宾，我这才感到一阵劳累，但感受更多的是自豪、开心和幸福，因为百年庆典得到了赴会领导、嘉宾和校友的高度评价：非常顺利，非常成功，非常精彩，非常完美！

真的，那天天气很帮忙，没有下雨，出了太阳但又不热；那天教师的精神状态个个良好，像自己家里办喜事一样倾力投入，充分展示了廊小的团队力量；那天学生表现得特别好，像过自己的生日一样，个个兴奋不已，快乐幸福；那天庆典议程非常顺利，没有一点差错，没有一点意外；那天节目质量特别高，富有特色，衔接自然，气氛热烈；那天区四套班子全部出席。

庆典结束后，我们还请人编辑了一部《百年庆典》专题片，由电影演员孙启新解说，编得非常好，每看一次都要激动一次。

世上无难事，只怕有心人。只要我们努力、我们认真、我们用心，一定能做好任何一件事。百年庆典画上了一个圆满的句号，给领导、嘉宾和校友留下了完美的印象，更给百年廊小全体师生增添了无穷的自信和力量，给廊小的新百年发展开了一个特别好的头，预示着百年廊小未来无限美好！

三、提升：借助一次盛会，再上一个新台阶

学校的发展，如同人的成长一样，往往有许多值得重视和关切的时间节点和发展机遇。能不能抓住，运用得好不好，这是对校长领导力的一种检验。

2005 年 2 月 28 日，我校继百年校庆之后又迎来了一次盛会——由上海市教育委员会主办的“2004 年度上海市人民政府实事工程教育系统总结表彰大会”在我校隆重召开。

这么重要的会议怎么会放在我们这所名不见经传、地点偏僻的乡镇学校召开呢？这还得从“达标工程”说起。

2002 年，廊下中学搬进新校舍，将原校舍移交给廊下小学，我们小学撤掉村校，把全部学生集中到中心校。当时校园面积虽然大了许多，占地达 25 亩，但校舍非常陈旧，设施非常简陋，没有像样的运动场，没有像样的绿化带，风一吹窗上就蒙上一层灰；教室陈旧，因长年磨损，水泥地非常光滑，学生走路容易摔倒；教室一直未通闭路电视和网络，许多教室漏水；学校图书馆非常简陋，图书少且陈旧，等等。可以说我校当时是全区最陈旧、最简陋的学校。限于廊下镇

经济状况，资金一下子难以到位，需改造的项目难以实施。师生的工作学习环境令人担忧，作为校长，我看在眼里，急在心里，心里暗暗想：无论如何要想办法给师生创造一个好的工作学习环境。

2004 年，学校恰逢百年校庆，又正好遇到了上海市人民政府的实事工程——学校达标工程全面实施，按市府“城乡一体，均衡发展”的要求，我校配套 100 万元资金，用于校园改造维修。钱不多，但要做的事情却很多，改造校园绿化，屋顶加固，建造塑胶跑道，维修专用教室，粉刷校舍外墙等。

面对困难，面对问题，我们没有退缩，没有躲避，没有灰心，而是迎着困难上，坚持以艰苦奋斗为荣，精打细算，勤俭办学，用最少的钱办最大的事。

我们把改造校园绿化放在首位。我们把村校的很多香樟树、桂花树移到学校来，我们向兄弟学校吕巷小学要来很多棕榈树，我们向山塘村里要了很多美人蕉，大家都说廊下小学不花钱搞绿化；我们还自己设计，自己买树，自己种，从农户手里收了很多价钱便宜的榉树、桂花树等，如果请绿化公司种这些大榉树，每棵起码要 5000 元以上，而我们收来只要 300 元，节省很多；为了省钱，绿化浇水我们用阴沟里的水，很多活由老师义务劳动完成；2004 年国庆节，很多学校给教师发 500 元、600 元过节费，我校只发 300 元，但没有一个人抱怨，因为大家知道建设美丽校园需要共同参与，优美的校园环境对全体师生来说也是一种福利。

我们充分考虑到学校的育人特点，努力做到绿化和学校历史、文化相结合，这是我们的创新，是校园绿化改造的最大亮点。我们设计了开智石、何朱两先生纪念碑、百年庆典纪念碑、鲜军雕像、书山有路雕塑、围墙画廊等十大人文景点，使校园里充满浓厚的文化气息。通过一年多的努力，我们创造了一个令人陶醉、令人羡慕的美丽校园，成为金山区校园绿化的成功范例，我校在金山区校园绿化总结表彰会上作了专题交流发言。

与此同时，我们又精打细算建造了塑胶跑道，装修了大会议室，加固了屋顶，装备、维修了专用教室，添置了一些必要的设备。我们还特地建造了低年级小朋友非常喜欢的儿童乐园。说实话，我们改造得很苦，付出了太多的汗水，用不多的钱办成了一件件大事，打造了一个美丽可爱的校园。当然我们的成功要感谢上级领导对我校的关心、支持；感谢我校团结协作、吃苦耐劳的全体班子成员，特别是事务主任夏老师；感谢对学校改造全力支持、理解、参与的全体老师。

我一直说，教育其实很简单，只要我们努力去做，认真去做，用心去做，就一定能做好每一件事情。所以，改造好的设施，我们能够做到的、应该做到的，我们都要做好。像专用教室，我们必须要使用好、管理好，充分发挥这些设施的效益。为了发挥音乐室和唱游室的作用，我校在2004年前后引进了两位音乐专业的本科生。一所偏僻的农村小学，引进两位大学生真的很不容易，我对他俩说，要好好干，通过几年要干出成绩，让大家走进廊下小学就要听到嘹亮的歌声，看到优美的舞姿。他俩干得很不错，一个带合唱队，一个带舞蹈队，让我们这些农村娃娃也真正得到了音乐的熏陶，享受到了音乐的快乐。当然，我校个别专用教室还没有发挥出应有的作用，有些工作还做得不够好，但我们以这次市教委专项设备检查评估为契机、为动力，进行必要的整改，制订出更科学、规范的使用管理制度，以进一步使用好、管理好这些设施，努力发挥每一个专用教室、每一样设施的作用。

上海市教委市府实事项目验收组对我校的实事工程工作给予了高度评价，认为我校实事项目工作管理到位，敢于创新，扎实有效，富有特色，特别令检查组感动的是，我校面对困难，面对问题，不埋怨、不责怪、不退缩，想方设法，把不可能变成可能，把可能变成现实，用有限的资金把校园改造得这么成功，这么出色，还自筹资金改造学校绿化，非常不简单，非常不容易，令人感动。

最后，检查组认为，廊下小学校园改造资金不多，但办法多，信心足，干劲大，成效好，这样的学校在全市具有推广价值，值得肯定，值得表扬，一致决定把“2004年度上海市人民政府实事工程教育系统总结表彰大会”放在廊下小学召开。

听到这一消息，我激动万分，感到十分欣慰。我们的艰苦努力没有白费，这样高规格的大会在我校召开，不仅是廊小的骄傲，也是金山的光荣。于是，我把举办这一次盛会，既当成一次重大的挑战，也看作是一次历史性的发展机遇。

师生们听到这一消息也尤为兴奋，大家一致表示，要用办百年校庆一样的热情和智慧全力办好这次盛会。这种热情，在盛会之前已经得到证明：绿草如茵的校园、漂亮的儿童乐园、怡人的塑胶跑道、布置美观的教室、宽敞的电脑房、整洁的唱游室，还有孩子们喜爱的自然实验室、美术室，等等，都是这种热情的展现……

因为召开现场会所需，教育局出资帮我们装修好了大会议室，配置了一套会议桌和一套质量很好的音响设备。

召开现场会的那天清晨，欢快的孩子们吵醒了熟睡中的廊小，透过晨雾的朝阳给她披上了暖和的春衣。窗明几净的教室，装扮一新的校园，还有墙上那招展的彩旗，都静候着远方的嘉宾。欢笑印满了孩子们那稚嫩的脸庞，教师们也神采奕奕，满面朝气。

你看，我们以线绳为尺，把会场桌子上的矿泉水瓶放置成一条线；话筒试了又试，确保万无一失；全体教师统一着校服，突显廊小良好的精神风貌；学生礼仪多次强化训练……

会上，金山区政府领导对我校给予高度评价："2004年度市府实事工程教育系统总结表彰大会在金山区廊下小学召开，是金山人民的光荣，是廊下小学的骄傲，更使廊下小学蓬荜生辉。感谢市教委对金山教育的重视和关心。"

教育局领导在交流汇报中首先对我校给予充分肯定："原为又破又大的廊下小学，如今务实创新，努力争取镇政府的重视，借助'达标工程'的东风，发扬艰苦奋斗的穷棒子精神，投资不足100万，铺设了塑胶跑道，修缮了专用教室，绿化美化了校园。师生愉悦，家长高兴，社会和政府满意，也获得了市教委验收组的高度评价。廊小百年庆典后短短4个多月又上了一个新台阶，校容校貌又发生了很大的变化，尤其是师生的精神风貌又有了很好的提升，这次在廊小召开的盛会一定能助推廊小越办越好！"

会后，大家一致认为，这次盛会在廊小召开，是市教委领导对廊小新百年工作的肯定，是廊小新百年又一次值得骄傲的展示，更是廊小新百年又一次自信的提升，再次鼓舞了廊小全体教师。

百年庆典和市府实事工程现场会的成功举行，为廊小新百年写下了华丽篇章，让我们有理由更坚信：廊小的未来一定更美好！

第二章

留住历史根脉，夯实文化根基

校史，是学校一笔宝贵的财富。百年廊小，有着深厚的文化积淀。

为建设独树一帜、具有育人功能的校园文化，从 2004 年开始，我们围绕办学理念、培养目标和学校“三风”建设，创造性地将校史资源、地域资源和校友资源中的抽象文字和充满进取精神的资料、图片，由平面变为立体，让历史和文化穿越时空，先后物化了校园“三十景”，精心打造了“五园三区”；集资修建了书香苑，重建了斗姥阁，布展了校史馆；学校还创建了艺术育人新天地——何鄂雕塑馆，拓展了美育教育；创作了耳熟能详、优美动听的“七校歌”，设计了形象生动、特色鲜明的学校标识，撰写了内容精美、内涵深邃的《百年廊小赋》。这一系列创举，都在着力营造一种文明、健康、高品质的具有鲜明地域特色的浓郁校园文化氛围，给每一个学生留下看得见、听得到、摸得着的浓浓家乡情。

实践证明，这些校园环境、人文景观、文化展馆、活动项目、学校标识已成为廊小学子成长的深厚沃土，正潜移默化地影响着学生们的精神世界。

第一节 穿越历史文化时空，物化校园“三十景”

《百年廊小》校史纪念册的诞生，使我们班子成员如释重负。纪念册的成功整理和编辑，极大地丰富了原有的校史资源，我们也深感欣慰。站在新百年的起点上，学校教育从“知我廊小”“爱我廊小”，再到“塑我廊小”“兴我廊小”，这一个个环节的实施和贯彻，一条极具校本特色的办学思路清晰地呈现在我们面前。

但每当我翻开纪念册，看到那些老照片、老房子、古井，读到那些杰出校友的事迹时，我常常陷入沉思，常常不能释怀，渐渐地，一些新的兴趣和想法油然而生，我在想，光凭这本纪念册，其教育功能还是很有限的。要是能让孩子们随时看得见、摸得着这些资源，还能进一步深入了解这些校史文化，从中得到良好的熏陶，那该多好！

于是，百年庆典结束后，为了最大限度地发挥这些校史资源的作用，我们申请了区级课题“利用百年校史文化，对学生进行传统美德教育”进行研究，着力营造一种文明、健康、高品位的校园文化氛围，以潜移默化地促进学生健康成长。

环境是无声的教育，浸润是最好的教育方式。在学习、研究中，我们体会到，在学校文化建设中，要充分重视校园环境的育人功能。一草一木，一砖一石，每一项设计，我们都要力求把学校的办学理念与学校精神物化出来，时时处处能给予师生一种精神上的陶冶与激励。学校的文化教育，不是空洞的说教，也不是“追星”之类的活动，而是一种能震撼心灵、引人向上的精神驱动。一所办学有特色的学校，要善于构建能反映学校文化特色的人文景观，营造个性化的校园环境，充分发挥校园环境的育人功能。

理论是实践的先导。在学习、讨论中，我们更深刻地认识到：校园文化环境建设，一定要坚守学校的先进办学理念和价值取向。办学理念是学校发展之魂，校园景观是学校之体，是具象的“活字典”。两者融为一体，才能创设最好的育人环境。

一百多年前，何静渊、朱志贤两位先生创办了开智初等小学，提出了“开启智慧，报效社会”的办学精神，这在当时是极为了不起的。这一办学精神高瞻远瞩，至今仍具有重要的现实意义。今天，我们要传承百年老校的精神，就要充分利用校史、校友资源，培育和弘扬民族精神，这是学校教育的一条重要途径。

为建设具有育人功能的校园环境，从 2004 年开始，我们围绕既定的办学理念与学校精神，挖掘特色文化内涵，因地制宜地构建适合学生发展的优雅环境，让校园建筑、人文景观、活动场所彰显文化气息，使其成为促进学生体验校园文化、陪伴学生健康快乐发展的重要体验场所。我们将追寻到的富有价值的反映百年历史、文化、精神的资料、图片，由平面变为立体，让历史和文化穿越时空，将抽象的文字和精神创造性地物化成校园内一个个特色景点，具体生动地呈现在全校师生的眼前。在不到两年的时间里，学校先后设计和建起了西校门、书香苑、老房子、开智石、何朱两先生纪念堂遗址等十多个人文景点。2006 年，学校在所有景点中评选出了“百年廊小十大人文景点”：

——西校门

每天清晨，当孩子们背着书包踏进学校西校门——这一被称赞为“书意盎然”的校园第一景，就开始熏陶着孩子们。

这西校门，看似简朴但内涵深刻！那大门右侧，耸立着一根又粗又高的圆柱，旁边是三面梯次墙面，共同组成了一幅立体画面。迎着这样的美景步入校园，能给人以无限的启迪和想象的空间。那根圆柱，形似一支笔，象征着一根栋梁；三面梯次墙面，形似三本书，象征着万卷书，蕴含着“读书破万卷，下笔如有神”的诗意；移动门寓意学校开展的各类活动；大门两旁，艳丽的花草树木把校门点缀得生机盎然，红色象征着红领巾，绿色象征着绿领巾。

这西校门，是孩子们每天上学的必经之地。如果说校园“三十景”是一部立体教科书，那么，它就是这本书的序。每天它都在以自身的形象“润物细无声”地教育孩子们——“天天要写好字，天天要读好书，天天要搞好活动，长大了做祖国的栋梁之材”。

其实这个景点的教育寓意，首先是来自家长的灵感，真有点无心插柳柳成荫。

有一天放学时间，我正在校门口值班，无意间听到一个家长说起校门口这根柱子像一支笔。我一看还真的像，再一看，旁边弯弯的围墙像三本书，我又看看、想想，觉得这根柱子又可寓意栋梁，围墙可寓意万卷书，移动门可寓意学校活动。读书、写字、活动和做人，永远是学校不变的四个核心词，这不就是一个普通但富有内涵的景点吗？就这样，西校门成了廊小师生每天入校时见到的第一景。

——书香苑

进入西校门，右侧不远处就是校园景观之二——书香苑，即学校图书馆，这是师生求知的乐园。

“书香苑”这三个字是由我国著名教育家吕型伟先生取名并题写的。这座建筑是学校在 2005 年通过向社会各界集资 13.1 万元，将老食堂改造建成。2014 年，又对它作了一次修缮。它建筑面积约 340 平方米，分上下两层。一楼主要有藏书出借室以及教师阅览室，二楼是学生阅览室。校友、时任共青团上海市委书记马春雷特地为母校书香苑的落成发来贺词：“好读书，读好书，读书好”，以此勉励廊小的学子好好读书，不断吸取知识的营养。

整个书香苑采用中式装饰，古朴典雅，这里是师生理想的读书地和求知乐园。底楼大门两边悬挂的“书山览胜多奇趣，学海探骊有异珍”这副对联，是上海市特级教师、当代教育名家钱梦龙先生专门为书香苑所写；二楼阅览室的西墙上挂着著名美术家、书法家张玄英的书法作品“博览群书”；底楼西墙上挂着特为感谢社会各界的关爱而制作的横匾，上书“恩泽桃李，惠润子孙”。

书香苑书香四溢，是廊小一道赏心悦目、文化气息浓厚的风景线，它犹如一块巨大的磁石，深深地吸引着孩子们。

——开智石

开智石是校园景观之三。

1904 年，何静渊先生在斗姥阁上创办了开智初等小学，又称开智学堂，拉开了廊下小学教育的序幕。为了让学生牢记这段历史，2004 年，学校在开智初等小学的原址，竖起了一块太湖石，特请何静渊先生的第四代后裔、全国著名雕塑家何鄂女士和她的爱人张玄英题词，将“开智”两字刻在石上，遂成为学校一景。

“开智”两字，含有“开启智慧，开发智力”的意思，寓意深刻。如今，学校在继承传统的基础上，赋予这两个字新的内涵——“开”是“开心果”，“智”是“智多星”。这也是学校跨入新百年后制定的培养目标:要让廊小学生成为快乐健康、能歌善舞、微笑待人的“开心果”和全面发展、兴趣广泛、敢于提问的“智多星”。“我是开心果,我是智多星”已成为了廊小学生共同追求的目标。

我们要感谢何静渊和朱志贤两位教育先辈,为廊下教育开了先河。我们要让“开智”永远作为百年廊小的精神财富,始终引领廊小走向更美好的明天。

——何朱两先生纪念堂遗址遗迹

在廊下的校园“三十景”中,最体现历史文化积淀的要数校园景观之四——何朱两先生纪念堂遗址遗迹。

1934 年,廊下老百姓为纪念何静渊和朱志贤两先生的办学业绩,曾自发筹钱建造何朱两先生纪念堂,并立碑纪念。但 1937 年,日寇进犯廊下,纪念堂被焚毁,仅存碑额和刻有“何朱两先生纪念堂”的石匾。1947 年,学校再次建造何朱两先生纪念堂,2006 年被拆掉。2004 年,学校找到了何朱两先生纪念堂碑文,并将全文刻在一块铜牌上,连同遗留下来的碑额和石匾一起存放在纪念堂的遗址上。2013 年,学校又对该景点进行设计改造,改名为何朱两先生纪念堂遗址遗迹。2016 年,何朱两先生纪念堂遗址遗迹被列为金山区文物保护点。

何朱两先生纪念堂遗址遗迹不仅传承了廊下人饮水思源、不忘前人的感恩美德,而且还象征着学校悠久的历史和丰厚的文化底蕴,是学校百年历史文化的一个缩影。

——勇敢的鲜军

在桃李园的东北角,有一尊“勇敢的鲜军”雕像。这是校园景观之五,是何鄂和她的爱人张玄英在 2004 年百年校庆时赠送给学校的。旁边石碑上篆刻的《勇敢的鲜军》这首诗,乃是何鄂创作时的真情流露和肺腑之言。

1997 年 8 月 1 日下午 2 时许,廊小校友张鲜军在金山石化戚家墩海滩边为抢救 3 个落水孩子而光荣牺牲,年仅 22 岁,同年被上海市人民政府追认为革命烈士。雕塑前的草地上排列了 22 块条石板,象征英雄走过的 22 个春秋,其中 18 块条石组成大海,4 块组成海燕,寓意英雄在海浪中救人的壮举,灵魂像海燕一样飞翔。

张鲜军是家乡的英雄、廊下的雷锋。学校缅怀他,不仅仅因为他舍己救人的英雄壮举，事实上他就是一个助人为乐、无私奉献、敬老爱幼、诚实守信、勤奋好学、自强乐观的平凡人，一个人人可学可效仿的普通人。

“鲜军精神”是廊小的宝贵精神财富，做“鲜军式好少年”已成为全体学生的荣耀和追求。

——老房子

在学校的南侧，至今依然有一排陈旧的老房子，这是校园景观之六。

老房子，那开有天窗的房顶，低矮的屋檐，残破的砖壁，还有风一吹会发出“丝丝”响的木窗，与新校舍形成强烈反差。曾有人向学校提议砌一堵围墙或种一排冬青树将其遮挡起来，可我却非常钟情这幢老房子，因为它有“故事”。

我从一位老校长那里了解到，老房子曾经是廊下镇20世纪30年代的警察所所在地，1937年，廊小校舍被日寇全部烧毁，学生没有地方读书，有识之士借用这幢老房子作为校舍。这排老房子断断续续为学子服务了5年。在老房子的旁边还有当年校舍烧毁后残留的3块柱石，这是历史的见证。2006年，学校在老房子边种了一些桃树、李树。现在，看到老房子，就会想到学校百年沧桑、历史悠久；看到石柱，就会联想到日本侵略者是何等凶恶残暴；看到桃树、李树，就会想到百年树人，桃李满天下，硕果累累。

2013年，学校在老房子北边立了一块石碑，刻文简介关于它的故事。现在，看看老房子的旧貌，听听老房子的故事，想想那时读书的艰难，老房子不就成了校史教育和爱国主义教育的生动教材吗？

——百年老井

在桃李园里东南角小路边，有一口百年老井，井边还有立一块“思源”石。这是校园景观之七。

听老教师说，以前没有自来水的时候，师生喝水、烧饭、洗手、洗东西就靠这口井，它是学校日常生活必不可少的朋友。后来，有了自来水就不再用井水，但这口井永远有历史意义，它记录了曾经的时代特征和校园生活，凝聚着永远抹不去的历史记忆。

古井的旁边摆放着一块刻着“思源”两字的椭圆形花岗石，意在提醒我们“饮水思源”。小学，是人生中的一个重要阶段，在这里，老师们如辛勤的园丁，悉心地呵护，耐心地引导，陪伴孩子们度过五年快乐时光。

小学毕业那天，如果能再看一眼“思源”石，再坐一回井圈沿，回忆一下童年时光，再留下一张纪念照，把小学生活永远定格在镜头里，那将是刻骨铭心的。

——百年校庆纪念碑

在桃李园的东南角，有一块红色大理石。这是一块昭示未来的廊下小学百年庆典纪念碑。这是校园景观之八。

纪念碑长 204 厘米，宽 104 厘米，上面镌刻着何鄂女士和张玄英先生两人的题词：“百年庆典，盛誉圆满，有识之士，慷慨资助，万元以上，刻碑铭记”。

2004 年 10 月 18 日，学校成功举行了以“站在新百年的起点上”为主题的百年庆典。盛大的庆典，既为百年廊小画上了一个圆满的句号，又为廊小新百年拉开了精彩的序幕。值得称颂和铭记的是，百年校庆期间，廊下社会各界有识之士发扬捐资助学、尊师重教的传统精神，慷慨捐款，总数达 43 万元。

学校为纪念百年庆典，为感谢社会各界慷慨解囊，特将资助万元以上的单位和个人在以“恩泽桃李，惠润子孙”为主题的石碑上刻名，以志留念。

——中国传统节日文化墙

校园景观之九——中国传统节日文化墙，坐落在新教学楼的北面。

文化墙东西全长 42.3 米，每一个板块，用一首拍手歌、一幅农民画描述一个传统节日。通过节奏欢快、朗朗上口的拍手歌和具体形象、色彩鲜艳的农民画这种图文并茂的特有形式，展示了春节、元宵节、清明节、端午节、七夕节、中秋节和重阳节七大节庆在江南水乡自然而又生动的生活情景，使传统民俗民风变成了赏心悦目、陶冶情操的景点，给校园增添了浓郁的文化韵味，为学生认识、体验传统文化营造了一个极佳的学习场所。

节日文化，就是一本教科书；民俗传统，就是一部生活史。金山农民画体现的是艺术，拍手歌的内涵是人文，两者相得益彰。如今，中国传统节日文化墙成了廊小学生接受传统节日教育的特有途径和方式。七首拍手歌通俗易懂，内涵丰富，令人叫绝。例如《端午节》：

端午节

你拍一，我拍一，五月初五好日子，

你拍二，我拍二，端午佳节艳阳照；
你拍三，我拍三，粽子飘香忆屈原，
你拍四，我拍四，民族精神永激励；
你拍五，我拍五，香包画额避五毒，
你拍六，我拍六，齐心协力赛龙舟；
你拍七，我拍七，四黄一蛋餐不离，
你拍八，我拍八，艾蓬菖蒲门口挂；
你拍九，我拍九，趣俗多多说不够，
你拍十，我拍十，家国情怀当永记！

（注：“四黄一蛋”指黄鱼、黄鳝、黄瓜、雄黄酒和咸蛋）

这样的拍手歌，琅琅上口，老少皆宜，别有一番韵味。

——“书山有路”雕塑

书是文化的结晶和知识传承的载体。在运动区的西南角，高耸着一座银光闪闪的不锈钢雕塑，这便是校园景观之十——“书山有路”雕塑。

远眺，雕塑形成一个抽象的“书”字，象征着知识，象征着教育，又象征着学校悠久的历史和丰厚的文化底蕴。金色的圆球形如初升的太阳，又似丰收的硕果；环绕的B型飘带，既隐喻盘旋向上的求学路，又合“百”字音序，隐含了百年历程，学校虽久经沧桑，但求知依旧的深意；中间部分形如两只展翅欲飞的雏鹰，它们带着信心与希望奋勇拼搏，正飞向美好的未来，预示着廊小学生美好的前程。

整座雕塑，突出了“书山有路勤为径”这一主题，不仅给人一种积极进取、奋发向上的激励，而且给人亲切、祥和、宁静的心灵感受。教师教书育人，学生读书成人，书，是廊小师生的共同朋友。

这“十大人文景点”，见证着廊小的发展，也是廊小百年历史的浓缩，是一部部活生生的教材。

2008年，学校组织力量，编写了校本读物——《百年廊小十大人文景点》。时任上海市教委副主任张民生为本书题词：“百年廊下小学，十大人文景点”。时任中央教育科学研究所学术委员会主任、博士生导师程方平教授在为本书写的序中给予了高度评价：

“廊下小学的《十大人文景点》校本读物凝聚了一百年来几代教育者的热望，凝聚了新时代社会对教育的重托，凝聚了师生参与学校建设的热情，也凝聚了学校领导倾心改革和发展的心血。”

……

2012年，“十大人文景点”荣获上海市教育系统校园文化十佳优秀项目奖。专家认为，廊小的“十大人文景点”虽然简单、朴素，但每一个景点被赋予了新的教育内涵，反映了学校历史和文化，弘扬了学校传统文化和精神，这些景点长年累月地滋润着廊小的孩子们，是一笔可贵的教育财富，非常有价值和教育意义。但是，对我们这样一所有着深厚文化底蕴的百年老校来说，仅仅立足于“十大人文景点”的营造和诠释，还是远远不够的。从2011年开始，我们又申报了“基于百年校训资源，打造‘智慧型’农村小学的行动研究”区级重点课题，并进一步筹划廊小校园文化景观遗址保护、文物修缮、实体拓展的总体规划，以使学校文化建设更有系统地进行，更好地将物质文化与非物质文化进行整合，把学校打造成一座绚丽的校园“人文博物馆”。

2012年初，又一机遇降临我校。我们借助“校安工程”和金山“漕廊公路观光带”项目的实施，在“首十景”的基础上，进一步深挖百年老校文化资源，陆续打造了“新十景”和“再十景”。“首十景”虽然简单朴素，但积淀深厚，内涵丰富，令人回味；“新十景”是在学校“校安工程”期间建造的，不但精致典雅，且含义深刻，令人赞叹；“再十景”是学校在2014—2019年五年内先后打造的，让学校的文化韵味更丰富、积淀更深厚，令人惊叹。

现在，让我们一起来了解、欣赏、感悟“新十景”和“再十景”。

——校训石

我校有两个大门，正对大门各有一块巨石，上面分别刻着由程方平教授题写的“文渊德厚”和由书法艺术教育家、书法家、篆刻家李鑫华先生题写的“志远行近”几个大字。这是校园景观之十一——校训石。

校训，是学校的灵魂。好的校训，是师生立身处世的标杆，也是价值信念的传承。廊小提炼出的这八字校训，不仅对学生的成长具有规范、引导和激励的作用，也蕴含着学校悠久的历史和丰厚的人文内涵。其中的含义在于，百年老校，栉风沐雨，历经沧桑，但薪火相继，初心不易，全体师生始终在追求渊博的学识、高尚的道德；学校虽是一所农村小学，但有远大的理想和崇高的志向，更有脚踏实地的作风和一丝不苟的精神。非常有意思的是，这八个字还和学校的两位教育先辈何静渊、朱志贤的名字和生平事迹联系在一起。“文渊德厚”的“渊”和“志远行近”的“志”就和两位先辈的名字连在一起，而且“文渊德厚”就是何静渊先生一生的生动写照，“志远行近”就是朱志贤先生一生的生动写照。

因此，校训石内涵源远流长，成了一个有故事、有渊源、有文化的景点，给人深刻的启示和无穷的力量。

——何朱两先生铜像

桃李园北侧中间靠墙边矗立的“何朱两先生铜像”是校园景观之十二。

何静渊、朱志贤两先生为廊下教育事业做出了不可磨灭的贡献，他俩提出的“开启智慧，报效社会”的精神永远是廊小前进发展的动力。在建校 110 周年的前夕，为缅怀和感恩两位教育先辈，学校请何鄂大师创作了“何朱两先生铜像”。铜像栩栩如生，两先生边走边交谈。何先生身穿长袍大褂，举手抒怀指点，显得非常沉稳、坚毅；朱先生西装革履，倾听中凝视远方，眼光中透露出求索的光芒。受铜像感召，我曾创作了一首拍手歌《何朱两先生》：

何朱两先生

你拍一，我拍一，何朱先辈重教育，
你拍二，我拍二，造福乡邻载史册；
你拍三，我拍三，静渊创校举步艰，
你拍四，我拍四，呕心沥血开先例；
你拍五，我拍五，志贤扩校绘宏图，
你拍六，我拍六，学校巨变有追求；
你拍七，我拍七，功德无量建伟绩，
你拍八，我拍八，百姓建堂世人夸；
你拍九，我拍九，今竖铜像校园走，
你拍十，我拍十，精神永恒传后世！

这里，还有一个有趣的插曲。2006 年，何鄂曾对我说，何静渊、朱志贤两先生富有远见，为廊下的教育事业做出了突出贡献，以后可以给两先生塑像。当时我觉得这是说说而已，因为学校资金非常紧张，可能性不大。

2012 年，学校适逢“校安工程”的好时机，遂正式邀请何鄂大师为两位先辈塑像。但那时，我们只有朱志贤的照片，没有何静渊的照片。我问何老师能不能创作，何老师说没问题，但我心里总有点疑惑。2013 年，塑像完成，屹立在桃李园。2014 年，何静渊的孙子何雷先生提供了何静渊照片，我将照片和何静渊的塑像作了对照，结果无论从哪一个角度看都神似，几乎一模一样，我们对何鄂大师的高超技艺由衷地表示钦佩。

不忘初心，方得始终。廊小学子将永远缅怀和感恩两位教育先辈。

——静渊亭

在桃李园西北角，对着斗姥阁的西侧，坐落着一座古朴的亭子——静渊亭。这一书香之地，是校园景观之十三。

静渊亭，是一座六角凉亭，亭内有木椅。亭上有两副对联，一副是由著名书法家、陕西书院院长薛铸先生题写的“书山有路趣为径，学海无涯乐作舟”，寓意廊小学生不要死读书、苦读书，要乐读、趣读；另一副是由著名书法家、西安碑林博物馆原馆长高峡先生书写的“江南山水春秋气象入画卷，华夏诗书古今演义汇学堂”。这里的“江南山水”代表“静”，“华夏诗书”代表“渊”，与创始人何静渊的名字有联系。整个亭子古色古香，极具江南园林特色，这里是师生休息的理想场所，坐在亭中小憩，春可观满园鲜花，夏可纳习习凉风，秋可闻累累硕果，冬可赏皑皑白雪。

亭取名为静渊亭，一是为了纪念何静渊先生，让全体师生永远记住先生热心教育的壮举和精神；二就是寓意学生要静下心来读书，做一个知识渊博的人。

现在，静渊亭成了学生课余休息、读书、交流、游玩最喜欢的一个去处。

——志贤门

在桃李园通向稚乐园的东墙上，有一扇“志贤门”，寓含“提升抱负”之意。这是校园景观之十四。

志贤门仿照民国时期大户人家的大门建造而成，两边各摆放一座有上百年历史的石狮子，显得威严而庄重，古朴而典雅。志贤门上有一副对联“志同办校泽乡邻，贤达育人润学童”，由朱志贤先生的后裔朱晓先生撰写。横批“志贤门”三字由上海市教委基教处原处长余利惠题写。

学校建造志贤门，一是为了纪念朱志贤先生，让大家记住朱志贤的生平事迹和为廊下教育作出的突出贡献；二是寓意学生要努力做一个有志、有德、有才的时代少年。

——老照片石刻画

在桃李园里，还有一幅石刻画，是根据一张珍贵的老照片雕刻而成的。这是校园景观之十五。

这张老照片是在2004年百年庆典时一位老校长赠给学校的，是迄今为止有关学校办学历程最早的一张照片。照片拍摄于1917年5月20日，是参加朱志贤先生追悼会的全体师生的合影。虽年代久远，但照片画面依然清晰，上面共有75人，其中有7位教师、68位学生，包括17位女学生。令人惊奇的是，照片上的几块石头至今还保留在校园里，弥足珍贵。

2013年，学校创始人后裔何顾继德先生按照老照片的样子创作了这幅石刻画，并将其捐赠给了学校，现面西竖放在斗姥阁门前。

这幅石刻画，是特定历史、特定事件的再现，既说明学校历史悠久，也说明了朱志贤先生在当时社会上的地位之高和影响之大。

——村校边门

在桃李园的北墙上有两扇边门，我们称之为村校边门。这是学校第十六个景点，透露的是一种乡村忆旧的情缘。

两扇边门上方刻着解放前廊下地区“崇朴、崇本、敦仁、育英、启发”这五所村校的校名和建校时间。多好的校名啊！一个校名体现一种办学理念。这五个校名所蕴含的教育理念至今还有现实意义，使我们由衷地敬佩教育先辈的智慧。

村校就是开设在村子里的学校。农村教育曾走过一段把学校办到家门口，以方便学生就近入学的历程，这样的景观，正反映了中国村校所走过的难以忘却的历史。虽然村校已不复存在，但它在教育历史中的作用和地位是不能忘记的。尤其是对曾经就读过村校的学子而言，那种情缘是难以割舍的。

现在，我校提出的办学理念“开启智慧，润泽生命”就体现了“崇本”的思想，“智慧课堂”就非常强调“启发”的思想，学校环境设计也很好地体现了“崇朴”的思想。“育英”“敦仁”也都有很深的教育内涵，值得传承。

我们建立村校边门这一景观，不仅意在让老师和小朋友永远记住这些村校、记住村校的历史，更重要的就是继续发扬光大这些村校的教育理念和内涵。

——牡丹石

在桃李园里东北角矗立着一块非常珍贵的牡丹石，这是校园景观之十七。

牡丹石是一种世界奇石，被列为世界珍稀品种。它质地细腻，底色为黑，间布或白或绿的纹理，状如一朵朵国色天香的牡丹，形态逼真，图案清晰，妙趣天成，有的正含苞，有的似盛开。据专家考证，牡丹石是在15亿年前的地壳运动中，由晶体状的火山熔石随其他岩浆流动混合而成，世界上独一无二，只有中国洛阳有极少的储量，且是不可再生的天然资源。河南省人民政府赠送给中央人民政府的一块牡丹石就存放在中南海紫光阁，可见牡丹石之珍贵。

这块牡丹石是如何来的呢？廊下有个上海发力电子箱柜有限公司，我校为该公司两位员工的子女解决了就学问题，公司杨文辉总经理非常感谢我，要送我贵重礼品，我谢绝后他又要给学校捐款，我也谢绝了。我说，如果他在我刚开始做校长的时候捐款，我肯定需要，而且越多越好，那时学校资金非常紧张。但现在，学校的资金已经有了保障，不需要大家再捐款了，他的心意我领了，再说他把公司开在廊下，成了新廊下人，也在为廊下做贡献，学校有责任解决他公司职工子女就学问题。事情就这样过去了。

有一天傍晚，我正好散步到该公司门口，看到门口摆放着一块花纹很好看的石头，再朝里面一看，草坪上还有好几块这样的石头。我马上给杨文辉总经理打了个电话，我说他以前赠送礼品我不要，给学校捐款我也不要，现在我校正在搞校园环境建设，我看中了他公司里的石头，我要一块怎么样？杨总说没问题，让我随便挑。第二天，我和我校校园环境总设计师何顾继德老师、总务主任刘老师把这块石头带了回来。这就是校园景观牡丹石的由来。

校园里有如此珍贵的一块牡丹石，给师生带来了好奇，带来了吉祥，带来了知识，带来了美的享受。现在，学生看到这块牡丹石，既能了解一些知识，也会了解新廊下人建设廊下的热情，更能从中感受到爱的教育，从而树立起长大后也要把爱洒向社会、回报母校的感恩志向。

——“能歌善舞”雕塑

莲湘园很美，是一处园林景观，其中最引人注目的是“能歌善舞”这尊雕塑。这便是校园景观之十八。

2013 年，在进行校园改造时我突然产生了一个念头：能否请学校创始人后裔、全国著名雕塑家何鄂创作一个雕塑作品，把廊小学子阳光自信、活泼可爱、快乐健康的精神风貌展示出来？何老师说可以，但难度很大。她详细询问了学校开展的各类活动，以及小朋友最喜欢什么活动，我说是打莲湘和拍手歌。这两个项目学生特别喜欢，给他们带来了无穷的快乐和智慧，且先后荣获上海市教育系统校园文化十佳优秀项目奖，其节目均曾在中央电视台播出。何老师让我把有关打莲湘和拍手歌的文字、照片寄给了她。一个月后何老师把“能歌善舞”小样的照片传给了我，我和班子人员看了都非常满意，认为这就是我们理想中的雕塑。

这座主题为能歌善舞的雕塑，歌就是指拍手歌，舞就是指莲湘舞。水池里大大的、圆圆的石鼓上，两个小朋友在跳莲湘舞，两个小朋友在唱拍手歌，姿态优美，栩栩如生，寓意廊小学生阳光自信、活泼可爱、快乐健康的精神风貌，也象征着廊小学生人人会唱拍手歌，个个会跳莲湘舞的教育特色。小朋友们特别喜欢这尊雕塑，我也越看越喜欢，不由自主地写了一首拍手歌《能歌善舞》：

能歌善舞

你拍一，我拍一，能歌善舞人人喜，
你拍二，我拍二，童心童趣魅四射；
你拍三，我拍三，两对小孩石鼓站，
你拍四，我拍四，天真可爱富朝气；
你拍五，我拍五，舞动莲湘干劲足，
你拍六，我拍六，击打跳跃乐不够；
你拍七，我拍七，拍拍唱唱如游戏，
你拍八，我拍八，朗朗上口节奏佳；
你拍九，我拍九，阳光自信竞风流，
你拍十，我拍十，廊小学子有活力！

用一尊雕塑来展示学子的精神风貌是我校的一个创举。能歌善舞是廊小学生的重要特征，是我校培养“开心果、智多星”目标的重要体现。

——思乡泉

莲湘园里，有一个景点叫思乡泉，反映的是在外游子情深意长的思乡之情。这是校园景观之十九。

来到莲湘园，跨上园廊，你就会发现一口古朴的老井，汩汩清水，通过小石桥，流向水波荡漾的荷池。古井边的石头上刻着“思乡泉”三字，井边有个圆形门洞，上方写着“廊桥望月”。这个景点是根据一个真实故事而设计的。

有一次，我无意之中听到这样一个故事。1937 年，日寇从石化海滩登陆入侵金山，一岁不到的何鄂和家人被迫背井离乡，最后逃难到西安落脚。从那以后，每逢中秋节，何鄂的奶奶总要拉着何鄂和何鄂胞弟何顾继德的手，坐在窗边，边欣赏月亮，边教姐弟俩背“举头望明月，低头思故乡”的名句，还教姐弟俩学廊下话，说等她姐弟俩长大后或退休后回到家乡，用家乡话和家乡人交流，在有生之年，尽可能地为家乡做一点事。20 世纪 90 年代，姐弟俩带着奶奶的嘱托和期望，寻根到了廊下，在何家宅基地旁双手捧起了一把泥土，用手帕包好带回家。从此，何鄂姐弟俩经常回家乡，为家乡的文化教育事业做出了重大贡献。何鄂大师在我校创建了何鄂雕塑馆，还担任学校名誉校长；何顾继德先生用多年时间，帮我校设计了一个人人称赞的古朴、典雅的校园。

2013 年，我校在进行校园环境改造时，学校特地设计了思乡泉这个景点。它寄托了何鄂和何顾继德姐弟俩对家乡、对先辈创办的百年廊小绵绵不断的乡思、乡缘与乡情。

——欢乐大舞台

在廊小校园内还有一个很引人注目的景点，那就是将景与人融为一体的欢乐大舞台。它位于西操场表演区，是学生展示风采的地方。这是校园景观之二十。

大舞台，由江南风格的黛瓦白墙构成：舞台背景以雕砖砌成，上面镶“欢乐大舞台，雏鹰展风采”十个大字；四周用花纹装饰，看上去古朴典雅；高大宽敞的中心演出区，两侧配以化妆准备间；老石条铺就台阶、台沿，两台边角各安装古朴的拴马石猴、石象柱、石嘲风（龙九子之一），朴素、简洁、新颖、实用。

每个年级每学期都要利用“快乐活动日”时间，以联合中队主题集会的形式上欢乐大舞台表演，还邀请年级组所有老师和家长一起参与活动。一开始，一些班主任老师怕影响节目质量，总是不让调皮的或者智力特殊的学生参加。后来，我反复强调学校的理念是让每个学生找到自信，必须人人上舞台，不必在乎他表演的水平如何，而应关注他参与表演的体验，在台上有没有展示出自信、有没有收获快乐。现在，学校没有一个不上台的学生，欢乐大舞台成了“开心果”“智多星”展示才能的好地方。为了让学生更喜欢大舞台，我也写了一首拍手歌《欢乐大舞台》：

欢乐大舞台

你拍一，我拍一，古朴舞台魅无比，联合中队聚一起，
你拍二，我拍二，主题集会同欢歌，家长师生一起乐；
你拍三，我拍三，人人上台风采展，阳光自信满笑脸，
你拍四，我拍四，班班亮相比一比，不甘落后争第一；
你拍五，我拍五，能歌善舞劲头足，多才多艺就是福，
你拍六，我拍六，知识问答抢举手，体育游戏秀一秀；
你拍七，我拍七，自编自演有创意，阵阵掌声高潮起，
你拍八，我拍八，所有节目顶呱呱，学生个个乐开花；
你拍九，我拍九，精彩纷呈赏不够，意犹未尽不肯走，
你拍十，我拍十，廊小学子爱展示，有趣有劲又有益。

“欢乐大舞台，雏鹰展风采，人人上舞台，班班有风采”成了活动最响亮的口号。大舞台给了学生快乐、自信，给了每一个人、每一个班级、每一个年级展示风采的机会。胆小害羞不用怕，多上舞台就胆大。廊小学生之所以胆大自信、阳光可爱、彬彬有礼，一个重要的原因就是因为多上舞台、常表演的缘故。

——北校门

我校除了有一个西校门，还有一个在2014年建的北校门。它古朴大气，庄重美观，富有地域建筑风格。这就是学校的第二十一个景点。

北校门与古色古香的围墙、江南建筑风格的行政大楼连成一体，富含书香门第和百年老校的韵味。大门顶上有一对龙头和一对凤头，寓意吉祥如意；大门上面的横梁上是上海师范大学原党委书记刘克先生题写的校名：金山区廊下小学；两侧是红色八字校训篆书印章：文渊德厚，志远行近；大门内侧上方的横

梁上是由人民教育家于漪题写的办学理念：开启智慧，润泽生命；大门四根雪白的方正柱子，坚实厚重；大门的两侧是砖雕的十二字校风：方方正正做人，踏踏实实做事。

整个大门寓意廊小学子在办学理念、校训和校风的引领、熏陶下，牢记父母“望子成龙、望女成凤”的美好愿望，方方正正做人，踏踏实实做事，从小学起始，打好坚实的基础，长大了做祖国的栋梁之材。

——十二生肖墙

学校运动区大操场边上有三面相连的“十二生肖围墙”，色彩鲜艳，图文并茂，内涵丰富，引人注目。这是学校第二十二个景点。

十二生肖是中华民族古老而又特有的民俗文化，家喻户晓，影响深远。十二生肖两两相对：老鼠和牛、老虎和兔子、龙和蛇、马和羊、猴子和鸡、狗和猪，展现了深刻内涵和无穷妙趣，体现了我们的祖先对后人的期望及祝福。

这里共有十五幅画，有十二生肖简介、成语、诗句、歇后语、儿歌、对照表、拍手歌等内容。围墙映衬着操场，绿植点缀着围墙，现代连接着传统，有美景、有文化，又有童趣……真是一个强身健体、放松心情、享受文化、熏陶心灵的好地方。小朋友特别喜欢这首《十二生肖》拍手歌：

十二生肖

你拍一，我拍一，小小老鼠排第一，神出鬼没真诡异。
你拍二，我拍二，黄牛爱唱勤劳歌，晨出暮归耕田乐。
你拍三，我拍三，老虎大王住深山，威名天下浑身胆。
你拍四，我拍四，白兔蹦跳多有趣，温顺可爱惹人喜。
你拍五，我拍五，飞龙在天任狂舞，蛇欲吞象撑破肚。
你拍六，我拍六，快马扬鞭再加油，万马奔腾竞风流。
你拍七，我拍七，羊羔吃草笑眯眯，神情悠然咩咩啼。
你拍八，我拍八，猴子爱住林中家，活泼机灵树上爬。
你拍九，我拍九，金鸡报晓亮歌喉，小狗趴地把门守。
你拍十，我拍十，胖猪忠厚又老实，肥头大耳有福气。

学生们来到操场，走走看看、拍拍唱唱、说说笑笑，时有“十二生肖”相伴，多有趣！

——童嘻廊

在学校的稚乐园南侧，有一条小朋友非常喜欢的童嘻廊。这是学校第二十三个景点。

廊长 33 米，宽 3.2 米，用实木搭建成架，木架下两边各砌一排长长的大理石凳子，供师生休憩小坐。石凳旁种植多株葡萄，炎炎夏日，架上藤蔓攀爬，枝繁叶茂，架下甚是阴凉。

长廊中间进口处的梁上写有一副由上海语文特级教师贾志敏特为我校创作的对联：风吹廊下喜今日莺歌一校，雷响云间盼他年鹏举九霄；横批：童嘻廊。这副对联寓意今日廊小校园童趣满园，处处充满婉转悦耳的歌声，明日廊小学子志在千里，奋发有为，做祖国的栋梁之材。这是一个教育大家对一所乡村百年老校的真诚祝福和美好期望。

如今，童嘻廊成了小朋友游玩、休息的好去处。

——民国铜铃

在斗姥阁一楼的东北角横梁上，高挂着一个民国时期的大铜铃。这是第二十四个景点。

现在，大多数学校采用音乐铃声作为上下课的铃声。民国时期，学校大都以铜铃声示意，小规模学校用手摇铜铃，较大规模的学校用悬挂的大铜铃，大铜铃铃铛上系着一根绳子，用力拉绳子，摇晃的铜铃就发出“当当当”清脆厚重的撞击声。

直到 20 世纪 90 年代，学校在停电的时候还使用这只大铜铃。2014 年，斗姥阁建成后，学校将该铜铃挂在斗姥阁一楼屋檐下，系上一根红绳，作为一个定格的历史符号，也作为一个玩具供学生在课余时间玩耍体验。

学生在娱乐中既能了解历史知识，感受到先辈的智慧，还能感受到学校的百年历程。

——校树校花

学校有一个松梅园，里面有一棵近 90 年树龄的雪松和一棵树龄较小的雪松，还有两棵百年梅花树和许多树龄较小的梅花树。雪松是学校的校树，梅花是学校的校花。这是学校第二十五个景点。

大家知道，无论严寒酷暑，还是疾风暴雨，雪松永远昂然挺立、四季常青；历经冰天雪地、寒风刺骨，梅花总是迎春吐艳、芳香扑鼻。雪松和梅花独特的生长习性，使我们联想起现在有很多独生子女缺乏吃苦耐劳的精神，经不起困难和挫折。为此，学校把学生天天看到的雪松、梅花确定为校树和校花，以此激励学生在碰到挫折时，要像雪松一样昂首挺胸、天天向上，碰到困难时，要像梅花一样自信自强、永不低头。

如果哪个小朋友遇到困难和挫折时退缩了，老师就把这个学生领进松梅园，让学生想象一下雪松、梅花在寒冬酷暑时的情景，读读“雪压青松松更翠，霜打梅花花更艳”的诗句，听听学校把雪松、梅花定为校树和校花的初衷，学生一定会擦干眼泪，挺起胸膛，跨出松梅园。

为了让学生更喜欢校树、校花，我还特地写了一首拍手歌《松梅园》：

松梅园

你拍一，我拍一，松梅园里显生机，
你拍二，我拍二，校树校花有特色；
你拍三，我拍三，高高雪松入云天，
你拍四，我拍四，时时与楼比高低；
你拍五，我拍五，多彩梅花饱眼福，
你拍六，我拍六，迎春吐艳美心头；
你拍七，我拍七，两首咏诗记一记，
你拍八，我拍八，里外对联夸一夸；
你拍九，我拍九，松树梅花手拉手，
你拍十，我拍十，天天向上长志气！

廊小学子天天伴随校树、校花一起成长，相信他们在松、梅坚强不屈的精神感召下也会一天比一天坚强。

——百年廊小赋

在学校书香苑广场东侧的小花园里，斜放着一块刻着《百年廊小赋》的厚重大气的石碑。这是学校第二十六个景点。

我校创立于 1904 年，历史悠久，文化积淀厚重。2017 年，学校请上海著名辞赋学者、《上海赋》作者张青云先生撰写了《百年廊小赋》。该赋精短、通俗、丰厚，包含了学校历史、学校命脉、学校面貌、学校精神和学校宏图，用文学的形式记录学校精彩纷呈的百年发展史，犹如一幅气势磅礴的画卷。赋名由中国教育学会名誉会长顾明远教授题写。

2017 年 9 月 26 日，金山区廊下镇人民政府在书香苑广场立《百年廊小赋》碑。从此，大气、厚蕴、庄重的《百年廊小赋》又给学校增添了一个传世的文化景点，给学校的百年文化增添了韵味和魅力！

——何鄂题词石

在学校松梅园靠近行政楼的东南角，摆放着一块巨大的“何鄂题词石”。这是学校第二十七个景点。

何鄂，祖籍金山廊下，全国著名雕塑家，中国工艺美术大师，我校创始人后裔，2014 年在我校创建了何鄂雕塑馆，同年担任我校名誉校长。何鄂现定居兰州，但她始终关心着家乡廊下的教育发展，尤其是关心小朋友的成长。

2018 年，何鄂奶奶回廊小看望全体师生，当她得知学校正在开展读书活动时，就主动在书香苑为小朋友题词：“寄语廊下小学的小朋友：爱书吧！和好书交朋友，让阅读成为一生的兴趣和爱好！”这是何鄂奶奶对廊小学子的殷切期望和良好祝愿。小朋友们特别喜欢平易近人的何鄂奶奶，人人都能熟练地背诵这句话。

为了让何鄂的题词发挥更大的作用，成为廊小一笔时时看得见的催人奋进的宝贵财富，2018 年 10 月，学校把何鄂的题词刻在一块大石头上，并安放在师生天天经过之处，使之成为激励廊小学子热爱书籍、重视阅读的一个催人奋进的景点。

现在，何鄂奶奶这句寄语已深深地烙印在每一个廊小学子的脑海里，成为他们孜孜追求的目标和奋发读书的无限动力。

——文怀沙题词石

学校行政楼东南角的花坛里，树立着一块“文怀沙题词石”，非常醒目。这是学校第二十八个景点。

2015 年的一天，一位早年就离开家乡的江女士到廊小参观，当我得知这位江女士的公公就是大名鼎鼎的国学大师文怀沙时，我随即产生了请文老给我校题词的想法。结果，时年105岁的文怀沙大师，竟然一下子给我校题了两幅字，一幅是“金山廊下小学”；另一幅用隶书、篆书、行楷三种字体为我校小朋友题词“学而时习之不亦悦乎”。我们将其装裱好后，一幅挂在学校的小会议室里，另一幅挂在斗姥阁二楼。

2018年，中央宣传部推出“学习强国”学习平台，打开平台，显示的第一句话就是文老题字的这句话，我顿时眼睛一亮。我对这句话的理解是“学习贵在学以致用，努力实践就能不断获得成功，这是一件快乐的事”。这是读书的最高境界。2018年10月，学校把文老的这幅题词刻在一块师生天天要经过的大石头上，以此勉励廊小学子要以文老的题词为荣耀，努力把学到的知识和本领运用到生活实践中，不断追求成功的快乐和“学而时习之不亦说乎”的读书境界。

读书唯求愉快，这是一种很好的境界。现在，这个有故事的景点成了参观嘉宾喜欢留影的地方之一。

——复旦廊小牵手纪念碑

在西校门宣传画廊西侧的墙壁上镶嵌着一块“百年复旦和百年廊小牵手纪念碑”。这是第二十九个景点。

2015年11月7日，复旦大学组织70多位大学生来廊下小学参观考察。美丽的校园环境、浓厚的文化气息、先进的办学理念，尤其是廊下小学教育先辈、毕业于震旦学院(复旦大学的前身)的朱志贤先生那句朴实话语“人在年富力强的时候，正是应当为社会服务效劳的时候”，给到访的复旦学子留下了深刻印象，他们既感叹于朱志贤先生服务社会的壮志及其为廊下教育做出的巨大贡献，更惊喜于他百年前的理想抱负与复旦大学现在提出的“服务学习”的理念不谋而合。就这样，百年复旦和百年廊小因为朱志贤而牵起了手，2017年11月18日，我校正式成为复旦大学社会实践基地。与复旦这样的名校牵手是廊小的荣幸和福气，也是廊小拓展素质教育、提升办学品位的又一个创举，必将给我校带来不一样的精彩和收获。

2018年8月，学校安置了“百年复旦和百年廊小牵手纪念碑”，校园里又增添了一个有渊源、有故事、有意义的景点。

——方正之铜像

在校园教学楼东侧靠南墙的花坛里，矗立着一尊“方正之铜像”。这是最新落成的第三十个景点。

方正之，原名马本初，是我校早期杰出校友。他的优秀事迹不胜枚举，其中“两次改名的故事”特别感人。我校“方方正正做人，踏踏实实做事”的校风就是因这个故事而来的。

2019 年 9 月，由何鄂大师创作的“方正之铜像”在校内落成。何鄂大师在创作铜像的同时，还创作了一首非常感人的诗——《向方正之致敬》：

向方正之致敬

灯下细读方正之，崇敬之情油然生。
廊下热血一青年，三七目睹日侵华。
抗日救国雄心志，跨艰闯难奔延安。
旭日东升新中国，做官为民讲党性。
一生清廉尘不染，心似明镜坦荡荡。
中共忠贞一战士，青松傲立天地间。
俭节补履未所闻，以身作则育儿郎。
爱国爱家显人品，德行桩桩撼心灵。
病魔折磨双重难，赤子依然丹心鉴。
晚辈耄耋塑前贤，前辈半百逝英年。
无限感慨寄乡情，日月星辰颂精英。
金山儿女新征程，为国为民为复兴。

方正之的优秀事迹和精神是学校宝贵的精神财富，是激励廊小学子热爱家乡、方正做人、踏实做事，人人争做新时代好少年的生动教材。为了让学生牢牢记住方正之的优秀事迹和精神，我也特地写了一首拍手歌《方正之》。

在“方正之铜像”前，听听方正之“两次改名的故事”，唱唱《方正之》拍手歌，诵读《向方正之致敬》，然后再向“方正之铜像”敬个礼，这不就是一次生动的爱国主义教育吗？

百年廊小“三十景”，组成了一个美丽、赏心悦目的大花园，讲述了三十个生动朴实的校园故事。为了让小朋友更容易记住“三十景”，更喜欢“三十景”，我特地写了三首拍手歌：

首十景

你拍一，我拍一，百年廊小经风雨，首建十景创先例。
你拍二，我拍二，第一景点西校门，天天励志多快乐。
你拍三，我拍三，书香苑里书香漫，开智明理需博览。
你拍四，我拍四，饱经沧桑老房子，初创校名开智石。
你拍五，我拍五，百年庆典绘前途，书山有路齐跨步。
你拍六，我拍六，纪念堂边走一走，先辈事迹听不够。
你拍七，我拍七，围墙画廊多美丽，传统节日真欢喜。
你拍八，我拍八，鲜军铜像绽芳华，英雄事迹人人夸。
你拍九，我拍九，思源石边身影留，母校情感浓又厚。
你拍十，我拍十，十大景点有意义，廊小学子人人知。

新十景

你拍一，我拍一，百年廊小美如诗，新添十景更靓丽。
你拍二，我拍二，何朱铜像是首歌，创校扩校留美德。
你拍三，我拍三，镇校之宝老照片，刻上石碑世代传。
你拍四，我拍四，天天走过校训石，催人奋进又励志。
你拍五，我拍五，静渊亭里看看书，志贤门下理想树。
你拍六，我拍六，牡丹石前走一走，感人故事听不够。
你拍七，我拍七，村校边门要追忆，美好理念永激励。
你拍八，我拍八，能歌善舞顶呱呱，欢乐舞台表演佳。
你拍九，我拍九，思乡泉里泉水流，家乡情感暖心头。
你拍十，我拍十，双十景点日相遇，百年廊小我爱你。

再十景

你拍一，我拍一，百年廊小有魅力，再添十景人称奇。
你拍二，我拍二，古色古香北校门，地域建筑显特色。
你拍三，我拍三，复旦廊小纪念碑，感恩先辈朱志贤。
你拍四，我拍四，杰出校友方正之，两次改名有故事。
你拍五，我拍五，细读百年廊小赋，大气厚重有深度。
你拍六，我拍六，文老题词石上留，学以致用乐悠悠。

你拍七，我拍七，走近何鄂题词石，大师教导要铭记。
你拍八，我拍八，校树校花竞芳华，民国铜铃树上挂。
你拍九，我拍九，生肖围墙看不够，童嘻廊下笑声留。
你拍十，我拍十，三十景点强根基，百年廊小了不起。

百年廊小“三十景”是一门立体的课程，它将历史与文化、生态与建筑融合在一起，散发出独特的江南园林魅力和文化魅力，点点滴滴，潜移默化，成为学校立德树人的有效载体和学生成长的最佳沃土，长年累月滋润着廊小师生的精神世界。

一位专家说，一所如此普通的农村学校，有这么多景观、这么深厚的史迹密集地呈现在校园里，作为优质的教育资源提供给师生，这在沪上小学中是鲜见的。廊小“三十景”，它既是文化之景，也是培育之点，更是教育之情。这是校园奇观——校园文化的花圃，这是教育史诗——品质育人的篇章。

第二节　运用校史资源，精心打造“五园三区”

学校文化的传承和积淀，是学校发展的深厚根基和动力源泉。文化给学校发展提供了深刻、全面的视域。但任何一种文化的构建都不可能一蹴而就，需要长期的积淀和传承才能形成。

文化品质的高低决定着学校内涵发展的深度。从建设高品位学校文化来看，我们深感廊小文化建设还需要更有系统地进行，需要对现有的特色和亮点、物质文化与非物质教育文化进行整合。高品位的学校文化建设和教育特色的形成，并不是一个人拍脑袋就能作出的随意决定，而是由深厚的学校文化背景所孕育的。

站在新百年的起点上，廊小又一次喜从天降。

2012 年初，“校安工程”和金山“漕廊公路观光带”项目开始实施。为把学校的历史、文化和精神更好地沉淀于校园景观，从而带动百年文化穿越时空，成为学校发展的物质财富和精神财富，我们决定借助这一千载难逢的契机，对廊小校园环境和文化建设进行全面的整合改造。我们定下的目标是，通过整体改造和提升，把廊小打造成一所花园学校和一座绚丽的“校园人文博物馆”。

目标和设想有了，但项目的实施，必须进行优秀的、切实可行的规划设计。谁能承担这一重任？我们请来了何鄂的胞弟、高级工艺美术师何顾继德先生。早在六年前，何顾继德先生就曾给我校设计过一段古色古香、具有江南园林特色的黛瓦白墙的拱门，老师们都说它最能反映百年老校的建筑风貌。如今承担这一重任，我们觉得他是最好的人选。为此，学校提出了五点想法：

一，这次校园改造不是局部小打小闹，而是全盘考虑，整体改造，要一次设计，分步实施。

二，要体现以学生为本的理念，设计学生喜欢又适应学生成长的环境空间，能让学生与学校历史文化对话、与自然和谐相处。

三，要把学校的历史文化自然地融合到校园环境中，既能体现百年老校风貌，又不能牵强突兀。

四，要把廊下的地域文化、地域建筑风貌有机融合到校园中，体现地域特征。

五，学校的树木尽量不动，尤其是大树，要自然地融合到校园环境中。

何顾继德接受这一重任后冥思苦想，度过了好几个不眠之夜。廊小始建于晚清，经百年变迁，特别是在中华人民共和国成立后几度改造，学校的建筑分布极不规范，故改造难度很大。但何顾继德怀着一股报效家乡的激情，开始详细地考察学校建筑、道路、楼院、场地，随后画出初步方案，又与我们反复推敲，最后一致决定：以楼间空地设计相对独立的单元，突出地域特点，之后再用设计技术使之连接。

精心设计的改造方案，最终得到金山区教育局认可和支持，于是，“五园三区”校园改造工程正式拉开序幕。

一、走进“百年文化的缩影”——桃李园

桃李园，原来仅有一段由何顾继德老师设计的围墙，中间开了个拱门，取名桃李园。拱门也叫月亮门。门的两边还张贴了一副对联：“开启智慧日灿烂，润泽生命花芬芳”。

在改造前，学校的一些文物史料都各自陈列于地面，在视觉中这些都是一个个“点”。何顾继德先生说，设计的要务是要把“点”连成“线”，“线”连成“面”，“面”形成“体”，演变成有主题、有故事、有品位的文化空间。于是，他借鉴颐和

园"园中有园"的设计，把桃李园建成既独立又不封闭的"校史园"。

一所百年老校，一定有特有的历史背景，也必定有深厚的文化底蕴。何静渊和朱志贤两先生于艰难中创校，为金山教育之倡导者与实践者，所以应在园中树立起他们的雕像，形成景观中心。这样，零散的史料经组合就能形成有大气场的空间。

在桃李园中，沿中轴线从北向南，依次讲述廊小的建校历程：象征中华五千年文明的高台上，安放着何、朱两位创校先辈铜像；向南走过老石条铺就的路面，陈列着何朱两先生纪念碑残碑，它静静地竖立在基座上，似乎是在向我们陈述创校先驱的伟绩，又似乎在控诉侵华日军的暴行；走过石狮柱廊，何朱两先生纪念堂石匾在青石砖台上陈列，下面是三块饱经沧桑的老石条，象征着廊小厚重的历史积淀。

最南端一栋陈旧的老房子，那是过去孩子们在战时的学堂，在战时的家园。这是不可忘却的纪念。

凡园不可缺亭。以何静渊和朱志贤两先生名字命名的静渊亭和志贤门，两景东西而立。

桃李园北边的两扇小门上面，还刻着民国时期廊下地区几所很有内涵的村校的名字——"育英、启发、崇本、崇朴、敦仁"。这些村校虽早已不复存在，但它们却无不承载着百年廊小的文化，无不书写着百年廊小的历史。

在桃李园内，还设计了开智石、思源石、鲜军雕像、百年庆典纪念碑、百年老井、牡丹石等景点。这些景点，无不见证着百年廊小的传承。园中，粉红的桃花、洁白的李花、橙色的柿子、红色的石榴、黄色的无花果，错落有致，色彩缤纷。这一切，不禁让人想起，百年廊小，栉风沐雨，几经沧桑，但薪火相继，壮心不已；百年求索，爱满九州，桃李天下，硕果累累，光荣与梦想一直与廊小人相伴。

二、走进"地域文化的标志"——莲湘园

莲湘，是具有 100 多年历史的廊下民间舞蹈，已列入上海市非物质文化遗产名录。它是廊小最亮丽的艺术教育品牌，曾走进中央电视台、上海旅游节开幕式和上海世博园亮相表演。

有一天，我突然产生了一个灵感：除了把民间艺术莲湘的动作、道具和音乐传承好，能不能把莲湘物化成一个景点或者一个园？我和何顾继德老师多次交

流和研究，最终确定建造莲湘园。

莲湘园，以莲湘为主题，以水为魂魄，构成了一幅别具一格、富有特色的“水润江南”图景。它由一池、一河、一湖组成：

一池，园池歌舞：园池中间有“能歌善舞”雕塑，大石鼓上面有两个小孩在打莲湘、两个小孩在唱拍手歌。每当旭日东升，在身后翠竹园廊的衬托下，歌舞的孩子们脸上洋溢着幸福的光彩，优秀艺术作品与江南风格的园林浑然一体，达到视觉艺术的至高境界。

一河，小桥流水：从老井里时时冒出的水流向小河，小河上由四块老石条铺成的小石桥看上去特别有韵味。

一湖，荷池咏春：荷池里有太湖石，有三曲桥，有荷花，有水帘洞，富有诗情画意。

一池与一河用高点园廊隔开，园廊寓意廊下，还寓意廊小用宽广的胸怀迎接一批批学子到来。

园廊上方有最能体现江南建筑风格的观音兜，围墙上开着五扇不同形状的花窗，墙上还布置了有关莲湘的知识和荣誉奖状。走廊的一边，安放了两只长而微圆的没有靠背的木凳，供师生们休息。

一河与一湖用一段开着月亮门的黛瓦白墙隔开。

纵观莲湘园的设计，十分巧妙。走进莲湘园，首先看到的是一池“能歌善舞”的雕塑和园廊。当走上园廊时跃入眼帘的是一河、小桥流水和月亮门，穿过月亮门后才能看到整个湖的美景。好一个江南园林主题小花园，四季鲜明，鸟语花香，赏心悦目，令人流连忘返。园门上的对联“舞动莲湘靓廊下，放飞梦想秀神州”，寓意廊小学生爱莲湘、舞莲湘，从小放飞建设祖国大地的美好梦想。

三、走进“催人励志的圣地”——松梅园

松梅园在新教学楼西面，内有一株巨松挺立。建园时，学校配以红梅、白梅、蜡梅，并砌了两段古色古香的开放式围墙，组成了催人励志、培养学生精神品质的松梅园。

松梅园里最为醒目的就是那棵又高又大的雪松，已有近 90 年树龄，是廊小学子的一个深刻记忆。

学校之所以要建造松梅园，不只是要让学生多一个休闲与接触、亲近自然

的地方，更在于要使这里成为“催人励志的圣地”。无论严寒酷暑、刮风下雨，松树永远昂首挺胸。而蜡梅，即使在最寒冷的冬天，也要露出“笑容”，开出灿烂的花朵。开花在百花之先的红梅，更象征着坚强不屈和自强不息。为了组建这一催人励志的景点，学校又特意选购了两棵百年以上的大梅树和十几棵颜色各异的小梅树，加上校园里移过来的两棵小雪松，组成了松梅园。

松梅园的主墙上开有一个中式大门，门内外张贴两副对联：

墙外：“雪压青松松更翠，霜打梅花花更艳”——这是清朝诗人张惠言的诗句。它通俗易懂，朗朗上口，写出了松树和梅花坚强不屈、积极向上的品质。

墙内：“玉骨冰姿炼好学，盘龙吟风享青云”——这是复旦大学附属中学特级教师黄玉峰特地为松梅园题写的。

松梅之品质，历来为人们所传颂。我们决定以雪松为校树，以梅花为校花，并竖立介绍校树、校花的牌子，以及以拍手歌《松梅园》做成的标牌，加深学生对雪松和梅花的印象，让他们汲取梅花和雪松那坚强不屈的精神。

学校建造松梅园，除了让学生多一个亲近自然的地方，重要的是让学生从校树雪松、校花梅花身上得到启示：碰到挫折时，要像松树一样昂首挺胸，天天向上；碰到困难时，要像梅花一样自信自强，永不低头。

四、徜徉童心闪烁的童趣园和热闹非凡的稚乐园

童趣园，位于教学楼和综合楼两幢楼房之间。

新建教学大楼的地基要比前面路面高出一米多，为了美观和安全，我们巧妙地将高出平地一米的教学楼地基开辟了三个台阶：两边各一个，中间一个。台阶间各用一个长长的有坡度的主题花坛隔开，两个花坛里摆放着用不锈钢制作的“开启智慧，润泽生命”中英文字，左边中文，右边英文；字的北面种了一排红叶石楠，字的南面和字间种满了绿绿的麦冬，既美观又有文化韵味。

大楼南面原有的三棵榉树和四棵香樟树都原封不动，还种了一大二小三棵桂花树，大的已有100多年的树龄，小的也有40多年。十棵错落有致的树都用圆的大理石花坛围住，既保护树木又可供学生休憩时坐。花坛底座外沿贴上七种颜色的釉面瓷砖，地面上画了许多供小朋友玩耍的“造房子”。靠近南面综合楼有一个精巧的小舞台，舞台的背景是一块大大的彩色显示屏。东南一角竖放着一块由中国人民大学程方平教授书写的“童趣园”三字的石头。

或课间，或中午，花坛边，树荫下，荧屏前，孩子们在这里打打莲湘，跳跳房子，唱唱儿歌，讲讲趣事；阳光下，数一数绿荫下的明亮光影，秋天里，闻闻桂花香，捡拾几片飘落的秋叶，寻找一份秋意……真是七彩童年，快乐无边。

在综合楼前面，我们还设计了一个稚乐园，内有滑梯、独木桥、爬杆、单杠、双杠和脚踏车等适合小学生玩耍的器具。体育课、体锻课上，从这里传来的常常是小朋友的加油声、嬉笑声；课间、午间、放学后，这里总有小朋友快乐的身影和幸福的笑容。

在稚乐园的南边，我们设计了一条葡萄长廊，取名为童嘻廊，上海语文特级教师贾志敏先生特为题写了这三个字。孩子们玩累了，可坐在葡萄架下休息、下象棋、玩九彩棒。

五、走进表演区、运动区和休闲区

再来看看不一样的表演区和强身养性的运动区、休闲区。

我们把学校西操场取名为表演区。在篮球场西面，我们设计了一个室外大舞台，取名为“欢乐大舞台”。

整个大舞台显得古色古香但又不乏现代气息。大操场是它的观众席，枝叶茂盛的香樟树是它的布景，先进的现代音响是它动听的歌喉。如今，欢乐大舞台成了廊小学生展示风采的好地方。这里，天天有活动，周周有表演，月月有比赛，年年有主题集会，是学生施展才华的舞台，健康成长的训练场，成就梦想的起点。

再看一看强身健体的运动区。它位于学校的东面。

运动区，有殷红的塑胶跑道、绿茵茵的人工草坪、白色的足球架子、古色古香的围墙。学生在这里踢踢足球，打打羽毛球，做做操，跳跳舞，跑跑步，跳跳远，坐一坐，躺一躺……强身健体，神清气爽！

运动区三面相连的围墙特别引人注目，上面有十二幅有关十二生肖主题的儿童画，图文并茂，内涵丰富，富有童趣，深受小朋友喜欢。

运动区的西侧，便是修身养性的休闲区。

休闲区，地面用石板铺设，东面是操场，西面是莲湘园、童趣园和稚乐园。休闲区的主题巨石——“文渊德厚”文化石，醒目而有灵气。形状各异的花坛里，种有香樟树、桂花树、棕榈树、柚子树、五针松等多种草木植物。

一条砖石路，古朴又坚实；领操台、国旗杆，庄重又气派。孩子们热了，累了，闷了，烦了，都可到休闲区坐一坐、歇一歇，调节一下心情。他们可以在花坛上躺下来，看看蓝天，赏赏白云，数数树缝里的光线；或者沿着石板路走一走，赏赏美景，闻闻花香，享受的是一种幸运与幸福、一种滋润与韵味、一种快乐和健康。

精心设计和打造的“五园三区”，组成校园一个个文化圈、一道道风景线，这是悠久校史的再现，也是今日生机勃勃的写照，为廊小学子提供了一个深刻而全面的文化视域。

第三节　集资修建书香苑，读书明理育新人

书籍，记录着人类进步的足迹，蕴含着人类文明的点滴，是人类文化的宝藏。对一所学校来说，图书馆无疑是知识的殿堂、学习的乐园。

但令人惋惜的是，直到 2002 年，我们这所拥有近千名学生的农村小学，竟没有一座像样的图书馆。所谓的学校图书馆，仅仅是一间教室，里面的书又少又陈旧。因为百年校庆，我了解到，民国时期我校曾多次集资办学。受此启发，2005 年我突然产生了一个“集资改造图书馆”的想法，并很快得到了金山区教育局和廊下镇政府的支持。

于是，学校组织召开了以“恩泽桃李，惠润子孙”为主题的村干部和部分企业负责人座谈会。会上，我汇报了学校几年来的工作和取得的成绩，同时特别汇报了改造学校图书馆的夙愿。“这是一件功在当代、利在千秋的好事，我们支持！”出席座谈会的村干部和企业负责人纷纷表示，廊小近几年来取得了令人瞩目的成绩，应该关心学校、支持学校，非常愿意资助学校改建图书馆，这是为廊下孩子读好书而办的一件大好事，非常值得。

如此反响热烈的场景，使我和校班子成员深受感动。其中上海宜华制衣有限公司董事长陆金光一个人就资助 5 万元，显示了一个企业家对教育的极大重视和一个校友对母校的深切关爱。特别令我们感动的是一位村干部这样说：“说实话，我们村现在也很穷，我们的办公室很简陋，我们要花钱的地方很多，但学校的事就是我们自己的事，我们对廊小改造图书馆一定要支持，乐意捐一点。”大家慷慨解囊，学校一下子集资 13.1 万。

这13.1万元，现在看来，也许是个小数字，但在当时，对我们这样一所乡镇小学来说，绝对是个大数字。有了这笔钱，我们秉承廊下百年办学精神，弘扬“寒士读书”品格，很快就将原来闲置的老食堂改建成一座古色古香的图书馆——书香苑。2005年11月30日，我们隆重举行了“好读书、读好书、读书好”书香苑落成典礼。

书香苑的改建和落成得到了社会各界人士的关心和支持，他们或欣然题词，或亲临指导，或慷慨捐书。著名教育家吕型伟先生为学校图书馆题写馆名“书香苑”，表达了一位老教育家对农村小学的真切关怀；校友、时任共青团上海市委书记马春雷为书香苑的落成发来贺词：“好读书，读好书，读书好”，以勉励廊小学子好好读书，不断汲取知识的营养；上海市人大教科文卫原主任刘克也欣然为我校图书馆题词：“金山区廊下镇社区少儿图书馆”，何鄂女士从兰州发来贺词：“书，给你一片阳光；书，给你一片蓝天；书，给你一片大海。”何鄂女士的爱人、书法家张玄英还特地赠送书法作品：“博览群书”；时任金山区教育局副局长蒋志明以个人名义捐赠了100本书。

这一颗颗赤热之心、一次次无私关爱、一笔笔慷慨捐赠、一份份感人眷恋，无不寄托他们对廊下教育的期望，对百年廊小的期待与祝福。为感谢社会各界人士和单位对学校师生的厚爱，学校特地给每个单位写了一句与之名称相称并富有诗情画意的语句，并制作了“恩泽桃李，惠润生命——贺廊下小学‘书香苑’落成资助单位”的纪念匾挂在书香苑最醒目的位置，永久保存，以表谢意：

宜人的书香飘出横溢的才华——宜华实业有限公司；

读书圣地　求知乐园　遨游寰宇——西圣宇时装有限公司；

金色少年　气概豪迈　前程似锦——金豪时装有限公司；

绘华丽篇章　创美好明天——佐绘华工艺品有限公司；

君子好学　快乐读书　志在夺冠——君冠制衣有限公司；

发展工业　繁荣社会　推动教育——廊下工业园区；

经济发展　社会繁荣　教育兴旺——廊下经济小区；

为了下一代　关心下一代——镇工会、妇联、团委；

万紫千红总是春——万春村村民委员会；

勇于思考　敢于实践——勇敢村村民委员会；

景色美丽　阳光灿烂——景阳村村民委员会；

书山有路　学海无涯——山塘村村民委员会；

读书指南　全新登陆——南陆村村民委员会；

友好相处　快乐成长——友好村村民委员会；

中华民族　优秀儿女——中民村村民委员会；

中流砥柱　珠联璧合——中联村村民委员会；

中华儿女　丰姿秀逸——中丰村村民委员会；

为中华之崛起而读书——中华村村民委员会；

南山采菊　荷塘月色——南塘村村民委员会；

酷爱读书　前途光明——光明村村民委员会。

富有诗情画意的纪念匾成了书香苑里一个有故事、有内涵的醒目标志。

为了不辜负社会各界的厚爱，学校领导班子成员和教师纷纷献计献策，力争把书香苑办成一座品位高、气氛浓、实效好的现代化图书馆，给所有走进书香苑的领导、嘉宾、老师、学生留下深刻、美好的印象。

首先，我们对图书馆的环境作了精心设计。因为我们深知，读书对教师的发展，对学生的成长是至关重要的，我们要为全体师生创造一个读书学习的好场所。所以如此布局：一楼作为藏书室和教师阅览室，二楼作为学生阅览室。在环境方面，在“书香苑”正中最醒目的位置，悬挂“好读书、读好书、读书好”“博览群书”和“恩泽桃李，惠润子孙”三块纪念匾；墙壁上，张贴读书的故事与名言、教育家和校友的题字或贺辞，以及富有童趣的卡通画和学校自编自创的拍手歌歌词。馆内还摆放了很多盆景，增添了生命气息和活力。这样的殿堂，这样的圣地，这样的乐园，哪一个学生不喜欢，哪一个学生不油然地产生一种主动、快乐的阅读本能，哪一个学生不激起“今天来了明天还想来”的求知欲望呢？

其次，学校制订了一套详细、明确的管理制度。为把书香苑建成一座现代化的图书馆，我们一改传统做法，采用电子借书制度，既方便又高效。

每天中午 11:30—12:00 为课外阅读时间，学生可根据学校安排到书香苑看书；每周每个班级有一节阅读课；每周四有红领巾广播，及时报道各班阅读情况。在阅读过程中，要求学生适当作一些阅读笔记、摘抄、写读后感等。同时，各班还建立了红领巾图书角，制定管理制度，任命图书管理员。学生将家中的好书拿来，放在图书角和同学分享。学校图书馆和班级图书角共同构建了方便学生读书的立体网络。

其三，在读书活动推进过程中，学校把“好读书、读好书，读书好”作为文化建设中的一个重要课题加以研究。

为了给全体师生创设浓厚的读书氛围，我们创造性地开展读书主题活动，扎扎实实地举办系列读书活动，通过活动，让教师在读书中求发展，让学生在读书中求进步。

我们把书香苑的建设与读书活动加以整合，并结合少先队争章活动，开展了“五星级红读奖章”活动。一至五年级，分别设有一星至五星红读奖章。学校各年级学生选定读书内容，语文教师在阅读课上进行阅读书目的推荐介绍、阅读方法指导、阅读内容的检查交流。在队员完成规定阅读量时，各年级自行考章。在此基础上，推选出阅读小博士，参加学校的读书活动，并评出“校园阅读之星”。

2017 年，学校在书香苑里推出“阅读足迹”活动，把“阅读足迹”与“五星级红读奖章”融合起来，让我校的读书活动更有内涵、有趣味、有成效。

革命烈士张鲜军的小学时代是在廊小度过的。他妈妈说：“鲜军从小就酷爱读书，个人拥有的最大财富就是书籍和报刊。”书是学生健康成长不可缺少的最重要的精神食粮。于是，我们又开展了“学鲜军，读好书，好读书”活动，提出了“每天看书一小时，快乐生活一辈子”的口号。

为了最大限度地利用好书香苑，也为了感谢社会各界的支持和帮助，校领导一致决定，改造后的图书馆不仅面向全校师生，还在双休日和寒暑假对全镇少儿开放，扩大图书馆的作用，把社会的关爱洒向社会，洒向每个少年儿童的心田。

改造后的书香苑，无论是设施、管理还是开展的各项活动，都走在全区前列。2009 年 5 月，学校荣获“上海市中小学图书馆工作先进集体”称号。

2014 年，学校又对书香苑进行了改造。改建后的风格偏重中式布置，大门两边挂上由上海市语文特级教师钱梦龙先生书写的“书山览胜多奇趣，学海探骊有异珍”对联。房屋外部添加了古色古香的屋檐，走廊上增加了六根柱子，放置了两把靠背长椅。还添置了很多先进的设施，购置了很多适合一二年级学生阅读的书籍。

读书活动，使孩子们丰富了知识，开阔了视野，在感悟语言文字美的同时，悟出人生真谛。廊小图书馆不大，却是书香四溢，成为教育的芳香园地。为了让学生充分利用图书馆，我还特地写了一首拍手歌《博览群书》：

博览群书

你拍一，我拍一，博览群书长才气，
你拍二，我拍二，开卷有益真快乐；
你拍三，我拍三，书香弥漫润心田，
你拍四，我拍四，多读多思多练笔；
你拍五，我拍五，学以致用贵领悟，
你拍六，我拍六，落笔生辉作文优；
你拍七，我拍七，勤奋好学争朝夕，
你拍八，我拍八，腹有诗书气自华；
你拍九，我拍九，知识海洋任我游，
你拍十，我拍十，厚积薄发成大器！

现在，有故事、有内涵的书香苑成了廊小师生获取精神食粮的最佳去处，成了一道亮丽的校园文化风景线。

第四节　隽永的斗姥阁，厚蕴的“博物馆”

习近平总书记曾指出：“抛弃传统、丢掉根本，就等于割断了自己的精神命脉。博大精深的中华优秀传统文化是我们在世界文化激荡中站稳脚跟的根基。”

校史，是一所学校办学旅程的历史见证，也是所有曾经就读的学子的共同记忆，更是不同时期学生接受教育的“经典读物”。

我校的斗姥阁（校史馆），是一本有温度、有深度的厚重“大书”。在这里，学校的历史和传统得到再现，学校的文化和命脉得到呈现。这是历史的“教科书”，这是传统的“索引录”，这是文化的“脉络”。一句话，这是教育的一本“大书”。

一、重建斗姥阁

对斗姥阁的历史，过去我们并不了解，直到百年校庆之际，我们在编写《百年廊小》校史时，方知道斗姥阁是这所百年老校的奠基石，可惜的是它在1979

年被拆掉了。我和班子成员多次讨论要复建斗姥阁，但因财力等多种原因始终未能实现这个愿望。

2012年，随着“校安工程”实施，学校迎来了百年难遇的校园文化建设契机。我们班子成员又把斗姥阁的复建提上了议事日程，并进行了认真而又深入的研究。我们认为，站在新百年的起点上，我们有责任建一座校史馆，既使之成为一所学校记录诞生、演绎发展的“时空布局”，又是学子后人视景知史、睹物思情的“触觉天地”，更是师生抚今追昔、勇往直前的“能量磁场”。百年廊小的校史馆，其最佳设置地，就是重建后的斗姥阁。于是，我们把这一想法向教育局领导作了汇报。教育局领导说，百年廊小富有文化特色，积淀深厚，这个想法很好，很有意义，表示赞同，局主要领导还为我们解决了复建中遇到的难题。有了领导的支持和帮助，我和我校校园文化建设顾问何顾继德老师一起讨论、研究如何复建我们心目中的斗姥阁，达成了两项共识：

——以旧揽“旧”，留下历史。这是一。

旧，往往经过岁月积淀，蕴含着当时的历史面貌。学校坚持以旧揽“旧”，阁楼的造型要吸取原来的元素，要保留历史的真实，揽下曾经的风云，真正达到保“存”价值。

——以旧“录”旧，保留精粹。这是二。

旧，往往呈现着一段发生在特定时期的事件和故事，蕴含着传统。学校坚持以旧“录”旧，取尊重历史之意。

为此，我们请来了老校长、老教师，回忆原斗姥阁的样子，还和何顾继德老师一起查阅了很多资料。我们还特别注意对旧址的保护和挖掘。廊小始终不变的校址，使得我们特别珍视历史的遗迹及其内涵。所以，我们仍把斗姥阁建在如今那一排陈旧老房子的西侧。这排特殊的校舍，寄托着一段不能忘却的历史，成为一篇生动的爱国主义教育文章。把斗姥阁复建在这里，并作为校史馆，更具有不凡的历史教育意义。

另外，我们还决定，要把在挖掘学校史料和文物过程中撰写出来的有历史、有内涵、有意义的真实故事，融入斗姥阁，让斗姥阁更有故事、更有内涵。

经过无数次研究、修改、完善，设计图终于完成。我们班子成员和老校长、老教师看了，都很满意。然后，又经过近半年的施工，一座古色古香、饱含文化气息的斗姥阁便出现在桃李园的西南角。

斗姥阁，分上下两层，建筑面积139平方米。她古朴典雅、精致庄重。阁楼造型吸取了原斗姥阁的很多元素，如柱子、檐面、翘角、观音兜、风窗等。阁楼楼梯上的踏步木板是用从原来的斗姥阁上拆下来的木梁制成的，很有历史感和沧桑感。

把重建后的斗姥阁作为校史馆特别有意义：一是恢复历史原貌，记住“根”的位置；二是接上地气人脉，展现文化的氛围；三是提供教育素材，增加育人元素；四是发挥传承作用，促进学校发展。这正如一位专家所说：

“她与书写在纸上的文字不同，与呈现在屏幕上的影像不同，与铭刻在学子心中的印象不同，更与独辟一个专室不同，与利用一面长廊不同，与做成一本手册不同，她是在一个真实的时空里得到如实地陈列，有其形与韵的生发、迹与印的留痕、功与效的凝聚，‘校史馆’唯有在一个真实的旧址中得到完整地还原，才有其史与实的再现、貌与情的展现、睹与思的重现。”

二、布展斗姥阁(校史馆)

重建斗姥阁后，我们开始花心思布展一个承载着厚重校史和传统的不一样的校史馆。

廊檐下的“斗姥阁”“开智学堂”几个字和柱子上的对联“元君辉耀道传盛世，黉苑文昌卓育英才”，由时任中国教育学会常务副会长、原国家副总督学郭振有教授题写。走进斗姥阁，迎面就能看到由中国书法家协会主席苏士澍教授题写的校史馆主题“百年廊小，不凡春秋”。两位名人的墨宝给斗姥阁增添了浓郁的文化气息。

馆内分为“初创校舍”教育先驱”“薪火百年”“崭新十年”四个部分布展，以图文和实物形式展示。其中“创校先驱——何、朱两先生”这一篇章，是校史馆最有历史价值、最有文化内涵的部分，它集中展示了何静渊和朱志贤两先生的生平事迹和珍贵史料、图片。尤其是十多张一百多年前的照片，透着浓浓的历史厚重感，而且还蕴含了很多感人的故事，令人惊叹。

“薪火百年”有十一个章节：学校沿革、历任校长、历任书记、历年规模、校舍变迁、难忘村校、照片回忆、民国时期、改革开放时期、杰出校友、百年庆典。

“崭新十年”有十二个章节：办学思想、教师风采、学校特色、学校校歌、学校标识、校舍改造、重要事件、莲湘品牌、学校荣誉、题词集萃、领导关心、对外交流。

整个校史馆给人印象最深刻的，是珍藏在展柜里、展台上的几百件教育史料和文物，几乎汇集了民国时期和新中国成立初期办学所需要的一切。它们见证了廊下小学教育发展、延续的脉络，成为百年廊小文化内涵的缩影。

四件“镇馆之宝”也特别醒目，很有代表意义，是廊下小学发展历程的重要见证。

一只清朝茶几，是斗姥阁里唯一传承下来的文物，至少有 110 年历史，现在连同从民间收购来的一对太师椅一起放在重建后的斗姥阁里。

一张在 1917 年 5 月 20 日举行第三任校长朱志贤追悼会时拍摄的全体师生合影，照片上的石柱，至今完好地保存在校园里。

何朱两先生纪念碑拓片，是学校从一位校友收藏的拓片上复制而来的，成为难得的史料。

第四件是一幅非常有价值的书法作品——1901 年，清朝临安县令陆文焕赠送给朱志贤的作品。

还有一根民国时期的戒尺，一面刻着“定责不宽”，另一面写着“法不容情”，反映了民国时期的教育理念。

那些铁笔、钢板、蜡纸、中文打字机、油印机、脚踏风琴、蘸笔、高音喇叭、拉铃、摇铃、电唱机、幻灯机、电铃等教学用具，那些不同时代的教科书、连环画、作业本等学习用品，那些煤油灯、脚炉、汤婆子等生活用具，都是一种历史承载，特别有亲切感，油然地勾起老师、同学的回忆。

挂在斗姥阁走廊上的那只民国铜铃带来一种学堂韵味，给人无限的遐想。

校史馆多角度、全方位、系统地展示了百年廊小 110 年的历史和文化积淀。与一般校史陈列室的不同之处还在于，它与“五园三区”中的“三十景”浑然一体，与何朱两先生纪念堂遗址遗迹、何朱两先生铜像、静渊亭、志贤门、村校边门、老房子、百年老井以及鲜军雕像等相邻相望，让校史与校园融为一体，成了根植于学校历史土壤中的一道风景。

三、斗姥阁(校史馆)的增“值”功效

斗姥阁里这么丰厚的历史资源，除了展示保“鲜”，更重要的是要发挥其增“值”功效，使之成为“以史育人”的最好教科书。

——创始人的胸怀和业绩是对学生进行爱国主义教育的一面旗帜。

何静渊和朱志贤两先生“开启智慧，报效社会”的办学精神是对学生进行爱国主义教育的最好史料和精神财富。

——历史传统活动对现在的教育有重要借鉴意义。

1935 年起，学校每周一上午举行一次纪念会。每天早晨有晨会课，放学前有夕会课，每个周末有周会。受夕会课的启发，学校特地创作了校歌《上学乐》和《放学乐》。

1936 年，学校成立学生纠察队。学生纠察员每天轮流值日。每个同学进校时，必须先向纠察员说：“我愿遵守中国公民行为规范，锻炼我的身体，用功我的学问，永远不买日本货”，方可进校。

1937 年，抗日救亡运动蓬勃开展，学校师生积极投身运动，经常上街宣传，教唱救亡歌，以激发人民群众的斗志。每天晚上，由老师带领歌咏队，在廊下救火会门前进行宣传，报道抗日消息。

1947 年，学校成立童子军组织，一般是有钱人家的子女参加，如果穷人家的孩子有活动能力，如爱好文体，能打鼓、吹号子的，学校也会动员他们参加。

这些史实，对从小培养学生的爱国主义情怀有重大教育意义。

——杰出校友的事迹，是对学生人生观、价值观教育的一种“昭示”。

廊小百年，人才辈出。载入校史馆的有四位杰出校友：革命先辈何穆、方正之（马本初）、烈士张鲜军、残奥会冠军姚芳。他们的事迹是最生动、最亲切的教材。

革命先辈何穆（1905—1990 年），廊下五区头（今勇敢村）人，曾就读于廊小。1926 年赴法国留学，获博士学位。1935 年回国，不久经周恩来介绍到延安参加革命，负责中央领导机关的干部保健和伤员的救治工作，培养了大批医技人员。他一生艰苦朴素，克己奉公，是“为中国革命和建设作出了卓越贡献的高级知识分子的优秀典范”。

革命先辈马本初，20 世纪 30 年代到延安参加革命后，他两次改名的故事感动了许多人。

革命烈士张鲜军（1975—1997 年），廊下勇敢村人，廊下小学毕业生。1997 年 8 月 1 日，张鲜军在金山石化戚家墩海滩边为抢救三个落水孩子而光荣牺牲，后被上海市人民政府追认为革命烈士。学校安放了“鲜军雕像”，创作了校歌，编写了教材，概括了小学生可学可做的六种鲜军精神。“做鲜军式好少年”已成为廊小学子的荣耀和追求。

残奥会冠军姚芳身残志坚、勇攀高峰的精神，更是廊小学子的榜样。

——“育英”“启发”“崇朴”“崇本”“敦仁”，这五个校名是学校教育教学的一个方向标。

廊小办学进程与村校息息相关。原中心校下面有几十所村校。其中不少村校的校名非常有内涵，至今仍具有很深的现实意义。虽然当下村校已不复存在，但村校的历史、作用却不能忘却。学校把民国时期这五所村校的名字刻在桃李园的扇形边门上面，成为富有文化内涵的“村校边门”一景。

一说“启发”。我们因受“启发”校名启示，提出“智慧课堂”的实践研究。“智慧课堂”很好地体现了启发式教学的理念。

二说“崇朴”。教育就应该朴实无华，不搞花架子。过去我们的教育太浮躁，急功近利，过分看重分数，注重形式，与“以学生为本”背道而驰。我校受“崇朴”这一校名影响，提出“求实、求新、求效”的工作作风，脚踏实地，注重实效。例如，把挂在外墙的一幅幅标语拿下来，只留下硕大的校徽和吉祥物，把挂在校门口的一个个荣誉牌取下来放进校史馆，营造了一个朴实无华、返璞归真的校园读书环境。

三说“崇本”。“开启智慧，润泽生命”是我校办学的核心理念，我们认为教育的本质就是“开启学生的智慧，润泽学生的生命”。现在，我们就是在传承先辈“崇本”的教育理念。

——不同时期的教材、本子和画册特别有回忆感、归属感。

珍藏在校史馆里的许多老教材、本子、画册，时时勾起师生和参观者绵绵的思索和联想。

教材类：几十册不同时期的教科书，有清朝末年的、民国时期的、解放初期的、“文革”期间的，其中最早的两册是1903年的数学课本。

练习册：民国时期、解放初期、“文革”时期的几十本练习册，其中印有孙中山、毛泽东等伟人头像的本子具有特别的时代烙印。

连环画：上百册不同时期的连环画，如《鸡毛信》《地雷战》《地道战》《闪闪的红星》《铁道游击队》等，画册上还有学校图书馆的印章。

……

走进斗姥阁，穿越百年文化时空，透过那不一样的史料、不一样的文化，我们深感今日廊小，既有根的奠基，也有树的繁茂，更有叶的绽放。理念、校训、科目、校歌、学校三风……学校将核心文化、办学之精华集中于斗姥阁内，意蕴悠远。这是学校教育之源，也是光大要点。

现在，每一个走进斗姥阁的来宾和师生，无不感叹那丰富翔实的文字、图片、书籍、用品等史料文物，都说一股纯朴、端庄、厚重的气息迎面而来，让人感到震撼。

看一幅幅图片，如同穿越廊小百年的历史；

读一行行文字，如同经历廊小百年的沧桑；

赏一件件文物，如同再现廊小百年的情景；

思一位位贤达，如同领略廊小百年的风流。

这些如诗、如歌、如画的史实有着历史的厚度和教育的温度，能让师生开阔视野、启迪智慧，重温学校往事、勾起教育情怀，并从中感知、了解、继承、弘扬中华传统文化、教育文化，激发起对教育先辈的崇敬心和中华民族的自豪感。

如今，斗姥阁（校史馆）远近闻名，成为学校传统文化教育的乡土教材，成为廊下地区文化游览的经典项目。每逢双休日，它与何鄂雕塑馆一起对外开放，学生踊跃参观、调研、探究，学做小导游。慕名者接踵而来，好评如潮。

历史昭示未来。这本厚重的“大书”，以斗姥阁作为扉页，经过岁月的积淀和几代人的书写，必将成为精品大作，为今日廊下小学增添绚丽的华章！

第五节　创建何鄂雕塑馆，开辟艺术育人新天地

2015 年 5 月 8 日，我校为新建成的“一阁一馆”，即何鄂雕塑馆和校史馆（斗姥阁），同时举行落成典礼。这是我校新百年史上一大喜事，是廊下全镇人民的一大盛事，也是金山教育的一大幸事。

何鄂雕塑馆和斗姥阁的落成，对建校 110 多年的廊小来说意义重大，是学校文化展现深邃内涵和靓丽形象的精彩一幕，是大师资源有序引入校园的大胆创举，也是传统艺术有机融入课程的生动范例，必将镌刻在廊小的历史丰碑上。

在落成典礼上，当我作为廊下小学校长动情地向来宾介绍这“一阁一馆”的

筹建过程，并真诚地感谢何鄂女士对故土的眷恋和不舍，对百年廊小的钟情和厚爱后，这位中国著名的雕塑家满怀深情地说："我虽远在大西北的甘肃，并在那里工作生活了半个多世纪，但我的故乡永远是我梦魂皈依的地方，我永远是金山廊下的女儿。何鄂雕塑馆让我与家乡情脉相连，与百年廊小灵犀相通。如果我的作品能让大家不断走近雕塑、了解雕塑、喜欢雕塑，如果我们雕塑馆能使廊小的蓬头稚子感受艺术、净化心灵、陶冶情操，从中不断得到美的熏陶和启发，我就会感到特别的开心和幸福！"

何鄂雕塑馆不仅有着天时、地利、人和的"境遇"，而且有着艺术、教育、良知的"情缘"。它展现的是故乡、母校的一种情缘，抒发的是爱国、爱乡的一种情怀，体现的是艺术、习得的一种情致。

何鄂是何静渊先生的后裔，1937 年出生，1955 年毕业于西北艺术学院美术系雕塑专业。教授，全国著名雕塑家。她先后在甘肃省美术服务社任职，在兰州艺术学院美术系任教，又在敦煌文物研究所工作 12 年，在甘肃省工艺美术公司及省工艺美术研究所勤耕数载，并创立甘肃省何鄂雕塑院。现为中国雕塑学会常务理事。她先后荣获"全国三八红旗手标兵""中国工艺美术大师""甘肃省艺术终身成就奖"等荣誉称号。她是中共十四大代表，享受国务院特殊津贴，是英国皇家艺术研究院荣誉院士、客座教授。她传世名作甚丰，享誉海内外的成名作《黄河母亲》，象征着哺育中华民族的黄河母亲和茁壮成长的华夏子孙。

何鄂雕塑馆为廊小学子零距离徜徉在艺术大师的神圣殿堂，领略中华民族的瑰丽文化，浸润雕塑艺术的春华秋实，开辟了一个崭新的天地。

一、何鄂雕塑馆诞生的背景

一位大名鼎鼎的雕塑家怎么会俯身把雕塑馆建在一所乡镇小学？这里有着一段耐人寻味的故事。

1937 年，何鄂还不到一岁就被迫离开家乡。小时候，她奶奶就教她和胞弟何顾继德俩"举头望明月，低头思故乡"的古诗，还教他俩学家乡廊下话，说等姐弟俩长大后，有机会回到家乡，用家乡话和家乡人交流，要用自己的才华为家乡做一点事。

2004 年，何鄂应廊下小学之邀，从兰州来参加建校百年校庆。这一次回乡，让何鄂更加触景生情。那儿时就埋在心灵深处的家乡情结，更强烈地激荡起她寻找亲人、报效家乡的赤诚之心。

2004 年 10 月 18 日上午，学校百年纪念盛典开始前约半小时，发生了这样一段“奇缘”：当时，我陪着何鄂和其丈夫张玄英先生参观百年廊小的遗存石碑。张玄英指着石碑上清晰的“金山何朱两先生纪念碑”字迹，随口说了一句：“说不定和我们何家有关系的。”

张先生不经意的这句话，引起了我极大的兴致与奇想。当大家在嘉宾休息室坐定后，我马上打电话给年近九十高龄，曾在 1935 年至 1937 年间任廊小校长的何修伦先生查询此事。令我想不到的是，何校长在电话中不假思索地说：“何鄂父亲何修尧先生，是我的堂兄，和学校创始人何静渊就是一家人。”经何修伦老校长严谨排算得知，何静渊先生就是何鄂上推四代之内的先辈。

我的这一有心查询，竟然连接了何家姐弟兄妹与何静渊校长的血脉渊源。更奇的是，何修伦校长的胞弟何序伦，竟然也有一位外孙是美术学院雕塑专业的。何鄂老师听了这段奇缘后，深信这正是“有缘千里来相会”！后来，经进一步查询，何鄂老师又得知廊小历任校长中还有 4 位是她的先辈，其父亲何修尧曾任廊小教师。

家乡的情结，血脉的渊源，一时化作难以割舍的情愫。从此，何鄂与家乡、与百年廊小心心相印、息息相关。她多次回家乡寻根探望，并先后在上海美术馆、家乡万春苑举办雕塑作品展，也先后向金山区政府、廊下镇政府、廊小捐赠雕塑作品。

但是，何老师觉得这些还不能完全表达她对家乡的回报和思念之情，心里还一直藏着一个夙愿：条件成熟时，一定要把她一生中最有影响、最有价值的雕塑作品，在故乡的土地上永久展示，以回报故乡热土。

何鄂老师的这一夙愿，一直深深地印在我的心里。2012 年，学校实施“校安工程”，新建了一幢教学大楼，校舍相对空余。我想，何不利用这一机会，在廊小建一个何鄂雕塑馆呢？我打电话把这一想法向何老师作了汇报，何老师当即表示同意。她说：“在家乡建雕塑馆的念头已经有十多年，因各种原因迟迟没有实现。现在，朱校长主动提出，况且百年廊小又是我先辈创办的学校，真太高兴，太激动了！”最后，何老师哽咽着说：“谢谢朱校长！我一定要和你一起把雕塑馆建设好，为家乡做一件有意义的事。”

金山区教育局、廊下镇党委和政府获悉后，他们都被何鄂浓浓的家乡情和感人的美好夙愿所深深打动，给予高度重视和鼎力支持，同意在廊小建造何鄂雕塑馆。于是，在各方重视和支持下，何鄂亲自筹划，并与胞弟何顾继德先生共同设计、布局，殚精竭虑，精益求精，以臻完美，倾注了无数心血。2014 年，在廊小建校 110 周年之际，由国家教委原副主任柳斌题写馆名的，一个有历史渊源、有文化内涵、有艺术美感、有教育价值的大师级的艺术展览馆在百年廊小落成，实现了何鄂多年的梦想。

何鄂雕塑馆的诞生，不是信手拈来的随意，而是教育大家的风范；不是一时狂想的冲动，而是品质教育的执着。可以说，何鄂雕塑馆的创建，既是何鄂故乡情结和创始人后裔情愫相融合的结晶，又是艺术大师倾力艺术和倾注教育的完美体现。

二、何鄂雕塑馆承载的内涵

何鄂雕塑馆，开拓了开展爱国主义教育的新思路，开创了艺术教育进校园的新模式，开辟了活用社会资源优化校园文化建设的新途径。

何鄂作品，源于生活，主题鲜明，形象生动，刻画细腻，寓意深刻，且内容丰富多彩，颂扬真实善美，具有极强的艺术感染力和教育穿透力，是一本鲜活又充满美感的，发展学生核心素养的“教科书”，更是弘扬社会主义价值观的“新教材”。

走进何鄂雕塑馆，展现在我们面前的雕塑原作 21 件、图片 80 余件，弥足珍贵。一件作品，就是一种生活、一个灵魂、一个故事，更是一种精神。其中，有何鄂的处女作、代表作、成名作，这一件件作品充满历史的追寻、对大爱的执着、对艺术的钻研、对教育的倾情，令人震撼。

第一部分：真爱永恒。

你看，那一组《真爱永恒》作品，它集中体现了人世间的真爱与真情。其中《同学》雕塑，表现了一个佩戴红领巾的孩子帮扶一个残疾孩子过马路时的情景。

有一次，何鄂见到一位只有一条腿的残疾女孩拄着拐杖上了公共汽车，她长发飘逸，脸庞漂亮。当时，何鄂对乘客说：“哪位给她让个座?”但没有一个人回应。这一幕深深地刺痛了何鄂的心，此后她就创作了作品《同学》，以期唤起社会良知，同时希望在学龄儿童幼小的心灵中播撒友爱、关怀、帮助弱势群体的种子。

另外，《亲昵》《鸟语》《和睦》也是值得欣赏、品味的作品。

第二部分：文明传承。

作品《黄河母亲》是何鄂的成名作，在何鄂所有作品中最具影响力、感染力、震撼力。

《黄河母亲》创作于 1984 年，1986 年坐落于兰州黄河南岸。雕塑材质为花岗岩，长 6 米，宽 2.2 米，总重 40 余吨。《黄河母亲》由“母亲”和“男婴”组成。“母亲”，象征哺育生生不息、不屈不挠的中华民族的黄河；“男婴”象征着快乐幸福、茁壮成长的华夏子孙。作品以母亲的博大、坦荡象征黄河、象征民族，以母亲的善良、慈爱激励后代，给儿女以智慧和力量。作品抒发了亿万炎黄子孙对民族、对祖国的无限深情。作品完成后享誉海内外，如今已成为甘肃省文物保护项目。

何鄂正因为有三十年大西北和十二年敦煌的历练和积淀，才有《黄河母亲》等作品灵感的迸发。

另外，《文成公主》《玄奘》《杜甫》等作品也极具震撼力。

第三部分：希望星辰。

《希望星辰》这组雕塑刻画了七个孩子，他们是像北斗星一样充满希望的“星星”。

希望星辰之一：羊娃。

他是一个极普通的西部失学孩子——放羊娃，身上披着麻袋片，两臂贴着身子摊开双手，像是两个问号，又俨然像个将军，他似乎在问：为什么我不能上学呢？表现了放羊娃对知识的渴望，希望在人格上得到平等。何鄂还特地为《羊娃》写了一首诗。2013 年，何老师做了两座铜雕《羊娃》，一座送法国卢浮宫参展并获评委奖，一件就永久存放在廊小。

少数民族裕固族女孩的裙子像一个倒过来的花盆，好像第一天上学，觉得很神圣的样子，幸福地走出了人生第一步。

提书包的女孩穿着一件城里人捐的长长的衣服，双手提着由妈妈绣上鸽子的小书包，正迎接新学期第一天的到来。

一个调皮的西部孩子，一脸稚气，正向学校飞快跑去，想把在小人书上看到的有趣情节告诉老师和同学。

挎着书包上学的城镇女孩，走在平坦的大道上，很幸福的样子。

藏族孩子正在系红领巾，显得很有趣味，这个雕塑表达了五十六个民族是一家，孩子们都成长在红旗下的主旨。

大龄失学女孩拉过头巾遮住了嘴，只露出一双渴望知识的眼睛。

何鄂一直认为，不管是城里的孩子，还是农村的孩子，无论他们贫穷或富有，在人格上都是平等的，没有贵贱之分，他们都是希望的星星、国家的未来。

《希望星辰》这一组雕塑得到了社会的高度认可和评价，《希望星辰》之二、之四、之七被中国美术馆收藏，《希望星辰》之二、之四、之五被上海美术馆收藏。

第四部分：志存高远。

一组《人生》雕塑，表现了人生的幼年、成年、老年的三种状态。一组《生命》雕塑，表现了生命的沉睡、涌动、燃烧的三种状态。这两组作品告诉人们：人生的长度有限，我们要珍惜生命，要活得更有意义。

何鄂长期生活在大西北，对西北的人和事都充满了深深的感情。《边寨新乐章》《王震与卫校学员》《流淌的河》等作品，都是她对大西北充满热爱的一种情感表达。而《马可波罗》表现了意大利旅行家马可波罗对中国西部的热爱和关注。

第五部分：至善至美。

这些展品内容十分丰富，每件雕塑都有一个感人的故事，都表达了何鄂弘扬和谐社会的创作理念和追求“真善美”的创作激情。

第六部分：华夏精英。

一组《华夏精英》共有 9 个人物，其中有《徐向前》铜雕、《李先念》铜雕等。

第七部分：厚土滋润。

《绣花女》是何鄂的代表作。这件作品表现的是一位劳动妇女正在绣花的神态，粗壮健美的形体与灵巧的手，既粗犷又细腻，既有对比又和谐统一，表现出西北劳动妇女的内秀与智慧。作品洋溢着新石器时代仰韶、马家窑文化艺术的神韵，吸收了民间剪纸、皮影的表现手法，使作品锦上添花。作品自然而有生活气息，一条绣花绷子上的鱼显得很有灵气，人物透出一种健美，这是何鄂长期研究民族、民间文化艺术的成果。这件作品的重要价值不仅在于对民间艺术的汲取，而且在于用现代艺术观念来诠释、再造传统。此作品在第七届全国美展中获“刘开渠雕塑艺术基金奖”，后来又获得甘肃“敦煌文艺奖”，现在被中国美术馆、国家博物馆永久收藏，成为一件国宝。

《童年梦想》作品充满童趣，线条简洁、构图朴实无华。看，小孩闭目沉思的形象，很自然地会让大家回忆起自己的童年生活：或在课堂上，或在校园里，或在家门口，或在院子里，对学校、对家庭、对社会、对世界、对一切事物充满好奇、充满梦想，憧憬着美好的未来。看着看着，你也许把自己带回了无忧无虑、天真好奇、充满幻想的童年时代。

2001 年，家乡邀请何鄂回上海办展览。甘肃是她生活几十年的地方，家乡是她的故土，何鄂觉得甘肃和金山在她的心中是一样的重，是同样的“厚土”，为此用了三个月时间，一气呵成创作了厚土系列作品《黄土》《沃土》《乡土》。

第八部分：中华史诗。

作品《成吉思汗雕塑群》设计 14 个月，制作 8 个月，创作团队 800 人，用去泥土 915 吨、石膏 710 吨、铜 480 吨，最高处达 16 米，最长为 32 米，它是迄今为止全球最大的青铜城雕。它于 2006 年建立在鄂尔多斯市广场上。这组气势宏伟的城雕，被誉为“新时代雕塑奇迹”和“中国大型雕塑的一座里程碑”，并于当年获得了全国城雕评比年度大奖。

这么庞大的雕塑群，是由当时已经 69 岁的何鄂引领一个庞大的团队创作设计的。何老师说这项工程“就像是一组交响乐”，是集体智慧的结晶，但在这组交响乐中，何老师无疑是乐队的指挥、是乐队的灵魂，是她用与泥巴打了几十年交道的双手和从未消逝的创作热情书写的宏大乐章。

这组群雕由 5 部分组成：

《闻名世界》表现的是成吉思汗戎马一生、率部族勇往直前的气概，展示了中华民族自强不息的精神力量；

《一代天骄》反映的是成吉思汗由一个平凡少年成长为伟人的故事；

《草原母亲》刻画了母亲向成吉思汗等五个孩子讲述五支箭的典故，揭示团结是成吉思汗一生中重要的力量源泉。

《海纳百川》表现成吉思汗知人善用、唯才是举、任人唯贤的胸怀。

《天驹行空》表现为成吉思汗建立帝国立下汗马功劳的蒙古双骏……

第九部分：家乡情怀。

家乡的情最浓，家乡的爱最深，家乡的景最美。何老师是驰名中外的雕塑家，邀请她做雕塑的实在太多、太多，但是何老师说，只要是家乡的雕塑，她再忙也要答应，再难也要做好。这里集中展示何鄂为家乡做的倾心之作。据不完全统计，何鄂建在家乡做的雕塑已有 42 件（包括捐赠），其中为我校创作了《勇敢的鲜军》《何朱两先生》《能歌善舞》《方正之》4 件作品。

第十部分：雕塑心语。

何老师的"雕塑心语"一样令人赞叹和佩服，给人无限启迪：

"雕塑是我的心脉，我生命的血浆，让它尽情无碍地流淌吧，流淌殆尽时，自然会凝固为永恒。

雕塑是我表达情感的方式，自己要做的就是用雕塑去说话，用雕塑去表达心声。

我能够奉献给中华民族的，唯有雕塑；我能够给予我们这个时代的，唯有雕塑。

我艺术激情的喷发，多是来自身边感动我的人和事，我只有用自己的手雕塑出来，才能表达我的崇敬之情。

雕塑是城市的眼睛，是凝固的音乐。城雕作品的生命力在于把握地域文脉。

我所有的雕塑作品都是在向祖国、向民族说三个字——'我爱你'！"

三、何鄂雕塑馆的功能

何鄂雕塑馆建在廊小，使廊小的校园文化更丰富多彩，让农家子弟徜徉在艺术的神圣殿堂"赏雕塑、玩泥巴、练巧手、美心灵"，领略中华民族的瑰丽文化，浸润雕塑艺术的春华秋实，不仅开阔了眼界、增长了知识，而且培养了能力、陶冶了情怀。如今，这里已成了孩子们接受爱国主义教育的"大课堂"、进行艺术熏陶的"大熔炉"、实施美育实践的"新天地"。

润德怡情，这是一。何鄂雕塑馆，既有以人类历史长河和社会为对象的史实性的雕塑，也有取自廊下小学校园人物、师生生活的现实性雕塑，是传承中华优秀传统文化、开展爱国爱乡教育最生动的教材，能潜移默化地引导廊小学子健康成长。

如 2004 年何鄂创作的《勇敢的鲜军》雕塑，生动地再现了张鲜军救三个孩子的感人至深的英雄形象。再如《能歌善舞》雕塑，不但有观赏、美育的价值，而且有习德和陶冶情操的功能。

进入课程，这是二。学校利用何鄂雕塑馆开设了雕塑课程，编写了校本教材，编印了雕塑折页，创建了雕塑专用教室和学生作品展示室，并分年级对习得雕塑提出了整体方案，使每一个学生都能学习历史与文化，了解雕塑美学与知识，掌握雕塑技能与方法。

何鄂雕塑馆里的一件件作品、一个个故事成了学校“小导游”最好的宣讲脚本。小学生一次次有声有色的讲解，成为雕塑馆最感动观者的一道靓丽的风景线，既锻炼了学生待人接物和表达的能力，又增强了服务意识和艺术修养。

对外开放，这是三。每逢双休日，何鄂雕塑馆对外开放，工作日也可预约参观。大家都说，走进何鄂雕塑馆，仿佛来到了和蔼可亲、平易近人的何鄂身边，走进了一个对历史讴歌、对生活赞美、对人性颂扬的精彩世界。何鄂雕塑馆的知名度越来越高，社会价值、观赏意义也越来越大，已成为一个远近闻名的爱国主义教育基地，参观者络绎不绝，纷纷留言，好评如潮。

现在，何鄂雕塑馆不仅成为一笔功在当代的艺术财富，更是一幅利在千秋的教育画卷。她不仅属于廊小、属于廊下，也属于金山、属于社会。

第六节 “一主六副”七首校歌，伴随学生快乐、幸福成长

校歌，犹如学校的精神图腾，是学校精神风貌的重要标志，与校徽、校训等相得益彰。它集中体现学校的办学理念、办学特色和传统，是校风、教风及学风的高度概括，是引领孩子们健康成长的精神宣言。它在激励学生成长、凝聚学校精神、推动校园文化建设等方面发挥着重要作用。

两千多年前，孔子创办私学，就以诗与乐作为教育的重要内容。我国自近代新式学校出现以后，就有创作校歌的传统，从著名学校到乡村小学，大多都有自己的校歌。

一首好的校歌，一般都具有鲜明的特色，同时反映着时代精神和历史印记，体现个性与共性的统一、历史与现实的统一、思想内容与艺术形式的统一，起着明责、励志、抒情、奋进的教育鼓舞作用。这种作用，甚至让人一生都铭记在心。

2004 年百年校庆期间，我校曾创作过一首活泼欢快的校歌《廊下明天的太阳》，由我校语文教师杨依军作词并与音乐教师汪振宇共同作曲，小朋友们也很

喜欢。但因学校现在提出的理念与歌曲中提到的不一致，所以这首校歌不再使用，成了美好的回忆。

我校第一首新校歌《做鲜军式的好少年》创作于2012年，至今师生已经整整唱响了8个春秋。她像一支号角，一直在指引着全校师生奋勇向前。请听——

做鲜军式的好少年

凝望你的塑像，又浮现你的笑脸，
勇敢的你，伴海潮声从未走远。
你舍身救人，青春永恒，
你助人为乐，无私奉献。

讲述你的故事，你还在我们中间，
英雄的你，在平凡中显示非凡。
你敬老爱幼，诚实守信，
你勤奋好学，自强乐观。

你是廊小的荣光，你永在我们心田，
你是雷锋的伙伴，精神代代相传。
我们心有榜样，我们胸怀信念，
我们要做鲜军式的好少年。

为什么会想到要创作《做鲜军式的好少年》？张鲜军是廊小校友，1997年8月1日，他在石化戚家墩大海里为抢救3个孩子而光荣牺牲，被上海市人民政府追授“革命烈士”荣誉称号。为了让鲜军事迹、鲜军精神牢牢地烙印在学生的心田里，我们提炼概括了鲜军“助人为乐、无私奉献、敬老爱幼、诚实守信、勤奋好学、自强乐观”6种精神，编写了校本读物《闪光的年华——廊下雷锋张鲜军的故事》，安放了何鄂女士赠送的鲜军雕像，开展了鲜军式好少年评选活动。

就这样，“鲜军事迹、鲜军精神”成为廊小一笔永恒的精神财富；“学鲜军，做鲜军式好少年”成为我校学生践行“方方正正做人，踏踏实实做事”校风的具体体现和重要抓手，成为廊小学生的荣耀和追求的目标。

为了进一步打造“学鲜军，做鲜军式好少年”育人特色，2012年，学校请上海著名作词家陈念祖和作曲家左翼建联袂创作了上面这首抒情、催人奋进，又富有感召力和凝聚力的校歌。歌词主题鲜明，简洁凝练，朴实自然；乐曲气势磅礴，意境深远，饱含时代激情。

在每周升旗仪式时，学生唱国歌并齐唱这首主歌，成为学校的传统。每逢学校重要活动也要高歌一曲，让学生一次又一次地得到精神洗礼。

除了这首主歌外，学校还有六首副歌，分别是：《上课乐》《课间乐》《莲湘乐》《上学乐》《放学乐》和《好美的花园学堂》。这“一主六副”七首校歌的创作，不是一下子完成的，是根据学校教育的需要，成熟一首创作一首，最终形成了七首新校歌。

“乐学、智学”是学校的学风，而课堂是落实学风的主阵地，是学生学习成长的最重要途径。上课对学生有哪些要求？我们提出了“上课四要四不要”：

上课四要

要睁大眼睛看仔细
要竖起耳朵听清楚
要开动脑筋勤发言
要一心一意做题目

上课四不要

不要做小动作
不要随意讲话
不要东张西望
不要心不在焉

为了让小朋友更容易记住上课要求，我写了一首拍手歌《上课乐》：

上课乐

你拍一，我拍一，廊小课堂有活力，
你拍二，我拍二，生动有趣真快乐；
你拍三，我拍三，精神饱满坐自然，
你拍四，我拍四，睁大眼睛看仔细；
你拍五，我拍五，竖起耳朵听清楚，
你拍六，我拍六，积极发言常开口；
你拍七，我拍七，动手动脑巧做题，
你拍八，我拍八，敢于提问收获大；

你拍九，我拍九，互帮互学多交流，
你拍十，我拍十，共同进步乐无比！

这首拍手歌，更生动形象地对学生提出了上课要求。如果我们的老师能引导学生做到这些要求，我认为教师上课已经成功了一半，“乐学、智学”在课堂中就有了最好的体现。

小朋友非常喜欢这首《上课乐》拍手歌，几乎人人都能背出。我们每个月每个班级还要根据“上课四要、四不要”和拍手歌里的要求评选出 8 位“上课乐之星”，评上的学生胸前要佩戴“上课乐之星”标志。学生觉得这非常光荣，极大地促进了他们上课的积极性。

2014 年，我请教作曲家左翼建，能不能把《上课乐》创作成一首校歌，他说：行呀，很好，很有特色。于是，左翼建以此为歌词帮我们创作了节奏欢快优美的第二首校歌。

我们还为这首校歌编配了集体舞，大课间时全体学生在操场上一起跳。学生们兴趣盎然，场面快乐温馨。通过跳集体舞，学生的气质更好了，看上去更阳光了，胆子更大了，同学间的关系更和谐了，上课的要求也更明确了，上课的效率也更高了。

课间是学生放松心情、玩耍游戏、休息的快乐时光。如果创作一首校歌，把课间要求和活动项目融入歌词，又以欢快的旋律伴随学生课间活动，那该多好呀。我们既然有一首《上课乐》校歌，更应该创作一首《课间乐》校歌，让学生在课内和课外都更快乐起来。于是，2015 年，我又请作曲家左翼建和作词家李成福共同创作一首《课间乐》：

课间乐

轻松的课间时光来了来了，
我们向你报个到。
智多星在蓝天下尽情地闪耀，
校园里盛开着优美的舞蹈。

美丽的廊小，可爱的廊小，
心中的家园，温暖的怀抱。
开启智慧，润泽生命，
我们的未来无限美好。

（说唱）
下课铃声就是快乐的集合号，
我们一起来活动赶走那疲劳，
散散步聊聊天踢踢腿扭扭腰，
课间的时光到处乐陶陶。
跳绳子、下棋子、踢毽子，比谁技艺更高超，
九彩棒、橡皮筋、溜溜球，看谁手脚更灵巧，
滚铁环、打莲湘、丢手帕，我加油来你说妙，
赶小猪、挑线绳、童童猜，你拍手来我叫好。
看墙报、讲故事、猜谜语，就在我们的长廊走道，
闻花香、听鸟语、赏金鱼，就在我们的花园学校。
有趣的游戏，为成长增添丰富的养料，
快乐的玩耍，给童年留下幸福的欢笑。

我们把办学理念“开启智慧，润泽生命”、培养目标“开心果、智多星”、莲湘舞和拍手歌融入校歌，把学校常有的游戏活动融入说唱，使校歌打上了廊小特有的烙印。

小朋友们非常喜欢《课间乐》这首校歌，觉得它旋律优美，使人轻松欢乐，催人奋进。我们根据《课间乐》旋律编排了一个舞蹈节目，并荣获金山区小学生舞蹈表演一等奖。评委专家说，廊小的《课间乐》舞蹈很好，旋律优美动听，学生又唱又演，欢乐无限，校园就需要这样充满生机和活力的具有校本特色的舞蹈。

有了《上课乐》《课间乐》，怎么又想到创作《上学乐》和《放学乐》呢？我在校史上看到，20 世纪 30 年代，学校放学前要上夕会课。全体学生在操场上按家庭方向排队，高唱夕会歌：“功课完毕，要回家去，老师、同学大家暂分手，老师明天见，好朋友明天见。”唱歌毕，齐声喊：“明天见。”这段历史很有画面感，对此我很感兴趣，我想学校能否也创作一首放学歌，让学生每天带着学习收获开开心心地回家？我征求了部分教师和学生的意见，大家都说好。最后，我征询了作曲家左翼建的意见，他说：很好呀，最好创作放学歌、上学歌两首，题目可以叫《上学乐》《放学乐》。于是，2016 年，学校又请左翼建作曲、黄玉燕作词，共同创作了《上学乐》和《放学乐》。

上学乐

太阳升，鸟儿叫，
背上书包上学校。
见到老师行个礼，
小朋友们问声早。
静渊亭，志贤门，
百年廊小多荣耀。
我爱读书善歌舞，
方正做人成好苗。

放学乐

晚霞红，鸟归巢，
拿起书包放学了。
老师同学说再见，
一路安全要记牢。
进家门，懂礼貌，
功课做好乐陶陶。
我爱生活会自理，
踏实做事志气高。

我们把校风“方方正正做人，踏踏实实做事”，以及廊小特色元素“静渊亭、志贤门”融入校歌，还把对学生上学、放学的一些要求写到里面，很好地体现了校本特色。

现在，每天早上，我们在校门口用《上学乐》歌曲迎接小朋友上学，小朋友们从校门口边哼起《上学乐》边走向自己的教室，怀着快乐的心情开始一天美好的学习生活。放学时，学校用《放学乐》歌曲欢送小朋友回家，小朋友们背着书包，哼着《放学乐》离开校门，把一天的快乐和收获带回家。

至于选择《莲湘乐》，那是源自于廊下的地域文化。莲湘是廊下民间舞蹈，已有100多年历史，现在已列入上海市非物质文化遗产目录，是廊下的一镇一品。莲湘也是廊小的一校一品，学生人人喜欢莲湘。

廊下镇请陈念祖作词、左翼建作曲，创作了一首《莲湘之歌》，还特地录制了小学生唱的版本赠送给我校。该歌曲节奏欢快、热烈、轻松，老师们都说好，于是，我就把小学生唱的《莲湘之歌》改名为《莲湘乐》。有了这首歌相伴，学生们打起莲湘更有劲、有味、有乐。不信，你听——

莲湘乐

廊下有个打莲湘，
历史悠久名气响。
步伐灵，击打欢，
跳跃乐，笑声朗。
打得喜悦满心田，
乐乐呵呵情飞扬。

现在，每天早上大课间，全体学生在《莲湘乐》的伴奏下，一起在操场上打莲湘，场面热烈、壮观，成为廊小一道亮丽的风景线。

创作《好美的花园学堂》这首歌，也是事出有因。我校是上海市花园单位，2013 年，经整体改建后，校园如花园似园林，成为金山区、上海市乃至全国最美校园之一，老师、小朋友和家长都深深地喜欢学校。来我校参观的嘉宾也很多，几乎每周都有。我想能不能再创作一首歌颂学校环境美的校歌，让学生的眼睛和耳朵同时享受到校园的美呢？2017 年，学校请作词家薛锡祥、作曲家左翼建创作了校歌《好美的花园学堂》：

好美的花园学堂

好美好美的花园学堂，
黛瓦白墙，拱门花窗，
亭台楼阁，小桥流水，
好一个江南园林迷人景象。

好美好美的花园学堂，
桃李争艳，鸟语花香，
松梅相伴，鱼戏荷塘，
好一幅水墨画卷醉人风光。

书声琅琅，歌舞飞扬，
艺术殿堂点亮多彩梦想。
亲亲校园，爱的摇篮，

百年廊小美丽着我的成长。

歌词中的“艺术殿堂”，实指我校的何鄂雕塑馆，虚指整个校园。我校的莲湘舞、拍手歌、名人题词、园林建筑都和艺术有联系，我们的课堂也要讲究生成艺术，所以我们把整个校园称作“艺术殿堂”。

这首校歌非常抒情，用江南旋律把人带进如诗如画的校园，给人无穷的享受，让人沉醉。大家都说，听了这首校歌，没有来过廊小的嘉宾就会产生一种一定要到廊小看看的欲望；天天生活在校园里的师生一定会感到学校更美丽、更可爱，从心底里更喜欢学校。

这“一主六副”七首校歌，我们称之为“鲜军引领，美景怡情，五乐伴行”。它们凝聚了学校对学生的所有情和爱，寄托了老师对学生的所有勉励和希望，成为廊小铭刻时光与记忆的动人旋律，将在校园里经久不衰地传唱。

《做鲜军式好少年》是用鲜军精神引领全体学生学会做人；《好美的花园学堂》是用校园美景愉悦学生心境，陶冶学生情操，让学生在美丽的校园中美丽地成长；《上课乐》和《课间乐》是用课堂、课间的快乐和智慧，开启学生的智慧，润泽学生的心灵；《莲湘乐》是用民间舞蹈激起学生对美好生活的向往和追求；《上学乐》和《放学乐》则是让学生开开心心上学，乐乐呵呵放学，天天享受上学、放学的快乐和幸福。

这七首脍炙人口的校歌，体现了地域特点，又具有学校特色，增强了学生对学校的亲切感、自豪感、认同感和归属感，不仅对学生的生活、学习起到良好的引导作用，而且对规范学生的行为习惯，提升学生的修养品德等方面也起到了感染、熏陶、激励的作用，并最终对学生的人格提升起到潜移默化的作用。同时，这七首校歌还能传承学校历史，弘扬学校精神，展现学校办学理念和特色，进一步推动校园文化建设，不断提升学校文化内涵。

七首校歌创作完毕后，我还特地写了首童谣，献给廊小每一个学生：

廊小学生有福气，
七首校歌如伴侣；
鲜军引领立大志，
学会做人是第一；
美景怡情舒心底，
赏心悦目乐无比；

五乐伴行天天喜，
幸福成长甜似蜜；
校歌悠扬又励志，
百年廊小我爱你。

在创作这些校歌时，特别是撰写歌词时，我投入了大量的时间和精力，与作词家反复讨论研究，把我校的办学目标、培养目标、办学理念、校风、学校特色符号和对学生的一些要求尽量自然地融入校歌，体现廊小特色、廊小亮点，使之成为独一无二的经典校歌。作曲家左翼建先生曾十多次来廊小，对我校既熟悉又有感情，他非常欣赏我校的文化，已深深地喜欢上了廊小。为了创作一首首校歌，他倾注了无数的心血，走进班级、走进学生，体验生活，用的功夫一首比一首深，创作的要求一首比一首高，因此质量也一首比一首好。我们力求完美，精益求精，每首校歌几易其稿，反复修改，直到满意为止。

非常荣幸，校歌创作得到了很多领导、专家和老师的关心、支持和帮助，他们对歌词提出了很多修改建议，使校歌更趋完善。也非常幸福，校歌创作得到了廊下很多村委会的无私资助，帮我们一一解决了创作需要的资金。其中，《做鲜军式好少年》由勇敢村独家资助，《上课乐》由光明村、中联村资助，《课间乐》由南陆村、中华村资助，《上学乐》和《放学乐》由山塘村和景阳村资助。家乡人民的关爱、资助让学校感到了无比的温暖，增添了无穷的力量，时时鞭策着我们做得更好。

学校还规划和落实了对每首歌的习唱。七首校歌由音乐老师利用音乐课负责教唱。校歌《做鲜军式好少年》和《上课乐》要求学生第一年就要学会，其他五首校歌落实到各年级，一年级唱《上学乐》，二年级唱《放学乐》，三年级唱《莲湘乐》，四年级唱《课间乐》，五年级唱《好美的花园学堂》。学校要求各年级经常利用少先队活动课、十分钟队会、大舞台表演、预备铃 2 分钟，高歌校歌，让优美的校歌旋律常常回荡在美丽的校园里。我们对学生还有一个特别的要求——把校歌带回家，教父母哼唱几句，用校歌拉近学校和家庭间的距离，让家长更多地了解学校、喜欢学校。

校歌唱出了学校过去的风采，唱出了学校今天的自信，唱出了学校明天的豪迈。现在，每个学习日中午的 11∶30 到 12∶00，校园广播里滚动播放七首校歌，成为学生快乐轻松、甜美可口的精神午餐。

校歌励志。“七”是个吉祥、独特的数字，北斗星七颗，音符七个，一周七天。这七首新校歌就像天上的北斗七星，指引着廊小学生前进的方向；又像七个跳跃的音符，给廊小学生每天带来无穷的快乐、智慧和力量。

第七节　运用学校标识，展示学校形象

学校标识，是一种带有鲜明学校特征的特别记号，是一所学校为了获得社会的理解与信任，将其办学的宗旨和文化内涵传达给公众而建立的一种视觉、听觉相结合的立体式的形象系统，也是对教育的一种图腾表现。

2004 年我校举行百年校庆后，逐步构建了一套文字、符号与行动文化相结合的标识文化体系，将学校的优良传统、办学理念、办学特色和办学追求等抽象因素，转换成易被识别、记忆并接受的符号系统，以标准化的视觉形象呈现给全校师生员工和社会大众，从而使人们对学校形成清晰的形象概念和文化认识，起着明责、励志、抒情、奋进的教育鼓舞作用。同时，对于进一步增强全校师生员工的认同感、归属感、自豪感和凝聚力，进一步提升学校文化品位，打造学校文化品牌，具有重要意义。

一、校徽：让孩子终身受益的特别文化记号

校徽是学校徽章的简称，是一个学校的标志之一，体现学校特别的文化记号。

我校校徽，呈圆形，图案以“山”字构成，新颖、简洁、美观，节奏韵律感强；色彩由红、绿、黄三色组成，绿色代表春天和学校地处现代农业园区，黄色代表阳光，红色代表生命。校徽外环是中英文校名全称，图案左边建筑象征学校创始时的校舍斗姥阁，数字“1904”表明建校时间；图案右边是学校第一景点——西校门的缩影：中部圆柱形似一支笔，又似一根栋梁，三面梯次墙面恰似三本书，含有唐代大诗人杜甫“读书破万卷，下笔如有神”的诗意；水平线为一根莲湘棒，示意学校富有特色、远近闻名的地域文化——打莲湘；下方“开启智慧，润泽生命”八字是学校办学的核心理念。

这独一无二的校徽，寓意百年廊小具有深厚的文化底蕴和美好的理想追

求，展示了廊小学子在“开启智慧，润泽生命”的核心理念引领下，每天走进校园“天天要写好字，天天要读好书，天天要搞好活动，长大了做祖国的栋梁之材”的精神风貌。

二、吉祥物：乐乐和星星成了孩子们努力追求的目标

吉祥物是一种萌物。把培养目标设计成吉祥物，是学校的一个创举。

“倾心培养快乐健康、能歌善舞、微笑待人的开心果和全面发展、兴趣广泛、敢于提问的智多星”是我校的培养目标。为了让学生更喜欢“开心果”和“智多星”，人人争做“开心果”和“智多星”，学校创作了吉祥物：乐乐和星星。乐乐，就是“开心果”，星星，就是“智多星”。乐乐，最大的特征是开心，她的眼睛像粒开心果，两条辫子伴随三粒黄黄的开心果在不断舞动，双手得意地撑住下巴，象征天真活泼、阳光快乐；星星，最大的特征是乐思，他的眼睛像颗小星星，头发伴随三颗闪亮的星星，像火花一样在不断跳跃，双手托住下巴，象征乐于思考、富有智慧。

我们把吉祥物做成胸牌，让学生天天佩戴在胸前。学生们感到很自豪。我们还把大大的吉祥物挂在学生天天走过、看见的教学楼外墙上。乐乐和星星似乎天天在和每一个学生打招呼。

代表快乐、智慧的吉祥物——乐乐和星星成了廊小每一个学子的好朋友；我要做开心果，我要做智多星，成了廊小学子孜孜追求的荣耀和目标。

三、校旗与校歌：飘扬在学生心中的歌

校旗，顾名思义就是学校的旗帜，上面有学校名称、校徽，体现学校的精神风貌，展示学校的个性特色，是一所学校的象征与标志。

我校的校旗中间是校徽图案，上方是学校名称——上海市金山区廊下小学，下方是校树雪松叶子和校花梅花图案，整面校旗既富有文化内涵又非常美观。

每逢学校重大活动，一旦有校旗飘扬，每个廊小学子的心中就会激起对廊小的归属感和自豪感。

校歌，是学校精神风貌的重要标志，与校徽、校训、校风等相得益彰。它集中体现了学校的优良传统、办学理念、办学特色和办学追求，是学校优良校风及

教风、学风的高度概括，起着明责、励志、抒情、奋进的教育鼓舞作用。

我校共有七首校歌：

主歌：《做鲜军式好少年》。

副歌：《好美的花园学堂》《上课乐》《课间乐》《莲湘乐》《上学乐》《放学乐》。

七首校歌提升了校园文化氛围，助推了校园文化建设发展，对学生的快乐成长有着不可替代的作用。

廊小学生是幸福的，这些催人奋进、独一无二的优美旋律，将伴随他们一辈子，影响他们一辈子，快乐他们一辈子。

四、学校校训：有故事、有内涵的八字校训

校训是广大师生共同遵守的基本行为准则，是人文精神的高度凝练，是学校历史和文化的积淀。

我校的校训为"文渊德厚，志远行近"。这八字校训有故事、有内涵，是一笔宝贵的精神财富。"文渊德厚"与何静渊有渊源，是对何静渊学识和品行的写照；"志远行近"与朱志贤有渊源，是对朱志贤行事和志向的写照。蕴含在校训中的两位先辈的故事生动感人，为全体师生眺望学校精神家园打开了一扇窗户，时时激励着廊小每一个师生。

我们对校训赋予通俗易懂的教育内涵，既显历史积淀，又有时代意义：

文渊德厚：学识渊博，道德高尚。

志远行近：志向远大，脚踏实地。

学校两个校门，对着北校门的巨石上刻着由中国人民大学程方平教授题写的"文渊德厚"，对着西校门的巨石上刻着由著名书法家、中国书法研究院副院长李鑫华先生题写的"志远行近"。

这八字校训，天天与师生见面、相伴。即使是离开学校多年的学生也会将校训时刻铭记在心。

五、校树校花：植物的启迪，精神的象征

学校松梅园里有一棵树龄近 90 年的大雪松，两棵树龄近百年的红梅，以及十几棵颜色各异的树龄较小的梅花。

"雪压青松松更翠，霜打梅花花更艳。"雪松和梅花都有一种坚强不屈的精

神。现在的独生子女大多吃不起苦，经不起困难挫折，需要培养一种坚强不屈的精神。于是，学校在2013年建造了松梅园。

为了让小朋友更喜欢雪松和梅花，我们通过评选确定雪松为校树，梅花为校花，并将雪松和梅花赋予文化内涵：

校树：雪松

品质：无论严寒酷暑，疾风暴雨，永远昂然挺立，四季常青。

寓意：碰到挫折时，要像雪松一样昂首挺胸，天天向上。

校花：梅花

品质：不经冰天雪地，寒风刺骨，哪来迎春吐艳，芳香扑鼻。

寓意：碰到困难时，要像梅花一样自信自强，永不低头。

现在，学生每天经过松梅园，雪松和梅花好像时时在告诫小朋友：勇敢一点，坚强一点，不要被困难吓倒！

我校的校徽、吉祥物、校旗、校歌、校训、校树、校花形象生动，寓意深刻，可视性强，天天影响、感染、激励着每一个学子。

第八节　撰写《百年廊小赋》，增厚学校文化积淀

在学校建校110周年之际的2014年，有一位专家向我建议请位名家写一篇《百年廊小赋》，以进一步提升学校百年文化的内涵和积淀。但我觉得，尽管学校取得一点成绩，校园文化积淀很深厚，也很有影响，但学校毕竟是一所乡镇小学，写赋还不够格，所以一直没有考虑。

2015年3月17日，时任中国教育学会常务副会长、国家原副总督学郭振有教授来我校参观指导。临走时，郭教授说参观廊小后非常震撼，想不到一所乡镇小学的校园文化建设如此有内涵、有特色、有成效，在全国也不多见，建议我校请位辞赋名家写篇《百年廊小赋》，以总结过去百年的风雨和辉煌，增厚百年文化积淀，开启新百年的腾越篇章。

我对郭教授的建议思考了好长时间，领导班子多次对此进行了研究。我们非常慎重，又请教了好几位专家和领导，他们一致认为很有必要，于是，我们决定请名家撰写《百年廊小赋》。

我们想到了《上海赋》《松江赋》和《金山赋》的作者张青云先生，他是新金山人，在金山区图书馆工作，担任古籍文献部主任，文化功底很深，于是，我们便请他担此重任。

张青云先生对此十分重视，为写好此赋，特来廊小实地考察。在阅读了我校校史和有关资料后，用了 4 个月时间，于 2017 年 2 月 4 日拿出了第一稿。我和何顾继德老师反复研读，觉得整体写得不错，但感觉引经据典多了一点，太深奥了一点，共性多了一点，学校个性少了一点，没有全面反映出学校的特色和亮点，遂建议张老师修改得尽量通俗一点，突出学校个性、特征，还提出了很多细节方面的建议。

张青云先生根据建议，认真修改。我是一个追求完美的人，又反复推敲，张老师也不厌其烦修改，就这样，又来回七八次，一篇精彩的《百年廊小赋》正式诞生了。

百年廊小赋

景阳毓秀(1)，胥浦钟灵(2)。百年廊小，闾里蜚声(3)。庠序崔嵬(4)，经世纪之风雨；黉宫轩敞(5)，历不凡之征程。教洽方隅，崛起于杭州湾畔；泽周片壤，增辉乎黄歇浦滨(6)。

回眸校史，追本溯源。筚路蓝缕，创业维艰。何静渊应时而兴学，朱志贤踵美而增妍。公学号“育英”，肇自满清季世；学堂名“开智”，创于光绪卅年。续有“启发”学校，草创彭家沼边。蕞尔僻乡(7)，首兴新学；弹丸小镇，顿改旧颜。孜孜不倦，膏火映何氏祠内(8)；汲汲维勤，书声起斗姥阁间。捐弃陈规，首重教材改革；破除旧习，又闻女塾开班。校舍扩充，多仗捐资彦士(9)；方隅不限，广招求学英贤。“景阳”高小，应运发端。影响非轻，宏猷展乡间廊下；规模称广，隆誉冠平湖金山。秉教育家之热忱，鸿基奠定；膺教育部之嘉许，奖章获颁(10)。纪念堂开(11)，仰何朱之德业；铭功文就，传高沈之名篇(12)。岁当丁丑，骤起烽烟。日寇拆焚，校舍化零砖败瓦；师生走避，讲堂剩断壁残垣。延文脉而救亡，含辛茹苦；借警署以复校，履险克难。下迄抗战胜利，重筑杏坛(13)。国民学校，建制复原。俄值廊下解放，日丽尧天。学沐生机，改畴昔之旧制；校归接管，谱明时之新篇。

迨自建国伊始，壮哉廊小，奋力腾骧(14)。村镇孩童，均沾教泽；工农子弟，概列门墙。民乐声声，飘扬于泮水(15)；秧歌阵阵，回荡于操场。文革飚生，顿使斯文扫地；批儒风起，频惊教苑罹殃。喜自拨乱反正，重启梯航[16]。甲申校庆[17]，起点高张。时任团队，共济同襄。以文化人，核心形成理念[18]；以智育人，目标绘就篇章[19]。爱教善教，教师可亲而和蔼；乐学智学，学子自信而阳光。拍手歌饱蕴童真，新奇生动；打莲湘富含民俗，优美大方。猗欤盛哉[20]！局镇支持[21]，促成亮点；各方垂爱，遂展优长。励学培英，千万新苗经澍雨[22]；弘文树德，百龄老校沐春阳。继往开来，喜看鸢飞鱼跃[23]；光前裕后，欣瞻凤翥鸾翔[24]。

若夫徽派风格，胜迹多娇。亦园亦校，画笔难描。何顾继德[25]，创意妙高。斗姥阁藏一校之秘珍，文光犹焕；校史馆储百数之鸿宝，华彩未凋。何鄂馆内[26]，杰作丰饶。"黄河母亲"，何其博大；"能歌善舞"[27]，如此自豪。民族风浓，俨艺术之渊薮；故乡情渥，诚雕塑之天骄。桃李园品琪蕾繁英，顿忘世俗；松梅园赏霜柯琼萼，绝去尘嚣。莲湘园中，圆廊衬小桥流水；大舞台上，雏鹰翔广宇碧霄。更有人文景点，分布周遭。遗址岿然，何朱纪念碑珉石仍固；高风不没，两先生铜像英气尤昭。檐牙高耸，静渊亭长凝瑞霭；廊庑宏开，志贤门永励风标。书香苑穆如圣殿，思乡泉甘若醇醪。更有名家翰墨，颁赐挥毫。或题词以勖勉，书风遒劲；或题额而刻镌，字体秀韶。猗欤盛哉！景景关情，求学之乐园粹美；点点励志，育才之沃土广辽。俨若人文大观，长铭往史；荣膺全国先进[28]，喜看今朝。

至若园丁风范，长耀清晖。承前启后，志士肩随。何姓校长，六任擎旗[29]。厥后则踵事增华，治校多硕儒峻望；因材施教，授业富饱学良师。校风践行[30]，岂吝春蚕化茧；师魂铸就，何辞蜡炬成灰。绿鬓堆霜，献身教育终无悔；青丝成雪，作育英才信有期。若乃校友风采，各展英姿。俊贤辈出，淑世匡时。何穆业岐黄[31]，为医林之翘楚；正之参革命[32]，具远大之襟期。蹈海舍身，鲜军拯溺成壮举[33]；登场击剑，姚芳夺冠创传奇[34]。此外之廊小校友，各有施为。兼综文武，奋翮群飞[35]。皆母校之骐骥[36]，诚乡邦之虬螭[37]。"文渊德厚"[38]，初心不忘言犹记；"志远行近"[39]，矢志不渝路岂迷……

颂曰：百年名校，沐雨栉风。重关勇迈，积健为雄。兹逢盛世，再建懋功[40]。鹏程万里，红旭曈昽[41]！

注释：

(1) 景阳：廊下镇的旧称。

(2) 胥浦:廊下清代属胥浦乡。

(3) 闾里:乡里、民间。《周礼·天官·小宰》:“听闾里以版图。”

(4) 庠(xiáng)序:学校或教育事业的概称。《孟子·滕文公上》:“设为庠、序、学、校以教之,庠者养也,校者教也,序者射也。”

(5) 黉(hóng)宫:学校的校舍。黉为古时学校,《后汉书·仇览传》:“农事既毕,乃令子弟群居,还就黉学。”

(6) 黄歇浦:上海的雅称。

(7) 蕞(zuì)尔:小的样子。《三国志·魏志·陈留王奂传》:“蜀蕞尔小国,土狭民寡。”

(8) 膏火:照明用的油火。《庄子·人间世》:“膏火自煎也。”

(9) 捐资彦士:指朱志贤先生。其于1913年接任开智小学校长后,出巨资在斗姥阁北面建造数间新校舍。

(10) 奖章获颁:指朱志贤先生因办学实绩,受到当时的教育部嘉奖,授予其三等金质奖章。

(11) 纪念堂:指建于1934年的“何朱两先生纪念堂”。

(12) 高沈之名篇:指高吹万所撰《何朱二先生纪念堂记》及沈惟贤所撰《金山何朱两先生纪念碑碑文》。

(13) 杏坛:相传为孔子讲学处,后泛指聚徒讲学处或学校。

(14) 腾骧(xiāng):腾跃、腾飞。

(15) 泮(pàn)水:古时学官前的水池,后泛指学校。

(16) 梯航:登山和航海,喻长途跋涉和征程。

(17) 甲申校庆:指2004年(岁次甲申)廊小举办以“站在新百年的起点上”为主题的百年校庆庆典,从此学校进入新的发展阶段。

(18) 核心形成理念:指廊下小学新时期的办学理念:“开启智慧,润泽生命”。

(19) 目标绘就篇章:指廊小培训目标“倾心培养快乐生活、健康向上、能歌善舞的开心果和全面发展、兴趣广泛、敢于提问的智多星”。

(20) 猗欤(yī yú)盛哉:叹词,表示赞美。

(21) 局镇支持:指金山区教育局、廊下镇党委和政府对廊下小学的一贯支持。

(22) 澍(shù)雨：时雨、甘霖。

(23) 鸢(yuān)飞鱼跃：《诗·大雅·旱麓》："鸢飞戾天，鱼跃于渊。"鸢鸟俗称老鹰。意为鸢鸟飞于九天以翱翔，游鱼跃于渊中而喜乐，后指生机旺盛。

(24) 凤翥(zhù)鸾翔：凤凰、鸾鸟腾飞的样子。翥为高飞、高举状。

(25) 何顾继德：指廊下小学创始人何氏后裔、高级工艺美术师何顾继德先生，廊小校园由其近年来倾心设计。

(26) 何鄂馆：指 2014 年落成于廊下小学的何鄂雕塑馆。何鄂，女，生于 1937 年，廊下小学创始人何氏后裔。系中国工艺美术大师、著名雕塑家。

(27) "能歌善舞"：何鄂大师雕塑作品。这件作品展示的是廊下小学最富有特色和成效的民间童谣"拍手歌"和民间舞蹈"打莲湘"，体现的是廊小学生"阳光自信、活泼可爱、快乐健康"的精神风貌。

(28) 荣膺全国先进：指廊下小学获得的"全国教育系统先进集体"荣誉称号。

(29) 何姓校长，六任擎旗：廊下小学自创校以来，先后有五位何姓人士担任过校长一职。2014 年，学校复礼聘何鄂女士担任名誉校长，合计遂为六位何姓校长。

(30) 校风践行：指廊小校风"方方正正做人，踏踏实实做事"。

(31) 何穆业岐黄：指廊小杰出校友、革命先辈何穆(1905—1990)，廊小创始人何静渊侄子，廊下镇勇敢村人。1912—1917 年就读廊下小学，1926 年赴法国留学，1935 年毕业于法国都鲁士医学院，获博士学位。中华人民共和国成立后曾任山西省卫生厅厅长、卫生部顾问等职。"岐黄"是岐伯与黄帝的合称，相传为医家之祖，后泛指中医学或医学。

(32) 正之参革命：指廊小杰出校友、革命先辈方正之(1917—1968)，原名马本初，曾用名朗夏，廊下镇人。1923—1927 年就读廊下小学。1937 年赴延安，先后入安吴堡青训班、陕北公学学习。1938 年加入中国共产党。中华人民共和国成立后担任劳动部办公厅副主任、代主任和党组秘书等职。

(33) 鲜军拯溺成壮举：指廊小优秀校友张鲜军(1975—1997)，廊下镇勇敢村人。1982—1988 年就读廊下小学，1997 年 8 月因勇救落水儿童而牺牲，被上海市人民政府追认为革命烈士。

(34) 姚芳夺冠创传奇：指廊小优秀校友姚芳，女，生于 1972 年，廊下镇人。

1979—1985年就读廊下小学，1998年因车祸丧失下肢全部功能，2002年入选中国残疾人击剑队。曾获第六届、第七届全国残运会女子个人花剑、重剑双冠军，2012年勇夺伦敦世界残奥会女子个人花剑金牌。

(35) 奋翮(hé)：展翅之意。翮为鸟翼。

(36) 骐骥：良马。《庄子·秋水》："骐骥骅骝，一日而驰千里。"

(37) 虬螭(qiú chī)：古代传说中的一种龙。喻杰出的人才。

(38) 文渊德厚：廊小校训的前半句。

(39) 志远行近：廊小校训的后半句。

(40) 懋(mào)功：大功、丰功。

(41) 曈昽(tóng lóng)：阳光灿烂状。杨亿《禁直诗》："初日曈昽艳屋梁。"

《百年廊小赋》精短、通俗、丰厚，包含了学校历史、学校命脉、学校面貌、学校精神和学校宏图，用文学的形式把学校历史发展记录下来，镌刻着精彩纷呈的百年史。

为了进一步提升《百年廊小赋》的影响力，我想请名家题赋名，于是想到了中国教育学会名誉会长、德高望重的顾明远教授。通过电话、微信等形式，我和顾教授进行了多次联系沟通，把介绍学校的一个视频和《百年廊小赋》发给他。顾教授看了后马上给我回复，表示非常愿意题词。几天后，我收到顾教授用正楷、行楷两种字体题写的赋名。

我把顾教授题词的事向我校名誉校长何鄂大师作了汇报，何老师听了很感动，以亲自题名的《黄河母亲》微雕纪念品回赠顾教授。当我准备把微雕寄给顾教授时，顾教授却请我把微雕寄到他的母校：江苏省南京高级中学，他在那里建立了一个"明远书屋"，存放着他的许多展品和书。他要把这个微雕送给母校，供更多的人欣赏。对顾教授的义举，我深感敬佩！

《百年廊小赋》得到了很多专家的肯定，他们都给予了很高评价：

中国教育学会名誉会长顾明远：百年廊小，景阳古镇之遗存；廊小之赋，咏现学校之精神。赋文精美，内涵丰盛。泽润后人，实为佳作。

中国教育学会原常务副会长郭振有：此赋甚佳，大手笔也。作者胸藏丘壑，笔走龙蛇，绘胥浦古镇之风光，叙百年廊小之人文，赞绵绵不绝之弦歌，展桃李芳菲之画卷。行文平铺中见奇思，绮丽中见真诚，咏叹中见怀抱，跌宕中见悠远。好句频频，敬言迭迭，文字优美，韵味隽永。在学校赋文中是一篇难得的佳作。

文汇报资深记者苏军：百年廊小，教育精品；百年廊小赋，笔触精华。此赋千余四百字，注释四十，史迹细梳潺潺，概括凝练铮铮，倾情泼洒绵绵，足见内容深远、内涵深邃、内蕴深厚之老到，倍感赋辞精到、构思精巧，运笔精妙之华章，乃学校赋之杰作，为新型廊小之财富。

最后考虑立碑了。以谁的名义立碑？

我首先想到能否以金山区廊下镇人民政府的名义立碑呢？理由如下：一，廊下镇人民政府历来重视教育，在全区有影响；二，在赋的撰写上，也反映了政府重视学校发展；三，我校工作尤其是校园文化建设得到政府的高度认可；四，以政府的名义立碑是一个创举，是从另外一种角度说明政府对教育的重视。于是我先后向领导请示汇报，所有领导都一致认可这一做法，认为非常有意义、有价值。

2017 年 9 月 26 日，由金山区廊下镇人民政府立碑的《百年廊小赋》在书香苑广场安装落成。石碑由碑体与底座两部分组成，底座长 2.78 米，宽 1.06 米，高 0.64 米，选用芝麻灰花岗石材，边上镌刻有精美花纹和校树雪松松叶和校花梅花符号；碑体长 2.48 米，宽 1 米，厚 0.15 米，材质为优质天然中国黑大理石，看上去庄重、大气，看过的同志都印象深刻。

《百年廊小赋》是廊下小学校园文化建设的又一个创举，它既记述了一部精彩纷呈的百年史，又宛如一幅气势磅礴的教育画卷，给学校增添了一个能传世行远的文化景点，让学校百年文化更厚重、更有韵味！

第三章

坚持以“校”为本，开设特色课程

校本课程，是在保证国家课程最优化实施的基础上，构建的反映学校和地域特色、适合自己学校的课程体系，最终指向是促进学生核心素养的落地和提升。

我校的校本课程特色鲜明，丰富多彩，贴近学生。课程“打莲湘”充分利用地域文化的优势，针对基础课程中“艺教”与“体教”的需要，借助课题研究，打造成了别具一格的“艺教”和“体教”完美结合的“一校一品”。课程“学鲜军”则用校友榜样指引学生从小学先锋，长大做先锋，奋力走好新时代的长征路，现已成为了一门优质育人校本课程。其他诸如朗朗上口的“拍手歌”、情趣盎然的“玩泥巴”，还有点点励志的“三十景”，等等，都是在确保每一位学生达到国家课程规定的要求外，力求让学生学得更多，发展得更好，为学生的全面发展和个性发展留下更多的选择和发展空间。

这些校本课程，乡土气息浓，深受学生喜爱，成效显著，渐成品牌，是学校追求更有品质教育的有效探索。

第一节　传承民间舞蹈打莲湘，精心打造“一校一品”

一种民间艺术，引入校园成为“常景”，融入教育成为“常态”，渗入课程成为“常规”，我们做到了，她就是打莲湘。

打莲湘，又称莲湘，是廊下一种集艺术、健身和娱乐为一体的民间舞蹈。其历史悠久，口授传承 300 多年，有文史记载已有 100 多年。廊下打莲湘已列入上海市非物质文化遗产名录。

莲湘人人可学，具有广泛的群众基础。其动作优美，节奏欢快，绸带飞舞，响声阵阵，气氛热烈，赏心悦目，表达着人们对美好生活的向往和追求，深受当地百姓尤其是小学生的喜爱。

2004 年，站在新百年的起点上，我校决定将打莲湘这一非遗项目作为教育资源，培育成为别具一格的“一校一品”。从那时开始，我们就搜集材料，编写读物，设置了莲湘课程，并制订了莲湘教育目标。当时，我曾坚定而又自豪地对全体师生说：“我们要做到：凡是廊小毕业的学生，人人知道莲湘，人人喜欢莲湘，人人学会莲湘，人人传承莲湘，人人享受莲湘，真正把廊小莲湘打造成富有特色的‘一校一品’，使它成为金山区乃至上海市校园文化建设别具一格的亮点、特色和品牌。”

一、地域根基：廊下莲湘百年多来的历史积淀

廊下，是金山莲湘的发源地。

由于年代久远，廊下莲湘的真正源头已无史料可考，众说纷纭，流传比较广的是起源于“乞讨说”。19 世纪末 20 世纪初，在廊下民间曾流传着这样一个莲湘乞讨调子：

手拿莲湘往前走，天南地北任我游；
唱的人间不平事，自编自唱自解愁；
莲湘本是南山竹，内藏多少多少愁；
家破人亡闹水灾，卖艺要饭沿门求；
大街唱了小街唱，唱了茶楼又酒楼；

茶楼酒楼都唱遍，又到这里唱春秋；
东家的要把我留，西家又不让我走；
不是小可夸海口，唱得不好钱不收。
呃，哥儿们！有钱的，帮个钱场；无钱的，帮个人场。

随着时间的推移、时代的变化，人们对莲湘的看法发生了质的转变。不再因所谓的“乞讨说”，而单纯地认为莲湘是穷困潦倒的把戏，大家对既可娱乐，又能健身，甚至能助交际的莲湘有了新的认同，觉得打莲湘能让人精神焕发，其乐无穷，于是参与的群众越来越多，打莲湘逐渐成为民间娱乐、健身的传统舞蹈。

据记载，清人恩贡郁文盛在光绪 28 年所撰写的《金山鸿泥偶存》中写道：“人因对竹神愈旷，不扶藜杖态未慷”“年过七旬体甚康健，连日游识无倦色”。可见，早在 100 多年前，廊下地区的居民就以竹为道具进行体育活动，既健身又愉悦精神，即使年过 70 岁的老人身体还很硬朗，走路不用拐杖。

据《廊下志》记载，早在民国 24 年(1935 年)，廊下畲里村(现勇敢村 6 组)就已成立由民间艺人王金法组织的 10 余人的莲湘队。可见，廊下人与莲湘早已结下了不解之缘。现在，在金山区一提起莲湘必提到廊下，谈起廊下文化必想到莲湘。廊下，几乎所有的重要活动场合都有莲湘的舞姿。莲湘娱乐健身的观念像春风一般吹拂在廊下的乡间田野，接受、参与莲湘的人越来越多。全镇现有莲湘队 30 余支，从村居到街道，从机关到学校，老、中、青、少一起上，形成了“大家一起来打莲湘，一起来健身”的独特风景。

2009 年，廊下莲湘被列入上海市非物质文化遗产目录。2010 年 9 月 28 日，廊下镇成功举办了首届莲湘文化节。在开幕式上，中国民间艺术家协会向廊下镇颁授了“中国莲湘文化之乡”和“中国莲湘文化传承基地”匾牌，使廊下成为全国第一个正式命名的“中国莲湘文化之乡”和唯一的“中国莲湘文化传承基地”。这些荣誉给廊下莲湘的发展注入了强大的生命力。

廊下地区深厚的莲湘积淀和浓郁的莲湘情结，更是为廊小的莲湘教育建立了深厚基础和良好氛围。

二、民俗特征：莲湘教育的深层内涵

廊小的莲湘教育缘何发展得如火如荼，这是因为打莲湘作为一项地方民间艺术，有着丰富的文化内涵。

打莲湘是民俗文化艺术精品。莲湘来源于民间,具有浓郁的乡土气息和亲和力,为群众所喜闻乐见。廊下莲湘和其他地方的莲湘具有共同的风格和文化特征。莲湘虽然在数百年的发展历程中,经过了或扬弃或传承或遗忘等种种变革,但它始终富有民间特色,有它特殊的风格和个性,打上了深厚的民俗生活烙印,是一种民族认同的表象,保持着传统的,适合娱乐和健身等主要活动特点,是一种别具一格的民俗文化艺术。每年年末岁首灯会时,遇喜庆节日,均有莲湘参与。

莲湘活动其乐无穷。莲湘融艺术、娱乐、健身于一体,形成一种新型的综合性民俗文化。莲湘活动强度不大,是一种典型的"有氧运动",那鲜明的节奏感、悦耳的击打声、欢乐的气氛,具有高度的安全性、趣味性和良好的健身、健心效果,让人精神焕发、赏心悦目,其乐无穷,被越来越广泛的群众所认可,成为男女老少皆可参与并乐于参与的娱乐活动方式。

莲湘的作用与价值。用莲湘棒有节奏地击打身体的各个部位和穴道,手脚并用,全身各个肢体部位都在运动,无形中起到舒筋活血、发展身体协调性和节奏感的作用,还能使人精神饱满,充满激情和活力,无疑有明显的健身和健心功效。莲湘是一种学生喜欢的艺术活动,也突显了"莲湘怡情、莲湘益智、莲湘育德、莲湘育人"的功效,给学生生活带来了道不尽的莲湘乐、抒不尽的莲湘情、讲不完的莲湘缘、唱不尽的莲湘颂。

莲湘顺应了小学生蹦蹦跳跳、爱玩爱动的天性。经常打莲湘的学生心态更阳光自信,性格更活泼开朗,身体更灵活健康。

廊小的莲湘教育如鱼得水,使学校的文化更有亮点和看点。这是艺术的莲湘、教育的莲湘、健身的莲湘。

三、教育价值:快乐——健康——美好

运用家乡非物质文化——莲湘,不仅拓宽了学校美育的内容与途径,而且也丰富了学校德育的内容与形式。莲湘中有乡音,学莲湘也就是学家乡史,学家乡的文化。莲湘中有乡情,学莲湘就是学家乡的民俗、民风。

莲湘有其莲湘舞、莲湘操、莲湘道具,但是在莲湘教育中重要的是把握莲湘的价值指向。只有正确把握了价值指向,才能在莲湘活动中获取其对艺术、生活与教育的意义,才能对具体的莲湘活动起到导向作用,把握莲湘活动正确的

内容与形式。

我校莲湘活动不仅是一种文化活动，更重要的是体现了学校办学理念，即通过莲湘活动促进学生智慧和生命的发展。

廊下小学的莲湘文化的核心价值是“快乐、健康、美好”，还体现了学校的办学核心理念——“开启智慧，润泽生命”。

“快乐”，意味着生命的润泽。莲湘活动让人快乐，使人精神振作，意气风发，表现出满怀愉悦享受活动的感情。小学生更需要感受莲湘带来的快乐。他们经常打莲湘，会从中体验成功、体验合作、体验快乐，养成健康向上的性格。

“健康”，是生命的良好状态。莲湘作为一项艺术健身活动，在提高学生体能、促进学生身体健康的同时，又促进学生形成健康的生活方式，有益于学生发展良好的心理素养与道德品质，实现身心健康发展。

“美好”是一种心灵上的追求。它既表达了人们对高尚人格的追求，又表达了对美好生活的追求。因此，学校莲湘文化强调通过莲湘活动培育师生美好的人格品质——喜悦、快乐、和平、希望、宽容、友谊和幸福等。

我校的莲湘文化以快乐、健康与美好为其核心价值，体现了学校的办学理念，更是体现了和谐社会的主流文化，突显其社会价值与教育意义。

我们把莲湘文化作为一种艺术，一种民间舞蹈艺术，这是因为莲湘舞者可以根据自己的情绪和性格，打出或激烈奔放或潇洒舒展的节奏，以抒发自己的感情。同时莲湘又蕴含着浓厚的民俗文化气息，热闹非凡，深受广大群众喜欢，显示了民间艺术的强大生命力。

我们也把莲湘文化作为一种生活方式。莲湘根植于民众的生活，又丰富了民众的生活。莲湘是一种人人可学的艺术，给人以享受，给人愉悦；莲湘是一种节奏欢快、老少皆宜的游戏，给人以快乐，给人以健康；莲湘是一种吃苦耐劳、团结互助的精神载体，给人以力量，给人以希望。正是莲湘的生活性，使我们师生在参与莲湘活动中把学校生活与社会生活联系起来，参与社区的活动，体验家乡的生活气息，感受家乡发展的脉搏。

我们更把莲湘文化作为一种教育资源。莲湘是一种极富教育价值的文化载体，也是促进学生德智体全面发展的教育载体。“传承民间艺术，弘扬民族精神，陶冶学生身心，丰富学生生活”，学校以此为目标，用心地将乡音、乡情融入莲湘课程、融入莲湘活动，让学生体验家乡生活，激发对家乡的热爱，培育对家乡民间艺术的感情，同时达到强身健体的目的。

四、课程编制：课程纲要、课程结构、课程设置

莲湘本身具有地域性和社区性的特性。作为一种地方民间文化，它在学校的传承，必然是学校根据自己文化建设需要进行选择的结果；同时，莲湘作为学校文化的有效载体，必须以校本课程的形式运作，以规范的课程形式持续有序地开展，才能避免莲湘活动的随意性。

根据莲湘在家乡的发展现状，我校提出了“传承莲湘文化，打造一校一品”特色校园文化建设口号，旨在以乡土民间艺术为土壤，根植地方，立足学校，以学校发展为本，挖掘与整理具有地方传统色彩的乡土民间艺术。

要把莲湘校本课程化，首先要确立其课程定位。

我们认为，莲湘校本课程，不是学科课程（subject curriculum），而是属于活动课程（activity curriculum），有时也称经验课程（experience curriculum）。这是相对于系统的学科知识而言的，它是侧重于让学生习得直接经验的课程。

莲湘活动课程的主要特点，在于让学生在莲湘活动中体验学习，获得莲湘技能，促进身心发展。莲湘校本课程也是拓展课程，拓宽学习渠道，拓展学习载体，满足个性需要，在学校中普遍受到学生欢迎，学生有着浓厚的学习兴趣；莲湘校本课程也是综合实践课程，在校内外的实践活动中，对学生文化素养的提高也有着积极的作用。

为将莲湘作为校本课程纳入课程体系，学校制定了引领性、规范性文件——《廊下小学莲湘校本课程纲要》。学校在莲湘校本课程实践中，首先开展了关于“廊下小学莲湘校本课程纲要”的研究，以其引领与规范莲湘校本课程的实施。

《廊下小学莲湘校本课程纲要》主要内容如下：

——核心理念

《廊下小学莲湘校本课程纲要》中明确提出了莲湘校本课程的核心理念——“快乐、健康、美好”，同时进一步明确了莲湘校本课程的设计理念——“为每一个儿童设计课程”。

这就是我们的教育追求。先进的课程文化，应着眼于每位儿童个性的自由发展。课程因儿童而存在，课程存在的目的和依据只能是儿童。莲湘校本课程

作为一种文化，应该与儿童一起，不断获得进步、生长与创新。儿童在创造课程的活动中获得真正意义上的主体地位。

——课程总则

《廊下小学莲湘校本课程纲要》中的“课程总则”体现在三个方面：

一是学校的莲湘校本课程应该是与现实生活密切联系的课程，在实际中可以得到应用；

二是学校的莲湘校本课程是适应儿童发展需要的课程；

三是学校的莲湘校本课程突出“精致”，课程目标要简要，课程内容要简约，教学方法要简便，课程实施要简明。

——课程实施

《廊下小学莲湘校本课程纲要》中明确提出校本化的课程目标，包括“学生目标”与“课程标准”，并对“课程特征”“课程结构”“课程实施原则”作了阐述。

《廊下小学莲湘校本课程纲要》在“课程实施要点”中除了对“莲湘校本课程的开发”作了阐述外，还着重对“莲湘校本课程的实施”作了明确规定，其中包括两个方面：“莲湘校本课程实施的组织”和“莲湘校本课程的教与学”，并对“课程安排”的三个方面——“课程内容安排”“教学时间安排”和“任教师资安排”都提出了具体要求。《课程纲要》在“莲湘校本课程评价”部分，对“莲湘校本课程评价目的”与“莲湘校本课程评价原则”也作了规定。

校本读物，是实施课程纲要之本。为了更好地推动莲湘校本课程的实施，我们组织力量，经过数年的努力编写了莲湘校本读物——《打莲湘》。

《打莲湘》是根据莲湘文化以及莲湘课程的育人目标、学习内容和学校活动方式组成的可供学生使用，并借以操作的材料。《打莲湘》既是教师进行教学的基本架构，又是学生学习莲湘课程的基础文本。在编写过程中，学校为了更好地发掘民间艺术中蕴含的民族文化元素，挽救濒临失传的家乡瑰宝，组织教师查阅了大量的材料，走访了许多农村老艺人，从中获得了许多非常珍贵的资料，从而比较完整地将莲湘的由来、传承、特征、道具、动作等内容详细地介绍给学生，使他们有了这本教科书化的校本读物。

莲湘课程设置的具体安排如下：

——天天有莲湘操

利用大课间，全体学生在操场上一起打莲湘。最基本的莲湘操共有九节。

我们还创作了莲湘之歌——《莲湘乐》作为背景音乐，在《莲湘乐》伴奏下，学生打起来更有精神，节奏感更强，更有韵味。

——周周有莲湘课

在体育活动课中，我们给每个班级每周特设一节莲湘活动课。一、二年级主要学莲湘游戏、九节基本莲湘操；三年级主要学后五节莲湘操和莲湘游戏；四、五年级主要学莲湘竹竿舞和莲湘舞蹈。

——月月有莲湘赛

学校每个月利用体育大课间、大舞台开展莲湘游戏、莲湘操、莲湘知识、莲湘童谣等比赛，促进莲湘传承与发展。

——学期有主题课

每个班级每学期开展一次以莲湘为主题的少先队活动课。

——年年有莲湘节

学校每年举行一次莲湘节活动，把每年的莲湘活动推向高潮。每年，我们在上述内容中选一两项勇于突破创新，让莲湘年年有发展。

另外，我们还将莲湘与劳技课程整合。五年级第一学期开设一节莲湘手工课，重在动手，做到人人学会制作莲湘棒，要求五年级学生人人知道制作莲湘棒所用的材料，并能初步制作出简易的莲湘棒。

所开设的班会课、体锻课、兴趣课、手工课都不是另加开设，而是在原有此类课程中开设。既不增加学生负担，又和原有此类课程的目标一致。

五、活动组织：“六三三”模式的创建

学校莲湘文化，不仅表现在莲湘课程的教材与教学上，也表现在莲湘文化的校本化活动的组织上。

对莲湘文化校本实施的组织形式，我们创设了“六三三”模式。“六”，即活动组织的“六个结合”；两个“三”，即莲湘文化校本化的“三大活动”和“三个展示”。

——莲湘校本化活动组织的“六个结合”

除了莲湘专设课程外，我们依据当代课程的发展趋势，建构了莲湘“大课程”，通过“六个结合”，实施莲湘文化活动校本化，将莲湘文化融合到学校其他活动中，进一步做大莲湘，使之更加有声有色、富有成效。

一是莲湘与少先队争章活动相结合。

作为学校的“一校一品”，学校尝试将莲湘与少先队争章活动结合起来，既给争章活动增添色彩，又给莲湘增加吸引力，使莲湘活动更有特色，真正为小学生所喜爱。我们设立 3 种莲湘奖章：一、二年级莲湘入门章，三年级莲湘普及章，四、五年级莲湘提高章。

二是莲湘与行为规范养成教育相结合。

我们制定了莲湘礼仪，通过莲湘活动，培养学生礼仪习惯。打莲湘是一项民间艺术和健身运动，既可以休闲娱乐、锻炼身体，又可以修身养性、陶冶情操。打莲湘的人要讲究莲湘礼仪，讲究合作，在打莲湘的同时，提高自己的精神品格和道德修养。

三是莲湘与学科教育相结合。

莲湘教育的内容也涉及许多学科领域，这就意味着不同的学科领域可以从各自的角度对民俗文化教育作出贡献；不同的学科领域可通过不同的教学形式达成莲湘教育的目标。在语文作文课上学生写写莲湘，在美术课上学生画画莲湘，在劳技课上学生制作莲湘棒，在英语课上学生说说莲湘(学校编写了与莲湘有关的十句英语口语)。

四是莲湘与社团活动相结合。

学校成立莲湘社团，定期开展活动。莲湘社团的活动形式多样，要求更高一些，社团成员在学校和班级莲湘活动中起到骨干作用。在莲湘活动普及的基础上，通过莲湘社团活动提升学校的莲湘活动实施水平。

五是莲湘与家庭活动相结合。

学校开展莲湘活动还需要家长的支持，使学校教育与家庭生活联系起来，因此学校要主动加强与家庭的联系。我们还开展小手拉大手活动，让孩子教父母和爷爷奶奶打莲湘，为孩子和长辈之间搭起交流沟通的桥梁。

六是莲湘与社区活动相结合。

学校经常根据社区文化活动的需要，组织学生到社区参加宣传活动，展示莲湘，表演莲湘。通过这些莲湘活动，让学生走向社会，从小培养为社会服务的精神，增强服务社区意识。

——莲湘文化校本化的“三大活动”。

为了进一步让学生的精神生活得到充实，情感得到熏陶，能力得到发展，学校持久开展三大莲湘活动。

一是莲湘文化节。

每年举行一届莲湘文化节，开展系列莲湘活动，人人参与，班班拿出保留节目，把每年的莲湘活动推向高潮。主要内容：莲湘知识问答、莲湘故事、莲湘游戏、莲湘舞、写莲湘、画莲湘、评莲湘、做莲湘棒以及小手拉大手、亲子莲湘活动等。

二是莲湘夏令营。

每年暑假，组织部分莲湘爱好者开展莲湘夏令营活动，通过“我做你看、我教你会；你跟我学、你跟我乐”的形式，进一步学习莲湘知识，提高莲湘技能，体验莲湘文化的魅力，享受莲湘带来的快乐和幸福。

三是莲湘星期六。

每个星期六，学校莲湘艺术团的学生在老师的指导下开展活动，主要进行舞蹈基本功训练和莲湘舞排练，最终成为学校精品莲湘舞。

——莲湘文化活动校本化的“三个展示”。

我们的莲湘活动以培养学生的艺术情感为目标，让学生在小舞台表现大生活，利用各种场合展示自己的才华，体验艺术快乐，找到成功喜悦，从而促进学生个性的全面发展。

一是校内展示。让学生经常在学校重要活动如开学典礼、主题集会、班队活动等场合汇报展示，感受莲湘艺术文化的无穷魅力。

二是社区展示。学校积极组织学生参加镇、社区组织的送戏下乡活动，让莲湘艺术回归生活、服务社会。

三是区内外展示。学校经常组织学校莲湘队参加区级、市级乃至全国级的活动，展示自我，扩大影响。

这三种莲湘展示活动，既为学生参与莲湘活动提供了更为广阔的空间，也为学生提供了促进个性健康发展的机遇。

这就是我们在实施莲湘文化校本化中所创建的“六三三”模式。

六、创新发展：“道具、音乐、动作、形式”的创新

廊下莲湘，需要继承，更需要创新和发展；既要同时代精神协调起来，也要与其他舞蹈形式和艺术形式的特点和观念进行渗透、交融，注入新的血液，赋予

其新的内容、形式和技巧，不断丰富和发展自身内涵，使之成为既有传统风韵又有时代精神的民间艺术，以及一种富有生命活力的绵绵不息的民俗文化——莲湘文化，做到传承与创新完美融合。

——道具拓展创新

莲湘棒的材料、色彩、结构在不断发展变化。材料从单一的竹竿演变成竹竿、塑料棒、金属杆等多材质莲湘棒；结构从当初的两槽发展到现在的四槽、六槽、八槽；色彩越来越鲜艳，安装的铜钱也越来越多，击打抖动时，视觉更美，节奏更强，声音更脆。

——音乐拓展创新

莲湘伴奏从简单的哨子口令、锣鼓、二胡发展到用现代音乐伴奏。音乐从传统民间小调发展到节奏欢快、气氛热烈、动听优美的现代乐曲，以表达人民对美好生活与和谐社会的歌颂、追求和憧憬。

——动作拓展创新

几年来，我们紧扣时代脉搏，运用现代意识，创造出了许多在内容、形式和精神层面更为大家所喜闻乐见的系列莲湘：

舞莲湘。莲湘中有机地增加一些柔美欢快的舞蹈动作，使动作更加细腻，舞姿更轻盈优美，节奏更明快流畅，成为一种婀娜多姿的舞莲湘。

劲莲湘。莲湘中有机地增加一些节奏感强的舞蹈、武术、京剧等动作技巧，动作幅度较大，表演时更奔放潇洒，气势更豪放粗犷，成为一种雄健刚劲的莲湘。

耍莲湘。莲湘棒在中小学生尤其是小学低年级学生的眼里，与其说是莲湘道具，倒不如说是一件有趣的玩具，如同孙悟空的金箍棒。把莲湘与游戏、玩耍有机地结合起来，玩出趣味，玩出智慧，玩出健康，成为一种童趣盎然的耍莲湘活动。

队莲湘。几十人乃至上百人组成一支队伍，手拿莲湘棒，边走动边表演，变幻各种各样的队形和方阵，或圆或方，或大或小，或跑或走，变化多端，造型各异，成为一种赏心悦目的队莲湘。

——形式拓展创新

莲湘活动创新不仅表现在对莲湘本身进行创新，还表现在运用其他文艺表演形式推广莲湘。

唱莲湘。用快板、表演唱、三句半等形式宣传莲湘的丰富内涵，歌颂莲湘给人们带来的快乐。

咏莲湘。为了让学生更容易了解莲湘、记住莲湘，更喜欢体验莲湘，学校创编了《莲湘谣》拍手歌：

莲湘谣

你拍一，我拍一，民间艺术有魅力，廊下莲湘好名气；
你拍二，我拍二，一镇一品多自豪，文化名片多亮丽；
你拍三，我拍三，历史悠久代代传，群众喜闻又乐见；
你拍四，我拍四，易打好学如游戏，老少皆宜显生机；
你拍五，我拍五，节节莲湘学好步，欢天喜地一起舞；
你拍六，我拍六，坚持到底汗水流，互帮互爱多交流；
你拍七，我拍七，上台表演多神气，赏心悦目人人喜；
你拍八，我拍八，莲湘飞舞嚓嚓嚓，惹人喜爱好奇葩；
你拍九，我拍九，轻快欢乐好节奏，健身养心乐心头；
你拍十，我拍十，廊下莲湘好名气，闻名全国香四溢！

演莲湘。常用小品莲湘、故事莲湘等来激发学生对莲湘的兴趣，激励他们获取更多与莲湘有关的新人新事。

七、成效显著：取得众多荣誉，得到高度认同

莲湘，对廊下镇而言，是“一镇之宝”，对廊下小学而言，是“一校之品”，而对廊小学生而言，则是“一育之福”。全方位、多方面、全程的制度化运作，让莲湘教育常在常新、生机勃勃，让莲湘文化韵味深远、回味无穷，让莲湘品牌魅力无限、闻名遐迩。

历年来，学校莲湘在镇、区、市、全国各类表演和比赛中频频亮相、获奖。

学校莲湘先后在全国农运会金山赛区、中央电视台少儿频道、上海旅游节开幕式、上海教育电视台、上海世博园、上海国际艺术节、中国首届莲湘节开幕式、上海大世界等平台表演亮相；莲湘节目连续四届获金山区艺术节小学生表演舞一等奖，获全国金奖、全国一等奖；莲湘项目列为上海市艺术教育特色项目，获上海市教育系统校园文化建设优秀项目奖；学校因莲湘项目获评中国莲湘文化传承基地、上海市“非遗进校园”十佳传习基地、上海市艺术教育特色学

校、上海市校园文化建设“一校一品”特色学校。

第二节　多一点童趣，让传统拍手歌成为德育新载体

“你拍一，我拍一，民间童谣有魅力；你拍二，我拍二，人人爱唱好样儿……”走进廊下小学，时时能听到节奏欢快、充满童趣的拍手歌。

廊下小学围绕“开启智慧，润泽生命”这一办学核心理念，运用拍手歌对学生进行德育教育，至今整整坚持了15年，拍手歌现已成为学校落实立德树人这一根本任务的一曲嘹亮的育人之歌。2011年、2013年，该成果先后荣获上海市中小学德育优秀项目奖和上海市教育系统校园文化建设优秀项目奖。

一、一次邂逅：拍手歌的由来

传统意义上的拍手歌，大多属民间创作，坊间流传。不过，在廊下小学，拍手歌却是在我的一次无意邂逅中生发开来，实现了从“自由游戏”到“有效教育”的转型。

2005年3月的一天下午，我在校园巡视时，看到在树荫下做游戏的几个小朋友正在边拍手边唱童谣：“三、三、三，我们都是木头人，不许讲话，不许动！”一时间，我被这一活泼的游戏场景所深深地吸引，竟也不由自主地和他们一起拍唱起来。

回到办公室，刚才孩子们快乐的神情还印在我的脑海里，我忽发奇想：为什么不能把学校的日常教育要求和培养目标要求，融入学生喜欢的儿歌中，让学生在跳跳、玩玩、唱唱中，在快乐、活泼的童趣中，以吟唱的方式学知识、学道理、学做人呢？我想起了小时候玩过的拍手歌。

当夜，我就根据学校正在开展的安全教育，试写了廊小的第一首“拍手歌”——《安全旋律》：

安全旋律

你拍一，我拍一，人的生命最宝贵。
你拍二，我拍二，安全第一要铭刻。
你拍三，我拍三，上下楼梯靠右边。

你拍四，我拍四，大追大吵须禁止。
你拍五，我拍五，红灯绿灯看清楚。
你拍六，我拍六，横道线上慢慢走。
你拍七，我拍七，摊贩食品不能吃。
你拍八，我拍八，水塘河边别玩耍。
你拍九，我拍九，遵纪守法一路走。
你拍十，我拍十，安全快乐不出事。

第二天一早，我就请教导处老师把这首拍手歌发给全校学生试唱。结果，学生们在拍拍唱唱中，不仅背熟了歌词，而且记住了安全要求。老师们都反映，这拍拍唱唱的教育，比平时的那种成人化教育的效果好多了。

初战告捷，顺势而为。我广泛听取师生的意见，把学校平时对学生的种种要求，分门别类写进一首首拍手歌中。短短两个月时间，竟一连写了30首，很快，这些新鲜又通俗的拍手歌，在学校的早晨、课间、午后唱响；那清脆的掌声伴着明快的歌声，在走廊、草坪、花园里回荡，拍手歌成了我校最有童趣的一种特色教育，成为学生最喜欢的一种课余游戏。

就这样，我校基于校情，基于各类教育要求，联系学生实际，时时有针对性地创作内容丰富、朗朗上口的新歌词，使许多教育内容充满童心、童趣和童真。比如，当我听到学校教师反映有些班级、有些学生存在作业态度不够好，如字迹不端正、格式随意，遇到不懂的问题不问等现象，我就写了一首《认真作业》拍手歌：

认真作业

你拍一，我拍一，认真作业要牢记，主动自觉有动力。
你拍二，我拍二，老师要求听进耳，追求优秀好样儿。
你拍三，我拍三，上课专心最关键，三心二意不能犯。
你拍四，我拍四，题目要求审仔细，格式规范需统一。
你拍五，我拍五，字迹工整不马虎，潦草粗心自己苦。
你拍六，我拍六，不懂就问多开口，敢于请教不害羞，
你拍七，我拍七，独立完成又及时，做出难题了不起。
你拍八，我拍八，思想集中顶呱呱，心手合一收获大。
你拍九，我拍九，错题订正要悟透，举一反三明心头。

你拍十，我拍十，天天进步创佳绩，我为自己竖拇指。

2019年，上海开始实施垃圾分类制度，我就马上推出拍手歌《垃圾分类》：

垃圾分类

你拍一，我拍一，垃圾分类有意义，
你拍二，我拍二，变废为宝了不得；
你拍三，我拍三，四种归类记不难，
你拍四，我拍四，蓝红棕黑配标记；
你拍五，我拍五，干湿垃圾分清楚，
你拍六，我拍六，有害垃圾不乱丢；
你拍七，我拍七，可回收物真稀奇，
你拍八，我拍八，再生利用好处大；
你拍九，我拍九，人人参与顺潮流，
你拍十，我拍十，共建文明大都市！

2020年8月，习近平总书记对制止餐饮浪费行为作出重要指示，强调要进一步加强宣传教育，切实培养节约习惯，在全社会营造浪费可耻、节约为荣的氛围。我当即写了一首拍手歌《节约粮食》：

节约粮食

你拍一，我拍一，厉行节约齐努力，
你拍二，我拍二，挥霍浪费要不得。
你拍三，我拍三，农民洒下千滴汗，
你拍四，我拍四，粒粒粮食须珍惜。
你拍五，我拍五，按需点餐要适度，
你拍六，我拍六，攀比摆阔不应有。
你拍七，我拍七，践行光盘我做起，
你拍八，我拍八，剩菜打包带回家。
你拍九，我拍九，文明餐桌成潮流，
你拍十，我拍十，居安思危扬正气。

这些拍手歌针对性、时效性和实效性都很强，又非常贴近学生生活、贴近时代，深受学生、教师和家长欢迎。

二、创编读物：拍手歌的篇章内容

2006 年，我用心血和真情创作的 30 首拍手歌汇编成校本读物《我爱廊小拍手歌》，由汉语大词典出版社出版。该书内容分为“我爱廊下百花园”“我爱学习动脑筋”“文明礼貌行为好”“体育锻炼身体好”和“开创未来新天地”五个部分。

经过近 14 年的教育实践，我又对这本《我爱廊小拍手歌》进行了较大幅度的修改完善，连同新创作的作品，共挑选 108 首，汇编成新的《我爱廊小拍手歌》，由上海教育出版社出版。

这本新的专著在原来的基础上有了新的提升、新的飞跃，共分为十三篇：一、我爱廊小百花园；二、可爱家乡美如画；三、中华民族了不起；四、美德善行人人夸；五、养成文明好习惯；六、热爱生命讲安全；七、卫生劳动很重要；八、传统节日要弘扬；九、热爱学习动脑筋；十、快乐活动兴趣广；十一、体育锻炼身体棒；十二、凝固音乐雕塑美；十三、动物世界真有趣。其内容丰富，触角多元，新鲜活泼，既有体现社会主义核心价值观的“浓彩一笔”，也有反映热爱家乡、热爱校园的“一腔热血”，既有宣扬文明习惯的“温馨提示”，也有倡导体育锻炼的“健身方略”。这些拍手歌很接地气，语言简洁，择词讲究，押韵工整，读来上口，易记易诵，字里行间有一种正气蕴含，读字诵句，有一种美感散发而出。

新版《我爱廊小拍手歌》的第一部分“我爱廊小百花园”，描绘了学生熟悉的校园美景，从斗姥阁到北校门，从“原十景”到“新十景”，从桃李园到莲湘园……一步一景，步步留印迹，留历史，留资源；景景有故事，有情怀，有启迪。学生们在校园内慢慢欣赏、慢慢领悟，在校园文化的熏陶下快乐成长。

第一部分共 19 首。例如：

最美校园

你拍一，我拍一，最美校园在哪里？
你拍二，我拍二，百年廊小入我耳；
你拍三，我拍三，五园三区魅无限，
你拍四，我拍四，古朴典雅醉心脾；
你拍五，我拍五，三十景点数一数，
你拍六，我拍六，故事多多有看头；
你拍七，我拍七，一阁一馆创奇迹，

你拍八，我拍八，震撼感人大家夸；
你拍九，我拍九，历史悠久积淀厚，
你拍十，我拍十，校园文化创奇迹！

诵读之后，再让学生想一想，思考一下，以加深印象。每一首拍手歌后面附有“思考与实践”专栏。例如《最美校园》下面就有两道题目：

1. 学校美不美？你认为校园什么地方最美？

2. “五园三区”和“一阁一馆”各指什么？学校共有多少个景点？

又如：

斗姥阁

你拍一，我拍一，廊小起源在哪里，
你拍二，我拍二，道教场所斗姥阁；
你拍三，我拍三，感恩先辈何静渊，
你拍四，我拍四，高瞻远瞩了不起；
你拍五，我拍五，一九零四校牌竖，
你拍六，我拍六，开智学堂艰难走；
你拍七，我拍七，薪火相传沐风雨，
你拍八，我拍八，矢志不渝留佳话；
你拍九，我拍九，复建新生积淀厚，
你拍十，我拍十，以史为荣续传奇。

《斗姥阁》下面的“思考与实践”是：

1. 参观斗姥阁，说说学校成立于哪一年，创始人是谁，初创校舍建在哪里，初创校名叫什么。

2. 现在的斗姥阁是学校的校史馆，参观后你有何感想？

第二部分《可爱家乡美如画》，向学生简要介绍了可爱的家乡——金山廊下。这里，有金山城市沙滩，更有闻名遐迩的上海首个开放式郊野公园。城市沙滩聚人气，大海胸怀喜迎客；郊野公园里有万亩良田、草莓基地、圣母果园、枫叶岛……还有民风淳朴的农家乐，民间文化打莲湘，一桥跨两省的明月山塘，好一派恬静、幽雅的乡村田园风光；同时教育小朋友要从小热爱家乡，好好学习，练好本领，将来为家乡建设增光添彩，与父老乡亲一起共创现代农村新天地。

这部分选编了 5 首拍手歌。例如：

城市沙滩

你拍一，我拍一，城市沙滩有名气，
你拍二，我拍二，喜迎天下八方客；
你拍三，我拍三，有看有吃还有玩，
你拍四，我拍四，融入大海同呼吸；
你拍五，我拍五，学学游泳好舒服，
你拍六，我拍六，放放风筝乐不够；
你拍七，我拍七，乘乘小艇真刺激，
你拍八，我拍八，尝尝海鲜味道佳；
你拍九，我拍九，欣赏海景慢慢走；
你拍十，我拍十，画里金山美名实。

“思考与实践”部分设两道题，第一道在于“激发”和“回味”；第二道则让学生开启“思维”机器，养成爱思考的习惯。

1. 你去过城市沙滩吗？说说去城市沙滩游玩时的感受。

2. 金山的城市沙滩每年要接待无数游客，尤其在夏天，你如何看待这种现象？

第三部分“中华民族多自豪”，从不同方面介绍了中华民族所创造的令全世界瞩目的成绩。价值观深入人心，中医和二十四节气引以为豪，十大名花如诗如画。同时教育学生，作为新时代少先队员，要爱祖国、爱少先队，要为振兴中华树正气，要了解、学习祖国传统文化，了解中华崛起的发展之路，既要为今天的成就感到荣光，更要为明天的辉煌奋发进取，为实现祖国的伟大复兴时刻准备着……这部分共选编了 10 首拍手歌。现举两首：

核心价值观

你拍一，我拍一，振兴中华树正气，
你拍二，我拍二，核心价值入心耳；
你拍三，我拍三，富强民主扬风帆，
你拍四，我拍四，文明和谐展新姿；
你拍五，我拍五，自由平等乐相处，
你拍六，我拍六，公正法治齐追求；
你拍七，我拍七，爱国敬业从我起，

你拍八，我拍八，诚信友善人人夸；
你拍九，我拍九，不忘初心跟党走，
你拍十，我拍十，共创美好新天地！

思考与实践

1. 请你正确地说出24字社会主义核心价值观，你理解它的含义吗？

2. 背出这首拍手歌，并配上简单的动作。

中国华为

你拍一，我拍一，引领民企举大旗，
你拍二，我拍二，为国争光势不凡；
你拍三，我拍三，艰苦奋斗树典范，
你拍四，我拍四，自力更生抢机遇；
你拍五，我拍五，科技创新如神助，
你拍六，我拍六，登高望远显身手；
你拍七，我拍七，胸有成竹度危机，
你拍八，我拍八，强国强军壮中华；
你拍九，我拍九，追求卓越誉全球，
你拍十，我拍十，我为华为竖拇指！

思考与实践

1. 了解一下“华为”企业，它的产品为什么会得到那么多国家喜爱？

2. 华为产品也受到一些国家抵制，尤其是美国，为什么？

新版第四部分“美德善行人人夸”，首先在导语中指出：学校教育先辈何静渊和朱志贤两先生，呕心沥血办教育，造福乡里树厚德；全国著名雕塑家、何静渊后裔何鄂奶奶，圆梦廊小雕塑馆，德艺双馨成典范；何静渊后裔何顾继德，废寝忘食忙设计，花园学堂最亮丽；校友、残奥会冠军姚芳阿姨身残志不残，为国争光树楷模。我们要感怀先辈的功德，感念老师的栽培，感恩父母的教诲。作为廊小人，要努力做个好孩子、好学生，长大了成为祖国的栋梁之材。例如《抗疫赞歌》是这样写的：

抗疫赞歌

你拍一，我拍一，抗疫战事多激励，
你拍二，我拍二，感动中国唱英豪；

你拍三，我拍三，钟李院士勇当先，
你拍四，我拍四，民族脊梁顶天立；
你拍五，我拍五，白衣天使递战书，
你拍六，我拍六，无畏无惧砥中流；
你拍七，我拍七，三军出征显威力，
你拍八，我拍八，全国上下共一家；
你拍九，我拍九，攻坚克难震寰球，
你拍十，我拍十，中华民族永不屈！

思考与实践

1. 你知道"钟李院士"指谁吗？了解一下这两位院士的感人事迹。

2. "白衣天使"指谁？他们在这次抗疫中表现出了哪些高尚品德？我们该怎样学习？

3. 中华民族是个伟大的民族、了不起的民族、永不屈的民族，我们都是中华民族中的一员，说说该怎样为中华民族伟大复兴添砖加瓦。

又如：拍手歌《夸老师》：

夸老师

你拍一，我拍一，竖起拇指夸老师，
你拍二，我拍二，为人师表有范儿；
你拍三，我拍三，教书育人不怕烦，
你拍四，我拍四，精益求精花心思；
你拍五，我拍五，和蔼可亲像慈母，
你拍六，我拍六，循循善诱如暖流；
你拍七，我拍七，严爱相济乐激励，
你拍八，我拍八，言传身教影响大；
你拍九，我拍九，立德树人永追求，
你拍十，我拍十，桃李芬芳香四溢。

思考与实践

1. 数一数，廊下小学有多少老师教过你？还记得幼儿园老师吗？

2. 教过你的老师中你喜欢哪些？为什么？

新版第五部分"文明礼貌行为好"指出：走好人生第一步，要从养成好习惯开始。习近平爷爷曾告诫广大青少年："人生的扣子从一开始就要扣好。"从小养成良好的文明习惯是我们一项重要的功课，是成为新时代好公民的重要前提。

我们无论在学校，在家里，还是在社区，都要做到文明礼貌，遵纪守法；尊敬长辈，学会感恩；关心他人，乐于助人；诚实守信，勤奋好学；自律自信，自主自强；勤俭节约，反对邪教……养成好行为，培养好品质，做一个有理想、有品德、有追求的好孩子。这部分选编了 10 首拍手歌，例如廊下小学规定的行为规范八点要求——

行为规范八件事

你拍一，我拍一，行为规范八件事，廊小学生人人知。
你拍二，我拍二，班级卫生搞出色，干净整洁乐呵呵。
你拍三，我拍三，礼貌待人露笑脸，你好谢谢又再见。
你拍四，我拍四，预备铃声一响起，有趣节目就开始。
你拍五，我拍五，坚持两操有益处，强身健体把眼护。
你拍六，我拍六，排队快速莫拖后，安静整齐并肩走。
你拍七，我拍七，课间活动要注意，大吵大闹不可以。
你拍八，我拍八，午间用餐表现佳，学会光盘众人夸。
你拍九，我拍九，爱护公物记心头，乱涂乱画勿能有，
你拍十，我拍十，天天做好八件事，校园文明更美丽！

思考与实践

1. 请你背诵廊下小学行为规范八点要求。

2. 检查一下自己是否都按规范要求做了，做得不够好的找找原因，尽快做好。

第六部分是"热爱生命讲安全"，它以通俗的语言告知小朋友，生命很美好，新鲜的空气、灿烂的阳光，每天有新的事物伴随我们。我们要珍爱生命，善待生命。珍爱生命，一要早睡早起，加强锻炼，重健康；二要学会微笑，学会交际，还要讲安全守护好生命。善待生命，就是要重视自我保护，与人和谐相处，养成良好的心理素质。

这部分的 7 首拍手歌，细致入微，句句在理，告诫小朋友们务必牢记于心，时时处处都要把健康、安全和生命牢记在心坎里。下面一首《学会微笑》特别有意思：

学会微笑

你拍一，我拍一，脸带微笑有魅力，
你拍二，我拍二，一路风景一路歌；
你拍三，我拍三，小小酒窝真好看，
你拍四，我拍四，活泼可爱惹人喜；
你拍五，我拍五，犹如春风轻吹拂，
你拍六，我拍六，温馨舒适似暖流；
你拍七，我拍七，笑口常开好甜蜜，
你拍八，我拍八，阳光自信形象佳；
你拍九，我拍九，微笑待人多朋友，
你拍十，我拍十，快乐生活一辈子！

思考与实践

1. 你会微笑吗？学一学真诚的微笑。

2. 找一找班级里谁经常微笑，你们喜欢他(她)吗？为什么？

第七部分“卫生劳动很重要”，一开始就告知小朋友，劳动，是人生的第一需要。劳动创造世界，也展现了人的美德。爱劳动的人是受欢迎的人，能劳动的人是有能力的人，善劳动的人是有智慧的人。

我们从小要热爱劳动，从小事做起，养成良好的卫生习惯和劳动习惯。平时，要讲卫生，做值日，不但生活需要自理，还要学会做“小家务”，同时要心中有他人，多参加公益劳动。让我们行动起来，在家——善于做父母的小帮手；在校——勇于做维护环境的小主人；在社区——乐于做垃圾分类的小卫士。

这部分虽仅选入 5 首拍手歌，但每一首都十分有意义。比如：

热爱劳动

你拍一，我拍一，热爱劳动从小起，全面发展焕新姿，
你拍二，我拍二，崇尚劳动是美德，不劳而获要不得；
你拍三，我拍三，做点家务并不难，叠被扫地会洗碗，
你拍四，我排四，生活自理有出息，领巾衣服自己洗；
你拍五，我拍五，班级值日莫马虎，分工合作干劲足，
你拍六，我拍六，劳技课堂练巧手，人人爱上劳动周；

你拍七，我拍七，学农学工留足迹，劳动果实需珍惜，
你拍八，我拍八，公益活动乐参加，志愿服务大家夸；
你拍九，我拍九，出力流汗学不够，勤于创造勇奋斗，
你拍十，我拍十，唱响劳动主旋律，共建未来新天地！

第八部分“传统节日要弘扬”，内容很丰富，介绍了元宵节、清明节、端午节、中秋节、重阳节、七夕节等。这些传统节日，承载着浓厚的民俗、民风和优秀的民族文化及道德观念，是一笔宝贵的非物质文化遗产。这是炎黄子孙不可或缺而又必须传承的民族元素。这里选入 7 首拍手歌，要求小朋友从小就要知道这些佳节的名称、时间、习俗、内涵，去实践体验这些民俗民风。

春节

你拍一，我拍一，传统节日数第一，
你拍二，我拍二，万家团圆人人乐；
你拍三，我拍三，扫尘擦洗迎新年，
你拍四，我拍四，祭祖守岁过除夕；
你拍五，我拍五，烟花灯笼空中舞，
你拍六，我拍六，快快长高摇竹头；
你拍七，我拍七，收压岁钱穿新衣，
你拍八，我拍八，写好春联贴窗花；
你拍九，我拍九，相互拜年天天走，
你拍十，我拍十，欢乐祥和逢盛世！

这首拍手歌设置了两道思考题：

1. 你知道什么时候过春节？

2. 过春节的时候你们家有什么传统？印象最深的是什么？

这两道思考题，一是让小朋友知道春节的时间；二是要求小朋友联系家里过春节的传统和习俗，加深对春节内涵的认识。

第九部分内容是“热爱学习动脑筋”。这部分的导语是这样写的：我们应该成为一个快乐的读书人。怎样才能成为一个快乐的读书人呢？一个字：爱！要从心底里爱学习、爱动脑。读书让我们知书达理，获得知识，培养能力，增长智慧，学会关心，学会做人……真是其乐无穷。

我们要爱课堂、爱作业、爱写字、爱阅读；我们要学会提问，学会查找资料；

我们要在校内校外、暑假寒假都爱学习，人人掌握学习四法宝。你爱它们、喜欢它们，它们也会带给你无穷的快乐，你就会成为一个既快乐又有智慧的读书人！因此，这部分第一首拍手歌便是：

学习四法宝

你拍一，我拍一，廊小学生爱学习，
你拍二，我拍二，四个法宝藏心耳；
你拍三，我拍三，自信满满每一天，
你拍四，我拍四，我行我能志不移；
你拍五，我拍五，兴趣盎然劲头足，
你拍六，我拍六，方法正确无敌手；
你拍七，我拍七，习惯良好真神奇，
你拍八，我拍八，事半功倍顶呱呱；
你拍九，我拍九，法宝伴我天天走，
你拍十，我拍十，学习进步谁堪比！

接下来选入的拍手歌有《上课乐》《作业乐》《写字乐》《博览群书》《学会提问》《我爱早读》《查字典》《快乐暑假》《特殊寒假》《数字成语》(一)(二)(三)等，都是围绕学习展开的。

第十部分“快乐活动兴趣广”所选拍手歌的内容都是关于校园活动的。比如，温馨难忘的教师节，欢天喜地的“六一”节，喜闻乐见的拍手歌，虽短但有价值的2分钟预备铃，轻松活泼的课间活动，焕发生机的大舞台，展示阅读风采的小舞台，还有带来无穷快乐和智慧的“小导游”……每天都在演绎着有声有色、精彩纷呈的兴趣活动。

在活动中，我们学社交，懂礼仪，长才干，学知识，练本领，长才智。快乐活动有兴趣，美好时光成追忆，催人奋进永激励，放飞梦想立大志。

这一部分选入8首拍手歌，分别是《教师节》《欢庆“六一”》《拍手歌》《预备铃》《快乐课间》《欢乐大舞台》《阅读小舞台》和《小导游》，让小朋友在各类活动中“放飞梦想立大志”。以《欢庆“六一”》为例：

欢庆“六一”

你拍一，我拍一，欢天喜地庆“六一”，
你拍二，我拍二，四面八方齐祝贺；

你拍三，我拍三，主题集会风采展，
你拍四，我拍四，表彰先进重激励；
你拍五，我拍五，台上台下同歌舞，
你拍六，我拍六，掌声笑声乐不够；
你拍七，我拍七，自由活动做游戏，
你拍八，我拍八，花园学堂美如画；
你拍九，我拍九，热爱祖国跟党走，
你拍十，我拍十，放飞梦想立壮志！

第十一部分为“体育锻炼身体棒”。这一部分一开始，就告诫小朋友们，健壮的体魄要靠锻炼。每天锻炼一小时，幸福生活一辈子。在廊小，广播体操、眼保健操、莲湘操、课外体育活动，是我们提高身体素质的“加油站”。每天，《运动员进行曲》一响，同学们便昂首挺胸齐步操，整齐划一打莲湘；一天做两次眼保健操，个个跟着节拍善用手；运动场上，踢毽子、套圈、跳房子、滚铁环，众多活动伴成长。在廊下小学五年里，我们要把身体练得棒棒的，个子长得高高的，生活过得甜甜的，用健壮的身体和美好的心情迎接未来生活每一天。这部分共选入5首拍手歌。开首篇是《广播体操》：

广播体操

你拍一，我拍一，运动曲子一响起，
你拍二，我拍二，班班整队静齐快；
你拍三，我拍三，出操精神多饱满，
你拍四，我拍四，昂首挺胸显生机；
你拍五，我拍五，老师鼓励又督促，
你拍六，我拍六，领操学生带好头；
你拍七，我拍七，整齐划一动作齐，
你拍八，我拍八，动作优美形象佳；
你拍九，我拍九，天天做操有劲头，
你拍十，我拍十，强身健体添活力！

第十二部分是“凝固音乐雕塑美”。雕塑是凝固的音乐、立体的诗篇。全国著名雕塑家、我校创始人后裔何鄂奶奶怀着对家乡的深厚感情，于2014年在廊小创建了何鄂雕塑馆。馆内展出作品图片80余件，原作21件，其中有何鄂的处女作、代表作、成名作，弥足珍贵，令人震撼。

何大师的作品源于生活，每件作品都有故事，具有极强的艺术感染力和教育穿透力，是一本鲜活而又充满美感的“教科书”，更是弘扬社会主义核心价值观的“新教材”。特别是何鄂大师的成名作，更令人震撼：

黄河母亲

你拍一，我拍一，黄河母亲永屹立，
你拍二，我拍二，驰名中外了不得；
你拍三，我拍三，慈祥母亲胸襟宽，
你拍四，我拍四，深情凝望满希冀；
你拍五，我拍五，顽皮幼婴多幸福，
你拍六，我拍六，温暖怀抱任我游；
你拍七，我拍七，走近大师心相依，
你拍八，我拍八，留下倩影遍天涯；
你拍九，我拍九，华夏儿女齐奋斗，
你拍十，我拍十，感恩追梦抒壮志！

这首拍手歌的“思考与实践”栏中两道题要求较高——

1. 仔细观察《黄河母亲》，再查阅一些有关《黄河母亲》的资料，说说“母亲”和“幼婴”代表谁？

2.《黄河母亲》是何鄂奶奶的成名作，享誉海内外，你喜欢《黄河母亲》吗？为什么？

最后一部分“动物世界真有趣”，是孩子们最喜欢的。动物，是人类的好朋友，它们的存在对维护大自然的生态平衡有着重要作用。它们与我们共生共存，共同沐浴在阳光雨露之中。我们的祖先用智慧创造了十二生肖，让我们每个人从呱呱落地就与动物结缘，从机灵活泼的小老鼠到憨态可掬的胖胖猪，一个个都和我们建立了紧密和谐的关系。动物王国可爱萌动，故事多多，新奇多多，趣味多多，快乐多多。

我们要关爱动物、保护动物，从身边做起、从小事做起，让动物真正成为我们人类的好朋友。

这部分共选入 4 首“拍手歌”，其中《动物真新奇》一首特别有趣：

动物真新奇

你拍一,我拍一,公鸡喔喔把早啼。
你拍二,我拍二,蜜蜂爱花采蜜儿。
你拍三,我拍三,孔雀开屏真好看。
你拍四,我拍四,蜘蛛结网捕虫子。
你拍五,我拍五,企鹅跳起摇摆舞。
你拍六,我拍六,蟋蟀打架乐不休。
你拍七,我拍七,蜻蜓像架小飞机。
你拍八,我拍八,鹦鹉八哥会说话。
你拍九,我拍九,青蛙捉虫是能手。
你拍十,我拍十,猴子顽皮爱演戏。

这首拍手歌的“思考与实践”一栏中,对小朋友提了两个要求:

1. 这些动物新奇在哪里?你最喜欢哪种动物?为什么?

2. 选一两种动物,仔细观察,写一篇观察日记。

新版《我爱廊小拍手歌》前后十三个部分共选入 108 首拍手歌。这十三个系列,从爱学校到爱家乡和爱中华民族;从校园生活文明礼仪的培养,到学习习惯的养成和兴趣活动的提升,概括了学校教育教学的方方面面,可以说,它是一本孩子们十分喜爱的“掌上书”。其内容丰富,贴近生活,富有童趣,很受学生欢迎,已成为学校教育的一大亮点。

同时,在这本校本读物里,每一首拍手歌配有“思考与实践”活动,让学生有所学,还有所思;有所乐,还有所为;有所体验,还有所感悟。实践证明,拍手歌是一个德育好途径,是一个很好的载体,这是一种有效的尝试。

三、形神兼具:拍手歌的形式

拍手歌是一种诵于口、融于行、表于情、铭于心的口头表演艺术形式,合辙押韵、节奏明快,朗朗上口,边拍边唱,易记易诵,呈现出鲜明的音乐性、韵律感和节奏感,能够丰富小朋友的美感、愉悦感,能自然激发起小朋友的传诵、参与热情,成为他们易于理解、喜闻乐见的自我教育方式。

拍手歌是一种边唱边玩的游戏,最适合两个人合作拍唱,不受时间和空间限制,速度可快可慢,只要兴起,就能在第一现场展现。无论是两个人之间的简单拍，还是四个人之间的花式拍，或更多人的围圈合作拍，那有序而又多变的动作，那愉悦的神情，看上去是别样的亲切。

为了增添童趣、丰富想象，学校还引导学生根据拍手歌的内容和自己的理解，在诵唱时配上简单的动作和表情。尽管看上去有时动作不够准确，表情可能还不够自然，但因为是学生自己的再创作，所以他们更投入、更兴奋、更快乐，加上同学之间的互相交流，或者老师的及时点拨，每次活动的效果就更加明显。

拍手歌有着朴素的民风吹拂，有着本真的民意渗透，有着朴实的民俗支撑，更有着非物质文化遗产的特征，词中有“意”，诵中有“心”，唱中有“义”，是地域文化浸染所致的乡土气息，也是朴实民情熏陶所成的品质之美。

实践证明，拍手歌，这是基础教育阶段一种行之有效的教学形式。实践证明，无论在幼儿园还是小学，甚至初中，都可以产生开放、灵活、自由、广泛参与等积极的教育效果。对这一教育功能，中国的古贤早就意识到，语言训练可与道德养成、行为规范、文字学习、知识增长、记忆增强、训练思维、艺术修养、自主表达、人际交流、融入社会、关注个性等诸多教育目标合为一体。而拍手歌就是能兼容上述目标和功能的理想载体。学习人文社科类知识如此，数学、自然以及理工科等方面的内容也可通过该方法，自由、轻松且具创造性地学习。中国人民大学教授、博士生导师程方平在考察我校的拍手歌时所作的一篇题为《回归本质、以简驭繁、激活教育潜力》的评价中指出：“在传统教育中的歌诀教学、三字经、四字经、贤文、蒙求、对韵、鉴略以及小儿语等，都是鉴于这类认识，并有丰富的成功经验可做有力的借鉴和参考。为的就是能够真正有效地做到‘蒙以养正’，通过适宜学生的学习感受方式，为其一生奠定全面良好的基础。”

明理都进行在掌声游戏间，教育都隐藏在戏耍欢笑里，形神兼具是拍手歌的最大魅力所在。

四、育人优势：拍手歌的融合

充满情趣的拍手歌，不为烦恼所干扰，不为忧愁所左右，它之所以能在廊小校园产生磁力、活力、动力，成为校园文化的“常青藤”，那是因为不同教育层面上下接气，相互影响，左右合力，融合一体，不孤傲、不单打。

首先来自于理念层面，体现顶层设计的方向。“开启智慧，润泽生命”是学校的核心理念，“把每个学生培养成为快乐健康、能歌善舞、微笑待人的开心果和全面发展、兴趣广泛、敢于提问的智多星”是学校的培养目标，而通过拍手歌进行教育是学校核心理念的有机渗透，是培养目标的具体表现，也是学校乡土特色的一个鲜明体现。

其次来自于社会层面对文化建校的期望。党的十八大以来，习总书记对孩子们的殷切希望，对中华传统文化的继续和传承都有了新时期更深层次的要求。拍手歌作为金山的非物质文化遗产，需要传习与发扬；廊下小学有义不容辞的责任担当去强化社会各界对拍手歌的认识。

第三来自于教师层面，引领文化兴校的归属。诚然，我们的老师虽是物质上的清贫者，却是精神上的富裕人。廊小的广大教师从内心里热爱这片土地、这群学生、这所校园，职业的归属感和成就感让他们融入学生群体，课余，一首首拍手歌拉近了师生间的距离。拍拍手、击击掌，这不正是文化兴校的春潮涌动吗？为了让拍手歌更适合学生传唱，新编写时请小朋友试唱试背，根据情况再进行推敲修改，最后在全校推广传唱。

第四来自于家长层面，期盼文化强校的信任。家长们最喜闻乐见的就是孩子们的快乐成长。而拍手歌已成为学生的精神美餐，成为学校德育的一道亮丽风景线，学生们在拍拍、唱唱、玩玩中不知不觉地规范了自己的行为，明白了不少道理，拍手歌受到全体家长的欢迎。

最终落实在学生层面，收获文化浸润的成长。不少学生通过传唱拍手歌，不仅对音乐的节奏、节拍的掌握有了新的体会和感悟，而且学到了许多知识，增添了对美好生活的向往之情。大家感到拍手歌注重满足童趣、贴近生活、有益身心、陶冶情操、快乐和谐，寓教育于儿歌中，顺应少年儿童心理特点，符合与时俱进的时代特征。

如今，学生人人爱拍手歌、人人唱拍手歌、人人演拍手歌、人人传拍手歌，在潜移默化中受到感染、得到启迪、领悟道理。既做一个开心果，又做一个智多星，已成为学生的自觉追求。

五、多管齐下：拍手歌的实施途径

廊下小学已经形成学生人人爱拍手歌、人人唱拍手歌、人人演拍手歌、人人传拍手歌的喜人局面。充满情趣的拍手歌，之所以能在廊小校园产生磁力、活力、动力，那是因为不同教育层面上下接气，相互影响，齐心合力，融合一体。

1. 渗透环境布置

学校注重在环境布置中注入拍手歌元素。学校请创始人后裔、全国著名雕塑家何鄂大师创作了《能歌善舞》雕塑：两个小朋友唱拍手歌，两个小朋友跳莲湘舞，展示了廊小学生阳光自信、活泼可爱、快乐健康的精神风貌；在教学大楼、教室、书香苑，挂上一些体现学校教育要求的拍手歌，潜移默化地感染学生；在围墙上写上有关中国传统节日和十二生肖的拍手歌，还配上农民画和儿童画，与百年老校的风貌相映成趣。

2. 融入学校课程

学校将拍手歌教育活动有机融入课程；每学期每个年级都有四节拓展课用于拍手歌教育；每天两分钟预备铃中有一次吟唱拍手歌，每周开展一次有关拍手歌内容的十分钟队会活动，每学期每个中队开展一次以拍手歌为主要内容的主题活动；校内外重大活动中也经常有拍手歌吟唱和表演。

每天早上、课间、中午，学生都可以自发地开展拍手歌活动；部分学科依据学科特点结合拍手歌开展教育引导；针对开展拍手歌活动，学校有计划地进行优秀班队课展示、优秀拍手歌节目汇演等。

3. 制定年级要求

不同的年级有不同的拍手歌。我们将重要的拍手歌创作成低年级和中高年级两个版本。对于适合每个年级的拍手歌，我们也要对不同的年级提出不同的实践要求，以发挥不同的作用和效力。如我们要求学生自己根据内容为很多拍手歌配上动作，学生都能主动参与、思考、体验，且随着年级的升高，创编的动作越来越有意思、有意义，对内容的理解也不断加深。

4. 创作校歌校操

学校创造性地用拍手歌的形式创作出校歌、校操。

2012 年，学校创作了《上课乐》拍手歌，请著名作曲家左翼建先生谱曲，成为我校第二首校歌，深受小朋友喜欢。每班每月根据拍手歌中有关上课的要求，评选 8 位上课表现好或进步大的学生为“上课乐之星”。

2019 年，学校将拍手歌《核心价值观》配上节奏欢快、积极向上的音乐，根据 24 字内容编成的富有意义的不同动作，编排成趣味校操。在每周一升旗仪式上,唱好国歌和校歌后,学生一起做校操。

5. 走进亲子传唱

每到七个中国传统节日之时,学校总要布置一项"和爸爸妈妈一起唱传统节日拍手歌"亲子作业。学校还不定期地给家庭推荐一些拍手歌,深受家长认可和支持。家长的参与又进一步增添了学生唱拍手歌的热情和兴趣。

6. 形成系列评价

我们制订了拍手歌活动系列评价标准,落实评价措施,让拍手歌教育落到实处。对拍手歌教育的评价,除了要求能背诵经典拍手歌和重要拍手歌,对一般拍手歌,我们主要不是看学生背出了多少,主要看班级、年级学生是否人人主动参与、乐于参与,是否结合学生、班级实际有针对性地开展活动,是否通过拍手歌活动促进了良好学风、班风的营造。

学校还开展拍手歌活动优秀方案评比和拍手歌活动优秀班级、优秀学生评选等,使拍手歌活动开展有序,形式多样,形成系列。

六、硕果累累:拍手歌教育的成效

万千气象聚掌面,道义情趣出掌心。拍手歌,缘何长盛不衰?拍手歌,为何屡获殊荣?拍手歌,何为师生之爱?因为拍手歌"营养好,味道好,听觉好,视觉好",是对学生进行做人做事教育的好途径、好形式、好方法。

1. 师生喜欢

学生在拍拍、唱唱、玩玩中不知不觉地规范了自己的行为,明白了不少道理,也增进了同学们课余时间的情感交流,且经常唱拍手歌使学生心态更阳光、学习更快乐、头脑更灵活、生命更灿烂,学生喜欢。老师不用说教、不用灌输,也不用花精力刻意组织,省时省力,却能起到意想不到的教育效果,老师也喜欢。

2. 专家认可

专家对我校的拍手歌教育给予高度认可。教育家吕型伟先生对我校的拍手歌教育连声称赞:"好!好!是一种好方法!"并欣然为我校题词:"我爱廊小拍手歌";儿童文学家张秋生先生三次精心修改我校的拍手歌;儿童画家陆汝浩先生为我校前30首拍手歌配了插图;少先队、儿童教育专家段镇评价我校的拍手歌"具有生命活力和发展前途,很有教育意义,可能成为基础德育教育的一朵新花”；中国人民大学程方平教授说“廊小拍手歌教育经验，属于廊下小学，属于上海，也是属于中国，可为人类的教育发展提供鲜活并有价值的中国案例”；著名教育家、中国教育学会名誉会长、北京师范大学顾明远教授特地为我校拍手歌题词：“童心童真童趣”。

3. 示范辐射

我校的拍手歌教育，影响、辐射面越来越大，在金山区乃至全市都产生了一定的影响，已成为金山区乃至上海市的校园文化知名品牌。校园里的拍唱还常常延伸到社区、家庭，辐射到区兄弟学校、市区学校、外省市包括香港的学校，越来越多的学校、老师和孩子喜欢我们的拍手歌。

4. 媒体关注

我校的拍手歌受到了众多媒体的关注。中央电视台、上海教育电视台、《文汇报》《东方文明》《中国教育报》《上海教育》等媒体多次介绍我校开展拍手歌教育活动的经验做法，反响热烈。

5. 取得荣誉

我校拍手歌教育先后荣获全国中小学思想道德建设优秀成果展评活动一等奖、首届上海市未成年人思想道德建设工作创新案例奖、上海市中小学德育优秀项目奖、上海教育系统校园文化建设优秀项目奖等荣誉称号。

童真是根本，童趣是活力，童心是灵魂。学校教育能不能遵循学生成长规律，顺应学生心理特征，更生动、更贴近学生的需求和特点？能否再多一点童心、多一点童趣、多一点童真，少一点灌输、少一点说教、少一点空谈，真正体现儿童教育的本质？我们坚信：民间童谣拍手歌——这首“育人之歌”一定会更动听、更嘹亮地回荡在廊小这片沃土的上空，时时唱出孩子们成长中最美好、最快乐、最幸福的心声！

第三节　榜样引领，开发与实施“学鲜军”育人课程

“远学雷锋，近学鲜军，崇尚先锋，争做先锋”——这是我校多年来一直开展的德育实践教育活动，也是我校一项“加强学校德育、全面推进素质教育”研究的重要课题。

鲜军是廊下的英雄。1997 年 8 月 1 日,22 岁的张鲜军在金山石化海滩边纵身一跃,因救三个落水孩子而光荣牺牲。同年,他被上海市人民政府追认为革命烈士。而英雄的母校,就是我们廊下小学。他的英雄行为,为我们的校史增添了光辉的一页。

英雄的出现,给我们加强学生的道德教育以及校史教育带来了契机。雷锋,是全国人民的光辉榜样,鲜军,是廊下小学的身边雷锋。大家一致认为,张鲜军从小是在学雷锋的环境中成长起来的,他的优秀品质是雷锋精神的体现和写照。他是生活在我们身边的平民英雄,是雷锋精神在新时代的具体践行和生动体现。学习身边的雷锋更贴近学生,不仅没有时间上的陌生感,而且更没有空间上的距离感,容易被学生接受和认同。正是在这样优质生动的教育资源的感召下,我校掀起了“远学雷锋,近学鲜军”的德育实践活动,从而以这样一种特有方式,传播中华传统美德,传承社会主义核心价值观,传播校风“方方正正做人,踏踏实实做事”的正能量。

一、挖掘梳理:确定项目教育目标,提炼“鲜军精神”

1997 年 8 月,当我们得知鲜军舍己救人的事迹后,学校在第一时间就组织曾经教过鲜军的老教师,大家一起回忆鲜军就读廊小时的平凡事迹;同时,又全方位地搜集鲜军在家、在社会、曾就读过的其他学校,以及工作过的单位平凡而又感人的事迹。通过走访、搜集,我们发现:爱他人、助他人,是他生活的常态;诚实、勤奋,是他的一贯作风;上进、自强,早已是他长期的追求。于是,我们编写了油印的校本读物《鲜军的故事》。

为使“学鲜军,做鲜军式的好少年”教育活动成为廊小的常态,成为廊小的风尚,成为廊小永远高扬的一面旗帜,学校不是一般性地号召学习英雄,而是富有思想和远见地进行了顶层设计。

首先是确定项目目标。

学校经反复研究,确定了“学鲜军”的项目目标:一是进一步弘扬雷锋精神;二是进一步培养与践行社会主义核心价值观;三是进一步践行“方方正正做人,踏踏实实做事”的校风。

为实现项目目标,学校还制订了“学鲜军”的具体目标细则:人人知道鲜军事迹,人人会背唱“学鲜军”拍手歌,人人会唱“做鲜军式的好少年”校歌;人人践行“鲜军精神”，人人争做“鲜军式好少年”；人人知道鲜军就是廊下的雷锋，知道“学鲜军”就是学雷锋，就是弘扬中华传统美德。

第二是提炼“鲜军精神”。

什么是“鲜军精神”？学校进一步挖掘、提炼、概括出了鲜军“六种精神”：助人为乐、无私奉献、敬老爱幼、诚实守信、勤奋好学、自强乐观。

学校以这“六种精神”，作为对学生进行榜样教育的路标。

为了让学生快乐地记住“鲜军精神”，我经过反复思考、琢磨，特地写了一首拍手歌《学鲜军》，用生动形象、喜闻乐见和易于记忆的方式传播“鲜军精神”。

学鲜军

你拍一，我拍一，英雄鲜军传天地。
你拍二，我拍二，廊下雷锋好样儿。
你拍三，我拍三，乐于助人讲奉献。
你拍四，我拍四，敬老爱幼从小起。
你拍五，我拍五，自强乐观不怕苦。
你拍六，我拍六，诚实守信记心头。
你拍七，我拍七，勤奋好学守纪律。
你拍八，我拍八，廊小学生人人夸。
你拍九，我拍九，胸怀信念有劲头。
你拍十，我拍十，学会做人成大事。

二、环境营造：搭建学习载体，开发项目资源

远学雷锋，近学鲜军，要学得活、学得深，不仅要注重对鲜军品质、精神的提炼，还要加强鲜军资源的再开发。对资源的开发，我们要站得高，看得远，我们的着眼点是力求富有智慧和魄力。

为了使学习“鲜军精神”有教材、有形象、有声音，我们加强了学习载体的建设。学校开发了一整套传播媒介，成为学习的范本。

一是编写校本读物，开发学习之“源”。

学校根据“鲜军精神”，在先前编写的《鲜军故事》基础上，进一步搜集鲜军事迹，挑选了适宜小学生阅读的 20 个鲜军故事，并精选了 10 个雷锋小故事，力求将鲜军故事和雷锋故事紧密结合起来，让学生了解、学习、领会其精神实质，

从更高的起点出发，编写了一本适应时代需要、更贴近学生实际的新的校本读物——《闪光的年华——廊下雷锋张鲜军的故事》，并由上海社会科学院出版社出版。

这本校本读物，以生动的文笔，真实地叙述了英雄的一生，字里行间记录的是英雄一颦一笑、一点一滴、一言一行。时任金山区教育局局长顾宏伟同志在序言中写道："鲜军的少年时代是在廊小度过的。书中有的故事，就发生在廊小；鲜军的家就在毗邻廊小校舍边的勇敢村；他的工作单位，就在廊下；他牺牲的地方，就在我区石化海滩边，这是从我们身边涌现出来的英雄人物，学起来更加亲切，更有真情实感。"

二是安放鲜军塑像，营造育人环境。

早在廊小百年校庆之前，当何鄂女士得知张鲜军的事迹后，深为家乡培育了这样一位杰出的青年而自豪。于是，她就和丈夫张玄英先生商量，决定赠送学校一尊铜像——"勇敢的鲜军"，作为献给家乡学校百年庆典的纪念品。同时，她在创作鲜军塑像时还写了一首异常感人、表达对家乡英雄崇敬的诗——《勇敢的鲜军》：

勇敢的鲜军

你
生命的琴弦
在二十二岁上骤然停止
我
知道你的名字
已是暮年花甲岁月黄昏

茫茫人海
如梭时光
我们不曾相识
我们隔代穿行
是故土的召唤
是家乡的接引
认识了你
在我们共同的故乡

——勇敢村
是这个村的名字
铸就了你勇敢的性格
还是你的勇敢
使村子的名字更添光彩
你
在生命闪烁的刹那
认识你的人
都不曾见到你
你
在身影消失的瞬间
见到你的人
又岂能不认识你
英雄是谁
烈士出自哪里
人们争相询问
电视播出寻呼

似乎是一个暗示
又像是一个标识
落在岸边的那一串钥匙
成为你全部人格的见证
它本是你岗位的责任
它本是你尽职的义务
它应是你随身之物
它应与你形影不离
而你
去救那三名少年时
怎会想到了
把钥匙留在岸边

你
是怕沉甸甸的钥匙
失落在大海之中
永难寻觅吗
你
是想到了
如果不能回到岸上
勿让保险柜的钥匙
被你永远带走吗
你
走了
不再回来
留下了一种精神
留下了一个永恒

为了你
平凡而伟大
我用泥土铸造你
为了你
生命的光彩
我用青铜铸就你
让思念你的母亲
重新见到你
让家乡的父老乡亲
永远记住你

这首诗写得何等好呵！它也是孩子们“学鲜军”最生动、最形象的教科书。

我校原来把鲜军雕像安放在一个小花园里。2013年，在学校进行校园环境改造时，我们对“勇敢的鲜军”这个景点进行了调整，位置移到了桃李园的东北角，连同由何鄂创作的刻在石碑上的诗《勇敢的鲜军》放在一起，创建了小朋友非常喜爱又富有文化内涵的一个校园景点——鲜军雕像。

三是创作激昂校歌，激发莘莘学子努力奋进。

为了让“学鲜军”成为伴随学生成长的一个永恒的旋律，2012 年，学校邀请著名作词家陈念祖和作曲家左翼建联袂创作了催人奋进的新校歌《做鲜军式的好少年》。学生在每周举行升旗仪式时，唱完国歌再齐唱校歌，在举行每次“学鲜军”活动时也高歌一曲，他们在抒情而激越的歌曲声中得到一次又一次的精神熏陶。

这三个方面是不同侧面的传播媒介，是难得的学习载体。

为了让英雄的事迹更生动形象，学校还对鲜军的项目资源进行了开发。

一是收集鲜军遗物。

学校千方百计地从鲜军家里、读过书的学校、工作过的单位收集他曾经用过的生活、学习用品。这些用品，看得见、摸得着，陈列在校史馆专柜里，成为学校宝贵的教育文物，它们是鲜军事迹和精神永远闪光的象征，是学生学习鲜军不可多得的资源。

二是编排专题版面。

学校大队部适时编排《弘扬鲜军精神，传承中华美德》的专题版面，其内容丰富多彩，色彩赏心悦目，有很强的教育感染力，成为学校队室最有特色的一个板块。

学校通过“学鲜军”专栏窗口、黑板报、红领巾广播、队报等形式营造浓厚的“学鲜军”氛围，让鲜军形象、鲜军精神时时浮现在学生眼前，起到潜移默化的教育作用。

三是聘校外辅导员。

学校聘请了鲜军母亲和曾担任过鲜军班主任的三位退休老师为校外辅导员，邀请他们来校参加“学鲜军”活动，给学生讲解鲜军小时候的故事，收到了很好的效果。

三、践行活动：注重活动品位，打造项目品牌

顾名思义，“远学雷锋，近学鲜军，崇尚先锋、争做先锋”的德育实践教育活动，应重在“践行”上下功夫。为了使教育活动有实效，接地气，我们非常注重提升“学鲜军”活动的品位，构建了立体化、内涵式的学习鲜军系列活动，富有力度和深度。

开展“学鲜军”少先队组织活动。每周举行的升旗仪式上要唱校歌；每年清明节，大队部开展怀念、祭奠先烈活动；每年的入队仪式安排在鲜军塑像前，新队员在这里庄严宣誓；每个中队每年举行一次以“学鲜军”为主题的中队活动；每个小队不定期地开展“学鲜军，做好事”活动。

开展“学鲜军”行规教育活动。我们把“学鲜军”有机地落实到学校平时的行为规范教育中，用鲜军的故事、鲜军的精神、身边的鲜军故事规范学生的行为。因为鲜军可敬、可亲、可学，这种行为规范教育往往能起到事半功倍的教育效果。

开展“学鲜军”社会实践活动。我校的校外实践基地定点在廊下镇街道、敬老院、幼儿园，我们组织学生不定期到社区宣传鲜军精神，到街道打扫卫生，到敬老院表演节目，到幼儿园讲鲜军故事，从小培养学生为社会服务的精神。

开展“学鲜军”亲子活动。学校主动加强与家庭的联系，经常开展亲子活动，共同教育学生在家做一个像鲜军一样孝敬长辈、尊老爱幼、勤俭节约的好孩子，从而不断扩大、巩固学习效应。

开展“学鲜军”新教师培训活动。为了持久营造廊小学生“学鲜军”的浓重氛围，凡是新加盟、新招聘的老师，我们都会在就职培训时补入“学鲜军”这块内容，这成为“学鲜军”项目可持续发展的坚实保障。

开展评选“鲜军式好少年”活动。对照鲜军精神，每个班级每月要评出 5 位“鲜军式好少年”，其中 3 位要求综合表现优秀，1 位要求在某一方面表现优秀，1 位要求在某一方面进步明显。在每月第一周升旗仪式上我们隆重表彰，由班主任老师给获奖学生佩戴“鲜军式好少年”标志。我们的评选对象，面向每一个学生，只要学生努力，只要取得进步，都有可能获评“鲜军式好少年”。我们力争在小学 5 年时间，每个学生至少获评一次“鲜军式好少年”。各班级期末评出两位“鲜军式好少年”标兵，学校每学年还评出“十佳鲜军式好少年”，在“六一”节进行表彰。

随着“远学雷锋，近学鲜军，崇尚先锋，争做先锋”德育实践活动的开展，涌现出了一批又一批“鲜军式好少年”。这些“鲜军式好少年”又涌现出了很多很多感人的事迹。我们不定期地挑选出最典型的身边故事，汇编成《鲜军式好少年优秀事迹集》，分发给每一个学生。因为这是最真实、最容易学习的身边的事迹，所以深受老师、学生、家长的欢迎。

“鲜军事迹，鲜军精神”，这是廊小一笔永恒的精神财富。

20 多年来，我校充分利用本土这一优秀资源，学英雄鲜军精神，以“鲜军式好少年”主题活动为载体，扎实、有效地持久开展学雷锋活动，让学生在“知鲜军、忆鲜军、学鲜军、做鲜军”过程中自觉传承中华美德，逐步成长为德、智、体、美、劳全面发展的雷锋式好少年。

20 多年来，“学鲜军”取得显著成效，不仅成为了我校德育教育的品牌，而且成为金山区有影响力的学雷锋品牌。

——2012 年 3 月，廊下小学被金山区文明建设委员会办公室确立为金山区唯一的“学雷锋基地”；

——2012 年，我校“学鲜军活动”荣获上海市中小学“学雷锋，我践行”活动优秀项目二等奖；

——2016 年 2 月 18 日，《文汇报》以《永远高扬的旗帜：学鲜军，做鲜军式好少年》为标题进行专题报道，东方网、东方头条网、金山网纷纷转载；

——2016 年，校园一景“勇敢的鲜军”获“上海中小学十大新景观提名奖”。

《中央未成年人思想道德建设工作简报》、中国文明网、《中国教育报》《解放日报》、上海文明网、金山区文明网都相继报道了我校 20 多年来持之以恒而又扎实有效的“学鲜军”活动。

自信走向未来。对英雄最好的纪念，就是传承和光大。如今，“学鲜军，做鲜军式好少年”已成为廊小的制度和风尚，成为廊小立德树人、践行校风的主旋律和特色经典品牌，成为廊小弘扬正能量的一面永远高扬的旗帜！

第四节　依托何鄂雕塑馆，开设《有故事的泥巴》课程

百年廊小文化资源十分丰富，其中何鄂雕塑馆更是集艺术、人文资源于一体且不可多得的校内教育主题场馆。

雕塑馆内收藏了何鄂先生的 21 件雕塑原作，同时展出了 80 多件图片作品。何鄂先生满怀爱心和激情，参与了雕塑馆的整体设计。展馆不是平铺直叙地对雕塑作品进行罗列展示，而是别具匠心地根据作品的题材、主题、人文内涵

进行分类，分成一个个以人文内涵命名的单元系列，如“文明传承”“希望星辰”“华夏精英”和“故乡情怀”等。每个单元系列由与主题相关的若干作品组成，并对每一件作品的创作背景、创作意图等进行了详细的介绍，做到了一件作品一个故事。何鄂雕塑馆的创建，无疑对学生了解雕塑、认识大师、喜爱艺术、认同家乡、热爱祖国起到了潜移默化的作用。

面对校园内如此丰厚的视觉文化资源，学校着手对何鄂雕塑馆的文化资源进行了调查与研究。在经过研究和梳理之后，专家和教师一致认为，何鄂雕塑馆对于小学美术教育的价值主要在人文精神的浸润、滋养和艺术审美以及创意表现的借鉴上。鉴于此，我们决定编写校本特色课程——《有故事的泥巴》。

一、确定《有故事的泥巴》课程总目标

何鄂雕塑馆的文化内涵十分丰富，我们通过现场观摩、背景调查、人物采访、比较研究，决定将何鄂雕塑馆这一文化现象作为美术学科挖掘利用地方文化资源的抓手和切入口，通过对馆资源的挖掘和利用，形成丰富的美术教学资源，推进小学美术课程校本化建设和小学美术课程改革的进程，从而形成有区域特色的美术教育。

但是，任何地方(或内容)的文化资源，无论其意义再深刻、内涵再丰富，它都是难以自觉进入课程领域的，对于小学生来说，它并不是拿来就能用或进入课堂就能学的。它需要由师生合力进行开发和利用，才能成为课程的有机组成部分。地域文化资源的开发和利用并不是将资源进行简单的罗列，而是要依据一定的教学目标，筛选合适的课程资源，并将其有效地融合在一起，最后形成课程。

因此，课程目标的制定就成了课程开发的方向和关键。通过对何鄂雕塑馆进行实地观摩，以及通过阅读来了解何鄂先生的艺术创作历程及其作品背后的故事，我们更加清晰地感受到何鄂先生对生活的热爱、对生命的关注和对祖国的挚爱。正如何鄂先生所说：“我近六十年的艺术人生受五千年中华文化的熏陶，得新时代绚丽火热的生活滋养，借改革开放的大潮发展。艺术作品中展现了我对历史的讴歌，对生活的赞美，对人性的颂扬，对精英的崇敬，一句话：对祖国的无限热爱。”毋庸置疑，何鄂先生这段饱含

深情的肺腑之言，就是我们课程的目标指向，也是整个展馆内容的高度凝练！

于是我们确定了《有故事的泥巴》课程总目标：

1. 学生通过本课程的学习与体验，认识从家乡走出的艺术大师何鄂和她的艺术历程；了解、体悟何鄂先生的艺术创作思想和爱艺术、爱家乡、爱祖国的情怀。

2. 能粗浅了解雕塑艺术以及它的特性，粗浅知道雕塑艺术的昨天与今天以及二者之间的联系；结合何鄂先生的作品，能用审美的眼光关注校园和家乡的“一草一木”“一砖一瓦”，增强认同家乡、热爱家乡、热爱祖国的情感，提升民族自豪感。

3. 学生通过学习与体验，在教师的指导下，能自主开展查阅资料、采访、研究，善于发现生活中的趣事或有意义的事，能用学到的雕塑知识与技能，通过思考、讨论、比较、分析，形成题材或主题，有创意地用泥巴（雕塑）作品表达自己的情感，并能说出作品的故事和自己的想法。

4. 通过泥巴，以趣启智，培养学生乐于探索、勤于动手的习惯，增强合作意识，挖掘学生的潜在能力，注重培养学生的创造性思维，促进学生个性发展。

5. 普及与提高并举，美育与人文两得，通过 5 年或更长时间的努力，让《有故事的泥巴》成为学校特色品牌课程。

二、制订普及版和提高版两个系列教学目标的说明

课程定名为《有故事的泥巴》，其中的“泥巴”一词，是一种俗称，既是指我们生活中常见的泥土（课程中使用的主要媒材），因为作为农村小学生来说，“泥巴”更接近他们的生活；另一方面，“泥巴”一词又是“雕塑”的代名词，学雕塑者也往往从塑泥巴入手，再则，一些雕塑家在创作雕塑作品时，也往往用泥巴试着塑造样稿。所以我们的课程名称中将“雕塑”转换成“泥巴”。一块普通的泥巴，通过学生的想象和创造，注入他们的智慧和情感，于是泥巴有了生命，泥巴有了故事！这是一个充满激情和魅力的过程，这就是廊小校本课程《有故事的泥巴》魅力所在！

《有故事的泥巴》课程分普及版和提高版两个系列。

普及版学习对象是全校二年级学生，提高版学习对象是三至五年级部分对

雕塑特别有兴趣的学生。两个系列的课程在教学总目标上一脉相承，但在教学内容和具体的教学要求上则有所侧重。两个系列的课程在结构上基本相同，都是以教学单元为单位确定单元主题。单元主题犹如一个个小故事，把整个课程串联起来。每个单元主题下又有若干个课题（课时），这若干个具有人文意味的课题隐含着文化理解（即情感、态度、价值观）和知识技能。

普及版在达成总目标的要求下更侧重兴趣的激发，侧重对何鄂先生艺术成就的认识、热爱家乡情感的增强、良好习惯的养成和创意的表达。

提高版也是在达成总目标的要求下更侧重审美意识的培养和爱国情怀的培育，以及对何鄂先生艺术创作思想的领悟和创意的表现。

单元的设计由浅入深，呈阶梯状螺旋形的走势，循序渐进，逐渐深入。结合学生每个时期的接受能力和泥塑技法的难易程度进行内容甄选。考虑到学生年龄特点和已有经验水平，普及版教学用的泥塑材质以彩泥（即超轻黏土）为主，陶泥为辅，提高版则以陶泥为主。

三、开发和编写普及版与提高版不同的课程内容

《有故事的泥巴》的开发和编写主要是依托何鄂雕塑馆的现成资源，并且从各种途径（包括采访何鄂先生本人，查阅何鄂先生的著作、各种媒体的相关报道、廊小校史、中西方雕塑史，开展廊下乡村人文、自然资源调查等）收集、梳理相关资料，以备课程开发和编制所需素材的甄选。在开发和编制过程中，始终本着“以人文精神的浸润、滋养为主”的理念，以学生达成“了解、体悟何鄂先生的艺术创作思想和爱家乡爱祖国的情怀，养成认同家乡、热爱家乡、热爱祖国的情感，提升民族自豪感”这一首要目标为核心，在一定程度上减弱技能难度，重文化理解、重创意表现。

本课程普及版与提高版各有 8 个单元 18 课，共计 16 个单元、36 课。课程具体内容如下：

表3-1　《有故事的泥巴》普及版课程内容

普及版			
	单元名称	单元目标	课题(内容)
第一单元	我爱廊小雕塑馆	1. 初步认识来自家乡的雕塑家何鄂。 2. 粗浅了解、欣赏何鄂雕塑馆里的代表作，如《黄河母亲》等。 3. 观摩何鄂用过的雕塑工具，激发雕塑创作的兴趣。 4. 知道雕塑作品的材料，感受雕塑的魅力，对雕塑艺术产生兴趣。为学校拥有何鄂雕塑馆感到自豪。	第1课 来自家乡的雕塑家——何鄂奶奶
			第2课 看看何奶奶的作品——材料探宝之旅
第二单元	神奇的泥土世界	1. 聆听何鄂创作小故事，阅读何鄂《女娲补天》创作感言，知道泥土的神奇、创造的伟大。 2. 尝试糅合彩泥，捏出预想的形体，感受材料自身的趣味性。 3. 运用揉的方法，创意制作太阳，提高动手能力，培养创新思维。	第3课 创造赋予泥土生命
			第4课 魔法黏土
			第5课 太阳公公
第三单元	家乡田园趣事多	1. 欣赏何鄂雕塑作品中圆形元素的物体，感受圆的造型美。 2. 认识家乡常见的农作物，初步掌握团、搓等技法，制作泥珠、泥条，塑造表现常见的蔬果，养成仔细观察、乐于动手的好习惯。 3. 用团、搓的技能有创意地表现家乡常见的农作物。	第6课 水果蔬菜真可口
			第7课 豌豆射手和辣椒卫士
			第8课 小鸟的家
			第9课 我给菜园造栅栏
第四单元	奇妙的植物园	1. 学习何鄂雕塑作品中植物造型元素，理解植物造型在雕塑中的艺术表现。 2. 用泥板成型的方法，有创意地制作向日葵和仙人掌，感受雕塑作品造型的艺术特点。	第10课 做个灿烂的向日葵
			第11课 小小仙人掌
第五单元	可爱灵巧的小生灵	1. 欣赏雕塑馆中作品《鸟语》，知道抓住动物主要特征来表现动物造型的方法。 2. 用手捏成型的方法制作有趣的动物泥塑作品，感受自己动手制作泥塑动物的快乐。	第12课 机灵的小老鼠
			第13课 蹦蹦跳跳的小兔子
			第14课 美丽的孔雀

（续表）

普及版			
	单元名称	单元目标	课题（内容）
第六单元	远古的符号	1. 观摩雕塑馆中作品“文明传承——厚土系列”，感受雕塑中的装饰美。 2. 通过围卷成型、粘贴与刻印制作彩泥编钟，了解编钟的造型美、装饰美。 3. 体验泥工制作的乐趣，感受中国古代的灿烂文化。	第15课 精美的青铜器
第七单元	压印的乐趣	1. 观摩何鄂有凹凸纹样的作品《沃土》，感受压印的趣味。 2. 尝试利用不同的工具和材料（如梳子、绳子、盖子、贝壳……）在彩泥上压印出各种肌理，激发学生观察和表现生活的兴趣。	第16课 有趣的印痕
第八单元	我与我的小伙伴	1. 欣赏《放羊娃》《提书包的孩子》等作品，了解作品背后的故事。 2. 学会观察人物的形态和特征，初步掌握人物的大致结构和比例。 3. 观摩雕塑制作过程，了解一件雕塑作品从设计到完成的主要过程。 4. 尝试用综合泥塑技法表现学校吉祥物和同学，能简单说出作品的故事和自己的想法。	第17课 乐乐和星星
			第18课 《同学》——有故事的小泥人

表3-2 《有故事的泥巴》提高版课程内容

提高版			
	单元名称	单元目标	课题（内容）
第一单元	我爱廊小雕塑馆	1. 阅读何鄂写给小朋友的信，了解何鄂雕塑馆作品陈列特点。 2. 初步了解何鄂的代表性作品，并能说出其中一两件作品的创作意图和艺术特色。 3. 养成静心欣赏、体悟的好习惯。	第1课 走近大师——何鄂奶奶
			第2课 何鄂奶奶写给我们的信

（续表）

提高版			
	单元名称	单元目标	课题（内容）
第二单元	走近神奇泥土世界	1. 找出何鄂雕塑作品所使用的不同材质，知道雕塑材质的多样性。 2. 观摩何鄂捐赠的雕塑工具，感受何鄂身上的工匠精神；知道不同材质、不同造型所使用的工具不同。 3. 认识几种泥料，了解并学会“揉”“压”技法。在糅合泥土的过程中，感受材料自身的美感。	第 3 课 我的泥巴朋友
			第 4 课 美丽花纹
第三单元	家乡的菜园子	1. 欣赏何鄂相关蔬果的作品（如《蟠桃赐福》），了解其表现手法。 2. 认识家乡常见蔬果的品种，学会用搓泥条、擀泥片的泥塑技法表现家乡的蔬果，发现与感受它们的造型美。 3. 能用综合的泥塑技法表现熟悉的农家生活，提升热爱家乡的情感。	第 5 课 新鲜蔬果营养好
			第 6 课 茄子先生和玉米小姐
			第 7 课 设计一个小菜园
第四单元	家乡田园趣事多	1. 欣赏《厚土系列——乡土》等何鄂雕塑作品，了解表现植物的手法。 2. 掌握泥板成型的造型特点及方法，制作向日葵和鸟窝。 3. 了解当地一些常见植物的习性与生存环境并尝试运用学过的技法表现出来，提高美化与装饰的能力，提升生态环保意识。	第 8 课 灿烂的“小太阳”
			第 9 课 灵巧的“建筑师”
第五单元	乡间动物本领多	1. 学习观摩何鄂雕塑作品中对动物的表现手法，理解、体悟何鄂善于吸收民间泥塑表现手法的创作思路。 2. 学会运用手捏成型技能表现熟悉的动物，能用合适的工具表现不同动物的外部质感。感受民间捏塑的艺术美。	第 10 课 池塘里的歌手
			第 11 课 可爱的小刺猬
			第 12 课 威武的大公鸡
第六单元	远古的符号	1. 欣赏我国的彩陶和青铜器纹样，观摩何鄂《绣花女》（彩陶）和《唐乐》系列作品，粗浅地了解古老的彩陶和青铜文化。 2. 用泥塑刀等工具，用刻、钻等技法在“青铜器”上绘制云纹或回纹纹样，初步掌握线形纹样的制作。 3. 感知青铜器纹样的形态美和简约美，感受我国古代文化的灿烂，提升民族自豪感。	第 13 课 魅力纹样
			第 14 课 精美的青铜器

（续表）

提高版			
	单元名称	单元目标	课题(内容)
第七单元	方寸之间的奥秘	1. 观摩何鄂有凹凸纹样的作品《沃土》，感受凹凸纹样所呈现的不同趣味。 2. 欣赏印章与拓印的作品，学会用刻、印的技法表现泥塑作品，发现印与拓的乐趣。	第15课 古老的印章
			第16课 拓印
第八单元	有故事的小泥人	1. 欣赏何鄂系列作品《希望星辰》，增强对何鄂的崇敬之情。 2. 观察雕塑人物与身边伙伴的异同(自然形态与艺术表现)，尝试塑造人物。 3. 学习掌握手捏成形技法，能够用“扳”的方法，调整小泥人的动态造型。 4. 说说小伙伴的故事，并能用学过的技法表现《我的小伙伴》。在作品展示时，能流畅说出作品的故事和自己的想法。	第17课 希望星辰
			第18课 我的小伙伴

四、制订课程实施计划、原则、方法

《有故事的泥巴》校本课程的实施基于何鄂雕塑馆和校园内的文化景观等素材性校本课程资源，这些有特色的，与雕塑有关联的文化景观(包括民间美术、老房子等文化遗迹)都与我们的课程融为一体。因为在这些雕塑作品和文化景观的背后，不仅有美术学科本位的美育价值，更蕴含着民族的传统文化精神、信仰和价值追求，有着强烈的精神特征。从馆内到馆外，我们挖掘、梳理，将这些素材性资源整合成切合我校的课程内容，并在全校师生的努力下，将这门接地气的课程真正落地。

《有故事的泥巴》校本课程的实施计划：

普及版：面向二年级全体学生，在二年级拓展型课程中每周设一节泥塑课。

提高版：面向三年级以上(包括三年级)对泥塑有兴趣、有潜力的部分学生，利用每周快乐半天活动中的一节兴趣课和双休日少年宫一节活动课。

《有故事的泥巴》校本课程的实施原则：

1. 体验性原则

荀子说：“闻之不若见之，见之不若知之，知之不若行之。”美术教育的一个显著特征就是“视觉性”和“实践性”。美术学习中的欣赏与创造活动都是通过视觉和体验实践来实现的。校内的何鄂雕塑馆及“三十景”是学生学习校本课程《有故事的泥巴》的最好场所，特别是何鄂雕塑馆，里面不仅有许多何鄂的雕塑原作，而且还在版面上配有作品背后的故事，这非常有利于学生的体验式学习。课程学习过程中，通过校内各处景点的场景、雕塑、文字解说等展示、暗示、诱导，使学生产生艺术的体验和联想，完成感受、理解、表现等美术活动，使学生能表达思想情感，进行情感交流。

2. 生活性原则

艺术来源于生活，它反映了人们对社会生活的理解与情感。艺术活动要关注现实生活，才会产生源源不断的创作灵感。为了丰富学生的生活感受与体验，除了利用校内的景点、场馆学习之外，还要通过组织丰富多彩的实践活动，让学生关注身边的趣事，生成创作的题材。如参加山塘陶艺村的社会实践活动，让学生了解雕塑的延伸知识——瓷器文化，拓展了泥塑课程内容，丰富了学生表现泥塑的手法。家乡廊下是现代农业的示范区，让学生走到田头，观摩果园，体验简单的农家活，通过这些社会实践活动，学生不但丰富了生活体验，为创作积累了素材，还更加关注生活、热爱生活、热爱家乡。

3. 个性化原则

学生是一个独立的生命个体，艺术教育尊重每位学生人格的健康发展，坚持以人为本、因材施教，充分展现艺术个性，激发创新潜能。在泥塑学习活动中，设计个性化的活动，充分发挥学生创造的天性。关注不同层次学生的学习状况，对于基础稍弱的学生，适当减弱技法上的要求，重点阐述创作意图和作品内涵，并及时给予肯定，找到他（她）的亮点；对于有基础且有天赋的学生，适当提高要求，在创作时及时指导并提出可行建议，让其在挑战中获得成就感和满足感。尽可能让每一位学生对泥塑产生兴趣，并喜欢上泥塑课程，激发学生的创造欲望，使每个人都能在自主学习中得到不同的发展，在原有基础上有所提升。

4. 儿童化原则

儿童化不仅仅是让我们换位思考儿童的外在需求，更是要求我们能摘下成人的眼镜，更多地了解儿童的内心世界和发展特点，跳出文字描述，由孩子们用自己的作品、自己的语言去描述、呈现泥塑课的价值，用自己的作品、自己的感受去呼应何鄂先生的作品。这需要执教老师高度把握好教学目标，在实际教学中一定要循序渐进地为最终的创作和展示作好铺垫，让孩子们都随性且又是自带表达地创作，给他们多一些自由发挥的空间，让他们在信任、宽松且没有过度干预的前提下，喜欢上雕塑。

《有故事的泥巴》校本课程实施方法：

1. 身临其境，感悟艺术内涵

我们将学习的课堂搬到雕塑馆中进行，因为雕塑馆中陈列有21件何鄂的原作及80多幅作品图片，每件作品都是宝贵的艺术资源，都是美育与德育的最好教材。学生身临其境，能在现场直接观察到、触摸到何鄂先生的雕塑原作，近距离感受雕塑作品的材质、肌理、体量、造型等艺术元素所呈现的魅力，在视觉、触觉、感觉上带来极大的艺术震撼，享受到艺术盛宴。通过倾听雕塑作品背后的感人故事，赏析雕塑作品的艺术特色，学习雕塑作品的表现手段，加深对作品的了解，感悟其文化内涵。

2. 任务驱动，写生促进创作

我校学生有学习泥塑的良好的校园文化氛围，有丰富的素材性课程资源。在学生创作泥塑作品前，教师布置任务，让学生带着问题寻找指定的雕塑作品（或人文景观），填写“学习任务单”中的内容（如名称、主题、材质），并写下一段自己对作品（或人文景观）真切而又独特的感受。此时，学生面对的一件作品（或景观）不再是一个静态景物，而是蕴含着一段动人故事的场景或活生生的人物。在这样的基础上，学生再通过观察写生，他们笔下的场景和人物，都带有每个学生自己独特的理解和感悟，这不仅提升了学生的写生造型能力，也为之后的创作打下基础。通过任务驱动，采访写生再创作的方法不仅提升了学生的造型表现能力，同时也提升了学生的欣赏感悟能力。

3. 多方展示，营造学习氛围

利用现代教学技术手段，以多种形式、多种平台展示学生作业（或作品），有利于学生互相观摩学习，取长补短，共同进步，也有利于泥塑课程学习氛围的形成以及家长和社会的认同。

（1）希沃平台——即时反馈，及时改进提高

通过电子信息技术——希沃平台的运用，教师在课堂上能快速地拍摄学生作品，投屏至电子大屏幕。对于学生来说，利用多媒体展示作品是一种新奇的

体验，能迅速抓住学生的眼球，吸引他们的注意力。教师利用希沃平台的放大功能，放大学生作品的亮点，具有实物展示所无法企及的震撼性，使学生在课堂学习中获得极大的成就感，同时，学生也会通过希沃平台看到其不足之处，教师能当堂反馈，给予建议。在此过程性评价中，学生能及时得到学习反馈，并努力改进。

（2）陈列展示——相互欣赏，提升学习自信

学生在泥塑课上刚做好的作品湿软且易塌陷，所以要有固定的场所将其安放晾干。待作品干燥后，学生和老师投票选出优秀泥塑作品，进入泥塑陈列室展示。这份小小的荣耀，有效激发着学生对泥塑课程学习的兴趣，并能为自己作品进入泥塑陈列室感到自豪。一件件有故事的学生泥塑作品静静地展示在泥塑陈列室中，不仅便于学生参观欣赏，也方便了教师进行作品分析。在长久的优秀作品展示积累中，形成艺术场馆的氛围，增加了学生学习泥塑的兴趣，提升了学习泥塑的自信心。

（3）网络展示——共同关注，营造学习氛围

为营造泥塑课程学习的氛围，校园官网设立专栏展示优秀泥塑作品。鉴于泥塑作品有不便移动、容易破损的特点，学校将优秀学生作品拍摄成数码照片，将照片上传至学校官网的学生泥塑作品专栏展示。开放老师、学生、家长、社区的浏览权限，让大家都能欣赏到有特色、有创意、有故事的学生泥塑作品。网络展示不仅引起师生的关注，还得到家长和社区各界的关注和关心，为廊小泥塑课程的学习营造了极好的氛围。

泥塑校本课程的实施，要立足于泥塑学科的特征，而且在教学评价上应围绕课程总目标的达成来实施。我校《有故事的泥巴》校本课程的教学评价紧紧围绕校本课程规定的“了解、体悟何鄂先生的艺术创作思想和爱家乡爱祖国的情怀，能用学到的雕塑知识与技能有创意地用泥巴（雕塑）表达自己的情感”这一目标，从尊重评价的主体——“以学生客观事实为基础”出发，通过评价的载体——课程与教学实施，从学生课程学习中的知识与能力的获得与转化，学习过程、方法的培养，学习习惯、态度以及情感和价值观的形成等方面着手，在教学全过程中由教师实施多样而统一的评价方式，发挥评价促进学生学习能力的发展和激励作用，让教师更关注不同个体在课程学习过程中的学习状况，以客观事实来作出判断，调控教学策略，因材施教，以达成校本

课程的育人目标。

五、制订课程实施评价原则、评价方法

为了及时反馈学生的学习效果，为教师及时调整教学方法提供主要依据，更好地促进校本课程的实施，更好地促进课程目标的达成，我们制订了如下的评价原则和评价方法。

——评价原则

评价中，我们需要多方面关注学生综合学习表现情况，如学习兴趣、学习参与、学习体验、学习方法、学习成果等，需要通过多个角度、多种方法进行科学、综合性的评价，且评价的目的是诊断、激励和引导。

1. 多元性原则

所谓多元性原则，就是要考虑学生的多元发展，也就是学生在泥塑学习中呈现的不同学习状态。有的学生在造型方面比较弱，但在想象或者表达上比较强；而有的学生则可能造型能力比较强，而在创意发挥方面比较弱。进行教学评价就要考虑这种多元性，而不能用一根尺子（一种标准）去衡量学生泥塑学习的优劣，作出片面的评价结论。采用多元性的评价原则就能避免片面性，对具体问题进行具体分析，鼓励学生的长处，指出学生的不足，提出改进的建议，这样，具有不同学习状态的学生都能获得提高。

2. 过程性原则

评价内容要分解到不同的学习活动中去观测，要关注学生学习过程中的创意构思（泥塑作品表达与抒发的情感与思想）、材料选择（雕塑材质特性的了解）、技能操作（雕塑技法与实践创作）与欣赏表达（对何鄂雕塑馆作品、学生作品及其他雕塑作品的专业性评述与美术角度的欣赏）等行为，进行过程性资料（如泥塑作品制作进程）的收集和整理、评价数据（即时性评价和生成性评价的记录）的统计和分析，及时发现和改进教学中出现的偏差和问题，保障泥塑课程得以有效实施。

3. 整体性原则

全面、客观地评价学生泥塑课程学习，进行全方位考核。评价要对知识、技能以及情感、态度和价值观等方面发展的情况进行整体的考量。评价不仅要关注学习的结果（泥塑作品呈现的效果），还要关注学习过程中的态度、方法、习惯

等,进行过程和方法的整体评价,帮助学生学会检验自己的学习态度、方法和成果。要了解学生原有的基础,关注经过后期学习后的发展效果,及时给予评价,肯定进步。例如,在一堂泥塑课后,我们要考量:学生在创作泥塑作品中与同伴的合作意识与习惯的养成;对雕塑作品的讲解表达,对生活的认识,情感、态度的提升等。通过整体性评价,引导学生全方位地学习,合理确定自己泥塑学习方面的发展方向,逐步形成美术学科核心素养。

——评价方法

1. 形成性和终结性评价相结合

形成性评价用于泥塑学习中,目的是了解学生泥塑学习过程中的表现,如在“学习任务”模块中有目的、有步骤地进行创作的情况,其中包括耐心细致的情况和善于发现、勤于思考、大胆想象和追求创意的情况等。这些都可以作为过程评价的参考依据,也可用作改进和完善教学活动。其评价途径有行为观察,如学习过程中的表现(如表现性任务分析)、提问等。终结性评价用于泥塑学习后,目的是评定学生的学习成果(泥塑作品的完成),评判教学目标达成度(泥塑技法的习得和人文精神的渗透),并以之作为后续教学的起点,其评价途径有泥塑作品分析、学习单分析等。采取这两种评价方式相结合的形式,能全面而详尽地了解学生的学习情况,不仅了解学生的学习结果(知识技能),而且了解学生的发展过程(情感、态度与价值观),有利于学生的自我发展和全面发展。

2. 评价工具激发学生创作表达能力

善于运用各种评价工具,如“实践调查活动评价表”“欣赏活动评价表”“探究活动评价表”“美术作品评价表”“学习习惯评价表”“单元学习总评表”和“单元学习档案袋评价表”等,通过这些评价工具,能够较全面地了解学生在泥塑课程学习中的状态(如学生是否知道雕塑作品背后的故事及其文化内涵,是否了解或粗浅掌握雕塑的表现形式与创作方法等)。还可以多角度、多方位观测和了解学生在泥塑学习中,参与的主动性、解决问题的探究性、学习的合作性、表达的创意性和掌握知识的准确性等习惯和素养。教师根据这些数据,提供具有针对性的辅导,帮助学生克服困难,树立信心,激发学生学习泥塑的兴趣和热情。

3. 多种形式的评价激励学生展现才华

评价不仅要关注学生学习泥塑课程的过程与结果，还应注重对学生综合素质的考察，如考察学生的创新精神、实践能力、审美心理素质等综合素质。对这些综合素质的评价，需要通过多种形式的评价（如“教师评价”“自我评价”“同伴评价”“家长评价”和“泥塑展厅展示”等方式）才能有效实现。“教师评价”能给予专业性引导；“自我评价”则是鼓励学生大胆表达情感；“同伴评价”是以孩子独有的角度去挖掘亮点；“家长评价”让学生得到父母的关注和肯定；“泥塑展厅展示”最能收获关注和自信。多种形式的评价让学生多方位地感受到泥塑课程学习的乐趣，看到自己的进步和价值，逐渐养成不断自我反思的习惯与能力，进而努力克服学习中的困难，乐于用泥塑表达自己的情感，展现才华。

《有故事的泥巴》让孩子们和何鄂奶奶的心彼此连在一起，让芳香的泥巴和手心的温度融合在一起，孩子们将心中美好的想法通过泥巴表现出来，让艺术的型与塑彼此交汇，满足好动、好奇、好胜的需要，获得情感的宣泄，收获成功的体验，那是快乐、自由的，也是妙不可言的，更是幸福的。

第五节　环境育人，“三十景”纳入课程育人载体

百年廊小“三十景”，这是过往悠久校史的再现，也是今日生机勃勃的写照，体现了学校的特色，展示了学校的独特风采，为师生营造了春风化雨、驻足忘怀、独一无二的环境育人氛围，是学校落实立德树人根本任务和“开启智慧，润泽生命”办学理念的有效载体，更是学生成长、成人、成才的摇篮。为此，我们组织教师对三十景点教育进行了专题研究，并将其列入校本课程。

一、三十个人文景点的主要特征、教育目标与教育意义

——三十个人文景点主要特征

三十个人文景点具有自然生态属性、社会生活属性以及精神文化属性等多维属性，是绿化、美化、文化、历史和建筑的综合体现，有艺术性、教育性，不会随时间的流逝而削弱其自身的价值，反而会历久弥坚。

其归纳起来，这些人文景点主要有以下五个特征：一是历史感强，具有浓厚的文化积淀，三十个景点就是一部立体的百年史；二是地域感强，具有浓郁的地域文化特色，地域建筑、地域文化得到传承和发扬光大；三是时代感强，具有鲜明的时代特色，不断与时俱进；四是民族感强，具有强烈的家国情怀，以爱国报国为主旋律；五是美悦感强，具有赏心悦目的视觉享受和回味无穷的嗅觉享受，能唤起无限的爱美之心。

——三十个人文景点教育目标

三十个人文景点，不仅是对环境的美化渲染，更是一个个教育元素，具有育人价值。

学生通过在校五年的浸润，从低年级到高年级，由浅入深，逐步知晓三十个人文景点及其名称，了解景点中的历史、故事和含义，能讲出一些自己最喜欢的景点故事，从中得到感染、熏陶和启迪。

——三十个人文景点教育意义

每个景点有故事、有内涵，是廊小百年历史的浓缩和凝固，见证着廊小的发展、兴衰，物化着学校精神，是活生生的身边课程，能辅助学校充分发挥育人功能，是学生学习取之不尽、用之不竭的教育资源。它们不仅是传授学生知识技能的教育场所，更能陶冶学生性情，丰富学生审美感知，孕育学生审美情趣，让学生时时从中感受自然之美、生活之美、知识之美和文化之美，是促进学生全面发展的生活环境，是学校一道最耀眼的风景线。

孩子们一走进校园，就能时时处处感受到历史的熏陶、文化的感染和时代的激励，让深厚的历史文化复活在每个孩子的心中，对学校油然地产生强烈的认同感、自豪感，最终成为学生的精神家园，使一代代廊小学子无论人在何处，对于母校的一草一木、一砖一瓦都终生难忘。

同时，三十个景点也是廊小独特的外在形象，成为金山廊下乃至上海的校园名片，发挥着无形的宣传功效。

二、三十个人文景点教育的实施方法与过程

——物化校园景点

“三十景”按建设的时间顺序分为“首十景”“新十景”和“再十景”。

“首十景”是在2004年百年校庆期间建造的，虽然简单朴素，但积淀深厚，

内涵丰富，令人回味。它们是西校门、书香苑、老房子、开智石、何朱两先生纪念堂遗址、鲜军雕像、百年庆典纪念碑、书山有路雕塑、围墙画廊和百年老井。

“新十景”是在2012年校安工程期间建造的，不但精致典雅，且含义深刻，意义非凡，令人赞叹。它们是校训石、何朱两先生铜像、静渊亭、志贤门、老照片石刻画、村校边门、牡丹石、能歌善舞雕塑、思乡泉、欢乐大舞台。

“再十景”是学校在2014—2019年先后打造的，它们让学校文化更丰润，积淀更深，韵味更厚，令人惊叹。它们是北校门、十二生肖墙、童嘻廊、民国铜铃、校树校花、百年廊小赋、何鄂题词石、文怀沙题词石、百年复旦和百年廊小牵手纪念碑以及方正之铜像。

三十个景点，其中雕塑景点五个，文化石景点九个，建筑景点十个，遗迹景点三个，植物景点一个，小品景点两个；一般景点十个，重点景点二十个。

——赋予景点内涵

学校是育人的场所，除了让学生了解景点的来历、样子，还要赋予景点教育内涵，使它起到感染人、影响人、教育人的作用。有的景点的内涵是显性的，有的景点的内涵是隐性的，但都要被赋予内涵后才有教育意义。景点内涵或体现学校办学理念，或体现学校历史文脉，或体现校友精神思想，或体现地域文化价值，或体现名人寄托，但都具有育人价值。当然，景点的内涵也不是一成不变的，而是在不断变化、发展的，也要与时俱进。学校给每一个景点编写了一个故事，让这些景点更有展示性，更能吸引人，更容易发挥育人的作用。

——展示“三十景”位置图

学校西校门口有一张“三十景”位置图，学生在图中可以找到每个景点的具体位置。

学生每天走进校园，可边走边欣赏一下校园的美，然后带着美好的心情走进教室。中午休息时间，约要好的同学去逛逛校园，看看景点，赏赏美景，这是十分有趣的一件事，小朋友好像天天在旅游、在研学，这能潜移默化地感染学生们的精神世界。

——“三十景”列入校本课程

根据三十个景点内容，学校制定了九个主题及九个分目标，每个年级根据实际情况活学活用，内容可以删改、增加，形式可以丰富多样。

表 3-3　“三十景”的主题及分目标

<table>
<tr><th>单元</th><th>景点名称</th><th>单元目标</th></tr>
<tr><td rowspan="5">历史记忆</td><td>开智石</td><td rowspan="5">1. 了解每个景点的含义，知道每个景点的动人故事，感受廊小浓厚的百年文化积淀和历史传承。
2. 通过学习，领会五所村校校名所蕴含的教育故事，体会廊小先辈先进的教育理念。
3. 通过学习，深刻领会“开智”的含义，激发学生努力成为快乐健康、能歌善舞、微笑待人的“开心果”和全面发展、兴趣广泛、敢于提问的“智多星”。
4. 数一数老照片上有多少老师、多少学生和多少女同学。
5. 能选择其中两到三个景点写一段景点解说词，向同学或家人作一下介绍。</td></tr>
<tr><td>老照片石刻画</td></tr>
<tr><td>村校边门</td></tr>
<tr><td>民国拉铃</td></tr>
<tr><td>百年廊小赋</td></tr>
<tr><td rowspan="4">缅怀先辈</td><td>何朱两先生纪念堂遗址遗迹</td><td rowspan="4">1. 知道学校创始人是何静渊和朱志贤两位先生，了解何、朱两先生“开启智慧，报效社会”的办学理念以及我校现在“开启智慧，润泽生命”核心理念的含义。
2. 知道静渊亭和志贤门的寓意，激发学生静下心来读书，努力做一个有志、有德、有才的时代少年。
3. 通过查阅资料、诵读纪念碑碑文、走访创始人后裔等活动，感受学校深厚的历史及两位创始人的伟绩。
4. 通过学习，使学生缅怀先辈、牢记历史，激发学生强烈的爱校、爱国之情。
6. 能选择自己喜欢的两个景点，以小主人的身份向小伙伴和家人介绍一下。</td></tr>
<tr><td>何朱两先生雕塑</td></tr>
<tr><td>静渊亭</td></tr>
<tr><td>志贤门</td></tr>
<tr><td rowspan="2">校友引领</td><td>方正之铜像</td><td rowspan="2">1. 通过查阅资料、访谈等方式，了解先辈方正之的优秀事迹和精神；会讲“方正之两次改名”的故事，进一步领会我校“方方正正做人，踏踏实实做事”校风的来历和现在赋予的含义。
2. 通过访谈、走访鲜军母亲，了解鲜军的儿时故事；知道鲜军的六种精神，通过活动，说说身边的“鲜军式好少年”的事迹。
3. 通过查阅资料等形式，了解我校其他优秀校友。</td></tr>
<tr><td>鲜军雕塑</td></tr>
<tr><td rowspan="2">传统文化</td><td>传统节日文化墙</td><td rowspan="2">1. 通过查找资料，了解各个传统节日的由来及风俗；实地观赏墙上的农民画，诵读拍手歌，进一步了解我国的传统节日。
2. 选择其中一个传统节日，开展一次主题活动，进一步激发学生的民族自豪感。
3. 了解十二生肖的寓意，积累有关十二生肖的成语和歇后语。</td></tr>
<tr><td>十二生肖围墙画</td></tr>
</table>

（续表）

单元	景点名称	单元目标
书山有路	书香苑 书山有路雕塑 何鄂题词石 文怀沙题词石	1. 了解各景点的寓意，感悟其中蕴含的积极进取、奋发向上的精神。 2. 通过组织参观、学习、小导游等活动，勉励学生们好好读书，不断汲取知识营养，并且激发学生勤奋学习的思想感情。 3. 领会“何鄂题词石”和“文怀沙题词石”上两位大师的题词，感受两位大师对我们廊小学生的厚爱。 4. 开展一次“和好书交朋友”读书活动，进一步激发学生爱读书的学习热情，努力追求“学而时习之不亦悦乎”的读书境界。
志远行近	西校门 北校门 校训石	1. 了解两个校门各自的寓意，引导学生从小树立勤奋学习，长大做祖国栋梁之材的远大抱负。 2. 牢记校训，感受学校悠久的历史和丰厚的人文内涵，培养学生志远行近的精神。 3. 开展一次小导游活动，向自己的同学讲解一下“西校门”“北校门”和“校训石”这三个景点。
快乐童年	能歌善舞雕塑 欢乐大舞台 童嘻廊	1. 知道“能歌善舞”雕塑中“歌”和“舞”所指的我校两大校园文化品牌，感受我校浓浓的地域文化。 2. 领悟“童嘻廊”上对联的含义，激发学生树立志在千里，奋发有为，做祖国栋梁之材的壮志。 3. 通过观看大舞台活动视频和亲自参与大舞台活动，牢记欢乐大舞台的口号，努力做个阳光自信、活泼可爱、快乐健康的时代好少年。
坚强不屈	老房子 校树校花	1. 了解“老房子”作为廊小特殊校舍背后的故事，感受廊小先辈在艰难岁月中坚强不屈、坚持办学的精神。 2. 知道我校的校树和校花，学习雪松和梅花所具有的精神，培养学生碰到困难不低头、碰到挫折不弯腰的坚强不屈精神。 3. 开展一次画一画校树、校花活动。
学会感恩	百年老井 百年校庆纪念碑 百年复旦和百年廊小牵手纪念碑 牡丹石 思乡泉	1. 了解每个景点背后的感人故事，感受廊下尊师重教的氛围，培养学生饮水思源、知恩图报的美德。 2. 了解百年复旦和百年廊小牵手纪念碑的来源，激励学生从小树立远大志向。 3. 开展一次“我和思源石（百年老井）留影”活动，让学生常怀饮水思源之心，学会感恩。 4. 借助小导游实践活动，讲一讲“思乡泉”“牡丹石”这两个景点的故事，进一步激发学生热爱家乡、感恩家乡之情。

学校编写“三十景”折页，人手一册，便于学生了解景点、记住景点。

三、三十个人文景点教育的系列活动与要求

——了解景点的历史、故事和含义。我们要求学生每学期选择三个景点，通过采访老校长、老教师，查找有关资料，实地参观，了解每个景点的一段历史、故事和含义；至少能讲一个景点的故事，可以讲讲景点的位置、名称，可以讲讲景点的内容、含义，也可以讲讲对景点的感受、受到的启发，没有统一要求，因人而异，重在参与。

——开展小队活动和举行中队主题会。每个小队每月开展一次寻找景点、了解景点和介绍景点的活动，飘扬在校园景点中的小队旗，成了一道道亮丽的风景线；每个中队每学期举行一次主题队会，通过队会形式再一次提升对景点的认识，进一步起到领悟、升华作用。

——实施小导游活动。学校统一写好三十个景点导游词，每个年级可以根据导游词修改成适合自己年级学生讲解的版本。每个年级讲解三个景点，重点讲解其中的一个。要求每个学生利用课余时间，为身边的大哥哥大姐姐或小弟弟小妹妹做一次小导游活动。每次家长开放日的最后一个议程，就是让学生牵着父母的手逛校园，介绍校园景点。讲得好的小导游参加小导游社团，还能有幸向老师、领导、嘉宾作讲解。

——做到景点与学科有机融合。我们努力将这些景点有机渗透、整合到基础型课程中，尤其是语文、道德与法治、音乐、体育、美术学科。比如：我们将“学鲜军”与道德与法治课紧紧结合起来，非常有实效；将“能歌善舞”雕塑与音乐课和体育课相结合，做到体教和艺教结合；将校园景点与语文课写作相结合，丰富了学生的写作素材，激发了学生的写作兴趣；将校园景点与美术课相结合，让学生走出教室，找找身边的美，画画校园的美，说说画出的美……让课程与景点融合，景点更接地气，课程更丰富，校园更受学生喜欢。

——做到景点与欢乐大舞台相结合。我校有个室外欢乐大舞台，每个年级每个学期以年级联合中队的形式举行半天快乐活动，并邀请每个孩子的家长一起参与。我们做到人人上舞台，班班展风采。其中有两个节目与校园“三十景”有关系，一个是小导游景点介绍，一个是景点知识问答，很受学生喜爱。

了解一个景点，讲述一个景点，开展一个景点活动后，不是这个景点教育的结束，而往往是这个景点主题教育打开一个新的入口。学校围绕相关主题，有机结合德育教育、学科教育、家庭社区教育、班队活动不断做深、做活、做透，以取得最大的教育效果。学校很多景点内涵深，影响大，往往单独一个景点就能做成一门课程。如“勇敢的鲜军”雕塑、“能歌善舞”雕塑、中国传统节日墙、何鄂题词石等景点都已成为我校富有特色、深受小朋友喜欢的品牌课程。

四、三十个人文景点教育的实施原则

在教育实施的过程中，我们坚持开放性、多样性、体验性和人文性四项原则。

开放性原则。在校园内，这些景点作为学校文化的有形外显，是学生看得到，感觉得到的，是一种实实在在的存在。我们在教育中不能把学生禁锢在教室内，要让学生走出教室，走进景点，实地参观、感受和体验。这既是教学地点的开放，又需要教学过程的开放和学习方式的开放，这种教育方式更符合学生的心理、生理特点，容易收获学生的认同、参与和协作。

多样性原则。景点教育要采取多样性的教学方式，可以通过参观欣赏、阅读文本、查找资料、调查访问等多种途径，也可利用介绍、讲解、演示、表演、集会等多种形式走进景点，了解、知道、感悟景点的由来、历史、内容和内涵。

体验性原则。景点教育尽量让学生在活动中学。只有通过活动，学生才能学得愉快，学得轻松，学得真实，通过看一看、动一动、说一说、写一写、画一画等途径、方式，让学生获得体验、获得感受，从而得到启迪。

人文性原则。人文景点的服务对象主要是学生，要充分考虑到学生的心理特点、个性特点及行为方式。如学生的参观路线、活动场所要安全，不能出差错；景点边还安放了很多石凳，供学生休息，很有人情味；对教育目标的达成也要因材施教，根据不同学生提出不同的要求，不能搞一刀切。

五、三十个人文景点教育的价值与作用

景景关情藏底蕴，点点励志领后人。三十个景点就是学校无形的教育、无声的课堂、无限的魅力，不仅景色美，背后的故事、历史和文化值得铭记，产生的作用和价值更是不可估量。

——校园环境优美舒适

三十个景点美如画，我们在景点里或在景点的周围配置了许多形态各异、多姿多彩的花草树木，有中国十大名花，有十多种水果树木，四季常青，四季有花，瓜果飘香。整个校园如花园，似园林。蝴蝶、蜜蜂翩翩起舞，小鸟飞上飞下，充满自然情趣。校园犹如一首诗，深沉而悠远；犹如一幅画，古朴而典雅；犹如一首歌，欢快而悠扬；犹如一曲舞，优美而多姿。

爱美之心，人皆有之。这样优美、舒适的校园环境对师生工作、学习、休息、活动和娱乐都大有裨益。师生可以近距离欣赏花草树木的姿态和花、叶、果，令人赏心悦目；可以在景中读书、静坐、交谈、私语，给人愉悦；可以参观、介绍、交流、绘画，给人力量。这是多么惬意、令人羡慕的校园生活。

——人文景观主题鲜明

步步有看头，景景有故事。每个景点都是一件或朴素自然或造型别致或意境丰富的教育精品，都有一个蕴含着文化内涵的动人故事，个性鲜明，主题突出，默默地向全体师生昭示着学校的传统、历史和骄傲，激励师生只争朝夕。此时无声胜有声，走近校训石，我要当怀凌云志油然而生；走近何朱两先生铜像，我要感恩教育先辈常记心头；走近雪松和梅花，我要面对困难不低头，勇往直前；走近何鄂题词石，我要博览群书，厚积薄发成大器；走近志贤门，我要做个有志、有德、有才的廊小学子……这些主题鲜明的景点时时感染着廊小每一个学子。

——人文自然和谐统一

“天人合一，和谐共生”是我国古老的哲学思想中的精髓。我们设计景点时，坚持“树人”又“树木”的理念，注重景点布局和美化的相互映衬和协调，使其达到完美与和谐的统一，使其成为熏陶、教育、塑造学生的辅助课堂。高雅、恬静、清洁、优美、宁静、积极向上的校园环境在满足学生感官愉悦的同时，有助于其释放学习压力、放松心情。我们的校园不仅有绿树成荫、大树参天、百花相映的自然之美，还有丰富的人文内涵和强烈的感染力。绿化能防风滞尘、降低噪音、调节气温、净化空气等，而且直接影响学生的思想意识、行为规范和生活方式。学生漫步于校园，能强烈地感受到生态美、建筑美与文化相得益彰、相融相合的独特魅力，油然地激发起对校园、对自然的无限热爱，达到“校园美人更要美”的美好境界。

——环境育人作用巨大

这些有故事、接地气的校园景点，既遵循学校的办学理念，突显学校优势资源和地域文化，彰显学校个性，具有人无我有、人有我优的特点，深深地打上了学校特有的文化烙印，又具有明确的育人导向，与国家课程无痕对接，得到教育界的广泛认同。一方面，它们真实、亲切，更容易为学生认知和接受，从而引起学生的情感共鸣，让他们通过认识学校独有的文物、人物，了解家乡的人情风俗、文化风貌、自然历史，从而感悟学校的历史血脉和文化，激发对学校、家乡的认同感、归属感和热爱之情；另一方面，也能唤醒学生保护、传承乡土文化的意识，增强学生的社会责任感，促进学生全面发展、个性发展，逐步形成一种廊小特质。在优美的校园里，学生不再乱扔纸屑，不再大吵大闹，相反，大家互相谦让，彬彬有礼，看到地上有废纸会主动捡起来。平时师生自觉充当护绿使者，花园成了师生理想的劳动教育基地，每个年级组都有一个养护园，红领巾护绿队也应运而生，他们活跃在草坪上、花丛前、小树旁。景点仅是物的表象，而师生的“素质化”才是校园更深层的内涵。所以“美丽的校园让你更可爱，可爱的你让校园更美丽”已成为我校的一种氛围、一种文化、一道亮丽的风景线。

师生们长年累月地置身于美丽的校园中，通过环境、情境、氛围的感染、暗示、潜移默化等而产生自我教育的效果，对品德、情操起到巨大的陶冶和感染作用，从而达到环境育人的目的。

——社会影响广泛积极

美丽的校园环境有利于社会各界对学校的认可和学校自身的发展。学校在社区里是一个育人的场所，是一个传播人类文明的地方，要担负起育人的责任，其形象首先应该是良好的，是值得他人信赖和尊重的。在实践中，我们又认识到，家长对学校的第一印象，也总是首先通过对校园环境的认识来获得的。所以创建一个艺术化的校园人文环境，不仅能树立学校自身良好的形象，而且可以有效地提高学校在社区中的知名度和美誉度。

前人种树，后人乘凉。优美的校园环境，浓厚的文化气息，吸引了众多的周边群众，每逢双休日、节假日，人们都喜欢到校园里走一走，打打篮球，踢踢足球，其乐融融。当学校获得家长的认可，获得社区的认可，学校便可通过交往等各类活动向社区辐射知识和文明，完成学校在社区中的特定任务。

学校景点教育成效显著，其项目在2012年荣获上海教育系统校园文化建设优秀项目奖，其经验《穿越百年文化时空，感悟乡土文化魅力》入选 2018 年全国中小学德育教育典型经验名单，其文章于 2019 年刊载于“人民日报少年客户端”；学校先后荣获上海市花园单位、上海市校园文化环境建设示范校称号。

第四章

挖掘人文资源，优化育人环境

名人、名校资源是一种不可多得的人文教育资源。

在举行廊小百年庆典后，学校和各方共同努力，挖掘和集聚了丰厚的名人资源。除了得到老教育家吕型伟先生和人民教育家于漪老师的题词和教诲外，还得到了柳斌、苏士澍、顾明远、文怀沙、郭振有等 30 多位名人名家的关怀、支持和厚爱；学校还特别注重挖掘和利用廊下地域名人资源，如元代名人书法家陆居仁，现代著名雕塑家何鄂，杰出校友何穆、方正之、张鲜军、姚芳等，都成了廊小学子心目中可亲可敬可学的偶像和榜样。

因为学校教育先辈朱志贤的缘故，百年廊小与百年复旦牵起了手，学校成了“复旦大学社会实践基地”，从而拓展了不一样的教育时空。每年双方虽只开展两三次交流活动，但已给每一个廊小学子留下了激荡人心的学业追求和一份刻骨铭心的美好回忆。

走近名人名家，走进中国名校，是我们这所乡村百年老校的幸运和光荣。在名人名校的感染和影响下，廊小学子一定能怀着更美好的梦想，展开双翅，飞得更高更远。

第一节　走近名人名家，聆听智者谆谆教诲

走进廊小，你会看到，校园中处处呈现出“学校—园林—文物—建筑”浑然一体的格局，而且这里的一景一物，无不蕴含着百年老校的深厚文化积淀。尤其是那随处可见、引人注目的名人书法题词，更是散发出浓郁的文化气息。

名人名家，是一种文化资源。走近名人，就是走进名人的精神世界，就是在聆听智者的谆谆教诲。对学校来说，这是一种不可多得的教育资源。

打开廊小教育的发展史，早在 1934 年，由沪地名人沈惟贤和费砚先生书写和篆刻的廊下小学“何朱两先生纪念碑”的碑文，虽历经近百年风雨，仍熠熠生辉。这颇得秦汉遗风的书体，不仅可供后辈研习摹学，而且“何朱两先生”创校的伟绩，至今仍时时激励着后人不断前行。

这就是文化的历史穿透力，这就是名人效应，一种难得的不可估量的教育资源。

作为学校管理者，走近名人，聆听名人教诲，既是提升学校文化品位的有效途径，也是提升自身领导力的管理艺术。十多年来，我曾先后三次请著名教育家吕型伟先生为廊小题词。这三次题词，每一次都给了我们莫大的启迪和无限的力量。

第一次是在 2004 年百年校庆的时候，我约请了一些领导和专家为百年廊小题词，其中我特别委托《上海教育》杂志原主编金正扬先生请吕型伟先生给我校题词。当时，吕老已经 80 多岁，但仍欣然命笔，写下了这样一句意味深长的话——“要站在巨人的肩膀上向上攀登”，希望我校站在新百年的起点上，汲取前辈的智慧，学习前人的经验，努力进取，不断攀登更高的目标。这是对我校全体师生的莫大的激励和鞭策。我们将吕老的题词装裱后挂在学校大会议室里，以激励我们努力寻找一个个可以学习的巨人，站在他们的肩膀上向上攀登。

第二次是 2006 年。学校图书馆改造好后，我特地请金正扬主编陪同前去探望吕老，还向吕老汇报了学校如何用 13.1 万元集资款改造图书馆的建设情况，并请吕老为我校图书馆起名和题词。吕老听了我的汇报后说，他在 20 世纪 80 年代初，曾经来过廊下小学，印象非常深刻，那时廊下交通非常不便，条件非

常艰苦，但廊下教师的淳朴、敬业，给他留下了非常深刻的印象。现在廊小人在条件仍然比较艰苦的情况下，却能想方设法改建图书馆，这让他很感动。吕老想了想，就拿出一张便纸写了3个字：书香苑。吕老说："朱校长，就叫'书香苑'吧，你们的精神、你们的努力，一定能让书香溢满校园。"现在，图书馆正面外墙上，"书香苑"三个金光闪闪的铜字时时闪烁着书香的魅力，也让廊小人时时感受到一个老教育家对乡镇学校的情怀和期望。

到了2011年，我校的拍手歌项目荣获上海市中小学德育教育十佳优秀项目奖。那年12月16日，我和金正扬先生又专程前去看望吕老，向吕老汇报了学校运用拍手歌对学生进行德育教育的情况，并把我校正式出版的校本读物《我爱廊小拍手歌》赠送给吕老。吕老认真翻阅了校本读物后说："现在的德育教育太形式化、太成人化了，并且空话大话不少，故成效不大，效果不佳。你们这样一所偏僻的乡镇学校敢于尝试，敢于探索，运用形象生动、富有童趣的拍手歌对学生进行德育教育，把学校、老师对学生的要求融化到拍手歌中，让学生在唱唱、拍拍、玩玩中学知识、学做人的道理，这是一种符合教育规律、顺应学生心理的好方法、好途径，值得肯定，值得推广。"说着，吕老又拿出笔和纸欣然题词："我爱廊小拍手歌"。吕老边题词边对我说："朱校长，你回去告诉你校的老师和小朋友，说有一个老教育工作者非常喜欢你们的拍手歌，希望你们把拍手歌教育越做越好。"听了吕老的这一席话，我深受感动，深感五六年来廊小的德育探索之路走对了。吕老的这一题词，又一次给了我校莫大的鼓励，更为我校拍手歌教育注入了新的激情和动力。

走近名人，特别是走近学有专长的名家学者，聆听他们的教诲，对辛勤耕耘在教育园地上的园丁和莘莘学子来说，更是一次思想上的升华、专业上的引领。

2012年，我校借助"校安工程"机会，全面启动校园文化景观改建工程。经金正扬先生介绍，全国教书育人楷模、上海市语文特级教师于漪老师获悉这一信息后，十分高兴，并应邀为我校还在改建的北大门题词——"开启智慧，润泽生命"；不久，当她得知我校开展的校园文化项目——打莲湘荣获2011年上海教育系统校园文化建设优秀项目奖时，她又欣然为之题词："舞动莲湘，放飞梦想"。于漪老师的这两次题词，带给我们全校师生的不仅仅是精神上的鼓舞，更是对学校办学方向的重要引领、对校园文化建设的悉心指导。

更令我难忘的，是于漪老师对我们这样一所边远农村小学的教师专业上的引领。事情还得从2006年说起。那一年我校根据上海二期课程改革的要求，深入剖析校情、教情和学情，开展了《“三步曲实践课”校本研修模式的探索》这一课题研究，以真问题带动真教研，努力把教学、科研、进修三者融合起来，促进教师专业化发展，提高课堂教学质量。在开展“三步曲实践课”的研究过程中，我曾带着问题当面去请教于漪老师。当时，于漪老师尽管事务缠身，但仍挤出时间接待我这样一位默默无闻的小学校长。记得那一天，她足足用了半个多小时，耐心地听了我的介绍、汇报，并认真、仔细地翻阅了我带去的相关资料，然后郑重地对我说：“这是一个很有研究价值的课题，希望你们好好研究。”历经四年多时间，这一研修课题结束，成果结集为《实践反思　同伴互助　专业引领》并正式出版，于漪老师还特地为此书写“序”，她在“序”中指出：

“学校校长是教师专业成长的第一责任人，负有培养教师的责任。根据教师的德、才、识、能的具体情况，思考学生学习的内在需求，选择适切的方式加强研修的针对性、实效性，是校长课程领导力也是课程执行力的具体展现，是教育智慧的一种检验，教育艺术的一种检验。金山区廊下小学选择‘三步曲实践课’探索校本研修的模式就是很有意义的尝试。它的特点在于以教研组或备课组为实体，围绕课堂教学内容及教学方法进行研讨，具体，实在，不泛泛而谈。而这种同伴互助建立在教师个体独立钻研的基础之上，增添了互动的实效。独立钻研教材，读懂教材的价值与意义，根据被教育对象的基础与接受能力，选择或创造有效、有趣、有吸引力、有感染力的教学方法施教，是教师专业发展的最最重要的基础。这个基础，靠自觉阅读、深思，打下宽厚的科学文化底子；靠自觉实践，在教学实践中锤炼，不断总结，不断反思，逐步认识和把握教育规律。”

于漪老师一直关注着我校的发展。对我校“贯通历史与当下”的立体式的校园文化建设更为关注。2018年初，当我和金正扬先生专程去拜访她，并请她为我的新著《我与百年廊小》写序时，她欣然接受。一周后，我就收到她写的序。在序中，于漪老师满怀激情地为我们百年廊小的校园文化建设“鼓”和“呼”。她情真意切地指出：

“校园文化是金山区廊下小学亮丽的品牌，凡亲临学校的领导、专家、教师、学生，无不为之赞叹。它的亮丽不仅在于树木葱茏，亭台楼阁，布局典雅，更在于它丰厚的人文内涵，贯通历史与当下，激励传承与发展。学校是学生求知成长的场所，他们德性的熏陶、智性的发展、体质的增强、审美的鉴赏与校园文化的丰厚或贫瘠、典雅或低俗紧密相连。耳濡目染，熏陶润泽，学校环境起着潜移默化的育人作用。朱校长的校园文化创建是把与学校有关的一切优质教育资源调动起来，精心组合，让学生置身其中，倾听历史诉说，感受榜样召唤，享受民俗文化，展开双翅翱翔。历史与地域融合，传承与创造并行。在这样的环境中成长，‘开心果’‘智多星’就不是空洞的口号，而是智慧开启、生命受到润泽的必然表现。”

2018年，于老师赠送我校一套专著《于漪全集》(共21卷)，为此，我校书香苑里特开设了“于漪书籍专柜”。于漪老师“一辈子做教师，一辈子学做教师”的朴实话语和“理想就在岗位上，信仰就在行动上，要锲而不舍，坚韧不拔，奋勇前进”的从教准则深深地感染着廊小每一位教师。

俗话说：“听君一席话，胜读十年书。”走近吕老和于漪这样的名家，聆听他们的谆谆教诲，这对师生的成长和学校的发展，其作用和价值，又何止“胜读十年书”呢？

作为一所处在偏僻远郊的乡镇学校，尤感荣幸的是，除了得到吕型伟先生和于漪老师的题词和教诲外，还先后得到了文怀沙、柳斌、何鄂、苏士澍、张华庆等30多位名人名家的关怀、支持。他们兴趣盎然，泼墨挥毫，纷纷为我校校园景观、建筑及校庆等重要活动题词，深蕴肯定、期望、勉励、祝颂或敬仰之情。

如今，学校已得到以下名人名家的题词：

著名教育家吕型伟先生三次题词：要站在巨人的肩膀上向上攀登；书香苑；我爱廊小拍手歌。

国家教委原副主任柳斌先生：何鄂雕塑馆。

中国书法家协会主席苏士澍先生为我校的校史馆题词：百年廊小，不凡春秋。

中国书法家协会名誉主席张海先生：百年廊小杰出校友馆。

国学大师文怀沙先生：学而时习之不亦悦乎；金山廊下小学。

人民教育家、全国教书育人楷模、上海市语文特级教师于漪老师两次题词：开启智慧，润泽生命；舞动莲湘，放飞梦想。

中国教育学会名誉会长顾明远先生为我校《百年廊小赋》题写赋名：百年廊小赋；为《我爱廊小拍手歌》一书题词：童心 童真 童趣。

中国硬笔书法协会主席张华庆先生：百年廊小，春华秋实。

中国教育学会常务副会长郭振有先生：斗姥阁；元君辉耀 道传盛世，黉苑文昌 卓育英才；开智学堂。

学校创始人后裔、著名雕塑家何鄂女士：我永远是金山廊下的女儿；爱书吧，和好书交朋友，让阅读成为一生的兴趣和爱好。

书法家、美术教育家张玄英先生（何鄂女士丈夫）：博览群书。

著名书法家、西安碑林博物馆原馆长高峡先生：静渊亭。

著名书法家、陕西书院院长薛铸先生：春华秋实。

著名书法家、中国民间文艺家协会分党组书记罗杨先生两次题词：莲湘园；百年廊小书法长廊。

上海著名书法家、《小主人报》社社长朱涛先生：亦校亦园。

著名书法家、中国书法研究院副院长李鑫华先生：志远行近。

江苏师范大学美院教授、徐州市书协主席马亚先生：百年老校。

中国人民大学教授、博士生导师程方平先生：文渊德厚。

上海青年书法家协会副主席张丰先生：能歌善舞。

美国中美友好协会执行主席兼秘书长肖云飞先生：启智趣学求真知，古校新容继学风。

上海市教委原副主任张民生先生：百年廊下小学，十大人文景点。

上海教科文卫原主任刘克先生：金山区廊下小学。

上海市教育委员会原基教处处长余利惠先生：志贤门。

上海市教育学会秘书长苏忱教授：艺术伴随人生，美育滋润生命。

上海市英语教研员、英语特级教师朱浦先生：传承教学智慧，彰显乡土文化。

上海市语文特级教师黄玉峰先生：松梅园。

上海市语文特级教师贾志敏先生：童嘻廊。

上海市语文特级教师钱梦龙先生：书山览胜多奇趣，学海探骊有异珍。

原国家卫生部顾问、校友何穆先生：廊下中心小学。

学校创始人后裔、高级工艺美术师何顾继德先生：廊桥望月。

时任共青团上海市委副书记、青联主席、校友马春雷：在一个人成长的过程中，能够就读于一所风气正、有特色的好学校，能够师从一批学业精、师德高的教师，那是一生的荣幸。衷心祝愿母校永远是这样的学校，母校的老师永远是这样的老师。

2012 年伦敦残奥会冠军、校友姚芳女士：做鲜军式好少年。

……

这么多的名人名家给学校题词，是学校的荣耀，是师生的福气，其中很多题词的背后还有感人的故事，使这些题词更有价值、更有温度。这里，不妨试举一例——国学大师文怀沙先生的题词。

文怀沙能给廊小题词，完全是机缘巧合。

2016 年的一天，有一批客人来我校参观。在交谈中我得知一位住在北京的江忆女士是廊下人，她的公公是著名国学大师文怀沙，金山东林寺就有文老的题词。于是，我就对江忆女士说，“您是廊下人，从您的言谈和表情中看得出您对家乡廊下很有感情，对我们百年廊小很感兴趣，今天您回到家乡廊下参观廊小，我们感到很亲切，也很荣幸。您回去能否让文老给我校题个词？”江女士说，家乡廊小这么有文化积淀，朱校长又这么热情、有诚意，回去试试看，不过文老已经 105 岁了，不一定能成功。

江忆女士回到北京就对文老说，她的家乡有一所美丽、文化积淀厚重的百年老校，校长朱保良先生很想请您给学校题词。文老听后非常爽快地答应了，一下子就题了两幅作品，一幅是“金山廊下小学”，另一幅是“学而时习之不亦悦乎”。江忆女士先用微信把这两幅作品的照片传给了我，我收到后非常激动和兴奋，我完全是抱着试试看的心情说的，想不到文老真的给我校题词了，而且还题了两幅。过了一段时间，江忆女士亲自从北京过来将两幅作品赠送给学校。当时我想表表心意，付一点润笔费，但江忆女士说文老特地嘱咐一分钱也不要收。我心里过意不去，特地打电话给何鄂大师，想请何老师在她的成名作“黄河母亲”微雕纪念品上签个名赠送文怀沙先生。何老师一口答应，就在微雕上写道：“赠国学大师文怀沙先生，何鄂”。我把微雕快递到北京，文老收到后，特地拍了张手捧微雕的照片，让江忆女士传给我，从文老的神态、手势中看得出他非常喜欢这个作品。这次题词能让两位大师结缘，真的很有意义，很有价值！我们把文老的两幅作品装裱好后，一幅挂在会议室，一幅珍藏在校史馆，还把“学而时习之不亦悦乎”的题词刻在石头上，成为学校三十景之一。很多专家说文老的墨宝称得上是学校新的“镇校之宝”。

还有很多名人题词的故事，给人启迪和力量。

这些名人名家的书法作品风格独特，寓意深刻，具有很高的欣赏价值和教育意义。我们将这些题词或挂在会议室，或珍藏在校史馆，或布置在走廊上，或刻在石头上作为校园一个景点，让这些作品都融入学校血脉，或见证一段历史，或穿透一段历史，或讲述一个生动感人的故事，或与校园景观交相辉映，或与学校日常教育教学水乳交融地结合在一起，构成学校教育的一个有机整体，成为廊小一道独特的校园文化风景线。

非常荣幸，我们这所普通的百年老校还迎来了众多名人专家莅临指导。中国教育学会常务副会长郭振有教授、北京师范大学顾明远教授、华东师范大学叶澜教授、清华大学附属小学窦桂梅校长、美国中美友好协会执行主席兼秘书长肖云飞先生、中国硬笔书法协会主席张华庆教授、上海教育学会秘书长苏忱教授、华东师范大学冯大鸣教授等名人专家曾先后莅临我校参观指导，他们均对学校给予充分肯定和赞赏，并对学校的发展提出许多宝贵的建议。

一所普通的百年老校，能收获这么多名人的题词和这么多名人的莅临指导，是荣耀，也是发展的动力。全校师生必然从中不断汲取智慧和精神力量，学到更多，也必然会懂得更多，走得更远。

第二节　以杰出校友为榜样，争做新时代好少年

榜样的力量是巨大的，它是一种向上的力量，是一面镜子，是一面旗帜。一个人、一个故事、一尊雕塑、一首儿歌，或许不经意间会给许多人指引前进的方向，激发出不竭的动力。

百年廊小，人才辈出。打开廊小的历史画卷，从 1904 年初创到如今，数以万计的学子走出斗姥阁，报效社会。有许多校友的名字，一直深深地铭刻在人们的心中。

在百年校庆纪念册《百年廊小》上，就记载着 32 位不同时期的令学校自豪的校友。有 20 世纪 20 年代的，有 20 世纪 90 年代的；有大学教授、军队干部，有政府领导、行业专家，有全国劳模、企业家，还有清华毕业的两位校友。

这 32 位校友，仅是廊小创办一百多年来所培养的数以万计的毕业生的代表，他们虽身处不同时期，但都曾沐浴过廊小的阳光雨露，经廊小的用心培养而

茁壮成长,后用自己横溢的才华抒写着人生的华丽篇章。

然而,作为一所乡镇学校,从这里走出来的,更多的是普通的劳动者,他们同样是学校的荣耀。所以,我们在纪念册上还特别写道:“更有无数默默无闻的建设者正用勤劳的双手为祖国、为人民、为家乡辛勤工作着、奋斗着。不论他们工作何处、成绩大小、职位高低,都是我们学校的骄傲和荣光。”

纪念册上还特别记载着3位杰出校友:革命先辈——何穆、方正之;革命烈士——张鲜军。他们的事迹、精神更引人注目,更值得每一个廊小学子学习。2013年,在原3位杰出校友的基础上,学校又把残奥会冠军姚芳列为学校第4位杰出校友代表。如今,这4位杰出校友的名字,不仅载入学校史册,而且已深深地铭刻在廊小师生的心中。

那么,我校是怎样使这4位杰出校友的事迹深入到孩子们的心田,并化为他们的行动呢?百年校庆后,学校注重顶层设计,将“榜样育人”融入校园文化建设,精心打造“榜样育人”全景式校园环境,引导校园文化向健康、高雅方向发展,走出了一条“以杰出校友为榜样,争做新时代好少年”的融合育人之路。

一、为杰出校友树像立传,优化校园育人环境

德育需要生动而鲜明的人文环境。今天的廊小校园里自然分布着三十景,其中有两景是杰出校友的雕像。它们正成为廊小校园文化、校本德育资源的一面旗帜,成为廊小学生人生路上的一个标杆,更是一部活生生的、立体的、优质的经典校本课程。

在桃李园的东北角,有一尊“勇敢的鲜军”雕像。这是何鄂大师和她的爱人张玄英在2004年百年校庆时赠送给学校的,旁边石碑上刻的《勇敢的鲜军》这首诗也是何鄂真情流露,有感而发创作的。

张鲜军,这位在1997年8月1日为抢救三个落水孩子而光荣牺牲的廊下小学校友、家乡的英雄、廊下的雷锋,学校缅怀他,不仅仅是因为他舍己救人的英雄壮举,事实上他在平时还是一个助人为乐、无私奉献、敬老爱幼、诚实守信、勤奋好学、自强乐观的平凡人,一个人人可学可做的非常普通的人。

在廊小教学楼东侧靠墙的花坛里,还矗立着一尊也是由何鄂大师创作的“方正之铜像”。

方正之,原名马本初,他的优秀事迹不胜枚举,其中“两次改名的故事”特别

感人。我校“方方正正做人，踏踏实实做事”的校风就是根据这个故事引用、提炼而来的。

校友方正之、张鲜军的优秀事迹和精神是廊小宝贵的精神财富，是对学生进行热爱家乡、方正做人、助人为乐教育的生动教材。

二、开辟杰出校友宣传栏，广泛宣传杰出校友事迹

对小学生而言，对榜样的学习、模仿，或许起始于生动感人的故事，在品味故事中领悟榜样的风采，对感人事迹产生由衷的赞美和钦佩，进而才会产生向榜样学习、模仿的期望。因此，需要把杰出校友的高尚品质进行提炼，帮助学生明确学习的方向。基于这样的德育策略考虑，我们在教学大楼一楼二楼的醒目处，特地根据杰出校友的事迹精心设计了宣传展示板，图文并茂、生动形象地介绍了革命先辈方正之、革命烈士张鲜军、革命先辈何穆和残奥会冠军姚芳的事迹。

——革命先辈何穆

1. 人物介绍

1905 年出生在金山区廊下镇勇敢村的何穆，是廊小创始人何静渊先生的侄子。何穆在何先生开办的开智学堂，也就是廊下小学读书学习，1917 年小学毕业；1924 年考入上海震旦大学医预科；1926 年，他去法国留学，九年以后取得法国都鲁士医学院的博士学位，然后就立刻回到了自己的祖国，想用自己学到的知识为祖国出一分力。

1938 年，经周恩来介绍，何穆到延安参加了革命。1945 年，他加入了中国共产党。在中华人民共和国成立以后，他先后担任山西省卫生厅厅长、北京医学院附属医院院长、北京结核病研究所所长、卫生部顾问等职位。1990 年，何穆在北京去世。

2. 人物故事

- 关心他人

何穆从小就关心他人，养成了他一生先人后己的好品德。

有一次，他见到屋后河浜里水草蔓生，就脱了鞋袜，卷起裤腿，下河去捞水草。水草长得很密，又缠在一起，他捞得满头大汗，浑身上下都湿透了，可他却高兴地对妹妹说：“这条河供着村里好几家人用水，水草多了就会腐烂，河水就

不干净了。把水草捞掉,大家用水就方便了。"

• 公私分明

何穆的儿子在小学三年级时,到他工作的研究所去玩,看到院子里长着许多苜蓿,就割了一把带回家喂小白兔。何穆在家,一看到儿子手上的苜蓿就查问,知道那是从研究所的院子里割的后,立刻严肃地说:"谁让你去割公家地里的苜蓿! 那是公家的,公家的东西一点都不能拿,懂吗?"儿子害怕了,就说:"一起去的小朋友都割了呀。"他一听更严厉地说:"大家都割都不对!"第二天,他就让儿子把苜蓿带回研究所。

• 一丝不苟

晋冀鲁豫军区白求恩国际和平医院建成后,担任军区卫生部副部长的何穆亲自制订了严格的规章制度,他要求每个护士对自己的工作职责必须熟记在心。有一次,他发现一个护士配制的消毒液成分比例不对,就要她用正楷反复抄写正确比例,此后那位护士就再也没有出过错。他每次查房,不仅查病情,还要查抽屉、枕头和床单,询问病人是否按时间、按剂量服药。他说:"伤员们没有倒在战场上,绝不能让他们在这里出问题。"

何穆关心他人、公私分明和一丝不苟的精神品德都是学校教育的优质资源。

——残奥会冠军姚芳

1. 人物介绍

姚芳是金山区廊下镇人,1972 年出生。1979 年到 1985 年,她就读于廊下小学。

1998 年,本该是享受青春年华的姚芳却遭遇了巨大的人生转折,她因为一场车祸而导致下肢丧失全部功能。

但是她并没有放弃自己的人生。经过不懈的努力,2002 年,她入选了中国残疾人击剑队。这一年的 10 月,她就在韩国第八届远南残运会上首次获得了女子团体花剑、重剑两枚铜牌。2003 年,她荣获南京第六届全国残运会女子个人花剑、重剑双冠军。2006 年,她再次获得昆明第七届全国残运会女子个人花剑、重剑双冠军。2008 年,她荣获北京残奥会女子个人花剑、重剑两枚银牌。2012 年,她更是勇夺伦敦残奥会女子个人花剑金牌、团体重剑金牌。

姚芳用她的行动、她的信念、她的人生告诉我们:只要不放弃,没有什么是不可能的！和姚芳的经历相比，我们是幸运的，因此我们更需要朝着自己的梦想前进，努力拼搏！

2. 人物故事

• 刻苦训练

姚芳是训练场上年龄最大的女队员，在辉煌荣誉的背后，她经历了常人难以想象的艰苦训练。刚开始训练体能时，肌肉拉伤、腱鞘炎、网球肘等疾病经常发生，手指麻木难以活动，手臂肿胀无法抬起。在多次封闭集训时，握剑的手上磨出血泡，钻心疼痛也是常事，但她手中的剑一天也没放下。她说："我不能选择命运，但可以选择对待命运的态度。"

• 热爱生活

姚芳身残志坚，性格阳光，热爱生活。训练之余，她喜欢编织艺术品，有空会去城隍庙，在观灯赏花之后，买来各种编织材料，细心做成各式各样的艺术品，送给亲朋好友。她用旧丝袜编成的花卉，用彩色珠子串成的花瓶、小动物，精巧玲珑，人见人爱。

三、编写童谣拍手歌，在拍唱中入脑入心

拍手歌简短而精致，内容浅白，容易理解，融合学生熟悉的生活，有趣味性和情感性，配上活泼有趣的歌词和节奏欢快的旋律，又拍又唱，动手动嘴动脑，一直深受学生的喜爱。我根据校友的事迹和精神，特地给每个校友创编了一首拍手歌：

革命先辈何穆

你拍一，我拍一，从小聪明爱学习，
你拍二，我拍二，自费留学赴法国；
你拍三，我拍三，学成归来奔延安，
你拍四，我拍四，报效祖国立壮志；
你拍五，我拍五，公私分明不含糊，
你拍六，我拍六，教育子女严要求；
你拍七，我拍七，人民至上铭心里，
你拍八，我拍八，廉洁清贫成佳话；
你拍九，我拍九，医学贡献超一流，

你拍十，我拍十，廊下儿女了不起！

革命先辈方正之

你拍一，我拍一，杰出校友方正之，
你拍二，我拍二，半百一生也非凡；
你拍三，我拍三，投身革命赴延安，
你拍四，我拍四，两次改名有寓意；
你拍五，我拍五，朗夏一名连故土，
你拍六，我拍六，家乡情怀系心头；
你拍七，我拍七，做人方正又老实，
你拍八，我拍八，雄心壮志报国家；
你拍九，我拍九，俯首甘为孺子牛，
你拍十，我拍十，廉洁奉公树正气。

学鲜军

你拍一，我拍一，英雄鲜军传天地，
你拍二，我拍二，廊下雷锋美名播；
你拍三，我拍三，乐于助人讲奉献，
你拍四，我拍四，敬老爱幼赢赞誉；
你拍五，我拍五，自强乐观肯吃苦，
你拍六，我拍六，诚实守信记心头；
你拍七，我拍七，勤奋好学守纪律，
你拍八，我拍八，一生平凡铸伟大；
你拍九，我拍九，心有榜样争上游，
你拍十，我拍十，学会做人立大志！

残奥冠军——姚芳

你拍一，我拍一，遇上车祸不幸事，
你拍二，我拍二，身残志坚了不得；
你拍三，我拍三，爱上击剑迎挑战，
你拍四，我拍四，勤学苦练争朝夕；
你拍五，我拍五，乐观向上不怕苦，
你拍六，我拍六，团队合作带好头；

你拍七，我拍七，勇于拼搏创奇迹，
你拍八，我拍八，为国争光绽芳华；
你拍九，我拍九，事迹感人听不够，
你拍十，我拍十，廊小学子书传奇。

我们以丰富的表现形式展现拍手歌特有的魅力，不仅使学生心情愉快，还能给学生带来美的享受和道德情感的熏陶，利用拍手歌的育人价值，让四位杰出校友的事迹和形象牢牢地烙印在孩子们的心田。

四、根据杰出校友的事迹，开展系列主题教育活动

除编写文本读物、创编童谣儿歌、物化载体外，我们还根据 4 位杰出校友的事迹，在校园里开展主题系列教育活动。比如：

1. 学鲜军，做鲜军式好少年。这一活动已成为我校德育特色教育品牌（具体见第三章）。

2. 学方正之，做热爱家乡、热爱祖国的时代好少年。围绕这个主题，每个年级都确立一个侧重点：

一年级，说一说：说说方正之是谁（廊小杰出校友）；

二年级，唱一唱：拍唱拍手歌《方正之》；

三年级，讲一讲：讲讲“两次改名的故事”；

四年级，讲一讲：做一次小导游，讲解景点：方正之铜像；

五年级，诵一诵：朗诵何鄂奶奶创作的诗歌《向方正之致敬》。

内容不多，但很实在，操作性强，5 年后，在廊小每个学子的心中会深深留下杰出校友方正之的光辉形象。

3. 学姚芳，做一个坚强不屈、乐观开朗的好孩子。我们的活动有：

一年级，看一个姚芳比赛的视频；

二年级，听一个姚芳比赛的故事；

三年级，讲一个姚芳坚强的故事；

四年级，和姚芳进行一次面对面交流；

五年级，给姚芳写一封心中的信。

当前，独生子女身上大多存在着娇气、吃不起苦、经不起挫折等现象。以校友姚芳为学习榜样，开展系列主题活动，非常有意义、有价值。

“以杰出校友为榜样，争做新时代好少年”已成为廊小学子的行动口号和努力目标。这4位曾经生活在校园里的杰出校友可敬、可亲、可学，天天同师生们“相见”，或形或语，是一部无声的教科书。孩子们每天一进校园，就会被一股浓浓的正能量包围着、浸润着，长年累月，潜移默化，能够让学生为了成为像榜样一样的人而努力去追逐。在故事渲染的基础上，我们通过讨论、引导，提炼每个校友的优秀品质，并形成校本化的德育主题资源，在活动中，鲜明地展示给学生，让他们真正明白校友的优秀之处所在，使他们学有榜样。

一届一届学生从这里走出校园，无论人在何处，对于母校杰出校友的事迹和精神都已深深地烙印在脑海中，终生难忘：

——2004届校友严嘉丽在《心底的欢喜——百年廊小》一文中，她这样倾诉：

“……关于周一的早晨啊，我还有一个小秘密：我总是渴望胸前能别上一块小红牌，上面印着‘鲜军式好少年’六个小字。

每一位廊小的孩子都会从廊小的橱窗里、老师的嘴里知晓那么一位舍己救人的英雄——张鲜军。为了鼓励孩子们学习英雄勇敢无私、乐于助人、勤奋踏实的雷锋精神，学校每月都会评选‘鲜军式好少年’。这鲜艳的红色总是吸引着、激励着我，用‘高标准严要求’来规范自己的行为，学着无私助人，学着踏实勤奋，希望胸前能够戴上那一块红牌子！又是一个周一早上，我连踏步都怀着紧张期待的心情，当老师叫到我的名字时，我心中的狂喜抑制不住，飞奔上了司令台，在同学们的注视下，由班主任为我们班级5位同学佩戴上闪闪发光的‘鲜军式好少年’胸牌。此时小小的我，感受到的不仅是自豪、光荣，更多的还是一份责任，永远不忘帮助他人，一直践行鲜军教会我们的雷锋精神！

如今这牌子，我依旧小心翼翼地保存着，有时候偶尔看到，想想那时候小小的努力的自己，庆幸自己能够在廊小耳濡目染，才能够到现在初心未改！”

——2016届校友陈佳妮在她撰写的《再回首，母校》一文中写道：

“每天早晨来到校园，大门两边由杰出校友方正之‘两次改名的故事’而来的‘方方正正做人，踏踏实实做事’的十二字校风，时刻影响着我的成长。很感谢母校的教育，让我记住了该如何热爱家乡、热爱祖国，如何乐于助人、懂礼谦逊……这些想法和念头，却已在我的心中定型，时时告诫自己要向校友方正之学习，做个品学兼优的好学生。”

——2018 届校友张思羽在《爱你,百年廊小》一文中这样写道:

“桃李园令我印象最最深刻的,是正边脱衣边奔向大海的‘勇敢的鲜军’雕像。它让我时刻牢记要向鲜军叔叔学习,从小做一个乐于助人、诚信善良的人。现在,我离开了美丽的廊下小学,但鲜军叔叔舍己救人的光辉形象永远铭记在我的心头……”

——一位没有署名的 2014 届校友在《姚芳阿姨了不起》一文中这样写道:

“2013 年的一天,坐着轮椅的杰出校友姚芳阿姨回母校与我们小朋友们见面。老师说,姚芳阿姨身残志不残,平时刻苦训练,坚强不屈,最终在 2012 年伦敦残奥会上获得冠军。当时我想,姚芳阿姨多了不起,能得世界冠军,想想自己碰到一点困难就要退缩,有时候还要流泪,多不应该! 后来,我以姚芳阿姨为榜样,在困难面前不再低头弯腰,想办法去克服;遇到挫折失败的时候,不再流泪,不再软弱,勇敢地去面对。多年来,因为我心中有了姚芳阿姨这样一个榜样,我变得越来越坚强。姚芳阿姨,谢谢您给了我克服困难和挫折的勇气,您永远是我前进的力量!”

……

通过多年来的努力实践,我们利用杰出校友资源开展主题教育活动是行之有效的。这不仅在于用好了校史资源,以校友事迹引领学生,使德育有形,更显生动,更为重要的是,通过向杰出校友学习,让我校的学生在深受感动之余,进一步走近校友,立志于也做这样的杰出校友,以自己的有所作为和责任担当,为母校增光添彩。

我们相信,在杰出校友的引领下,一批又一批新时代好少年会在百年廊小不断涌现。

第三节 走近何鄂奶奶,立志为祖国、为家乡多做贡献

因为百年校庆,何鄂大师来到了百年廊小;因为百年庆典里那个意想不到的惊喜和缘分,让远在兰州的何鄂与相隔千里的百年廊小连起了一座心灵之桥。

一、百年庆典,奏响一首游子曲

何鄂参加完百年庆典后回到兰州,仍然思绪万千,激动万分。2004 年 11 月,她在一篇《感动百年》的文章中情不自禁地写下了如下感言:

何静渊,一个陌生而亲切的名字。是您,创办了廊下开智初等小学,开创了百年廊小的前身,您的容颜是什么模样,我无法想象。据校史记载,您创办校的第七个年头,就离开了人世,是创业的艰难使您积劳成疾?还是那长夜难眠的悲愁使您身心交瘁,离世而去?

何静渊,一个陌生而亲切的名字。您可知道,在您创校的百年之后,廊小的盛大庆典是多么的隆重和热烈吗?区、镇、局各级党政领导来了,各位老校长、老书记来了,各地贵宾来了,更多的是来自各地的代代学子,人们一遍遍地叙说着您的功绩,一次次地诵念着您的名字;您可知道,在您去世二十四年后,在您的故乡廊下,人们怀着敬佩的心筹措、创建了"何朱两先生纪念堂"并篆刻了纪念碑文。如今,在您亲手创办的廊小百年校庆之际,在明净、宽敞、美丽的校园里,遗留的纪念碑珍贵碑石已郑重陈列,缅怀、纪念何朱二位前辈的碑文重新镌刻在展开的铜质纪念史册上,这一切,都深深地寄托着金山廊下和廊小人对先辈的崇敬、感恩和怀念。

我是受到廊下镇各级领导和廊小的盛情邀请,与我的家人玄英先生从千里之外前来参加廊小百年庆典的。我们接到邀请后兴奋地议论着用什么奉献给家乡的百年廊小,玄英提示我"应当捐赠给你家乡的廊小一座鲜军的铜像",我欣然赞同,随后,玄英以大幅书法"雨露春华"表达了对廊小百年的祝贺,当我们登上从兰州到上海的航班时,真有回家的感觉。

2004 年 10 月 18 日,是廊小百年庆典的大喜日子,这一日,蓝天白云,阳光是那么明媚、灿烂。我们来到了廊小,热情的朱校长、钱书记陪同我们去观瞻了创始人纪念堂的遗址,万万没有想到,当时玄英一句偶然的推测,有心的朱校长一个热诚的探究,竟带来了意想不到的惊喜:那一刻,鲜花已佩在贵宾胸前,在休息室等待参加典礼的间隙,兴奋异常的朱校长跑进来告知,他与九十高龄的老校长何修伦已挂通了电话,老前辈说我父亲是他的堂兄。他老人家应是我的堂叔了,随后更为出人意料的是,我们的何姓家庭追溯上去到前几辈时是同一个太太(金山方言,"曾祖父"的意思):何静渊先生竟然是我的祖辈!顷刻之间,我从贵宾的身份立时转化为创始人何静渊先生的后裔。真是喜从天降啊!

我双手合一,莫不是故乡热情的呼唤和祖辈的英灵在冥冥之中传承给我浓浓的无尽亲缘,在接引我一步步走近金山、走近廊下、走进廊小?! 还是走进何静渊先辈和我父辈共同的出生地——五区头!

我无比兴奋,现在廊小真的已与我紧密相连,廊小的过去、现在和未来,都将与我息息相关。

一切都似乎是偶然,一切又都出自必然。百年来廊小的学子培养了多少,且无法统计,但他们都已在祖国各地生根、开花、结果,累累硕果,人才辈出。廊小的鲜军,平凡而伟大。从我得知他的英勇事迹,又知我们同是廊下勇敢村人后,感动万分,为英雄塑像的同时又赋诗一首。如今,我送鲜军的纪念铜像到家乡廊下,回到他上学的廊小,勇敢的鲜军将成为廊小培养青少年品德的人格精神力量,他的母亲在思念儿子的时候也可以常去看看他了。

我也可以通过鲜军雕像告慰我的何静渊先辈,是廊小将我和我尊敬的先辈联系在一起,我将把这份喜悦和我的兄弟姐妹们共同分享。

我虽远在大西北的甘肃,已工作生活了半个多世纪,但我的故乡永远是我梦魂皈依的地方。我愿有更多的机会致力于故乡的文化教育发展。

如今我又回到了兰州,站在黄河两岸的黄土高坡上,向着我的故乡金山,向着金山的廊下、廊下的廊小,深深地鞠一躬,我永远是金山廊下的女儿,祝福金山更富强、廊下更美好,祝福廊小的新百年为国家培育出更多的优秀栋梁之材。

这是一位在1937年不满一岁就离开家乡,心里始终牵挂着家乡的游子,发自内心的感叹、诉说。从此,何鄂就和百年廊小紧紧地连在一起。

二、一个展馆,展现一名大师风采

“何奶奶好! 张爷爷好!”

绿茵场上,红色塑胶跑道边,一群正在上体锻课的孩子一眼认出了和蔼、慈祥的何奶奶。孩子们争先恐后地向老人边挥手边兴奋地叫着。

这样亲切、温馨的场景出现在2005年11月25日。何鄂女士携同丈夫、书法家张玄英先生,怀着对祖辈的崇敬和对故乡的挚爱,再次光临学校,看看廊小美丽的校园,看看廊小的老师和小朋友们。

这是何奶奶自百年校庆及张鲜军塑像选址落成之后第三次来到学校。

这天下午二时许，何奶奶和张爷爷来到新落成的图书馆——书香苑，两位老人频频点头，面对丰富的藏书和现代化电子阅读设备，更是啧啧称赞。拾级而上，来到可以同时容纳百多位学生阅读的二楼阅览室，何奶奶兴奋地抚摸着桌子，慢慢地坐在椅子上，深情地说："我一定要找个机会，和孩子们坐在一起，好好读几本书！"

出于一种百年情结，也作为学校创始人后裔对先辈的怀念，何奶奶说，她和张先生将为廊小图书馆捐赠图书 100 本。100 本图书不算多，但作为后裔对先祖所创事业的"百年"纪念却意义非凡。当天张先生还现场写下了"博览群书"四个苍劲有力的大字，赠送给了学校。后来，学校把这幅书法作品装裱后挂在书香苑二楼的西墙正中，意在时时勉励廊小学子好好读书，多读好书。

由此，我还想到，何鄂大师是雕塑界的"国宝"，是特别好的教育资源！作为校长，我觉得今后应多创造条件，让廊小学子以不同的方式走近何奶奶，近距离地领略雕塑大师的风采，感受她爱国、爱家乡的情怀。

时光来到了 2006 年，我的这一想法得到了升华。那一年的 9 月 17 日，两位老人在家乡廊下万春苑举办了"全国著名雕塑家何鄂女士雕塑展"和"书法家张玄英先生绘画书法作品邀请展"，于是，我校师生终有了一次与大师见面交流的机会。

那天，我校三、四年级的部分学生在老师的带领下，来到万春苑参观。何奶奶见到活泼可爱的学生，就亲自给学生们介绍自己作品的创作过程和作品所表达的意义。学生们见到这些栩栩如生的雕塑作品，又听了何奶奶的讲解，都兴奋不已，这里看看，那里摸摸。张玄英爷爷看到这么好学可爱的学生，就当场为学生进行了书法表演，写下了"致美"两个字，希望学生做人要有美德，努力追求美，并鼓励学生从小立志为祖国的发展而努力学习。

看到眼前的这动人一幕，于是，一个大胆的想法在我脑海中孕育：学生这么喜欢雕塑，要是能在我校筹建一个何鄂雕塑馆，那多好哇！我在心里默默地等待着……

终于，这样的契机在 2012 年悄悄地来到了我们身边。我们抓住"校安工程"的契机，新建了一幢教学大楼，校舍相对空余了一些。能否利用原教学大楼的四楼上的四间教室创建一个大师级的何鄂雕塑馆？我的大胆想法得到了何鄂的认同和全力支持，同时，又得到了教育局领导、镇领导的肯定和支持。

三、一张聘书，缔结一段师生情谊

2015 年 5 月 8 日，学校隆重举行以“站在巨人的肩膀上”为主题的“斗姥阁（校史馆）、何鄂雕塑馆落成典礼”。在典礼上，学校聘任何鄂大师为廊下小学终身名誉校长。至此，对于何老师而言，又多了一重身份；对于百年廊小而言，又多了一位同行人。

担任廊小名誉校长后，何鄂大师对学校的校园文化建设给予更多的关心和关注。

2017 年 5 月 18 日，何鄂奶奶又回百年廊小探望全体师生，这一天，日程排得满满的。

这天早上，阳光灿烂，万里无云。平易近人、和蔼可亲的何鄂奶奶一早来到学校，受到了全体师生的热烈欢迎，少先队员代表献上了红领巾和鲜花。何鄂奶奶首先以廊小名誉校长的身份向全体师生作了以“少年强，祖国则强”为主题的国旗下讲话，从“一带一路”讲到了祖国的伟大，讲到了世界人民在一起为中国颂唱，最后勉励全体小朋友好好学习，多学知识、多学本领，从小学会做人，长大做社会有用之才。

然后，何鄂奶奶来到何鄂雕塑馆，听说小朋友特别喜欢雕塑《同学》，于是，何奶奶就给小朋友讲解了创作《同学》的经过，她说：

“一个小故事对我触动很深。现实生活中很多残疾人受到公众的冷漠对待。有一天，我在公交车上见到一位残疾女孩拄拐上了车，她只有一条腿，头发长而漂亮。我对乘客们说，哪位给她让个座，但所有年轻人都没有反应，两站后她下车了。在走到车门口时，她回头对我说了声：‘谢谢！’。这一幕深深地，痛楚地刻在我的心里。于是，我创作了《同学》这个雕塑：一个红领巾扶一个残疾孩子过马路时的情景。孩子们看了会有启示，会有美好想象，希望小朋友从小关心、帮助残疾人，让他们感受到社会的温暖、社会的文明。”

小朋友们听得特别认真，受到了一次很好的教育，纷纷表示一定要听何奶奶的话，从小尊重、关心残疾人，做文明的廊小人。何奶奶看到小朋友听得这么投入，又顾不得劳累，给小朋友讲解了创作《黄河母亲》的经过，从而让小朋友了解了创作的起因，了解了作品完成 30 多年来为何一直受到社会各界的好评和喜欢的原因。小朋友们紧紧围在何鄂奶奶的身边，还争先恐后地和何奶奶在

《黄河母亲》作品旁合影留念。

不久，何鄂奶奶来到学校雕塑室给小朋友上课，刚进教室，小朋友们边齐声高呼“何奶奶好！”边报以热烈掌声。何奶奶看了孩子们制作好的作品，夸奖作品富有想象力，还耐心地讲解雕塑技巧与手法。孩子们按照何鄂奶奶的要求，一个个低着头，非常投入地将手中的泥料揉着，捏着，搓着……

在孩子们的作品开始基本成型，制作出了属于自己的独一无二的作品后，何奶奶在给予肯定的同时，还指出了作品中的不足。接着，何鄂奶奶还现场找了位女孩子做模特，示范了如何雕塑人像，在短短的十几分钟内完成了简单的泥塑头像，娴熟的手法让小朋友们情不自禁地啧啧惊叹：真像！真像！在制作过程中，何奶奶不但细心讲解了步骤与技法，还跟孩子们畅谈生活趣事。教室里洋溢着一片温馨、融洽的气氛。

临行前，何鄂奶奶来到书香苑，将她主编的《黄河母亲》画册和她创作“金山卫风云群雕”时使用过的铁锤、合金刀等工具捐赠给了学校，并在《黄河母亲》画册上留言：敬赠廊下小学留存，百年廊小教书育人，培养栋梁功在千秋；何鄂，2017 年 5 月 18 日于廊小。此时此刻，我们再次真切地感受到了何鄂奶奶对百年廊小的无限厚爱和情有独钟。

四、两次座谈，抒发长者心声

何鄂老师一直心系廊小，心系这里的老师和孩子们。一年后的 2018 年 6 月 5 日，她以名誉校长的身份又回到了廊小。

在我的陪同下，她参观了学校新景观“百年廊小赋”后说，《百年廊小赋》精短、通俗、丰厚，包含了学校历史、学校文脉、学校面貌、学校精神和学校宏图，用文学的形式把学校历史发展记录下来，宛如一幅气势澎湃的教育画卷，让学校百年文化显得更厚重、更有韵味、更有感染力！

随后，何校长和学生代表在书香苑二楼阅览室进行了以“我和好书交朋友”为主题的读书交流座谈会。坐在学生中间的何校长更像一位可亲可敬的长辈，孩子们一下子与何奶奶亲近起来，争先恐后地汇报了自己读书的做法、体会和感想，还和何鄂奶奶进行了热烈互动。针对孩子们提出的诸如何鄂奶奶喜欢看什么书、已经做了多少件雕塑等问题，她也一一作了回答。当小朋友讲到非常喜欢何鄂奶奶 2005 年赠送给学校的 100 本书，尤其是在 2017 年“六一”节时赠送给每个人的一本书，他们都看得特别认真，还都作为珍贵礼物珍藏时，何鄂奶奶连连说道：很好！很好！小朋友爱读书的习惯很好！当听到学校非常重视学生的阅读，要求每个学生每天回家听一个故事，和父母一起或独立阅读半小时，每个星期在小队活动时讲一个故事时，何鄂奶奶表示：这些做法很好，只要持之以恒，几年后一定有成效。最后，何鄂奶奶语重心长地寄语小朋友："爱书吧，和好书交朋友，让阅读成为一生的兴趣和爱好。"

学校发展的关键因素之一在于教师的培养，尤其是青年教师的培养。何校长一直把这事放在心上。这天，何校长还和青年教师代表举行了以"奋斗的青春最美丽"为主题的座谈会。青年教师纷纷向何鄂校长汇报了自己取得的成绩、工作体会和努力方向。何鄂校长听了大家的交流，非常高兴地说，百年廊小越办越好，她非常欣慰，非常高兴，非常骄傲！谢谢百年廊小全体师生，谢谢朱校长！廊小有一支好的教师队伍，尤其有一支师德高、学业精、成绩好的青年教师队伍，感谢大家为廊小做出的贡献。

何鄂校长还饶有兴趣地回顾了自己的雕塑生涯，讲了很多真实、难忘而又催人奋进的故事，让青年教师受益匪浅。她希望青年教师要继续努力奋斗，继续用自己的聪明才智创造佳绩，创造幸福，创造最美丽的青春。

挥手作别时，何校长表示，只要她身体允许，一定常回来看看先辈创办的百年廊小，看看可敬的老师、可爱的同学，她的心永远和百年廊小在一起！

五、一次讲话，尽显大师情怀

五个多月后的2018年11月15日，由华东师范大学和金山区人民政府主办的"新时代基础教育创新发展论坛——课程育人"分论坛在我校举行，何校长作为特邀嘉宾回校参与了这次活动，并在论坛上作了如下讲话：

各位老师、各位专家：

大家好！这次能够参加"新时代基础教育创新发展论坛"，有机会聆听各位教育大家、学者的高见，是一次很难得的学习机会。我能和金山结缘，应该从20世纪末说起：金山区区委、区政府的领导居然到兰州我的工作单位看望了我，当时我就觉得好像一个失散了多年的孩子被母亲找到了一样！后来我逢人就说：家乡的政府来找我了。不久，金山区委领导邀约我回金山考察了一周，记得当时区委领导专门问我还有什么要求，我说我想看一看父亲、母亲和祖母生活过的廊下勇敢村、钱圩和干巷。那一天，我记得在廊下勇敢村到了何连观老姐妹家，在她家的园子里，我抓了一把家乡的土，我觉得从那一刻起，我的心就和金山紧紧地连在一起了。我出生在抗日战争全面爆发的1937年，随后跟祖母、母亲、姐姐一路逃难，颠沛流离，最后，来到了父亲工作的西安。

18岁那年我从西北艺术学院毕业，我们是新中国培养的第一代文艺工作者，我们的西北艺术学院就是现在的西安美院。西北艺术学院的前身是贺龙领导的西北军政学院，学院实行“供给制”，我们入学就是参加革命，我的工龄一直都是按入学算起的。我们当时入学学习的第一本书就是毛主席《在延安文艺座谈会上的讲话》，从那时开始，“艺术为人民”的思想就深深地植入了心里。后来用了63年的漫长岁月，开了花，结了果。

在我的一生中，有一次最美好的际遇，就是在敦煌莫高窟12年的熏陶，让我有了一次非常深刻的顿悟：我们的老祖宗在全国各地，在世界各地留下了千千万万遗产，遗产上写满了密码，这个密码被我解读了，就是“创造”两个字。我觉得这就是老祖宗留给我们最经典的遗产精髓。他实际告诉了我们一代又一代人必须要创造。我在解读了这个密码以后，就把“创造”定为我人生的终极目标了。这些历史文化遗产，它们静静地屹立在世界民族艺术之林，却以巨大的推动力，呼唤着一个民族新的未来。我觉得我幸运有这样的机遇，根植于民族文化的沃土，由此孕育了我创造的生机。可以说，没有在敦煌待的这十二年，没有那一次刻骨铭心的顿悟，可能根本就没有这座《黄河母亲》雕像的诞生，也不会有一个现在的全新的自我。所以后来在我57岁的时候，辞去了甘肃省工艺美术研究所所长的职务，创办了以我的名字命名的甘肃何鄂雕塑院。雕塑院的宗旨就是两句话：“弘扬民族文化，创造时代精品。”

在金山廊下，在廊下小学，你们今天见到了许多我的作品！我特别要说到让我感动的一些人，就是以朱保良校长为代表的廊下小学的领导们。我说朱校长他现在头上有多少白头发，就可以看到他对廊小付出了多少心血。他对廊小的爱，我用一句话来说，他好像每日每时都在想怎么样创造性地把这个学校办好，他就是真正抓住了“创造”两个字，我认为朱校长独具慧眼，他是一个有心之人，有情之人，有意之人，他有一颗炽热的心。要说到为什么做“何鄂雕塑馆”，这是因为他有一种细腻观察事物的特点，然后有了发现，现在变成了一段传奇了：话说在廊小百年校庆的时候，我和我爱人张玄英受邀参加，那天早上会前朱校长带我们参观校园时看到有一个刻有何朱两先生字迹的碑头，当时我爱人指着碑头无意中甩了一句话："这说不定跟你们何家都有关系的。"就这么一句话，朱校长这个有心人，大概用了十几分钟时间，他就去打电话，这个电话是打到一位90多岁高龄老校长处的，后来我们知道老校长何修伦是我的堂叔，家在浦东。朱校长证实了我爸爸是他的堂兄，又证实了何静渊先生是我们何家向上推算没有出四代的先辈，接着我在十几分钟以后就奇迹般地升成创始人的后裔了。所以我说发现很重要。这一段佳话，我认为是一个传奇。后来，我在创作"何朱两先生雕像"的时候特别感动，因为创作时要看他们的生平介绍，我掐指算了一下，这两位廊小的创始人去世时，两个人加起来的年龄竟还不到80岁，我真的是震惊了！我当时就标注在他们的简历上。我塑他们的时候80岁，比他两个人加起来的年龄还要多一点，他们真的是英年早逝，就是说为了教育事业呕心沥血，百年廊小见证了这一切，我们会永远记住他们的功德。我还塑造了几位曾经在金山的校长级的历史人物。如今我创办的雕塑院已在全国的20个省、市、自治区建立了160多个雕塑项目。

我觉得我雕塑的这些像，无论是古代的和现代的，无论是在全国各省、市、区的，还是关于国际友人的，所有被塑的人物应该都是我们国家的、世界的精英们，在创作这些历史人物的时候，我觉得从他们身上汲取的是无限的精神力量。我在做雕塑时就是在学习，学习社会，学习中国的历史，学习世界的历史。所以廊小能够有"何鄂雕塑馆"，首先是因为金山区政府的支持，区教育局的支持，有我们朱校长为首的廊小所有老师的热情和关怀。我愿意一生都把我的艺术奉献给人民！让很多作品留在这里，是我的幸福。我前些日子来廊小，第一次听到这些孩子们讲解我的作品，有一种莫名的感动，真的，我相信在这些孩子们讲这一件一件作品、一个一个故事的背后，在他们的心灵里已经让这种精神、让这些人物的情怀深深地注入。所以我感到无限的幸福。另外我说廊小的"何鄂雕塑馆"已经不是一个人的馆，它在全国的小学里，可以说是独一无二的。就是因为有朱校长为首的学校领导、老师的独具慧眼，所以我愿意用我的艺术创造全心全意为中国的教育事业服务，为大家服务。谢谢！

何校长的讲话情真意切，生动朴实，感动了每一位赴会领导、专家和嘉宾，使论坛激情满怀。

为了感谢何老师，我曾写了一首拍手歌《何鄂奶奶》：

何鄂奶奶

你拍一，我拍一，何鄂奶奶有名气，金山廊下好儿女，
你拍二，我拍二，德艺双馨好样儿，驰名中外了不得；
你拍三，我拍三，情系家乡心相连，圆梦廊小雕塑馆，
你拍四，我拍四，叶落归根接地气，寻根问祖书传奇；
你拍五，我拍五，酷爱艺术韧劲足，尝尽艰难不言苦；
你拍六，我拍六，敦煌久润积淀厚，黄河母亲誉全球；
你拍七，我拍七，珍藏国家绣花女，希望星辰七孩子，
你拍八，我拍八，成吉思汗气势大，能歌善舞顶呱呱；
你拍九，我拍九，俯首甘为孺子牛，件件作品数一流，
你拍十，我拍十，一双大手创奇迹，全国标兵了不起！

会上，我代表廊小全体师生把装裱在镜框里的《何鄂奶奶》拍手歌赠送给了何老师。何老师特别感动，愉快地接受了全体师生的心意。

会后，何校长又特地走进办公室和教室看望了部分师生，小朋友围着何校长久久不肯离开。

六、一封书信，寄托一片深情厚望

2019 年 5 月 31 日，又一次儿童节来临之际，何校长又给全体小朋友写了一封信，还捐赠了一万元人民币资助学校给学生买书，体现了何校长人在兰州，而情系廊小的深厚感情。信是这样写的：

亲爱的少先队员、儿童团员们：

在这个阳光灿烂、鸟语花香的日子里，我们又迎来了你们最快乐的节日——“六一”国际儿童节。在这欢乐的时刻，我虽然身处甘肃兰州，但我的心早已飞到了我先辈创办的百年廊小，飞到了你们身边，和你们一起跳动。

我首先衷心祝愿你们节日快乐、学习进步、身体健康！同时真诚感谢一直关心、支持、帮助廊下小学发展的上级领导、各界朋友和广大家长；更要对为我们的成长付出辛勤劳动、倾注无私爱心的全体老师表示由衷的感谢和崇高的敬意！

少年时代是美好人生的开端。当你们每天背着书包高高兴兴地来到学校，美丽的校园变得更加生机勃勃：琅琅的读书声是你们快乐成长的回声；优美的

莲湘舞和充满童趣的拍手歌是你们快乐成长的韵律；树荫下追逐嬉戏的笑声是你们快乐成长的音符；学校的一个个荣誉、一个个进步是你们快乐成长的结晶……人生最美好、最快乐的时光将在我们美丽的廊小度过，是多么幸运，多么幸福！

少年强则国强，少年进步则国进步，少年雄于地球则国雄于地球。我真诚地希望同学们要珍惜美好的生活，不辜负党和人民的殷切期望，不辜负父母和老师的厚爱，树立远大理想，方方正正做人，踏踏实实做事，在校做一名好学生，在家做一个好孩子，在社会上做文明的小公民，从身边做起，从小事做起，从现在做起，做德智体美劳全面发展的新时代好少年！

队员们，在今天这个你们最快乐的日子里，我再一次衷心地祝福你们，愿你们的每一天都快乐、健康和幸福！让成长脚印充满金色童年，让强健体魄散发活力芬芳，让节日快乐延续美妙一生！你们将用自己的快乐和付出，为祖国、为世界、为人类带来更多的快乐！

最后，我真诚地祝愿廊下小学的明天更加美好、更加灿烂、更加快乐！

何校长的贺信，给廊小的“六一”主题集会带来了更多的温暖、希望和力量。

七、一次合影，留下一生难忘记忆

时间刚过去一年，2019 年 9 月 20 日，82 岁高龄的何鄂大师又再次回到了百年廊小。她这次回故乡，主要是为参加《何鄂“爱国・爱家”故乡行主题雕塑展》活动的。但是令人意外的是，她一到廊下，却首先来到了学校，向她心心念念的廊小、廊小师生们表示问候。

何校长首先瞻仰了最新落成的由她亲自创作的方正之铜像，并给小朋友们介绍了校友方正之的故事，勉励小朋友向方正之学习，热爱家乡，方正做人，踏实做事，长大了为家乡、为祖国作贡献。

接着，何校长和全体班子人员在学校两位创始人铜像前合影，并讲述了她创作何朱两先生铜像时的一些感悟，勉励全体班子人员不忘初心，传承发扬两先生“开启智慧，报效社会”的精神，一起把百年廊小办得更好、更有特色。

紧接着，何校长又和我校 12 位 5 年以下教龄的新教师在志贤门作了简单交流，当听到我称赞这 12 位新教师工作踏实认真、成绩显著时，何校长连声说：“好！好！廊小有希望！”并勉励新教师学会感恩，珍惜当今，继续好好工作，为廊小教育多作贡献，然后和青年教师愉快地在志贤门合影留念。

最后，何校长又来到雕塑教室，给小朋友上了一节雕塑课，课上讲述了她创作“羊娃”作品的经过，抒发了对失学儿童的关爱之情。

在交流过程中，当得知学校近20多年来一直在开展学习校友张鲜军的活动，坚持以每月评选“鲜军式好少年”作为主要形式，并取得了很好的成绩和影响时，何校长认为这是非常有意义的事，提议和学校新当选的鲜军式好少年合影，并勉励小朋友向张鲜军学习，做一个新时代的好少年。

那天，当何校长离开学校后，有一个戴绿领巾的小朋友走过来悄悄地对我说：“朱校长，我也想和何鄂奶奶拍张合影。”可惜的是，当时何鄂奶奶已经离开校园，否则我一定要满足这个小朋友的愿望。我就说，好的，下一次何鄂奶奶再回学校时一定满足你的要求。后来我一想，每个小朋友都喜欢何鄂奶奶，何不让何校长下次来的时候和每个班级拍张合影，让廊小每个孩子的家里都有一张与何鄂奶奶的合影。当天晚上，我与何校长进行了电话沟通，她马上说，那我下次回来时就和每个班级拍一张合影，这也是作为名誉校长一件快乐的事。

“少小背井战火飞，乡音依旧情谊深，倾心塑雕家乡美，故土胸怀暖我心，此生有缘归故里，含笑阿侬金山人。”这是何校长特地为这次在家乡举行的展览写下的一首发自内心的诗。3个月后的12月18日，她又携家人回到她先辈创办的百年廊小，探望全体师生。

这次回百年廊小，何校长是带着三个夙愿而来：与每个班级的小朋友和老师拍一张合影；和家长代表合影交流；为学校种一棵梅花树。

首先，何校长在志贤门、何朱两先生铜像前、校友方正之铜像前、十二生肖前和莲湘园的台阶上，和每个班级的师生一一合影。小朋友可高兴了，手拿“何鄂奶奶，我们爱您”“我们爱何鄂奶奶”等标语，留下了最珍贵美好的镜头。有的小朋友主动迎上去和何鄂奶奶拥抱，有的和何鄂奶奶击掌，有的拉着何鄂奶奶的手不肯放下。何鄂奶奶高兴得又像回到了儿童时代，不停地和小朋友打招呼、击掌、拥抱。

拍好合影后，何校长和早已等在莲湘园里的家长代表见面，家长们热情地向何校长打招呼。何校长说：“今天和各位家长代表见面很高兴，首先感谢家长们对学校工作的支持、配合和理解，学校的成绩中有家长的一份功劳。家长是孩子的第一任老师，在孩子的成长中起着非常关键的作用，希望每个家长为自己的孩子创造最好的学习条件，与学校一起把每个孩子教育好！”接着，何校长和学校班子人员一起与家长代表合影留念。家长们特别高兴和激动，有的请何校长签字，有的和何校长单独合影，有的还主动唠起了家常话。

和家长拍好照，何校长来到松梅园，和两位小朋友一起在何鄂题词石旁边种下了一棵梅花树，寓意小朋友好好读书，像梅花一样坚强，快乐、健康和幸福地成长。

八、一个印章，镌刻一份催人力量

每年的“六一”儿童节前夕，何校长总要给小朋友写一封贺信，捐赠一万元给小朋友买书。2020 年 5 月 26 日，何校长给全体老师和小朋友写了一封节日贺信，还给每位小朋友买了一本书，作为节日礼物。信是这样写的：

廊下小学的朱校长、各位老师和全体同学们：

大家好！在“六一”国际儿童节即将来临之际，我在祖国的大西北甘肃兰州向你们送去亲切的问候！

2020 年是不平凡的一年，我们的国家在春天经历了一场突如其来新冠病毒的灾难，这是一场形势极为严峻全民的大考。

钟南山、李兰娟等院士果断提出“封城”之举，以习主席为首的党中央全面部署，一声令下，四万二千名白衣战士从祖国四面八方汇聚武汉，冒着生命危险从死神手中抢人，十四亿人居家防疫，全国各省、市、自治区以社区为单位成为网格化管理防疫的基础堡垒。中华大地寂静的城市里志愿者纵横穿行，奏响维系十四亿人抗疫医疗物资和衣、食的生命乐章。三个月！一切都在国家领导人英明决策之中，在院士预判掌控之中，中国人率先打赢了这场抗疫攻坚战。首战全面告捷。

我们亲眼看到了十四亿人是如此的众志成城、万众一心。我们每个人都是亲历者、战斗者。我们看到了国家的强大力量，看到了什么叫英雄，什么叫伟大，什么叫奉献，什么叫民心，什么叫大爱。

在抗疫期间，我创作了四件雕塑作品：《2020 疫·殇》《春天》《肖贤友》《志愿者》，还写了五首诗，留住了历史的记忆，讴歌了时代的精神。

你们知道刚刚不久中国发射的长征五号 B 运载火箭首次飞行成功的意义

吗？这是中国实现航天梦、建造空间站的第一步，它见证着中国尖端科学站在世界前列的能力和国力。

我在去年受邀参加建国七十周年国庆大典时，有幸和长征五号B运载火箭参与者，火箭专家张金容副总工住在一室，也正是在那一天我有幸见到了钟南山院士，能与他们相识、相见感到很幸福。

今年我们国家还有一件大事，就是到年底决战决胜脱贫攻坚。占全世界人口1/5的中国，十四亿人要摆脱贫困，解决吃饭穿衣，要建设中国特色社会主义，走向强国，这是一件多么了不起的大事啊！我们生活在一个已经走向世界中心的中国，中国正走在奔向强国的路上，作为一个中国人感到无比自豪和骄傲。

廊小的同学们，希望你们在各位老师的辛勤耕耘、精心培育下快乐成长，学好知识，热爱祖国，长大成为国家的栋梁之材，把我们每一个人的才华贡献给伟大的祖国母亲，这是一件多么美好的事情啊！

向廊小的全体老师、向廊小的全体同学们致以“六一”节日的祝贺。

满满的正能量，催人奋进，给人力量。

为了进一步激励小朋友读书，何鄂奶奶特地刻了一个大图章，章的上部刻上上次的寄语：“寄语廊下小学的小朋友：爱书吧，和好书交朋友，让阅读成为一生的兴趣和爱好。——名誉校长　何鄂　二〇一八年八月二十八日于书香苑”；章的底部刻上：“祝廊小小朋友们‘六一’国际儿童节快乐！——何鄂 2020.5.26”。

这个大大的、红红的印章盖在了何鄂奶奶赠送给孩子们的每一本书的扉页上，成为一本本有特殊意义、有无限力量的不一样的书，成为一件件有独特魅力、有温度的不一样的“六一”礼物。

一封信、一本书、一个印章，有创意，有温度，有激励，让全体师生感受到了何鄂奶奶对廊小的深厚感情，对廊小小朋友的无限热爱和殷切期望。

“六一”节那天，学生拿到书后，左看右看，东翻西翻，爱不释手，激发起了廊小学生又一个读书的高潮。

何校长对百年廊小这份浓浓的情怀和深深的眷恋，感动、感染和感化了廊小每一个师生，给学校尤其是给孩子们留下了无穷的温暖、快乐和幸福。这是百年廊小的骄傲，更是廊小学子的福气。

第四节　传承先贤书法艺术,浸润优秀中华文化

汉字书法是中华传统文化的瑰宝,被誉为无言的诗,无形的舞,无图的画,无声的乐,即使在今天这样的电脑时代,仍不乏生机。

我校一直在探索写字教学和书法教育,也取得了一些成绩,但总觉得还缺"一口气"。如何将其提高到一个应有的高度,进而激发小学生进行书法创作和书法欣赏的强烈愿望,让廊小师生沐浴在优秀中华文化的浓郁氛围之中,这是我十多年来常在思考和关注的一个问题。

有一次,上海青年书法家协会副主席、金山第一实验小学书法教师张丰告诉我:在元代,廊下有位著名的书法家叫陆居仁,他的一幅书法作品珍藏在北京故宫博物院。

作为土生土长的廊下人,我还是第一次听到"陆居仁"这个名字。我想,其书法作品能在故宫珍藏,那一定是个了不起的人,学校要形成书法特色,太需要这样出自廊下本土的书法名人资源了。如果让这位廊下的古代名人成为学生学习书法的榜样,成为学生爱写字、写好字的一种动力、一种力量和一面旗帜,推动学校写字教学和书法教育,那该多好啊!

自此,我开始留意有关陆居仁的文章、书籍和网络信息。通过搜寻,我发现,流传下来的有关史料并不多,但我想,史料越少越显得珍贵。通过近十年的不懈努力,我终于对陆居仁有了比较多的了解。

一、一个名震江南文坛的人物

陆居仁这位先贤,对现在的廊下人来讲还是很陌生的。但在六百多年前的元末明初,他却是个名震江南文坛的人物。我们廊下当地有句俗话,叫"先有南陆,后有廊下"。后人仰慕陆居仁的道德文章,所以就将他所居之地称为南陆,沿用至今。

陆居仁,字宅之,号巢松翁,又号云松野褐、瑁湖居士,松江华亭(今上海市金山区廊下镇南陆村)人,元代书法家、文学家、诗人。元泰定三年(1326 年)以《诗经》中江浙行省乡试,广受关注。中举后,没有进士及第,曾北上都城,得到

虞集、柯九思的赏识与推荐，不愿为官，隐居不仕，教授生徒以终。文名很高，工诗文，善书法，书学“二王”，擅长青铜器铭文及书画鉴定，为松江书派的先导。在松江府学任教长达24年，因以培养家乡子弟为业，广受时人尊敬，史评其育才之功堪比培养唐初功臣的隋末大儒王通。

其书法作品留世不多，仅存三幅，分别为北京故宫博物院、上海博物馆和日本东京国立博物馆收藏。有《云松野褐集》传世，在廊下南陆曾建有“雪松巢”私家园林。

陆居仁才华出众，平时喜欢写诗、授徒，广交文豪墨客，与杨维桢，钱惟善，吕良佐，周纯、周经兄弟，王蒙等交往甚深，吟咏唱和，诗赋相乐。

陆居仁与杨维桢、钱惟善合称为“三高士”，死后同葬在松江天马山，墓地人称“三高士墓”。据《松江报》2016年4月7日刊登的松江区史志办副主任程志强撰写的《“三高士”魂归天马山》一文介绍，杨维桢、陆居仁、钱惟善是元末明初的风云人物，他们生前都曾来到松江天马山，徜徉山水，写下了不朽的诗文，死后又长眠于此。“高山流水付知音，一抔黄土千秋耀”。

陆居仁是“三高士”中唯一的土著，和杨维桢是同年举人。时人称他们为“三高士”应和元末明初的政治背景有着很大关联。经历国变的一代文人墨客，不少人看淡了仕途，与新政权保持了距离。“三高士”皆具“安能摧眉折腰事权贵”的志节，吟诗作乐、把酒言欢、狂妄不羁的诗情，成为寄寓华亭文人的处世理想和人生态度的代表，让他们成为华亭文化标杆。他们三人结义成兄弟，生前一起游历一起唱和，逝后同眠松江天马山的故事更是后代文人所仰慕的一段佳话。

清乾隆时编的《金山县志》曾记载：璜溪（吕巷）古银杏在杨侯庙之北侧，北隔璜溪（吕巷镇市河），与东白场（吕巷东首空地）相望……此树树龄已近700年，树干高大、粗犷、古朴、雄健，像一把撑开的大伞。根据史载，陆居仁与吕巷博学多才的名士吕良佐、杨维祯等，经常在银杏树下吟诗咏唱，诗赋相乐。某年十月六日，陆居仁和杨维桢在吕良佐家喝酒，席上与同座客夏士文、吕希尚、吕希远等连句，作《吃酒诗》一首：

新泼葡萄琥珀浓，酒逢知己量千钟。
犀盘箸落眠金鹿，雁柱弦鸣应玉龙。
紫蟹研膏红似橘，青虾剥尾绿如葱。

彩云吹散阳台雨，知有巫山第几重？

（注：吕希尚、吕希远为吕良佐儿辈）

陆居仁与周氏兄弟也很投缘。《乾隆干山志》收录了陆居仁的一篇《山舟记》，此文是元朝末年应周纯、周经兄弟的邀请而作。陆居仁在文中借“山舟”二字“解嘲为文”：“夫山静物，舟动物；山在陆，舟在水；山居安，舟涉险”，在比较了山居与舟居的迥异之处后，他提醒周氏兄弟“当风尘未晏之秋，军需官务，应接不暇，凛若驾扁舟，汗漫游于波涛汹涌间，支撑保持，常惧维楫失措，不得一日自宁，以自居山，何异居舟乎？”意思是说，在这样的乱世，周氏兄弟富甲一方，自然被官府注意，要想保持家族安全，需要居安思危。他建议周氏兄弟“以德为舟，道为水，量为载，礼义为篙橹，刚制为帆樯，智以驾之，敬以操之，信以维之”，能如此，则“舟居犹山居”，可以转危为安，长保家业。这篇短文反映了他和天马山周家的关系，也可见他当年避乱隐居的心理。

陆居仁与王蒙多有往还。清顾嗣立编《元诗选》，录陆居仁《题王叔明破窗风雨图》七律诗云：“环堵篝灯夜阒寥，欺人风雨更潇潇。诗成惊落鸡窗笔，梦破须来马鬣瓢。万里浪开看异日，连床屋漏耿今宵。丈夫莫袖为霖手，欲沃人间九土焦。”对王蒙颇为推崇，径以“为霖手”目之，推重如此。

陆居仁生性诙谐幽默，常跟人说：“我特喜欢东坡”。于是有人问他：“东坡（苏东坡）有字有文有诗，你最喜欢哪一样？”陆居仁说：“我最爱一味东坡肉”。

二、惊喜在不经意间出现

很长一段时间，我一直很关注有关陆居仁的信息，一有新的发现，就马上收集保存，有时候一个不经意的信息还会带出许多惊喜。2020 年 6 月 12 日，我在网上偶尔看到廊下镇分管宣传的党委委员俞惠峰同志写的一篇文章《小镇干部手记》，其中有句话讲到了陆居仁的父亲叫陆霆龙。

这句话引起了我极大的兴趣，因为我第一次知道陆居仁的父亲叫陆霆龙。我立即电话联系俞惠峰同志，询问有关陆霆龙的资料信息。俞说有关陆霆龙的资料是她一位在松江负责宣传的朋友从《崇祯松江府志》《嘉庆松江府志》和《康熙松江府志》上找到的，并把她朋友从这三本书上拍摄的资料照片传给我。我如获至宝。

于是，我也开始努力寻找陆霆龙的信息。功夫不负有心人，终于在清代《金山县志》上找到了相关信息。综合各方信息，我对陆霆龙有了初步了解：

陆霆龙，字伯灵，度宗咸淳间乡贡进士，是从平湖隐居到廊下南陆的。宋亡，衣冠不易，栖隐讲授以终。非常幸运，我在网上还找到了陆霆龙的题跋作品。宋末元初画家温日观（？—1291后）所作书画作品《葡萄图卷》上有陆霆龙题跋，谓“温日观葡萄为乡友曾心传赋，谷阳陆霆龙拜手”，署年“癸巳（1293）良月上日”。

几天后，我又看到了一篇文章《黄公望爷爷陆霆龙是上海金山人》。黄公望，中国元代画家、书法家，元四家之一。原名陆坚，其父亲是陆统，其爷爷是陆霆龙。因过继浙江永嘉黄氏，遂改姓名，字子久，号一峰、一峰道人、大痴道人、井西老人和净墅等。关于他名与字的来历，颇有趣味。因黄公望父亲得子后，友人来贺，说：“黄公望子久矣”，因而黄父为其取名作“公望”，字子久。他的传世画作有《富春山居图》《水阁清幽图》《天池石壁图》《九峰雪霁图》和《富春大岭图》等。

陆居仁家学渊源，陆氏是闻名遐迩的望族“吴中四姓”之一。陆氏始于春秋时楚人陆通，陆通即是李白诗句“我本楚狂人，凤歌笑孔丘”中的楚狂接舆。其后陆氏名人有西汉太中大夫陆贾，三国时东吴丞相陆逊，两晋名士陆机、陆云等，有唐一朝更有六人拜相。唐代著名农学家、文学家、诗人陆龟蒙是陆居仁前十三代先祖，其父亲陆宾虞曾任职御史，其曾祖父陆康官至泽州刺史，其高祖父陆溥曾任少府少监，封爵平昌县男，其五世祖陆景倩官拜监察御史，其六世祖陆象先曾任唐睿宗、玄宗朝宰相，封兖国公，七世祖陆元方曾任户部侍郎、同中书门下平章事（宰相）。

我自己也想不到，由偶然看到的一句话又发现了这么多珍贵史料。

三、陆居仁传世书法作品

陆居仁的传世书法作品不多，现知道仅存三幅。

作品之一《苕之水诗卷》，北京故宫博物院藏。该作品由时任天津市副市长周叔弢于1952年捐赠。

作品为七言古诗一首，纵28.2厘米，横130.7厘米，草书，41行，赞扬笔工陆文俊所制毛笔精良耐用，夺造化之功。此帖书法飘逸苍秀，神采飞扬，颇具张旭、怀素、孙过庭遗意。

卷前钤陆氏“云间”“幽谷一叟”印 2 方；卷末钤陆氏“宅山”“陆氏居仁”“静寿山”“卧松亭”“寄寄轩”款印 5 方。鉴藏印以项元汴、卞永誉、安岐三家最多，并有项氏“意字号”编号。此卷书于明洪武四年辛亥(1371 年)，是陆居仁晚年的草书精品，成为中国最经典的传世书法之一。后幅有元代张枢楷书次韵陆诗并记，乃张枢传世名迹，又有元代陈朴题跋、袁凯题诗各一段。此卷曾经清代乾隆内府、宣统内府收藏。作品释文：

苕溪之水天目来，月华倒浸琼瑶台。士龙云孙住溪穴，生禽玉兔出明月。玉兔秋毫劲于铁，昆仑嶰竹昆刀截。束毫管竹齐且尖，脱颖不数毛锥铦。来供云窗才一执，逸兴横生风雨意。波涛汹涌沧海立，驱毫入波饮玄湆。山泽龙蛇曾敢蛰，飞走云烟鬼神泣。科斗久废篆籀构，拨橙匾何盘纡。跃龙卧虎便且舒，钟王草圣人争趣。眵瞳晚年方着书，心画每爱隺骨臞。良林遒健铁不如，众材翕茸来墨猪。遂良择材人未识，妙趣难施浑绵力。瑠璃象管徒尔饰，到手胡能供一掷。苕东此艺比屋攻，几人如俊称良工。补天须夺造化功，何时可入明光宫。麒麟涓涓泻寒渌，目光隐现流鸜鹆。洴藤澼茧三百幅，一拂春膏净于玉。辞宏气壮意神速，顷刻珠玑千万斛。浩然文思河东倾，佣书耻作细若蝇。会缚虎须作椽笔，一画天地咸清宁。传岩更肖旁求行，歧山皷文燕然铭。浯溪摩崖书颂声，殷周汉唐相中兴。此时名遂功业成，贡尔中书封管城。岁在重光大渊献冬日至后十有二日，云松老人在城东寄寄轩书。

作品之二《跋鲜于诗赞纸本手卷》，上海博物馆藏。该作品原藏周湘云家，中华人民共和国成立后，由政府收购。

作品文词秀美，潇洒恣肆，笔法超卓，飘逸苍秀，点画圆满，运笔中锋直下，轻重映带，意趣盎然。其书学上的地位，无疑可与其同时诸大家并列。

作品系陆居仁写在《鲜于枢行书诗赞卷》后面的一段跋，纵 42.7 厘米，横 205.8 厘米，草书，43 行。他用鲜于枢诗赞原韵作诗二章，一赞昭文(元昭文馆大学士释溥光)；一悼伯机(鲜于枢字伯机)。跋后自题书于辛亥，即明洪武四年(1371)，为其晚年所书。鲜于枢(1246—1302)，字伯机，号困学山民、寄直老人，为元代著名书法家。作品释文：

伊蒲何来入蓟幽，四列三教十九流。忘身忘世无所求，眇睨轩冕同浮沤。望都下榻延周球，千钧椽笔可汗牛。大书城颜绚皇州，有时赋诗相唱酬。教传竟莫知来由，不飞羽衣过丹丘。不持只履身毒游，衲为衣裳风为瓯。非释非老非庄周，无适无我挽即留。身如不系随波舟，交无杂客皆王侯。观海忽过东南陬，名香厚币争来投。齐眉短发不满头，摄心孤坐常清修。澹然不作声利谋，静看日月搬春秋。

兰亭一入昭陵幽，渔阳学士返风流。一纸落笔千金求，砚池浩荡生玄沤。有时赋咏铿天球，光焰万丈射斗牛。当时声名动中州，钱唐冠盖日献酬。湖山上下任所由，遗题尚在葛仙丘。房山松雪皆旧游，客来何以延茶瓯。鼎彝古玩陈商周，居杭曲为江山留。高斋气胜虹月舟，蓄书不数唐邺侯。文星昔聚吴东陬，夜光明月不暗投。重来野老哀江头，仙庐梵刹废莫修。天运如此非人谋，高堂展卷生清秋。

阅伯机省幕雪庵昭文赞，辞翰俱美，把玩不忍释手，因用韵二章，一赞昭文，一悼省幕，观者毋以狗尾续貂为诮。时岁在辛亥暮春十有八日，吴东野人陆居仁为范寅中书于张隐君之水竹轩。

作品之三《草玄阁次韵诗》(一)(二)，日本东京国立博物馆藏。

陆居仁和杨维桢常相唱和，至正年，杨维桢首唱《赠姚子华笔工》，友人或诸生张经、陆居仁、鲁渊、吕恒、龚显忠、沈钦、张宰、林静、贝阙、陈元善、张程、陈璧、沈雍、张稷、陈善、林世济、吕恂 17 人随后依韵赓和，其中陆居仁的四首和诗就是《草玄阁次韵诗》。

陆居仁这四首《草玄阁次韵诗》作品，有妙笔之魅力，源自羲之的书法风格，写得行云流水，而且行笔发之自信，打破并超越了原有形状和线条的制约，而产生了这种自然流畅的笔触。像里面的“虎”字的虎字头，大笔潇洒一长撇，与其说是偶然这样落笔，不如说正是他欣然为之。作品释文：

校书星动天禄阁，作赋神遇楚阳台。波涛入笔沧海倒，霹雳啸火昆仑开。求文巨室持金献，问字诸生载酒来。矍铄是翁谁画得，心如铁石貌如孩。

禽虎将军劳筑室，焚鱼学士懒登台。尽道蓬莱谪仙出，烂将桃李向人开。高歌夜半鬼神泣，长啸一天风雨来。雄文任索千金价，高马还输十岁孩。

年少洋洋过闾里，诸生衮衮登省台。雕虫末技笔徒秃，射虎良弓石为开。道在未应随世变，身强不得眩时来。君看塞上翁家马，造物戏人如小孩。

能赋子虚有司马，不见邑宰无澹台。绿嗔草力随风偃，丹爱葵心向日开。稻过闲田鸿尽去，芹香旧垒燕还来。丈夫能受孤遗托，唯有公程活赵孩。

前两首着重刻画了杨维桢作为进士、辞赋家、诗人、隐士、业师的形象，后两首感时述志。二诗的主旨为“道在未应随世变，身强不得眩时来”“绿嗔草力随风偃，丹爱葵心向日开”，意谓作为士子，身处乱世，本应“葵心向日”，守住正道的底线，不为时势所眩目，不像弱草“随风偃”，不必急功近利“随世变”。这种处世态度，正是后来明人称其为“高士”的基本前提。

这三幅陆居仁书法传世之作，件件都是国宝，其书法艺术造诣更为金山廊下传统文化确立了一个新高度，这是金山廊下人民的骄傲。

四、陆居仁部分留世诗词

1. 古意二首

其一

采莲多芳草，种豆杂艾蒿。
马齿似蕙根，鱼肠溷铅刀。
举世方好竽，锦瑟将谁操。
已矣屠龙技，终身徒自劳。

其二

王孙玉抵鹊，公子金抵蛙。
夜光投暗室，騄耳困盐车。
燕石锦十袭，楚璞刑再加。
哲哉待贾翁，怀宝无叹嗟。

2. 题曾省元藏温日观葡萄后用温师韵

黄金台壮帝王州，我亦曾为汗漫游。
不入凤池鹓鹭序，依然天地一沙鸥。

3. 曹知白吴淞山色图

终南求捷径，少室索高价。
唯有懒云西，山深无俗驾。

4. 玉山草堂

同宗入洛称三俊，累世留吴尚几家？
谷水千秋书有种，昆山一片玉无瑕。
内台一笑金钗笋，羽灶当携石鼎茶。
见说草堂开绿野，何人分我白鸥沙。

5. 国马足

国马足，吉行五十辔如沃。
天马足，一日千里更神速。
国马天闲饱刍粟，太行盐车天马哭。
【铁雅评曰：自托可悲，句短而意无穷。】

6. 楚人弓

楚人弓，悬两石，五十万矢陷强敌。
绛人弓，箭三只，长歌入关成伟绩。
多箭不如少箭力。
制敌若在弓矢间，鸣条牧野高于山。
【铁雅评曰：史断入诗，箴警多矣。】

7. 古意二首

其二

王孙玉抵鹤，公子金抵蛙。
夜光投暗室，騄耳困盐车。
燕石锦十袭，楚璞刑再加。
哲哉待贾翁，怀宝无叹嗟。

五、有序、有趣、有益、有效地传承陆居仁文化

借助家乡文化名人陆居仁这一宝贵资源，弘扬传统艺术文化，学校对写字教学和书法教育开展有序、有趣、有益、有效的探索。

（一）了解陆居仁

通过挖掘、整理陆居仁的生平事迹和作品，物化、创设成有利于学生学习的书法教育环境，让学生逐步了解、认识、喜欢陆居仁。

1. 知道陆居仁是廊下元代著名书法家、文学家、诗人，隐居不仕，教授以终。

2. 知道廊下南陆的来历与陆居仁有关，知道陆居仁在南陆曾建有“雪松巢”私家园林。

3. 知道陆居仁有三幅书法作品流传至今，其中草书代表作《苕之水诗卷》珍藏在北京故宫博物院，草书作品《跋鲜于诗赞纸本手卷》，珍藏于上海博物馆，草

书作品《草玄阁次韵诗》(一)(二),珍藏于日本东京国立博物馆,并能认识这三幅书法作品。

4. 利用书法课欣赏陆居仁的书法作品,初步了解陆居仁的书法作品具有“潇洒恣肆,飘逸苍秀”的特点。

5. 知道陆居仁有文学作品《云松野褐集》传世,认识、学习其中的一些诗句。

6. 知道陆居仁与杨维桢、钱惟善、吕良佐、周氏兄弟、王蒙等文人交往甚深,吟咏唱和,诗赋相乐。

7. 知道陆居仁家学渊源,具有“安能摧眉折腰事权贵”的志节,因以培养家乡子弟为业,广受时人尊敬,是个幽默风趣、吟诗作乐、把酒言欢、狂放不羁的文人,是廊下一个历史文化标杆。

(二) 制作雅扇作奖品

在探索实施中,学校特地制作了一款精致的,富有特色的书法雅扇。扇的一面专门介绍陆居仁,上有陆居仁的简介、画像、书法代表作、私家花园图片;另一面则介绍廊小书法教育,上有师生书法作品、学生写字照片,有国学大师文怀沙为我校题的“学而时习之不亦悦乎”书法作品,还有我创作的一首富有童趣、深受小朋友喜欢的拍手歌:

写好字

你拍一,我拍一,中华汉字最美丽,博大精深有魅力。

你拍二,我拍二,写好汉字多自豪,爱好书法乐趣多。

你拍三,我拍三,态度端正是关键,姿势正确须为先。

你拍四,我拍四,老师指导看仔细,读帖临帖花心思。

你拍五,我拍五,一笔一画悟清楚,永字八法下功夫。

你拍六,我拍六,每天一练贵持久,循序渐进学不够。

你拍七,我拍七,提笔就是练字时,天天做到了不起。

你拍八,我拍八,学有榜样效果佳,元代居仁历代夸。

你拍九,我拍九,困难面前不低头,勤学苦练争优秀。

你拍十,我拍十,一手好字终生益,修身养性乐无比!

这款雅扇,精心设计,制作精致,富有地域文化特色,书法韵味浓郁,接地气有故事,教育意义与收藏价值两者兼具。

制作这样一款雅扇，不仅仅是为了介绍相关的文化，更是以奖品的方式激励写字表现优异和进步大的学生。在五年级写字等级考试中获得优秀等级的学生，以及虽然没有达到优秀等级但进步大的学生，都可以获得这款书法雅扇。这是我校书法学习成果的最高荣誉，小朋友特别钟爱，家长也特别认可和赞赏。

每逢召开一年级学生家长会和学生会议，我都要介绍这款书法雅扇，以此激励学生从一年级开始就要树立写好字的志向。每年让学生再看一看书法雅扇，勉励学生认认真真写好字，力争通过 5 年的努力，不仅能写好字，获得特殊的奖励，更能把好好写字养成一种习惯，把追求书法艺术培养成自己的爱好。

在每年的五年级毕业典礼上，学校均会举行隆重又简朴的颁奖仪式，既祝贺学生通过 5 年的努力，终于得到这把珍贵的书法雅扇，达成了一年级就树立的目标，同时勉励学生升入初中后以这把书法雅扇为动力，继续把字写好。学校还要求学生珍藏这把书法雅扇，等自己的孩子就读廊小时，告诉孩子这把雅扇的来历，希望孩子好好写字，争取 5 年后也能得到这样一把扇子。这是我校写字教育独特的激励手段，所起到的作用是无穷的，效果是显著的，印象是深刻的，回味是美好的。我相信，几十年后，我校肯定有越来越多的学子家里有两把乃至 3 把扇子碰头的感人场面。那将是一件多么浪漫、多么快乐、多么幸福的趣事，也会成为学校书法教育园地里的一个小而有意义的创举。

（三）举行“居仁杯”书法赛

从 2017 年开始，学校每年都要举行“居仁杯”书法赛，师生人人参与。比赛所用的纸张、颁发的奖状上面印有陆居仁头像或陆居仁的典型字迹，营造出浓厚又自然的居仁文化。学校之所以这样做，主要源于以下目的：

1. 进一步传承与弘扬廊下地域文化。以传承与弘扬陆居仁书法艺术为载体，进一步激发师生热爱家乡、热爱家乡文化的思想感情。

2. 进一步提高学生规范汉字书写水平和文化素养。培养学生正确的书写习惯，引导学生把汉字写得正确、端正、整洁、美观，从整体上提高学生的书写质量，让学生从小就练就一手好字，受益终生。

3. 进一步引导广大师生热爱祖国文字和书法艺术，丰富校园文化生活，营造浓厚的校园书法文化氛围，提升师生书法艺术素养，推动学校书法、写字教育发展，进一步形成“人人写好字、人人读好书、人人搞好活动、人人成为祖国栋梁之材”的良好育人氛围。

（四）营造良好书法环境

1. 设立两间书法教室。教室为中式装饰，端庄雅致，翰墨飘香，根据学校两位先辈名字命名为静渊屋和志贤堂。浓厚的书法氛围，深深地感染着步入其间的每一位师生。每逢写字课，学生一进入这样的专用教室，就会沉浸于书法艺术的良好氛围中，静下心来，轻松自然地进入写字状态。

2. 成立书法教师工作室。为了给书法教师创造良好的工作条件，学校在经费比较紧张的情况下，设立一间书法教师工作室，供书法教师和爱好书法的教师练字、休息、交流。

3. 开辟书法作品展示长廊。在教学楼36根柱子上均挂上书法展板，每个展板分上中下三个部分：上面是名人名家作品欣赏，中间是教师优秀作品展示，下面是每个班级学生的优秀书写作品展示。其中学生作品每个月更换一次。

4. 融入名人名家题词。校园里融入了苏士澍、于漪、何鄂、柳斌、文怀沙、李鑫华、黄玉峰等众多名人的题词，与校园环境相得益彰，形成了浓厚的书法文化艺术气息。

（五）引进一位书法教师

我校硬笔写字教学一直不错，但软笔方面相对弱，最重要的原因在于缺少书法专业教师的指导。2016年，学校通过招聘，引进了全区小学第一位书法研究生辛一鸣老师。辛老师专业素养高，热爱学校，热爱学生，热爱书法教学，她的到来，给学校带来了书法教学生机和活力。学校成立了辛一鸣引领的书法团队，短短几年就让我校的软笔书法教学上了一个台阶、提高了一个层次。

辛一鸣老师的为人处世、工作态度、教学钻劲得到了学校每个教师的认可，也深受每个学生喜欢。她现已在廊下成家，安心在廊下工作，立志为廊下的书法教育作出自己最大的贡献。

（六）重视日常写字教育

除了每年举行一次“居仁杯”书法赛，学校还非常重视日常写字教育。

1. 强化“提笔即练字”的意识，让学生时时端正平时写作业时的写字态度，养成良好的习字习惯。

2. 上好每周一节书法写字课，一、二年级以铅笔为主，三、四、五年级以毛笔为主，安排专职教师任教。

3. 做好一周三次一刻钟写字练习，时间安排在中午 12:30—12:45。

4. 每月举行一次以班为单位的“月月赛”，一、二年级写铅笔字，三、四、五年级写钢笔字。各班学生人人参与，每个学生的作品在班级里展示，代表班级的优秀学生作品在书法长廊上展示；每个年级评出优秀班级两个，在校门口宣传画廊里张榜公布。

5. 每学期期末，每班评出五位“小小书法家”，颁发奖状给予肯定和鼓励。

这一系列有序、有趣、有益、有效的探索，使得学校的写字教学和书法教育取得了显著成效，主要体现在：

1. 激发了师生的家乡情感。师生认识、了解了廊下元代名人陆居仁的生平和他的重要作品，产生了以陆居仁为荣、为榜样的情感，进一步激发了热爱家乡文化的思想感情。

2. 增厚了学校的文化底蕴。学校以书法文化为主题，在环境布置上营造了写字教学和书法教育的良好环境氛围和学习氛围，彰显了书法特色，起到了潜移默化的育人效果。

3. 转变了教师的写字观念。越来越多的教师认识到写字的重要性，逐步重视写字教学和书法教育，不仅书法老师、语文老师重视写字教学，其他学科的教师也开始重视写字，营造了教师人人重视学生写字的良好氛围。

4. 增强了学生的爱国情感。书法教育的宗旨不是培养书法家，而是让孩子们了解中国书法的博大精深，培养他们的民族自豪感：我是中国人，我要写好中国字。

5. 提高了家长的写字认识。随着学校对写字工作的重视和日益取得的成效，家长的观念也有了很大转变，对孩子的写字也越来越重视，这是非常可喜的现象，形成了我校写字书法教育的良好外部环境。

6. 提升了学生的写字水平。近 8 年内我校的五年级书法等级考试一直位列全区前六名，最好时达到区第二名。2018 年，学校还成功创建成上海市书法教育特色学校。

六、筹建陆居仁书院

近十年来，我通过有心寻找、收集，保存了很多有关陆居仁的资料，为了让这些接地气、有故事的地域文化资源存放在一个相对固定的场所，并使其发挥更大的教育作用和艺术价值，我们正在筹建陆居仁书院。设想中的陆居仁书院，将采用中式风格，古朴典雅，内敛大气。展出内容主要有陆居仁生平介绍、南陆渊源、三高士说、应奎文会、传世作品、诗词选登、好友趣事、生活轶事、实物展柜以及学校传承等。

挖掘陆居仁文化资源，品读陆居仁笔墨才情，让廊小学子真切地感受家乡历史文化，让中华优秀传统文化浸润童心，力争把我校建设成一所有故事、接地气、富特色的墨香校园。

参考文献：

1. 黄仁生.论杨维桢和陆居仁的诗文唱和[J].武陵学刊，2018(2).

2. 黄仁生.陆居仁卒年考[J].武陵学刊，2012(4).

3. 程志强."三高士"魂归天马山：松江报，2016－04－07.

4. 南湖野客.酒仙榜：酒散·陆龟蒙.(https://baijiahao.baidu.com/s? id=1664762717704674786&wfr=spider&for=pc)

5. 寿勤泽.丹青圣手——黄公望、王蒙、吴镇传[M].杭州：浙江人民出版社，2007.

6.《金山县志》(乾隆·光绪版).

7. 金山国学的博客(http://blog.sina.com.cn/u/2399271382).

第五节　牵手百年复旦，拓展教育时空

教育，无处不在，无时不有。学校教育时空的拓展，在于教育思想的解放。苏霍姆林斯基曾经指出："智慧要靠智慧来培养。"继承与弘扬先辈"开启智慧，报效社会"的办学精神，践行"开启智慧，润泽生命"的办学理念，光固守课堂，局限于校园不行，必须要善于抓住时机，拓展教育时空，为学生创造不一样的学习天地，增加不一样的学习经历，丰富不一样的学习体验。百年廊小与百年复旦手牵手，就是生动而又成功的一例。

一、一次偶然的参观考察，碰撞出了夺目的教育“火花”

2016年11月12日，这是一个普通的日子。沪上名校复旦大学社会发展与公共政策学院的50余名本科生走进了廊小的美丽校园。

一进校园，这群青春靓丽的大学生就迫不及待地走进班级，跟自己的“学生们”见面。那天同时开放11个课堂。与以往不同的是，给廊小学子上课的不是与他们朝夕相处的老师，而是这些来自复旦大学的学生。让小朋友们更为惊喜的是，一个教室里竟然有四五位大学生一起给他们上课，这可是从未有过的。丰富多彩的课堂形式，给廊小学生带来了无穷的快乐和智慧：

——趣味体育课，小朋友们进行纸板托乒乓球竞走比赛；

——益趣实验课，小朋友们一个个睁大眼睛观看“瓶子吃鸡蛋”，鸡蛋怎么拔也拔不下来；

——趣味化学课，小朋友们眼睁睁地看着手里粉红色的试纸变成了蓝色，真有点不可思议；

——艺术创作课，小朋友们几人一组随心做，或折纸或彩绘或捏软陶；

——趣味阅读课，小朋友们认识了安安和独自生活在小行星B612的小王子；北纬三十度，带小朋友们插上隐形的翅膀，穿越古埃及、古巴比伦、中国、古玛雅，仰视最高峰，俯视最低谷……

……

短短的35分钟很快过去，可小朋友们却意犹未尽。大学生们的青春靓丽和小学生们的朝气勃勃相得益彰。11个课堂，几乎每一节课的气氛都异常活跃，孩子们学习的思路也似乎被一下子打开了，虽然是第一次见面，但在孩子们看来，这些大学生就像是邻家大哥哥、大姐姐般可亲可敬，孩子们对他们毫无距离感，围在大学生身边问这问那，欢声笑语，掌声此起彼伏。11门有趣的课程，带给孩子们丰富的学习体验，让他们学到了很多书本上学不到的知识和本领，解决问题的能力和交际水平也有了相应提高。

课堂上，更有小朋友提出一些“光怪陆离”的问题——如“似乎在哪本书上看到天然气喷发出来，一直有大火熊熊燃烧，然后这个地方就取名为地狱之域。老师，这个地方在哪里啊?”老师还真被难住了。课后，小朋友们纷纷表示“好喜欢大哥哥、大姐姐们给我们上课，真希望他们还能再来”。而大学生们也非常喜欢我们的学生，认为我们廊小学生阳光自信、活泼可爱、好问好学，真像一个个“开心果”和“智多星”。还说我们的学生又特别懂事，会照顾同学和老师，一点也看不出是农村的孩子，让他们有点刮目相看。

难忘的半天参观、服务学习，时间倏忽即逝。这一活动，无论是对复旦学子还是百年廊小学子可谓“双赢”：一方面，复旦学子走上讲台，面对活泼可爱的学生，对他们的“服务学习”来说是个非常好的锻炼机会；另一方面，这项活动能够帮助廊小的孩子们开阔眼界，增长知识，培养能力，给孩子们留下了终生难忘的美好回忆。

“百年廊小”与“复旦学子”手牵手——这件新鲜事，可谓“缘分使然”。

事情还得从2015年11月7日说起。那天，复旦大学组织70多名大学生来廊下小学参观考察。复旦学子早就从报纸、杂志上对百年廊小浓厚的文化气息、先进的办学理念有所了解，通过这次参观学习，廊下小学的校园文化建设给他们留下了特别深刻的印象。

这群复旦学子未曾想到的是：廊下小学教育先辈朱志贤先生曾毕业于震旦学院，那可是复旦大学的前身。这一意想不到的发现，顷刻间拉近了廊小与复旦学子的距离。复旦学子纷纷表示折服于朱先生志远行近的壮志，感动于其为廊下地区教育事业作出的巨大贡献，特别是朱先生那句名言“人在年富力强的时候，正是应当为社会服务效劳的时候”，更令复旦学子感动、敬佩。让复旦大学的老师更惊喜的是，朱志贤先生百年前的理想抱负与复旦大学现在提出的“服务学习”的理念不谋而合。大学生几年后要走出校园、踏上社会，他们正需要锤炼和塑造这种为社会服务、效劳的精神。

就这样，百年复旦和百年廊小因为这次邂逅，也因为有朱志贤这样一位教育先辈而牵起了手。2017年11月18日，我代表学校和复旦大学社会发展与公共政策学院领导签订了百年复旦与百年廊小合作共建协议，我校正式成为“复旦大学社会实践基地”。

复旦大学将每年派遣优秀在校大学生到廊小参观并实践，给廊小学生上课、开展夏令营，开设绘本阅读、喜剧表演、体育游戏、趣味英语、科学启蒙、财物教育以及历史文化等10多门课程。这些活动与课程，是廊小学生近距离接触著名高等学府学子的精神盛宴，将给他们增添不一样成长经历，成为他们学习生涯中一份浓墨重彩的美好回忆。

廊下小学也不定期组织教师赴复旦大学参观考察；每年组织五年级学生到复旦大学参观学习，与名校学生互动交流，感受名校的魅力，通过参观名校进一步拓宽视野和学习渠道，丰富学习经历和体验，从小树立“喜欢复旦”的情感和“我要考取复旦”的志向。学校还承诺将根据双方协商的社会实践和调研内容，为复旦大学志德书院、社会发展与公共政策学院的师生提供组织协调等方面的帮助，以保证实践考察活动顺利开展。

一次偶然的参观考察，碰撞出如此夺目的教育“火花”，令人惊喜。作为一所普通的农村学校，能与中国名校面对面、手牵手，这是廊小拓宽教育渠道、开拓教育视野、提升办学品位的一次千载难逢的机遇。

2018 年 8 月，学校特别制作了“百年复旦和百年廊小牵手纪念碑”，镶嵌在西校门宣传画廊西侧的墙壁上，成为一个有故事、有渊源、有温度的人文景点。

二、一周的夏令营，有趣有味又难忘

这是一份双赢的合作共建协议。签订以后，复旦大学多次组织大学生来廊下小学参观考察。

2017 年 6 月，经学校和复旦大学商量研究决定，这年暑期的 7 月 31 日—8 月 4 日，复旦大学、上海同济大学第一附属中学、上海交通大学附属中学浦东实验高中、橙智国际教育集团联手，以“大手牵小手　共创多彩夏天”为主题，在廊下小学举行为期一周的夏令营活动，这次活动得到了金山区教育局和廊下镇党委和政府的充分认可和大力支持。

为举办好这次夏令营，双方制订了详细的活动方案。

方案规定，复旦大学负责组织上海名校中学生、台湾省中学生和复旦大学老师、大学生约 46 人，并负责夏令营期间授课和开展各类活动；廊下小学选派各班优秀学生共 189 位。开设的课目有科学探索与研究、阅读与讲故事、艺术手工、书法陶艺、运动与游戏、表演艺术、影视与阅读、计算机与科技创新、戏剧表演、认识自我和心理健康以及环境与自然共 11 门，每门课程 2 课时，给 11 个班级(每班 16—19 人)轮流上课。

在夏令营开幕式上，我代表学校在欢迎辞中说道：

“……是我们廊下这个广阔的新农村，还是我们廊小如花园似园林的校园，还是毕业于复旦的我校教育先辈朱志贤先生那句‘人在年富力强的时候，正是应当为社会服务效劳的时候’名言，让我们今天走到了一起，我觉得三者兼而有之吧，但更多的是你们名校提出的‘服务学习’的理念和朱志贤先生的那句名言的理念不谋而合吧……”

接着，我又对我校的189位小朋友说道：

“我要告诉你们，这些大哥哥、大姐姐为了上好各自的课程，花了大量的时间，查阅了大量的资料，准备了很多课件，进行了好多次讨论和研究，一句话，做了太多的精心准备。所以我提议小朋友把掌声献给大哥哥、大姐姐。我希望我们学校的189位小朋友跟在座的每一位大哥哥、大姐姐好好学、好好玩，要敢说、敢问、敢动手、敢思考，如果你说得多、问得多、动手多、思考多，那么你的收获就越多。”

每天的夏令营活动这样安排，上午先进行半小时的集会，然后再上3节课，下午也上3节课。夏令营第一天，就激起了小朋友的极大兴趣。有一位学生这样写道：

“第一天记忆最深的是那节手工课。同济大学附属中学的两个大姐姐让我们折纸飞机，我十分疑惑，往常的手工课都是做一些我们没有做过的，有一定难度的，为什么这次这么简单。等我们都折好了纸飞机后，天澍姐姐跟我们说：‘大家是不是很困惑，今天的手工课为什么会是折简单的纸飞机呢？’她故意停顿了一下，看到大家急切的心情，接着她又说‘因为我们今天要做的，是要把你们心中最大的一个烦恼写上纸飞机，然后等会儿去放飞它，抛掉你最大的烦恼！’大家一听，都十分新奇和激动，纷纷写上了自己的烦恼，随后就急不可待地快步来到了走廊，把这架写上烦恼的纸飞机抛向空中。

真有趣，纸飞机放飞后，我的这个烦恼好像真的飞走了，心里一阵轻松。我想，以后碰到烦恼、不开心，就用这个方法。”

最令小朋友感兴趣的是早上的集会。集会都由橙智教育集团的Tanya老师负责主持。他用开小火车的形式，通过每天一个舞蹈把每一个学生的兴趣和激情调动起来。这位可爱的老师，真正以儿童发展为本，没有施加一点训斥和管教，而是通过幽默风趣的泛儿童的语言魅力、精彩夸张的动作和表情、生动有趣的启发引导、充满童趣的开小火车游戏，牢牢抓住了每一个孩子的注意力，会堂里时时爆发出一阵阵欢笑声，时时出现共鸣。孩子们目不转睛地注视着Tanya老师的每一个动作、每一个表情、每一句话。Tanya老师每天为孩子们带来不一样的精彩舞蹈，孩子们情不自禁地跟着老师舞动起来，跟着节拍大声叫起来，兴趣盎然，精神振奋。动感的音乐声，响亮的口令声，孩子们的整齐划一的舞步声，又夹杂着不断爆发出的阵阵欢笑声，此起彼伏，不绝于耳。就这样，全体学生通过集会，带着快乐、有趣、兴奋、激动的情绪开始每一天的夏令营。

Tanya 老师展示的跨越年龄、跨越代沟的互动集会，让大家耳目一新，收益颇丰。早上集会是凝聚人心、建立团队文化、树立老师威信的重要时刻，目的就是要使学生心情愉悦、迫不及待、信心满满地开始一天的学习。这对我们平时的学校教育也有一定的启发和借鉴意义。

夏令营活动很快迎来尾声。8 月 4 日上午九点，闭营仪式在学校食堂底楼召开。首先进行学习成果汇报展示，整齐而充满活力的舞蹈节目震撼全场，天真烂漫的歌曲《虫儿飞》给人留下了深刻的印象；Tanya 老师又为学生跳起了海草舞，滑稽的舞蹈动作引来阵阵欢呼、喝彩。

汇报演出结束后，闭营仪式的重头戏——颁奖典礼正式开始，志愿者老师为优秀营员、最具潜力营员颁发荣誉证书，同时也表彰了优秀班集体和最受欢迎老师等。

通过这次夏令营活动，小朋友们获得了丰富的学习体验，学到了新本领、新知识，得到了很多不一样的快乐和幸福，尤其是和大哥哥和大姐姐建立了深厚的感情。分别的场面非常感人，很多小朋友和大哥哥大姐姐紧紧地抱在一起，难舍难分，互赠礼品，哭成一团，令人动容。

2018 年的暑期，两校再次联手开展了主题为“阳光少年，季忆留下”的夏令营。这次活动共开设绘本阅读、儿歌朗诵、趣味数学、开心画画、自我介绍、故事大王、材料作文、命题作文、科技制作、小导游、课本剧、魔术表演和课间游戏等 14 门课程，同样给学生留下了难忘的美好回忆。

2018 年 11 月 10 日，复旦大学社会发展与公共政策学院的 100 多名学子，继暑期夏令营社会实践活动后，再次来我校参观学习和送教。

活动前，复旦学子首先观看了三(1)班小朋友带来的《社会主义核心价值观》拍手歌，聆听了三(3)班蒋焱演唱的校歌《上课乐》，还欣赏了由四(4)班和学校莲湘舞蹈队共同表演的廊下民间艺术——打莲湘。

之后，103 位复旦学子走进教室，开设了黏土手工制作、创新的高高塔、排球小少年、调理自我情绪等 18 门课程。丰富多彩的课程让我校学子收获颇丰。

下课后,复旦学子们在20多位廊小小导游的带领下,参观了学校的桃李园、松梅园、莲湘园和何鄂雕塑馆。小导游们兴趣盎然、精神饱满、有声有色地介绍我校的一个个景点,让复旦学子们赞叹不已。

这样的社会实践活动也给复旦学子留下了难忘的印象。复旦学生李春华这样写道:

“这是我第一次给小学生上课,对于自己来说是非常难忘的回忆。廊下小学的小朋友都十分的活泼可爱,在我走进教室的时候就感受到了他们的热情,令我十分惊喜。

我们给他们准备的是‘认识我自己’心理课程,主要目的是希望小朋友们能够发现自己身上的闪光点,也善于去发现别人身上的优点,更重要的是,认识到自己的缺点,勇敢地说出‘虽然我有一些缺点,但是我还是非常喜欢自己,我会努力克服这些缺点,成为一个更优秀的人’。希望通过这个课程,增加小朋友们的自信心。

整个课堂洋溢着欢乐的气氛,小朋友们都积极主动举手,不仅要说出自己的优点,还要发现自己的缺点。令我感动的是,当有一个小姑娘站起来说‘我觉得自己长得不是特别好看’时,她身边的小朋友真诚地对她说:‘我觉得你长得很可爱呀。’还有比较难忘的一点是,有个小男孩害羞,不愿意站起来说自己的优点,身边的同学却都纷纷站起来说他的优点,鼓励他,这让我很感动。

这次上课的经验让我感受到了小朋友之间真挚的友情,离孩子们的世界更近了一些。”

复旦学生李彦同学这样说:

“这里的孩子们对于新知识都有着一种不灭的热情,能担任这样一群孩子的教师,简直是一种享受。下次有机会的话我一定会再来的!”

由此可见,这样的实践活动,对复旦学子来说,也是很好的实践锻炼机会,为他们的成长同样带来很多启发、收获和美好的回忆。

三、走进百年复旦,廊小师生感受名校的魅力

“一年好景君须记,最是橙黄橘绿时。”教育时空的拓展为两校互访提供了契机。复旦师生多次走进廊小,廊小师生也多次走进复旦。

2017年11月5日,学校组织全体教职员工到复旦大学(邯郸校区)参观

学习。

教师们聆听了复旦大学的简介，之后又在 3 位大学生志愿者的带领下，依次参观了复旦大学校史馆、光华楼、逸夫楼、物理楼、燕园和毛主席雕像等有名的建筑和校景，大家对复旦大学的历史、文化、办学理念和宗旨也有了一定的了解。很多教师是第一次走进复旦，看得出大家很兴奋、很激动，在复旦老校门、校史馆留下了很多镜头，成为复旦之行的美好回忆。

继廊小教师走进百年复旦之后不久，学校每年也组织五年级学生到复旦大学参观学习，让学生们实地了解复旦的百年历史，领略复旦的文化魅力。

2017 年 11 月 15 日，五年级学生来到了仰慕已久的复旦大学。学生们特别兴奋和好奇，一下车就迫不及待地在复旦校门口留影。然后在复旦大哥哥和大姐姐的带领下，一一参观了校园。一路走来，在正对校门的毛泽东雕像、复旦校训“博学而笃志，切问而近思”前、燕园、复旦大学校史馆、复旦老校门等地方，都留下了欢声笑语。同学们纷纷用镜头记录下这一次别样的实践活动。在校史馆里，在观看各类展品的同时，同学们还向大哥哥、大姐姐提出许多有趣的问题。最后来到复旦光华楼前的草地上，听一听复旦校歌，做几回有趣的游戏，和大哥哥、大姐姐亲切地互动一番。最后，同学们都带着美好的回忆，依依不舍地离开了复旦大学。

事后，同学们都用文字记录下了这一次特别的社会实践活动，其中五(2)班李雪堰同学在《参观复旦大学后感》一文中写下了这样的文字：

“2017 年的 11 月 15 日，我们五年级全体同学来到了仰慕已久的复旦大学。一到复旦大学，大家迫不及待地在校门口合了一张影，太阳的毒辣丝毫不影响我们激动的心情。

我们以班为单位，分成四组，分别由一位复旦大哥哥或大姐姐引导。一进学校大门，一座伟岸的毛主席像就映入我们的眼帘，他昂首挺胸，目光坚定，好似在告诉我们要努力学习，努力成为祖国的栋梁之材。校园的林荫道两旁种满了梧桐树，绿树成荫，鸟儿在枝头叽叽喳喳地唱着欢快的歌儿。此时，大家的心情更加激动了，跟随着复旦大学的大姐姐参观一个个地方，只见有一块很长的石碑，上面刻着复旦大学的校训：博学而笃志，切问而近思。大家不是很明白，但听了大姐姐的分享后，内心起了一阵阵的波澜。沿着林荫道往前走，来到了复旦大学的老校门，它古朴典雅，时时散发出历史悠久的文化气息，这里肯定要留一张合影。来到校史馆,大家一边聆听大姐姐的讲解,一边左顾右盼,偶尔耳语几句,讨论起了复旦大学的历史文化。出了校史馆,随着人流,宏伟的光华楼屹立在眼前,据说,这栋楼有一百多米高,放眼望去,高耸入云的光华楼像两支巨大的铅笔,伸向高空。楼前有一块很大的绿毯似的草坪,我们还在那合了个影呢!草坪边有许多不知名的小花,还有许多供学生或来参观的人们休息的椅子。我被这所名校的美景吸引住了。

依依不舍地离开复旦大学后,我的心情久久不能平静,这所令人向往的中国名校,激起了我学习的动力!心想:要是我能来这里读大学,那该有多好!"

老师们说,每年组织五年级学生到复旦大学考察实践,是廊小学子最向往、最难忘的文化研学之旅。

百年廊小与百年复旦因偶然相遇走在一起,成全了大学教育与小学教育手拉手的因缘,这是我校实施素质教育的新机遇、新探索,我们要倍加珍惜,积极探索,努力让两校的交流互动成为我校拓展教育时空、开阔教育视野的一个不一样的特色实践项目,给廊小每一个学子留下一份铭记一生的美好回忆。

第五章

守望乡土，挥洒不变的教育情怀

廊下，是生我养我的地方，我深深地热爱家乡的土地、家乡的教育、家乡的孩子们。

家乡是我成长的土壤，从报考中师的那一刻起，我在心中就已埋下了挥之不去的家乡情愫。待到走上教育工作岗位尤其是做了校长后，这种发自内心的持久、特殊、难以割舍的守望和情怀则愈加强烈，一直在激励我为家乡的教育事业全身心地工作着、奋斗着。从一个农家子弟成长起来的我，更懂得教育对农家孩子的重要意义，更珍惜来之不易的工作岗位，我必须尽我所能，义不容辞地为农家的孩子提供最好的教育，想方设法守住、培养好乡村的教师队伍，竭尽全力办一所百姓心目中的家门口好学校。正因为有了这一脉相承、矢志不渝的教育情怀，才有了我对校园文化建设的激情、韧劲和执着。

作为校长，要"充满人文情怀、激情与智慧"，我把这些精神元素注入了学校工作，引领全体师生群策群力，积极营造教育磁场，务实创新，在改革开放新时代书写百年老校新精彩。

第一节　坚守乡土，从我报考中师说起

我是个普通农民的儿子，对乡村有着特殊的感情，做教师尤其担任校长后，心中一直有这样一个目标：要让每一个学生在廊小追求智学，过得开心，成为好孩子；让每一个教师在廊小追求善教，过得幸福，成为好老师；既要使每一个廊小人的生命变得更加滋润和精彩，更要使百年廊小的生命继续焕发青春的活力。

这就是我，一个在廊下这块土地上成长起来的平民教师、平民校长的教育职责和使命担当。

一、报考中师：让我很幸运地实现了“书包翻身”

20 世纪 60 年代，我出生在原金山县廊下乡的中联村，是个农民的儿子。从出生那天起，我一直是喝廊下的水、走廊下的路、过廊下的桥成长起来的，且从没有离开过这块土地。

中联村，坐落于现廊下镇西部廊淦岛，由陆家浜、吴泾、泖秀三个自然村组成。它北面与吕巷镇泖湾村交界，南面与中丰村相邻，西面与浙江省平湖市新埭镇姚浜村相邻，东面以六里塘为分隔，区域面积 2.99 平方公里。中联村是廊下最偏僻的乡村，贫穷落后，交通不便，村内没有一条像样的路，更不要提石子路与柏油路，六里塘上还没有桥，到廊下还要乘摆渡船。到了晚上，整个村庄漆黑一片。陆家浜的人上镇买东西一般都到吕巷集镇，要是到廊下镇办事，那要先摆渡过六里塘，走到吕巷，然后乘公交车再到廊下。如果回来晚了，摆渡船收工了，还要拼命喊摆渡船工，方能回家。

儿时，我家里很穷。父母是纯朴、老实、勤劳、善良的农民，不识字，但始终教育我们子女做人要本分、勤劳、善良。我兄弟姐妹 5 个，我有两个哥哥、两个姐姐。他们大多小学没有毕业，大哥很早出去学裁缝，两个姐姐和二哥都在家务农。我是幸运的，书读得最多。

小时候，家里很穷。我穿的衣服、袜子、布鞋都是打了补丁的，穿的雨鞋是我哥哥穿过、补了又补的，经常渗水，下雨天不得不多次在鞋底替换稻草来维持鞋底干燥。一日三餐吃的全是粥,平时只有家里来了亲戚才会烧几个鸡蛋,一般也只有在家里卖掉一头猪后才舍得买肉吃。

过年,那是我们儿时最盼望的日子。年夜饭,家里一般至少烧八菜一汤,烧的其他菜都可以吃,但鱼大人一般不让吃,说是年年要有余(鱼)。过年还要剃新头,穿新衣,贴春联,放鞭炮,可以拿到几毛压岁钱,可以跟父母一起走亲戚,可开心啦!小时候,我长得矮,奶奶教我一个长得高的方法:大年初一天蒙蒙亮的时候,到自己家后面的竹园里摇竹头。记得有一年除夕,我早早吃好年夜饭,用笔在墙壁上做了个我身高的记号。大年初一,天刚蒙蒙亮,我冒着寒冷,悄悄地来到自家后面的竹园里,挑了一根最大的竹子,边摇边说:“摇竹头,摇竹头,快让我长高!快让我长高!”非常巧的是,我后面一家的小孩也在摇竹头,我假装没有看见,因为我奶奶说摇竹头时是不能让人看见的,否则白摇了。年初二开始,我几乎每天要到有我身高记号的墙壁前测量一下身高,到了正月十五还是一点也没有长高。我就问奶奶,竹头摇了怎么不长高呀?奶奶笑着说,你摇竹头的时候一定被人看到了。现在想想,摇竹头是大人锻炼孩子不怕寒冷、培养意志的一个好方法,也是希望孩子在新年第一天就有一个美好的梦想,这是大人的智慧所在。

我们小时候的学习很轻松,没有压力,没有焦虑。放学后参加“小小班”,和小伙伴们一起做做作业,看看书。虽然那时的住、穿、吃都很艰苦,但无忧无虑,很快乐,可以打打弹子,翻翻洋片,滚滚铜板,捉捉知了,抓抓萤火虫,跳跳“房子”,拔拔毛针,烧烧野餐,扔扔镰刀,玩玩橡皮筋,还用竹叶做风车,用麦秆做成碗盛豆,热了跳到河里游一会儿,渴了用手在河里捧一把水喝,用竹竿做的水枪相互射击……我还经常用三角渔网下河或在垄沟里抄鱼;最有趣、开心的是夏天晚上,我经常用手电筒照黄鳝,天气越闷热,田里出洞的黄鳝越多,最多的一晚,我抓到了三四斤。

我小学是在自己村里中联小学读的,初中是在廊下西片中民中学读的,高中就读于镇上的廊下中学。

小学里让我印象最深的是叶坤炳老先生。在夏天,他躺在躺椅上,常让小朋友给他的脚底挠痒痒,给他扇扇子;学生表现不好,他就用教鞭打学生的手心。但我们全村人尤其是叶老师教过的学生都对叶老师很尊敬,只要叶老师到来,家家户户都会热情地端凳子、泡茶、敬烟,还要留他吃个便饭,有时候还要送一点农产品。

进入初中，我每天放学后还要在小队里做“一饮烟”（农民下午干活，分上下两个时段的下一时段，中间休息叫“吃烟”）的农活。寒暑假，几乎天天要务农，要挣工分，农村里几乎所有的苦活、累活我都干过。拔秧插秧，割稻挑麦，挖沟敲麦泥，赤脚挖河泥，拔野草打药水，摊田地施肥料，有时还通宵开夜工打稻，这些活养成了我吃苦耐劳、勤劳勇敢的品质。

初中有件事还记忆尤深，教我初中化学的老师干永年，看我喜欢化学，就借给我一本化学课外书。我非常激动，觉得干老师看得起我，因此对化学特别有兴趣。初三升学考试，我的化学成绩考得特别好。

那时，在我们乡下，孩子唯一的出路就是靠读书。通过读书，考上中专、大学等，使农村户口变成城镇户口，拿工资吃饭。在当时乡下人眼里，这就叫“书包翻身”。

我就读高中时，曾经放弃过学业，干了两个星期的农活。我哥哥运气好，是拿工资的城镇户口，常年住在街上，见识多，看得远，知道我弃学后回家狠狠地批评了我一顿，说一家的希望都寄托在我身上，硬是逼着我继续上学，还让我住在他的厂里看着我，早饭晚饭也吃在厂里。

为了不辜负家人尤其是大哥的希望，实现“书包翻身”的梦想，我发扬“笨鸟先飞”的精神，发奋学习。夏天夜里，我常在蚊帐里看书做作业，早上天刚亮就起来看书。班主任庄文元老师对我很照顾，把他办公室的钥匙给了我，让我晚上夜自修时一个人在办公室里专心做作业，还常把他从其他学校要来的试卷给我做。

功夫不负有心人。1981 年，我如愿实现了“书包翻身”的梦想，考取了金山县教师进修学校承办的中等师范教育班。我算是很幸运的，那一年，农村户口学生考取中专以上的人很少，廊下中学只考取了两人。

那时候，金山中师班因为招收的是高中毕业生，所以学制只有两年。师范学校实行免费读书，每月还有餐饮补贴，自己不出一分钱，吃得又很好，与平时家里吃的相比，几乎是天壤之别。但那时，多数学生不愿意报考中师班，因为中师毕业后，大部分学生分在条件艰苦的村校任教。但我认为，自己毕竟是城镇户口了，哪怕做乡村老师感觉也很好。

在师范学校里，让我记忆犹新的是练普通话。我家和浙江平湖交界，方言口音很重，小学普通话基础打得不扎实，前鼻音和后鼻音、平舌音和翘舌音都分不清。为此，我下了比别人多几倍的时间学习拼音，朗读文章，练习绕口令，有时候声音大，音又不准，常招来别人的嘲笑。但我不气馁，坚持练习，通过努力，我进步很大，普通话笔试成绩很好，常得到老师表扬，口试成绩也能达到中等水平。

两年师范学习的最后一个学期，我们有几个月的实习时间。我被安排到金山县实验小学(现在的金山区第一实验小学)。我非常珍惜实习机会，带着好好学的决心来到实验小学。

实验小学的实习氛围特别好，教育教学活动多、质量高，为我们创造了很多学习机会。领导没有架子，非常热情，给我们安排了最好的指导老师。教师平易近人，教学水平高，经验丰富，热情耐心地指导帮助我们。学生活泼可爱，胆子大，常围在我们身边问这问那。我朴实低调，不善言辞，但虚心好学，认真钻研教材，善动脑筋，与小学生打成一片。

有一次，我上了一节自然公开课，因为我运用多种方法，注重调动学生的积极性，课堂效果很好，被教导主任冯老师看中了。她要求我中师毕业后就留在实验小学工作，做自然专职教师。当时，我心头一热，自己一个普通的学生，没有背景，没有关系，要我留在金山最好的学校工作，这不是天上掉馅饼的事吗？为此，我好几天睡不着觉，有一次梦见自己真的成了实验小学的老师。后来，曾在中联小学工作过，教过我的实验小学黄镇渊教师告诉我，说冯教导看人很准，能被冯教导看中非常不容易，但要我作好思想准备，不要抱太大的希望，因为要进实验小学的老师不知有多少，冯老师毕竟只是教导主任，难免心有余力不足。

后来，真的被黄老师说中了，我没有分在实验小学，但我在实验小学学到了很多，收获很大，尤其是因为冯老师的“看中”，让我找到了做一个好老师的自信。

二、中联小学：我从教的第一站

1983 年 7 月，我从金山中师班毕业，被分配在自己村的中联小学，这是我从教的第一站，也是我坚守乡土的开始。不过，一进学校，我有点“傻眼”。校舍还是我当年读书时的样子，只是学校有了围墙，多了一间朝向东面的教室。

那时，工资普遍不高。记得我第一个月工资是三十四元五角，我让父亲到街上买了几斤猪肉，全家吃得很香。家人和亲戚看到我“书包翻身”拿工资了，都为我高兴，左右邻居都向我投来羡慕的目光。

尽管中联村很落后，条件艰苦，但我是中联村人，对自己的村庄有很深的感情，且中联的父老乡亲非常淳朴善良，对教师都非常尊重，左右邻居常要我为他们写信、写文章，这让我感到做老师有成就感，父母也常嘱咐我为乡邻多做点好事。

我是中联小学唯一的师范毕业生，教育教学比较规范。校长许照明对我很器重，在生活上、工作上给予我很大的关心，经常嘘寒问暖，在工作上尽可能地给我创造条件。

中联小学不是一所完小，只开设一至五年级，六年级要到中民小学就读，我教五年级语文兼任班主任。分在最偏僻的村校工作，虽然很失落，但我非常珍惜教师这个岗位，全身心地投入到工作中。乡村生活很单调，我的精力几乎全部放在工作上。每天，一走进学校，我就有一股强烈的责任感，时时在催促我、激励我，要把家乡的孩子教育好、培养好，要做一位学生喜欢、家长满意、同事赞许、领导认可的好老师。工作不久，大家都说我干劲足，热情高，办法多，给学校带来了不一样的生机和活力。教育、教学上的事我认真干，总想干得好一点，好一点，再好一点；学校的事务我总抢着干，总觉得自己年轻，应该手脚勤快一点，多做一点，辛苦一点。上班早一点，下班迟一点，晚上加班备课、批作业，成了我工作的常态和习惯。

工作伊始，班级纪律管理是我碰到的最头疼的问题。学生上课讲话、做小动作、插嘴、顶撞老师此类事件时常发生。我用过很多办法，立壁角、罚抄课文、罚扫地，用手推过学生的头，也向家长告过状。这些手段，应该说开始有一定效果，但后来越用越没有效果。怎么办？我一直在思考，一直在寻找好办法。

有一次，一个喜欢听故事的学生突然问我肚子里有故事吗？我说有呀，你们想听吗？大家都说想听。我就讲了“孙悟空三打白骨精”的故事，学生们睁大眼睛，个个听得津津有味，没有一个学生讲话、做小动作。听完了，还要让我讲，于是我就对学生说，你们上课表现好，不讲话，不做小动作，我就给你们讲故事。结果，学生的表现越来越好，我讲的故事也越来越多。有趣的是，有一次我讲到一半后故意不讲下去，在吊足了学生胃口后，我让学生自己说接下来故事该怎样发展，结果学生兴趣很高，讲了很多故事发展的可能，我再一一进行点评，肯定讲得好的学生，并把故事的真实发展过程讲了出来。这种方法，让学生听故事的兴趣更浓了，几乎天天要我讲故事。我讲的故事，有些是书上看来的，有的是我根据班级的情况即兴编出来的。村校课外书籍很少，也很陈旧，我特地自费到街上买了好几本《故事会》，自己还订了份《演讲与口才》。

我除了用故事教育学生外，还经常对他们加以表扬、肯定。我一发现学生有优点或进步，就即时表扬、肯定。在表扬、肯定的同时，再提一两点学生需要努力的要求。

用故事教育学生，用表扬多肯定、激励学生，同时再提点学生需努力的要求，这就是我走上工作岗位后摸索出来的管住学生纪律的两个最有效的好办法。

教学既是一门科学，也是一门艺术。要上好课，得经过反复锤炼，不断实践。至今我还清楚记得，第一次走上讲台的尴尬。那节课，尽管作了充分准备，可那四十分钟的一节语文课，我用了二十分钟不到就已经上完了。怎么办？台下的学生一个个睁大眼睛看着我，似乎还在等待着什么。无奈之下，我只好让学生自己看书来打发剩下的时间。不过，这第一次的尴尬却成了激发我要好好研究的动力。后来，为了上足一节课，课堂内容尽量安排充分一点，晚上在家里，我还要反复试讲。有一次，因为自己试讲太投入，声音太响亮，窗边吸引了几个邻居在偷听，搞得我很难为情。

当时，我们新教师没有指导老师，完全靠自己摸索。那时，学校里教学参考书也很少，记得只有一本《小学语文教师》。教学上碰到搞不懂的问题，我经常写信给教师进修学校语文教研员薛兴荣和唐颂尧两位老师，他俩非常热情，及时给我答复，让我受益匪浅。现在，回过头来看我当时提出的问题，真的很稚嫩，乃至很可笑。可正因为这种好学、钻劲，我对自己的教育教学越来越有自信，教学成绩也越来越优秀，让我越来越喜欢教书。现在想想，青年教师成长路上，尤其在从教的起始阶段，主动多问有经验的老师，多反思自己的教育教学，真的是一种很好的自我提升的途径。

当年，廊下辅导区有一所中心小学和二十多所村校。辅导区每几周就要组织一次教研活动。那时，交通非常不方便，如果到中心校，我们村校都要租一艘农用机船开到中心校参加活动；如果到村校，就得自己步行到活动的学校。那时的路都是泥路，我还没有自行车，外出学习，步行是唯一的方法。

有一次，教研活动在村校山塘小学举行，听经验丰富的老教师王雪麟的公开课，也是我工作后的第一次听课。那天正好下着很大的雨，我连中饭都顾不上吃，就套上塑料裤脚套，穿好雨衣出发了。我先从学校步行三刻钟左右到六里塘三官堂渡口，摆过渡大约走了一个多小时才到吕巷镇。我买了两个面包在车站边吃边等公交车，半个小时后才乘上开往廊下的公交车，在廊下车站下车后又足足走了三刻钟才到山塘小学。虽然一路泥泞不堪，裤脚上满是泥巴，走得很辛苦，但这次教研活动却很有收获。王老师平易近人的教态，对学生循循善诱，时时肯定、鼓励的教法，非常温馨又活跃的课堂气氛给我留下了终生难忘的印象。那天回到家天已经黑了，但我的心里却是亮堂堂的。

辅导区的教研活动听课机会不多，一学期只有一两次。我非常珍惜每次听课学习机会，从不迟到早退，从这些经验丰富的老教师身上，学到了很多，他们的课堂教学，以及课后的评课总结，给了我很多启示，在很大程度上助推了我的课堂教学能力的提升。

廊下中心小学的五年级语文教研组组长王吉莲老师教学经验很丰富，对青年教师既热情关心，又严格指导。从教第一年，我借她的班级在中心校上了一节公开课——《狼牙山五壮士》。这是我生平第一次面对全辅导区的五年级语文老师亮相，校长赵保全也参加了听课。那时，初出茅庐的我，十分看重这次机会，但心里又有点忐忑不安。

《狼牙山五壮士》这篇课文，写得生动形象，引人入胜。在备课时，我想，能否让学生在了解内容的基础上，指名一位朗读能力较强的学生有感情地朗读，让其他学生闭上眼睛，集中注意力，边听边想象，使静止的书面文字活起来，达到如闻其声、如见其人、如临其境的境界。我的这一教学设想得到了教研组长王吉莲老师的肯定，并鼓励我大胆尝试。

这篇课文第二段，作者把五壮士写得神态各异，栩栩如生。根据这个特点，当讲完这段后，我就指名一位学生有感情地朗读，让其他学生闭上眼，边听边想象五壮士那威武高大的形象。

这位学生朗读得很有感情，学生们个个听得聚精会神。那学生读好后，我问学生，听了这位同学的朗读你们的脑海里仿佛出现了什么？学生们纷纷举手，争先恐后地一一说出了五壮士威武不屈，跟敌人顽强战斗的情景。这一教学方法，调动了学生各种感觉器官，课堂气氛非常活跃，取得了意想不到的教学效果。

因为这节公开课的成功，赵保全校长要我在全辅导区教师学年总结会上交流发言。这是非常荣幸的一件事，当时所讲的内容，我只依稀记得大概讲了自己如何热爱教育、虚心好学、钻研教材、培养学生学习兴趣等。但我那次发言时非常紧张，手脚发抖，稿子都拿不稳，说话疙疙瘩瘩，不敢看台下的教师，发言后满头大汗的紧张情景，现在还记忆犹新。但就是因为这次交流发言，让我有一种成就感，更加坚定了做一个小学优秀教师的信心。

后来，我进一步对这种教法进行了研究。在一次次的教学实践中，我体会到，写得生动形象的课文，如《草原》《月光曲》和《卖火柴的小女孩》等，采用这种方式，对提高学生学习兴趣都很有效。

一首好诗，就是一幅美丽的图画。我曾教过杨万里写的《小池》："泉眼无声惜细流，树阴照水爱晴柔。小荷才露尖尖角，早有蜻蜓立上头。"《小池》这首诗，作者运用拟人的手法，以富有情趣的笔调，勾勒出一幅幽静明丽的水彩画：有池有泉，树阴映入水平如镜的池中，细细的流水从泉口悄悄地流向池中。优美柔和的风光显得格外迷人，尖尖的嫩荷叶角儿露出水面，有几只蜻蜓立在这上面。多美丽的一幅图呀！当学生初步理解这首诗后，我就通过教师、学生反复朗读，让学生闭上眼睛，想象诗情画意；接着，把这首诗的插图挂出来，让学生边朗读边欣赏，把他们带进诗歌描绘的情景之中；最后，我还让学生根据诗的内容，结合自己的想象，写了一篇题为《小池》的短文。在大胆的尝试中，我还对自己的教学探索进行了认真总结，认为这种教学方法有以下几个优点：

——学生精神饱满、兴趣盎然，唤起了强烈的求知欲，充分调动了学生的积极性；

——学生闭目静听，注意力高度集中，排除了外界干扰，克服了心不在焉的不良习惯，加强了记忆；

——人人用耳，个个动脑，张开想象的翅膀，培养了学生的想象能力。

一年后，我写了一篇教学小论文《闭目、静听、想象》，有幸发表在《上海教育》杂志上。虽是一篇小论文，但当时能在《上海教育》上发表，也非常激动和自豪。

在中联小学，也是我第一次当班主任。

期终考试结束后，班主任要写成绩报告单。我根据不同的学生写出不一样的评语，首先是肯定，哪怕最不好的学生我也要写上几句肯定的话，然后再提几点希望。成绩报告单需要家家户户送，路再远，哪怕刮风下雨，我也要亲自将报告单送到家长手中。如果见不到家长，就第二天再次家访，直到见到为止。见到家长，我总是先夸奖一下孩子的优点，然后再提出假期里的一两点要求。所以，家长和小朋友都喜欢我的到来。

三、勇敢小学：从教导主任到村校校长的磨炼

第二年，我调到另一所村校——勇敢小学。因为勇敢小学是所完小，离镇区中心校近一点，条件也比中联村好一点，可以住宿。平时，我和几位青年教师住在学校，但那时课余生活非常单调无聊，学校只有一台黑白电视机，频道少又不清楚。晚上，学校四周一片漆黑，我们常常早早地窝在床上，看看书打发时间。

勇敢小学离我家很远。一年后，我托人买了辆凤凰牌自行车，当时，石子路还没有通到勇敢小学，到学校还有一段泥路，下雨后，泥路上不能骑自行车，我只好把自行车扛在肩上，不是人骑自行车而是车骑人，一步一拐地艰难走到学校。当年，下雨天“车骑人”的现象很普遍，放在现在，几乎是不能想象的，这样的情景如今想想也蛮有趣的。

这个村校的学生很调皮，胆子很大，常常搞恶作剧，班级管理难度很大。有一天中午，我到教室里收作业本，从走廊窗口里发现几个男同学在窃窃私语，不知要搞什么鬼。等我走到教室门口，刚推开半掩半开的门，一把扫帚就掉了下来，里面的同学哄堂大笑，几个男同学笑得直不起腰来。那场面弄得我很尴尬，我火气很大，大声问是谁干的，大家都说不知道。其实，我一看就知道是一个男同学干的，他已留了好几级，没有一个老师对他不感到头疼。如果我把他拉出来，罚他“立壁角”，或推到教室外面去，也许能镇住其他学生，但对这个久经沙场的学生来说一点也没用。我压住火，灵机一动，拿起这把扫帚对大家说：“今天，你们中的一个学生用这把扫帚跟朱老师开了个玩笑，这把扫帚有点不高兴，因为它的作用是用来打扫卫生的，不是砸老师头的，你们说对不对？”大家都说对。我又说：“现在，我们教室隔壁的弄堂里很脏，谁能用这把扫帚把弄堂打扫干净，让这把扫帚发挥它应有的作用，使它高兴起来？”

有几位学生举起了手，但，稍作考虑，我却让那个搞恶作剧的学生打扫弄堂，自己也拿了把扫帚和他一起打扫，边扫边给他讲道理。后来，我又经常让他

为班级做点事，他人大力气大，做事很好，因此后来常得到我的表扬，表现慢慢好起来了。从此，班级里恶作剧的事不多了，班风学风有了明显好转。

我非常注重班干部的培养，不以成绩好坏为标准，喜欢培养两类学生担任班干部，一类是各方面都很优秀的学生，另一类是在某一方面优秀的学生。在我班里，只要愿意为班级、为同学服务的，愿意在各方面或某方面成为同学榜样的，愿意帮助同学一起成长进步的，都有可能做班干部。培养班干部我还有三个明确：明确他为什么会担任班干部，好在什么地方，让同学心服口服；明确每一个班干部的职责，他应该做哪些事，让同学们监督；明确允许班干部有缺点，但一定要做到知错就改，让同学知道班干部有缺点不要紧，只要改正就好。这些理念和做法效果非常好，几个月后班风就有了很大的转变。

在实践中我逐渐感觉到，一个教师尤其是班主任，只要把班级里几个难管理的学生管住，又注意培养好一支班干部队伍，班级管理就已经成功了一半。

1985 年，非常巧合，原在山塘小学工作的，也就是我听过他课的王雪麟老师调到勇敢小学担任村校校长，让刚刚工作两年的我担任勇敢小学教导主任。王老师人很随和，管理有经验、有方法，和他一起工作非常开心，学到了很多有关管理和教育教学上的经验。

抓教学质量，我有一个诀窍，就是研究试卷。当时语文的单元试卷，期中、期末试卷都由金山实验小学曹明华、黄镇渊等为数不多的有经验的知名老师出，试卷质量都很高。考试前，我反复研究题目类型，研究考试重点，把这些题型、重点与平时课堂教学、平时作业联系起来，举一反三，强化训练，所以我教的班级考试成绩始终不错。如果考试成绩不理想，我不会对学生发脾气，埋怨学生，但一定会从教学角度认真分析原因，找出症结，并告知学生本次失误的原因和以后努力的方向。

20 世纪 80 年代，村校最缺英语老师，有一年实在排不过来，学校就安排我教两个年级的英语。对我来讲，英语不是强项，但由于我注重研究教材的重点、难点，喜欢研究试卷，再加上注重培养学生的兴趣，注重对错题难题的练习，故英语教学成绩在辅导区也名列前茅，在全区小学毕业考试中，我班英语成绩获辅导区第二名，很多英语老师对我刮目相看。但我是有自知之明的，因为我语音语调不准，生怕误人子弟，后来，在有更年轻的教师分配到我校时，我果断放下英语任教工作，仍教语文。现在回想起来，我当时的决定是对的。

我踏实的工作作风、虚心的学习态度、显著的教学成绩得到了中心校党支部的高度认可，1985 年，我加入了中国共产党，是“文革”后廊下辅导区第一位入党的青年教师。

同年，因我工作出色，中心校领导推荐我和辅导区另外两位优秀教师参加当年度成人高考，在学历上再进行培训。当时，校长王老师非常关心我的高考复习，除了让我带好班、上好课外，几乎所有的教导事务工作都不要我做，让我集中精力安心复习。一分耕耘，一分收获，辅导区推荐的三人中只有我考取了南市区教育学院理科班。教学点设在松江教师进修学院，每周一天脱产学习。三年后，我大专毕业，成为辅导区第一个从中师到大专的毕业生。

1987 年，王雪麟老师调到中心校担任语文分管教导，我担任勇敢小学校长，杨士生担任教导主任。杨老师工作任劳任怨，责任心强，教学质量过得硬。我非常尊重杨老师，两个人配合得非常默契。

担任村校校长后，我明显感到肩上的责任大了许多。原来碰到难题可以推给王老师，现在只能自己担当，自己想办法解决。村校工作的最大难度，是第一学期开学前的排课，排得好，一年都顺，排得不好，工作就推不开，质量就成问题。我学习王老师的排课经验，对难排的年级、学科，事先和教导主任杨老师沟通、协商，然后再征求有关教师特别是有个性的教师的意见，尽量让大家乐意接受。有人说我胆子小，连排课也怕这怕那，但我始终觉得，靠强势，靠命令，靠居高临下得到的威信，教师是不服的。只有做通思想工作，才能调动教师的积极性。我经常让能力强、责任心大的教师多做一点，平时多肯定、多表扬，向中心校领导多汇报；对教师在教育教学上碰到的问题和困难，我会千方百计地帮他们解决；对个性强的教师，我常和他们沟通、交流，看到他们的长处，发挥他们的特长；在考勤上，我采取比较柔性的管理措施，教师确实有事的，上班晚一点、下班早一点是允许的，但前提是安排好工作，不影响教育教学。

为了加强辅导区的统一管理，中心校每学期至少召开两次村校负责人会议。会上，我喜欢向中心校领导汇报老师的成功做法和经验，尽量回避教师的不足，有问题我自己承担；如果一定要汇报，那也是单独向领导讲。因为我知晓，绝大多数教师都是讲感情的，要面子的，你的肯定、照顾、宽容，他们是记在心里的。

每学期上班第一天和学期结束前最后一天，我们辅导区全体教师都要集中在中心校开会。开学第一天，上午由中心校领导布置学期任务和要求，下午各教研组活动；学期最后一天的下午，全体教师集中在会议室，一起总结学期或学年工作。

每学期中间，中心校要组织班子、村校领导和中心校年级组长、教研组长到每所村校视导，主要是看校容校貌、听课，检查教师备课、作业批改等内容。每个村校都有自己的优势，视导是学习他校管理经验的很好途径，我比较善于学习，每次视导我都能学到很多，对特别好的经验我会马上在自己村校实施。我们勇敢小学在村校中影响很好，每次视导都能得到中心校领导的好评。

我担任村校校长两年，学校工作氛围很好，教师之间关系很和谐，大家的工作积极性都很高。因此，学校毕业班教学质量非常优秀，语文(杨士生任教)、数学(钱炳芳任教)和英语(王连均任教)等三门学科均获得过辅导区第一，这是非常不容易的。

在20世纪八九十年代，村校在农村教育发展中起着不可或缺的作用。那时，在整个辅导区，村校的总体规模远超中心校。1989年，廊下辅导区有教职员工188人，其中村校教师112人；学生2517人，其中村校学生1819人。

这两所村校的工作经历，为我的教师生涯，以及后来的校长管理工作打下了坚实的基础，这是一笔宝贵的精神财富，又是一段难忘的美好回忆。

第二节　为乡村孩子提供最好的教育

1989年9月，我调入廊下中心小学，那时简称“中心校”。这是我教师职业生涯的又一个新的起点。

新的起点，又使我在心中萌发了一个新的愿望。那就是要追求一流的教学成绩，为乡村的孩子提供最好的教育。于是，我开始了一系列教育、教学的实践探索。

第一年，我任教六年级一个班级的语文课，并兼任班主任。我接的这个班级，学生是从万春和新建丰两所初小升上来的，行为习惯和学习基础都比较差，但我从不责怪前任老师教得不好，也从不埋怨学生笨。面对班级现实，唯一要做的，是多动脑筋，多想办法，多花工夫。

首先，我从培养学生的学习兴趣抓起。以“兴趣是成功的种子”为班风，我请一位书法好的老师把这句话写下来，张贴在班级黑板上方。第一节课，我充满自信地告诉学生：朱老师上语文课，不管你的基础如何，只要对学习有兴趣，学习就会取得成功，一年后人人会取得满意的成绩，好的一定会更优秀，一般的也会走向优秀，差的很快会跟上来。

这个班级，我印象最深的是学生怕写作文。我一提起写作文，学生就抓耳朵、皱眉头，即使写了也大多只有简单的几句话，且错别字很多。

为了提高学生的写作兴趣，我对学生说，写作文是一件很容易的事，就是写我们真实的生活。只要把你看到的、做过的、想到的写下来就好了。每天，人人都能看到很多事，做很多事，想很多事，从早上醒来到晚上脱衣睡觉，乃至做梦都可以写。我还举例问学生：早上你是几点钟起床的？谁叫醒你的？怎么叫你的？你有什么反应？什么时候你最不想起来？穿衣速度快不快？有没有闹过笑话？学生的话匣子一下子打开了，说得特别兴奋，话也特别多。我说，把这些话写下来就是一篇很好的文章，可取名“起床”。

几天后，我就让学生写写学校里上课。我说，老师在课堂上表扬或批评过你吗？因为什么事表扬或批评了你？老师说了什么话？表情怎样？你听了后表情怎样？心里是怎么想的？同学们有什么反应？回家把这件事告诉父母了吗？父母怎么说？你听了后又怎么想？把这些话写下来就是一篇内容充实的文章，题目就叫《难忘的一课》。这样一引导，学生真的觉得写文章很容易、很简单、很有趣。我还特别强调，写作文一定要写真实的人和事，不能写虚构的、乱想出来的。我喜欢趁热打铁，及时认真地批改学生的作文，每个错别字都要圈出来。每次批改，我总要在最后写上几句肯定、激励的话。学校里时间不够，我会把作文本带回家，常常要批改到深夜。

为了进一步提高学生的写作兴趣，我还把优秀的作文在班级里张贴出来，或作为范文讲评。即使是文章写得不太好的学生，我也会抓住好的一点表扬、肯定一下，哪怕一句话或一个词语。有时，我还让学生在自己的作文里画个图，不会画图的让他画个花边美化一下，这样一来，学生的写作兴趣就越来越浓。

后来，我又让学生写日记，一开始对字数要求不高，等学生养成了天天写的习惯后再慢慢提高要求。当时电视连续剧很流行，我让学生写连续日记，每则日记后面写上一句话：欲知后事如何，请看下篇分解。学生们对此兴趣盎然，越写越有劲。通过近一个学期的坚持，学生对写日记有了好感，写出了味道，每个学生都写了好几本日记簿，作文水平因此越来越高。

学生作文好不好还与学生的阅读关系很大。我发现作文写得好的学生大多喜欢看课外书，所以我很重视培养学生阅读课外书的兴趣。我经常对学生说，看书犹如往银行里存钱，存的钱多，你买东西就方便，想买什么就买什么，否则你就买不到东西；同样，你课外书看得多，头脑中的知识就多，你想写什么就写什么，否则就写不出来。我经常让喜欢看书的学生介绍看书经验，范读他们写得好的作文，让学生觉得这些学生作文之所以写得好，是因为他们喜欢看课外书。有一次，一个喜欢上课发言的学生对我说，他很少看课外书，但作文写得也很好。我说，这是因为你聪明，你喜欢上课发言，口头表达能力强。如果你再喜欢看课外书、多看课外书，你的作文一定会写得更优秀。为此，我有意识地培养他看课外书的习惯，让他在班级里交流读书体会，批改作文的时候给他多写几句肯定、鼓励的评语。一个阶段后，他真的喜欢看课外书了，作文也确实写得更好了。我一直认为，学生有时候主动阅读一篇文章或一本课外书，要比老师上一节或几节语文课效果好。作为语文老师，一定要重视引导学生课外阅读，培养他们的阅读兴趣，教会他们阅读方法。这样做了，语文阅读和作文教学往往能起到事半功倍的效果。

作为班主任，在努力教好语文的同时，在思想品德教育方面，我也开始了探索研究。首先从改变教育方法入手，从学生生活实际出发，探索孩子们喜欢的、可以接受的有效教育方法。

1990年的德育主题是“两史一情”。为了提高学生的兴趣，我根据小朋友崇拜、喜欢孙悟空的特点，搞了个“孙悟空智学‘二史一情’”学习园地，带领班级小朋友和孙悟空一起学“二史一情”。小朋友学得特别认真、特别有劲，班级活动也搞得有声有色，充满生机和活力。

在抓学生学习兴趣的同时，我又着力抓了学生良好行为习惯的培养。

爱因斯坦曾引用过这样一句既俏皮又富有哲理的话：“如果人们已经忘记了他们在学校里所学的一切，那么剩下的就是教育。”这就是说，学校教育的内容可以忘掉，但教育的结果——素质的养成，是不可能消失的，而对小学生来说，素质养成的核心就是行为习惯的养成。

我认为，班级行为习惯教育中任课老师的配合非常重要。我做班主任有一个特点,就是常常告诫并要求学生,不仅上我的课表现要好、成绩要好,上数学、英语和其他老师的课,表现、成绩也都要好,否则我这个班主任也不满意、不高兴。我经常从其他学科老师那里了解学生的上课情况、作业情况。我尽量安排好其他老师提出的要求,做好服务协调工作,还尽可能和这些老师统一一些共性的要求。班级举行联欢活动时,我一定要请其他任课老师一起参加。和我搭班的数学老师杨健忠和英语老师卢益平都是充满激情、充满智慧的老师,我们三人配合默契,教育理念基本一致,注重培养学生的学习兴趣,作业布置得比其他班级少,放学比其他班级早,活动比其他班级多,结果班风、学风越来越好,学生的学习兴趣越来越浓,学习成绩越来越优秀。一年后,我班的语文、数学、英语毕业考试成绩均名列辅导区第一。

由于年龄特点的原因,小学生思想行为的表现往往起伏较大,教师抓一抓便会好一阵,如果松一松那就不得了,接二连三的事就会发生。针对这种情况,我就以中队的名义坚持开展"每周一评"活动。活动开展一学期后,中队里渐渐产生了一股向上的动力,班风、学风出现了可喜的变化,有些后进队员也明显转变,形成了一个团结向上、你追我赶、朝气蓬勃的集体。

所谓"每周一评",就是根据队员的一周思想行为表现,对照《小学生守则》和《小学生行为规范》以及中队的实际情况而制订出来的评议标准,利用十分钟队会或班队课,用模糊评议法,通过自评、互评或教师评的形式,评出十个表现好的"十佳"队员、十个表现差的"欠佳"队员,如果一连评到十次"十佳",以后该队员就免评,荣称"信得过十佳"。评选后宣布评选结果,并用在墙上贴红、黄三角旗的方法张榜公布。

在评选时,我特别注重以下几个方面:

一是抓住队员的最佳心理时机进行教育。被评为"十佳"的队员心情激动,从内心感到快乐和满足,处于最佳接受批评之际。我抓住这个有利时机,及时对该队员提出一个下星期需要努力的方向和要求,因为这时该队员最听得进别人的意见,往往会起到立竿见影的效果;而被评为"欠佳"队员,此时情绪波动,我除了诚恳地指出他的缺点以外,更有意识地引导其他队员看到"欠佳"队员的优点,让他们在接受批评的同时,感到自己身上还有一些闪光点,从而树立信心,鼓起勇气。对一般队员,我针对他们可能出现的无所谓或灰心的心理,加以正确引导,引导他们从正反两方面吸取经验教训,激发前进的动力,并在下一周有意识地让这部分学生中的一两人成为“十佳”“欠佳”对象。这样对每个层次的队员都能起到教育效果。

二是充分发挥队员中榜样的作用。榜样的力量是无穷的。因为同龄人之间的生活、经历接近,所表现的好思想、好行为容易为队员所感染。每周评出的“十佳”尤其是“信得过十佳”就是队员中的榜样,把“十佳”和“信得过十佳”队员身上所表现出来的闪光点汇聚成册,并把这些事例写成表扬稿投给校红领巾广播台。这样做,既能促使“十佳”和“信得过十佳”队员时时处处严格要求自己,又能让周围同学学有榜样,容易找到可比可学的“参照物”,以此激励自己迎头赶上。

三是更加关注对后进队员的教育。通过“每周一评”,后进队员由于内外因素的影响,往往产生一种自卑心理,产生一种“破罐子破摔”的想法,所以如果在评选时和其他队员一样对待,那肯定永远评不到“十佳”。因此,我用发展、激励的眼光来对待后进队员。这就要求充分运用模糊评议法,把后进队员所改掉一个缺点看成是一个了不起的进步,以此作为“十佳”的条件就有可能评上“十佳”。一旦某后进队员评上“十佳”,我就要适当地表扬,但同时又不失时机地指出其不足。此时,后进队员最容易接受老师的批评并能改正,会起到意想不到的教育效果。

学生一旦犯了错误,我不是采取简单、粗暴的方式批评,而是耐心引导、循循善诱、晓之以理、动之以情。首先让学生承认错误,知道自己错了,知道给自己、给班级带来了不好影响;第二,让学生下决心改正错误;第三,在批评的同时还要寻找、肯定犯错误学生身上的优点,让学生有信心改掉缺点。这样的教育处理,学生一般都能接受,绝大多数不会重犯错误。当然,也有个别学生的不良行为可能已养成习惯,需要老师付出更多的耐心、精力和智慧。

四是借机引导队员们进行自我教育。苏霍姆林斯基说过:真正的教育是自我教育。活动开展初期,我在晨会、品德课、班队课上作动员,讲清评选的重要性,接着有意识地在队员中寻找几个典型,引导队员勇敢地自评“十佳”或“欠佳”,有意识地让队员进行自我总结、自我比较、自我评价、自我推荐、自我认识、自我提高,这样便可能达到有效的自我教育效果。

一段时间坚持下来,我班中队的“每周一评”对学生良好行为习惯的养成起了很大的作用,受到了学校的好评,并被推广到了其他班级。后来,我还特地写了一篇论文《中队的每周一评》,发表在1990年的《少先队活动》杂志上。论文的发表使我更坚定地实施我的做法和探索。

教这个班级,还有一件事令我印象很深刻,那也是在抓中队"每周一评"的日子里。

有一次,上课铃响后,我走进教室,一眼发现两个学生假装闭着眼睛,边做眼保健操边和旁边的同学讲话。当时我火冒三丈,真想大发雷霆,狠狠地训斥一番。但以往的教训告诉我,那样的做法也许能镇住学生,但是收不到好的效果的。于是,我便灵机一动,若无其事地把讲台上的粉笔盒悄悄地藏到前排一个学生的抽屉里。

做完操后,趁上课还未开始,我提了个出乎学生意料的问题:"老师的粉笔盒在哪里?""哗"一下子举起了十几双小手。我先抽了两位做操认真的同学,一个说在办公室里,一个说在讲台的抽屉里,我一一摇了摇头。这时,看见我藏的一个学生好像识破了我的计策,突然把手放了下来,而另一个仍旧把手举得高高的。我就叫他回答。他胸有成竹地说在某某同学的抽屉里。于是,我一边拿出粉笔盒一边认真地说:"回答正确,但我要批评你,你不该回答正确!"

顿时,许多学生感到惊讶。"这是为什么?"我接着问把手放下去的那个学生,他红着脸说:"能回答出老师的这个问题,说明他做眼保健操时睁着眼,看见了老师藏粉笔盒。"学生们听了恍然大悟,很多学生向我投来了敬佩的目光,另一个不认真做操的学生红着脸笑了。最后我说:"同学们,眼睛是心灵的窗户,做眼保健操能保护视力、预防近视,所以我们做眼保健操也要像学习语文一样认真。"

从此以后,那两个学生不但做眼保健操认真了,而且学习也比以前认真了许多。

这次成功的教育给了我很大的启示:批评,也是一门学问,应该来一点创新。那种简单训斥的老一套批评方式已经行不通了,一两次也许有效,但时间长了效果就不行了,尤其是对那些一下子难以说服的学生。假如,我当时还是用简单生硬地训斥或罚站的方式对待这两个学生,最后只能产生这样一种局面:要么使学生感到不痛不痒,批评和不批评一个样;要么使学生产生对立情绪,明知自己不对,却不愿接受批评。可想而知,接下去被批评的学生肯定无心上课,同时在整个班级制造了紧张压抑的消极气氛,无利于课堂教学。而我吸取了以往的教训，别出心裁地用藏粉笔盒的批评方式表达出我的批评意图，让被批评的学生在笑中脸红，在内心深处认识错误，迅速在行动上加以改正，使其他学生也在轻松愉快的气氛中受到了一次难忘的教育，从而完满地达到了批评的目的。

这个藏粉笔盒的事例，不仅令我印象深刻，也令全班同学记忆犹新。这一届同学多次聚会，也曾多次邀请我们语、数、英三位老师参加，一起怀旧、叙旧，“藏粉笔盒的事例”总是会被学生提起。

1990 年 9 月，我又接了五年级一个成绩水平中等的班。两年后，毕业考试，该班语文成绩也荣获辅导区第一名。

我的成长，确确实实是在教育教学实践探索中一步一步磨炼出来的，靠的是主动、虚心、认真。我从 1990 年开始兼任年级组长，每一次策划和组织活动，对我来说都是一次锻炼，也经受了来自各方的考验。

20 世纪 90 年代，我们学校在每年“六一”节要举办一个非常隆重的营火晚会。这一天，学校面貌焕然一新，处处彩旗飘扬，彩球彩纸挂满了教室。当天，班级一般也不安排教学，老师就和小朋友一起准备班级活动。年级组长则要配合学校做好安排。在营火晚会上，有表演节目的班级（村校）会感到非常荣幸，要预先好几天反复排练节目，直到满意为止；没有节目的班级就准备自己班级的庆“六一”活动。晚会上一般先是校长致辞，然后是表彰、发奖、领导讲话，接着表演节目，最后点起营火跳集体舞。其中有一个节目是师生同台表演，往往要台上台下互动，常常会把晚会推向高潮。镇分管副镇长、妇联主席、团委书记、村领导、企事业领导也都应邀参加，副镇长要代表政府讲话，各单位还要为学校捐资，尽管钱不多，但尊师重教氛围很浓。

营火晚会也同样受到学生家长的高度重视。每逢这一天，几乎所有的家长都来观看，结束时领孩子回家。当时，学校条件艰苦，用干石灰在靠近大楼走廊的操场边画个半圆就当作舞台，音响就是一只高音大喇叭，有时杂音很大，时时发生刺耳的尖叫。但晚会气氛热烈，师生劲头十足，也没有发生过安全事故。“六一”儿童节是小学生最快乐、最幸福、最激动的一天，尤其是营火晚会，将给他们留下终生难忘的美好回忆。非常可惜，随着对校园安全工作越来越重视，师生安全成为学校做好一切工作的前提，于是，营火晚会也被逐步取消了。

学校教育应是多彩的，无论是市区学校还是乡镇小学，都要与社会有机结合起来，利用一切可能利用的条件让孩子们享受到最好的教育。

1995 年，上海东方电视台、上海教育电视台、中央电视台相继播放了 150 集《东方小故事》，社会反响强烈。中华传统美德是一种高尚的精神，具有强大的生命力、凝聚力和感召力，对于净化人的心灵、规范人的行为具有重要作用。我觉得《东方小故事》蕴含着深层的道德力量，它通过艺术的形式，生动形象地再现历史事件和历史人物，顺应了小学生爱看影视的心理特点，容易被理解和接受，是一笔可贵的精神财富；对于学校教育而言，它更是极好的教育资源，其潜在的教育价值应该得到充分发展。因此，我向学校建议将《东方小故事》引入课堂，对学生进行传统美德教育。

经学校讨论通过后，我们开始了实践探索，每班每周开设了一节影视课。那时条件非常艰苦，教学设备更是简陋，为了实施这个项目，学校克服困难，特地买了一台彩电和一台录像机放在一间大教室里，作为学校影视室，各班级轮流观看。学校安排我负责这个项目的策划实施和日常工作，于是我全身心地投入到此项工作中去。

首先，要做好教育专题的选择。中华传统美德内容广博精深。我对照《小学德育纲要》和《小学生行为规范二十条》，根据小学生年龄特点、认知水平和道德品质形成的规律，紧密联系《东方小故事》所反映的内容主题，确定了 12 个教育专题：孝敬父母、尊敬老师、关心同学、谦虚礼貌、助人为乐、诚实守信、惩恶扬善、知错就改、立志勤学、律己宽人、勤俭节约、爱国爱民。在 150 集《东方小故事》中，我选择了适合小学生观看的 36 个小故事，既有古代又有现代的，每一个教育专题配上 3 个东方小故事。

其次，是做好重点教育专题的研究和分解工作。为了便于研究，也为了把教育内容落到实处，我根据小学生实际表现及成长规律又从 12 个教育专题中选取了“尊敬老师、诚实可信、助人为乐、勤俭节约、立志勤学、爱国爱民”6 个专题为研究重点。各年级段对每个教育重点专题选配的 3 个东方小故事，其中 1 个为“强化观看”，两个为“一般性观看”。6 个专题中的“尊敬老师”，主要属于日常行为规范；“诚实守信”“助人为乐”“勤俭节约”主要属于基础道德；“立志勤学”“爱国爱民”主要属于价值观，同时每个专题中也穿插了其他内容。日常行为规范、基础道德和价值观是学生思想品德发展的三个层次。前两个层次是最重要的基础，而价值观是较高的发展层次，到中学乃至成人才能表现出来，具有长远效应。确定重点专题后，我根据小学生各年龄段的心理特点，进行具体分解，让教师操作时有章可循，有的放矢地引导学生参与实践，提高实效。

第三，做好具体操作，我主要从两个方面入手：一是课堂教学，二是少先队活动。此外，我还配合学校，注意在日常行为规范训练中对重点教育专题进行强化操作。课堂教学、少先队活动、日常行为训练是对学生进行传统美德教育的主要操作途径。后来，我们进一步扩大、丰富了影视教育内容，增加了深受学生喜欢的故事片、动画片和教育专题片。

几年后，我校影视教育取得了令人瞩目的成效，为学校开展相应的教科研工作积累了丰富的经验、打下了一定的基础。1995 年 10 月，《利用"东方小故事"加强农村小学传统美德教育的研究》被立项为市级课题；1996 年，上海电教馆在我校召开影视教育现场交流会，充分肯定了我校的影视教育经验和做法；同年，《上海电教》还刊登了由我撰写的论文《利用影视手段加强爱国主义教育》；1997 年，学校荣获上海市影视教育优秀成果评选一等奖；1998 年，影视教育课题《利用"东方小故事"加强农村小学传统美德教育的研究》荣获金山区首届教科研成果评选一等奖；1999 年，《上海教育科研》刊登我校的科研论文《利用"东方小故事"进行农村小学传统美德教育》；2000 年，学校荣获上海市中小学影视教育工作先进学校称号。

我真的没有想到，利用现有资源《东方小故事》，学校的影视教育会取得那么大的成绩。我作为具体负责研究、落实者，很有成就感，感到无比自豪。在这个过程中，我对教书育人的内涵有了更清楚的认识，教科研水平也有了很大的提高。更重要的是，我的这一系列探索研究，无疑也给乡村的孩子提供了最好的教育。我从中进一步认识到，只要认准一个目标，持之以恒地用心做下去，一定能取得成功。

我从 1990 年兼任年级组长，到 1995 年开始担任校长助理，再到 1996 年被任命为金山县（金山县在 1997 年 5 月撤县建区）廊下小学副校长，这中间是一个很大的飞跃，但也经受了不小的考验。

悠悠岁月，稍纵即逝。6 年副校长，我与学校共奋斗、同成长。我分管的教科研、少先队工作都取得优异成绩。1998 年，学校荣获"全国雏鹰大队"称号和"上海市红读先进集体"称号，学校教科研成果荣获金山区首届教科研成果评选一等奖；2000 年，学校荣获"上海市红读观摩示范校"称号；2001 年，学校再次荣获“全国雏鹰大队”称号。当然，这些成绩的取得是全体教职员工共同努力的结果，我只是起了应有的作用。

1999 年 9 月，学校推荐我参加成人高考，使我有机会参加上海师范大学公共管理专业本科学历进修。2002 年 7 月毕业，我成为我校第一位取得大学本科文凭的老师。恰逢这年 8 月，我在副校长这一岗位上经过 6 年的锤炼后，被金山区教育局任命为校长，成了廊下小学历史上第 25 任校长。

第三节　守望乡土，关键是要守住教师

百年大计，教育为本。百年教育，教师为本。教师队伍建设，是学校建设与发展的重中之重。要打造一所特色品牌学校，必须要有一支好的教师队伍。我校是一所远离市区的乡村小学，地域偏僻，在 21 世纪初，无论是硬件设施还是软件的建设，与城镇学校相比，均存在着很大的差距。特别是因为地域和条件的原因，优秀的应届毕业生都不愿到我校来，培养的优秀教师又留不住，不断流失，这是偏僻乡镇学校都要碰到的一个令人头疼的共性问题。

守望乡土，关键是要守住教师。全面提升师资水平，是办好学校的首要任务。自走上校长岗位后，我就把“以教师的发展促进学生和学校的发展”作为我校最重要的一项办学策略。因为我觉得：校长最大的责任，就是要为教师营造良好的氛围，搭建适合的平台，构建有效的机制，千方百计地调动教师的工作积极性；校长最大的贡献，就是培养一支优秀的教师队伍，尤其是中青年骨干教师队伍。

一、制订两大目标，建设一支师德高、学业精的智慧型教师队伍

办学要有方向，做事要有目标。一开始，我们就从廊小实际出发，制订了学校建设目标和队伍建设目标。

学校建设目标：打造一所风气正、有特色的金山区一流、上海有一定影响的新优质学校。

队伍建设目标：建设一支师德高、学业精的智慧型的教师队伍。

师德高：爱生爱教，为人师表。

学业精:学高善教,精益求精。

为什么要制订这样的学校建设目标和队伍建设目标?事情的缘由是一位校友的贺词。

2004年,学校举行百年校庆,校友、时任共青团上海市委副书记马春雷给母校的贺词这样写道:“在一个人成长的历程中,能够就读于一所风气正、有特色的好学校,能够师从一批师德高、学业精的好老师,那是一生的荣幸。衷心祝愿母校永远是这样的学校,母校的老师永远是这样的老师!”这是一位杰出校友对母校真诚的赞赏和肯定,是母校的荣耀和幸福。但在我看来,这应该更是以马春雷校友为代表的所有廊小毕业生对母校的一种美好期望、要求和鞭策。他们期望母校能抓住百年校庆的契机,进一步务实创新,注重内涵发展,建设一支好队伍,创建一所好学校。

历经百年沧桑,学校的确也取得了众多辉煌的成绩,但离百姓的期望和时代发展的要求还有很大的前行距离,离“风气正、有特色的好学校”和“师德高、学业精的好教师”这两个愿望还有很长的一段奋斗路程。而这贺词就是学校新百年发展的美好目标和无限动力,应该把他贺词中的几个关键词融入学校建设目标和教师队伍建设目标。于是,学校班子多次讨论、研究,大家都认同我的观点,大家还认为:除了要风气正、有特色,学校面对新形势还应该有远大的志向,敢于走向一流;教师除了师德高、学业精,还应该要强调智慧施教。我还发动教师一起讨论,最后经教代会通过,制订出了“打造一所风气正、有特色的金山区一流、上海有一定影响的新优质学校”的学校建设目标和“建设一支师德高、学业精的智慧型的教师队伍”的教师建设目标。

学校的建设目标能否达到,关键在于教师队伍建设目标的落实,故我们狠抓师资队伍建设,始终将提高教师的事业心和责任感作为高位引领的核心,以此提升教师的精气神。

围绕教师队伍建设目标,我们一直大力营造“和蔼可亲、严爱相济、朝气蓬勃、精益求精”的廊小教师精神面貌和工作状态,使之成为教师履职的坐标、育人的追求:

和蔼可亲,这是教师对学生的真情,是一个好老师应有的亲近、温暖、慈爱;

严爱相济,这是教师对教育的深情,是一个好老师应有的方法、手段、智慧;

朝气蓬勃,这是教师对工作的激情,是一个好老师应有的干劲、力量、希望;

精益求精，这是教师对教育的钟情，是一个好老师应有的自信、底气、追求。

学校在提振教师精神状态的同时，在具体的教育教学过程中，倡导和大力培养愿意“多学一点、多想一点、多做一点、做好一点”的老师，引导教师养成志远行近的工作情怀：

多学一点，是常态，是生活，是自觉；不怕学不来，只怕不肯学。

多想一点，是智慧，是巧干，是捷径；不怕做不到，只怕想不到。

多做一点，是态度，是奉献，是境界；不怕做不来，只怕不肯做。

做好一点，是自信，是目标，是水平；不怕做不好，只怕没信心。

无论是老教师，还是新教师，以上这些要求，都要成为大家站稳教坛、站好讲台的“至宝”。

二、从“八大举措”入手，全面提升教师专业素养

学校要成为成就教师的宽阔无比的天地。那么，如何打造教师这个团队，营造积极向上的良好氛围，让教师愿意多学、多想、多做，使其向心力、凝聚力、执行力和专业素养切切实实得到提高？多年来，我校领导班子成员精心策划，先后实施了八大举措——

第一，重学习，转观念，从转变思想着手提高教师素质

教育观念落后，这不仅是学校发展的最大障碍，更是教师发展的最大阻力，只有教师的教育观念有所转变和突破，学校的教学质量才有持续提高的可能性。

学习是转变教师观念的重要途径和手段。要让先进的课改理念在教师实践中得以体现，必须要加强学习。我们以倡导教师读书活动为突破口，倡导以读书为乐，在读书中求生存，在实践中求发展；用先进的教育教学理念武装广大教师的头脑，切实改变我校“实践丰富而理论苍白”和“苦干有余，巧干不足”的落后现状，强化“能将先进理论运用到实践是一个优秀教师必须具备的能力”的意识。我们重点学习了《为了中华民族的复兴，为了每位学生的发展》《二期课改导读》《课堂教改 100 条》《百部中外教育名著导读》《新课程理念与小学语文(数学、英语)课堂教学实施》等书籍和文章。我们把很多教育专业微信公众号推荐给教师，还约定，谁看到好文章就推荐给大家。我们致力于“让读书、学习成为教师的生活方式与日常习惯”。

如于漪老师曾赠送我校一套《于漪全集》。作为一所普通的农村百年老校，能得到于老师的关注和厚爱，我们感到非常骄傲和幸福。我们在书香苑里设立了于漪大师教育书籍专柜，并在教师群体尤其是青年教师中掀起了一股学习于漪大师教育思想的热潮。于老师的教育教学思想深深地感染着我校每一个教师，尤其是青年教师。如她的"三次备课成名师"案例成了我校推广学习于老师思想的起点和推动青年教师专业发展的一个新举措，促进了一大批青年教师快速成长。

第二，取真经，大辐射，借助外力，分批培训，开拓教师视野

外面的世界真精彩，校内的现状很安宁。原先，我校教师只顾埋头苦干而忽视与外界的联系，安于现状，凭所谓的经验开展教育教学工作，久而久之，教育教学观念愈显滞后。然而，社会对教育却越来越重视，家长对学校的期望值也越来越高。这让我们感到一种无形的巨大压力和强烈的紧迫感。

怎么办？社会需求、家长期望倒逼着学校推出一些改革举措来改变现状。2003 年，我校选送首批 12 位教师赴兄弟学校取经。金山区海棠小学、实验一小、实验二小、朱泾二小四所学校的校长、教师以宽广的胸怀、无私的境界为我们提供了携手帮教的机会。12 位学员非常珍惜学校赋予的这一学习机会，他们带着学校的嘱托与希冀，将外在的压力转化成内在的动力，实实在在地努力追求"取真经、大辐射"的目标——在外既要向带教教师学习先进的教学方法和本领，还要学习带教教师的师德人格，感受带教学校的育人氛围和育人环境；回校，既要及时把先进的教育理念与教学方法融入自己的课堂之中，以汇报课的形式向大家演示，还要在教研活动时及时与组员交流自己的感受与体会。此外，他们每人还与自己学校 1—2 名教师结成对子，营造了一种良好的取经辐射氛围。学员们非常珍惜学校赋予的这一学习机会，因为他们深深懂得：培训是学校给予他们的一种最好待遇。他们牢记职责使命：在外校虚心做学员，在本校耐心做教师。他们带去问题主动学习，带回思考认真总结。学校将 12 位学员学习过程中产生的一些观点、理念、想法汇编成册，取名《学海无涯》，供教师参考学习。

经过几年的探索，我校探索出了培养学科骨干教师的培训模式：校内选拔—外校拜师—校内带徒—区学科导师（区学科带头人）追踪指导。就这样，我们每年送一批教师外出学习，通过外校培训、以点带面、重点关注的方式，迅速

培养了一大批学科骨干教师，还推动了全校教师教学技能的快速进步。这样的做法终成为我校教师专业发展的一个有效途径。

第三，请名师，上层次，有引领，试点突破，激发各科改革积极性

课堂教学质量高不高，名师指导很重要。针对学校教学质量的现状，我们首先提出了“以英语教学为突破口，推动学校教学质量提高”的思路，要求英语学科“一年一个样，三年大变样”。达到这样一个目标要靠谁？靠我们自己，这是不可缺少的基础，但要上一个层次，要大变样，还必须要靠专家、名师、教研员精准而持续的指导。常言道，求名师育高徒。我们期待通过名师的指点，努力打造一支骨干教师队伍。

我们有幸邀请到了金山区教育学院退休教研员程绪萱老师，让她每周来我校一天作定期指导，要求对每个英语教师每学期听课不少于两节。经程老师全面正确的“诊断”、真诚热情的鼓励，每一个英语教师都能清楚地看到自己的不足，又能满怀希望地做出努力，改进不足，切实有效地提高了上课水平。后来我们又邀请到金山区教研员许建华、杨斌不定期地到我校指导。三位教研员的精心指导和热情帮助，有效地触动了教师对智慧教学的无限渴求，点燃了“我要多学一点本领”的强烈愿望，激发了每个教师提升教学能力的内在动力。更为荣幸的是，我们还邀请到英语特级教师、上海市英语教研员朱浦老师担任我校英语教学顾问，每年来我校指导一次。凡经朱老师指导的教师，教学水平都有了显著提升。

英语学科组的变化引起了语文、数学等其他学科的关注，老师纷纷要求学校也为他们请名师。教师们如此主动、强烈的学习愿望，真是学校所希望看到的，作为校长还有什么理由不感动，还有什么理由不努力去创造？于是，我们把市、区名师和教研员一一请过来，快速助推我校教师特别是骨干青年教师成长。语文特级教师贾志敏、金哲民、王林琳，市教研员姚剑强、薛峰等名师都一一来到我校，或听课指导或作专题讲座；区各学科的教研员纷纷不定期地来我校进行指导；区语、数、英教研员还带领全体中心组人员来我校，对我校语、数、英教师全覆盖听课指导；现在，我们还邀请了区数学、英语和美术三位退休教研员每周来校一次作指导。

这么多市、区名师和专家来我校指导，是我校教师的福气，让我校教师尤其是青年骨干教师受益匪浅。实践证明，专家的引领与指导，是我校切实提高教

师业务素质的不二法宝。

第四，重教研，谋合作，让教研活动成为教师成长的舞台

教研求实效，这才是教研活动的价值所在。而要取得教研实效，必须发挥团队的力量，注重教师间的合作，实现分享经验、共谋发展、共同进步。教研活动应避免低层次的教学研究，要有高层次发展的欲望，要精心策划有高度、有深度的活动，要真正在“研”字上做文章，在“研”的氛围中体现思想有碰撞、智慧能闪耀。只有切实追求教研实效，教研活动才能真正成为教师成长、施展本领的平台。那么，怎样才能切实有效地推进这项工作呢？

首先，我们注重对教研组长尤其是骨干教研组长的培养。我们认为，成就一个优秀的教研组长就是成就一个优秀教研组，就能达到气氛浓、内容实、效果好、层次逐步提高的教研境界。

其次，我们以学生主动发展为主题，注重课堂教学研究。教研活动要聚焦课堂，引导教师关注有效课堂教学，努力优化课堂教学。我们强调以学定教、以学评教，把抓好学生课堂中学习习惯、学习态度，作为小学生主动学习、主动发展的关键，提出了课堂8项基本要求：(1)兴趣高：精神饱满，眼睛有神；(2)坐得好：坐姿自然，思想集中；(3)会倾听：听得清楚，动脑思考；(4)勤发言：举手积极，大胆发言；(5)爱互动：有问有答，合作分享；(6)敢提问：质疑问难，主动探究；(7)乐动手：动手操作，体验感悟；(8)巧做题：仔细独立，又快又好。这样的课堂以学生发展为本，要求明确，操作性强，能有效促进学生主动发展，往往容易取得课堂教学效果。

其三，加强追踪听课，跟踪指导。听课后要进行评课，而评课既要指出上课教师的亮点，给予鼓励和肯定，又要指出不足，给出针对性的改进建议，使上课教师努力有方向，改进有方法。但评课是否起到了实效？上课教师是否在想办法改正不足？如果在改，他改得怎么样？如果改掉了原有的不足，是否又出现新的不足？常常不得而知。为此，我们提出了追踪听课、跟踪指导的策略。教师上课后，听课者给上课教师指出优点及不足，过一个阶段后，再让这位教师上课，看看他改掉了教学上的不足没有。没有改掉说明他没有进步，要唤起他的紧迫感；如果改掉了，再指出新的不足，提出新的要求，一个阶段后，再进行上课。教无止境，学无止境，如此持续循环，对一个好学、锐意进取的教师来说，每一次上课都是一次历练、一次成长，这是提高课堂教学能力和效率的最有效

方法。

第五，聚课堂，练技能，打造“三步曲实践课校本研修模式”

校本研修是教师专业成长的有效途径，尤其适合教师发展的需求。“三步曲实践课校本研修模式”是我校教师专业发展的富有特色、富有成效的平台。

我们需要以发展的眼光看待教师的专业成长，我们也要有静待花开的胸怀和境界。在我校，实践课是研讨课、汇报课、示范课、亮相课，但不是考核课、选拔课。实践课不打分，不排名次，目的在于实践锻炼。这样的定位，很好地避免了通过一节课去给老师作定性评判的不足。我们允许教师有失误的课，上得不好可以再上一次，让教师放开手脚，敢于尝试，张扬个性，展示自我，提升自我。

廊小的实践课是非同寻常的“三步曲模式”：

第一步：全员实践。每位教师在备课组内上一节教学实践课，意在个人钻研、同伴相助、展示自我，重在发掘授课教师个体原有的经验。

第二步：组内研讨。在第一步基础上，每个备课组推荐一位教师（或毛遂自荐）在组（或教研组）内上一节实践课，意在互助合作、凝聚智慧、共同成长，重在凝聚备课组群体的实践智慧。

第三步：学科示范。在第一步、第二步基础上，由教导处推荐（或教研组毛遂自荐）八节课（语、数、英、综合学科各二节）在学科教研组内上课，并邀请区教研员或区学科带头人一起备课、听课、评课，意在专业引领、学习领悟、理念提升，重在结合课改理念获得理性的专业领域引领。

这“三步曲模式”，一学年一个循环。教导处建立了校本研修机制，制订了比较完善的“三步曲实践课”方案，建立健全了相关的校本研修制度，使之实施有序、操作规范。

学校对参与“三步曲实践课”活动的教师，按要求进行考核并纳入师训学分管理，学校管理层面经常在正式和非正式场合对表现好的教师给予表扬和鼓励，并在学期结束时给予物质奖励和精神奖励。

为了保证“三步曲实践课”的质量，我们聘请专家进行理论指导和实践指导。每学期重点推荐一本教育专著并不定期推荐优秀教育教学文章，引导教师学习理论，用先进的教育理念支撑实践；每学期选送部分教师赴兄弟学校学习；不定期地邀请专业引领人员来校指导。

我校的“三步曲实践课校本研修模式”的探索取得了显著效果，教师整体专业水平显著提高，课堂教学效率显著提升，其科研成果曾荣获金山区教科研成果一等奖。

全国著名特级教师于漪对我校的“三步曲实践课”曾作了这样透彻的点评：“金山区廊下小学选择‘三步曲实践课’探索校本研修的模式是很有意义的尝试。它的特点在于以教研组或备课组为实体，围绕课堂教学内容及教学方法进行研讨，具体，实在，不泛泛而谈。而这种同伴互助建立在教师个体独立钻研的基础之上，增添了互动的实效……只有教师个体对教材、对教学独立钻研的能力强，有独到的感受与体会，组内的研讨、互动才会思维活跃，思想碰撞，精彩纷呈。”

第六，育骨干，树榜样，队伍提升要靠优秀教师示范引领

立标杆、树榜样，是传统又有效的方法。榜样的力量是无穷的，尤其是身边的骨干、身边的榜样。大到一门学科，小到一个备课组，教学质量的高低，在很大程度上取决于骨干教师的示范和引领。

首先，充分发挥骨干教师的教学示范作用。骨干教师必须要高质量地完成示范、引领、观摩、检查和评估等课堂教学任务，带头上好三步曲实践课，要常上常新，课堂教学要达到不同于一般教师的高度，真正起到示范引领作用。

第二，充分发挥骨干教师的教研引领作用。给他们压担子，让他们担重任，尽可能让他们担任备课组长和教研组长，成为学校教学工作的中流砥柱，成为教研活动的领头羊，成为学科建设的引领者，成为课改实验的标兵。

第三，创造条件，让骨干教师拥有更多发展平台。学校想方设法为骨干教师搭建平台，邀请区教研员和名师对他们指导；送他们到兄弟学校学习；推荐他们参加区级以上的专业发展培训班，鼓励和支持他们对外多展示课堂教学，多参加区级以上各类比赛活动，促使他们在实践中得到锻炼，充分发现并挖掘他们的发展潜能，助推他们在锤炼中脱颖而出。

第四，加强课题研究，促进骨干教师研究能力提升。骨干教师必须参与课题研究，要做到课题与教学紧密结合，明确参与课题的最大目的就是要解决教学中的困惑和问题，提高课堂效率。我们要求骨干教师参与课题研究后，还要多总结反思、多写文章、多发表、多交流。

总之，学校要千方百计引导和激励骨干教师不断完善自己，丰富自己，提高自己，超越自己，真正成为学校教育教学的标杆。

第七，新教师，多磨炼，放眼未来要立足可持续发展

近年来，学校也引进了一部分新教师，虽然他们工作热情较高、干劲较足、上进心较强，但整体素质参差不齐，教学经验非常欠缺，驾驭课堂教学的能力还非常不够。针对这种情况，我们以“让教师与时代一起进步，让教师与学生一起成长”为培养目标，遵循教师成长规律，采取全方位、多途径的培养措施，具体做法是：

一是目标引领发展。引导新教师针对个人实际情况制订具体、实在、可操作的三年发展规划，要求做到：一年常规入门，两年教学过关，三年初具特色。三年后再提出要求，努力追求成为教学好手的目标。

二是建立带教机制。每年新教师进校，学校即选派相应的骨干教师与其结对，确立师徒关系，并提出明确的带教任务要求，规范有序地开展各类带教工作，并建立带教档案记录。平时，带教教师对新教师从备课到上课，从作业布置、批改到课后辅导，都进行手把手式的辅导，以帮助他们尽快了解教学常规工作，尽快完成从学生到合格教师的角色转换。

三是提供成长空间。新教师的成长需要良好的校园氛围，也需要宽广的成长空间。学校经常组织新教师学习培训，以掌握技艺；外出听课，开阔视野；相互交流，共同进步；自我总结，反思内化。鼓励他们要有自我提高的主动欲望，对教育事业要有思想、有追求，引导他们多看理论书刊，经常动笔撰写学习体会和教学反思，体验教学进步，触动对教育教学的自主思考。

四是压担子分任务。在教学业务上给他们压担子，多分一点教学任务，让他们多上实践课，多参加各类比赛，如要求新教师须实施“三次备课、三次上课、三次反思”的实践，参与校内教学新手比赛、区组织的“新苗杯”教学比赛等。我们要求新教师参加实践课、比赛课不要过分看重结果，而应该享受过程，因为实践、比赛的过程就是锻炼和成长的过程，可以从中看到自己的不足和与同行间的差距，促使自己不断学习和提高。

严格的管理，精心的指导，缩短了新教师的适应期、调整期和成熟期，促进他们迅速成长起来。2016 年、2017 年，在上海市见习教师基本功比赛中，我校语文教师唐玲和英语教师吴健斐先后荣获一等奖。对一所偏远的农村学校而言，能够获得这样的荣誉实属不易。现在，我校新教师工作积极性高，成长快，涌现出了很多有闯劲、有成效、有潜力的好苗子。

第八，综合学科，勿忽视，素质教育要靠全体教师群策群力

严格落实国家课程，有效做好国家课程的校本化实施，这是贯彻国家教育方针的必然要求。学科无大小之分，对学生来说每门课程都是重要的。提升综合学科的教学质量很重要，它更能推动学校发展，更能提升学生的综合素质。作为校长，眼光不仅仅聚焦所谓的语、数、英等主要学科，更要关注每一门综合学科的规范、有序实施。上好综合学科课，上好每一门课，上好每一节课，是实施素质教育的必然要求，也是衡量一所学校素质教育成功与否的重要指标。所以，我们致力于提高全体教师对综合学科的认识，淡化大小课的片面性理念，强化“上好一节综合学科课不亚于上好一节语文课”的意识；消除“少上综合学科课就能提高语、数、英成绩”那种急功近利的错误思想。既要发挥好综合学科专职教师的作用，又要引导兼职教师上好综合学科课。

首先，保证按课程表上课。上好每门综合学科课，做到不占课、不挤课、不挪课。

其次，重点关注音、体、美。我校体育教师、美术教师、音乐教师的个人素质整体上都不错，有潜力、有希望上好课并搞出一点成绩来。我们就邀请体育、美术、音乐教研员来我校进行追踪听课、跟踪指导，不断提升这些教师的专业素养，历年来，三门课在教学方面都取得了很好的成绩。当然，在抓好音、体、美的同时，也要努力抓好其他综合学科的教学。

第三，加强日常教学管理。日常教学管理贵在坚持，重在落实。学校要随时通过学生座谈、随机访谈、听课、检查备课作业等多种途径了解教师的备课、上课和作业情况，督促、引导每个综合学科的老师务必上好每一节课。

由于学校重视，综合学科教师也越来越重视自己的学科教学，故在金山区综合学科测试评估中，我校均取得了优异成绩。

三、基于校情，加强特色项目师资的多样选择和灵活配置

特色品牌学校，要有特色品牌的师资。有了接地气、富有特色的校本课程，该如何实施好？我们认为，一项重要的工作就是加强校本课程师资的多样选择与灵活配置。

我校的第一门校本课程《打莲湘》，就是一种地域文化的结晶。早在 1989 年，打莲湘被作为一个特色活动编入了学校兴趣小组的活动项目。那时，莲湘

活动不仅受廊小师生喜爱，也受家长和社区乡亲们喜爱，男女老少都会打莲湘，而且能打出各种各样的"花式"。因此，我们从探究乡土莲湘文化开始，诚邀当年积极投身于这项活动的老教师、老村民一起来进行"传、帮、带"。在他们的帮助指导下，我们先后收集整理出十四节莲湘操，并且在传承的基础上进行了一系列创新，使其无论在道具、音乐还是形式上都有了新的发展。这就为后来校本课程《打莲湘》师资的选择与培训打下了坚实的基础，从而使这一课程的教师，不再仅限于校内——校外也有丰富的师资，他们乐于随时随地为学校这一课程的开设作出奉献。

对校本课程师资的选择与配置，我们都是本着"基于校情，因地制宜"的原则进行的。具体的策略是：

第一，挖掘内部潜力，发挥教师长处。很多校本课程的师资在现有教师队伍中就能解决。如《七校歌》，我校有 3 位年轻的音乐教师，非常容易实施；《拍手歌》《三十景》《斗姥阁》《中国传统节日》等课程专业要求不高，完全可以在现有教师中挑选，适当地进行培训后就能胜任。

第二，引进专门人才，弥补专业短板。2014 年，学校建成了何鄂雕塑馆，开设了雕塑课程。该课程专业性比较强，普通美术老师很难胜任，学校就特地招聘了一位雕塑专业的老师，为开设这门课程提供了师资保障。再如在推行《书法教育》校本课程几年后，我校出现了"硬笔搞得不错，软笔非常薄弱"的状况。为了解决这一问题，2016 年，我校特地招聘了一位书法专业的研究生，专门从事书法教育。在她的引领下，学校组成了一个书法教师团队。经过短短几年的努力，学校的书法教育就取得了显著成绩，五年级书法等级考试成绩一直名列金山区前六名，2017 年，毛笔字成绩名列全区第一、钢笔字成绩名列全区第二，取得了历史性的突破。

第三，整合社会资源，拓展师资渠道。学校一、二年级开设了足球普及课，没有师资条件，就聘请足球专职教练来校上课；低年级开设了一门编织课程，学校也没有合适的教师，我们就聘请两位幼儿园教师来上这门课程；学校还尝试在快乐活动日，聘请兄弟学校钱圩小学的篮球老师和儿童画老师来我校上课。现在，这三门课程深受学生欢迎，均取得了良好的教育效果。

10 多年来，我校教师整体素养有了显著提升，专业水平上有了长足的进步，培养了一批在区内外有一定影响的中青年骨干教师。学校先后培养上海市名师培养对象1人，上海市课堂教学评比一等奖获得者2人、二等奖获得者2人，上海市见习教师基本功比赛一等奖获得者2人，部级“一师一优课、一课一名师”活动“优课”获得者2人，上海市教师朗读比赛金奖获得者1人，金山区课堂教学评比一等奖获得者11人、二等奖获得者12人、三等奖获得者9人，金山区师德标兵3人，金山区十佳青年辅导员和十佳教师各1人，金山区教工钢笔字、粉笔字比赛一等奖获得者各1人。

建设“一支师德高、学业精的智慧型的教师队伍”是保障学校可持续发展的关键，只要我们守住教师，坚持不懈地“以教师的发展促进学生和学校的发展”，“一所风气正、有特色的金山区一流、上海有一定影响的新优质学校”一定会充满自信地走向更美好的未来！

第四节　做个充满人文情怀、富有激情与智慧的校长

“乍一看，朱校长很内敛，给人以一种低调、平和、不爱言辞的感觉，但是和他熟悉后，就会发现他实际上是一个‘外冷内热’的热水瓶式人物。当他和你聊起教育、学校、教师、学生时，你就会领略到一个操着廊下口音普通话，如数家珍、滔滔不绝、激情飞扬的校长的风采。他在廊小工作已逾37年，在三尺讲台上‘摸、爬、滚、打’施展才华，屡建奇功，是一位诲人不倦、育人有方的好老师；在办家门口的好学校、成就高品位的优质学校上‘探、闯、实、新’大展身手，屡有佳绩，是有追求、有激情、有自信且更有思想的智慧型校长。”

这是一位教育局主要领导对我工作的认可和鼓励，但更多的是对我这个校长的真诚鞭策，期望我做得更好。人们常说：“有了一个好校长，就有了一所好学校。”这是人们对校长的期望，也是对校长的高标准严要求。这十多年来，廊下小学一步一个脚印，从一所普通的农村小学蜕变成全国教育系统先进集体，成为金山教育的一张名片。成功的因素有很多，但从校长的角度来考虑，我觉得作为一名校长，其品行和人格魅力也是至关重要。

我国古代教育家孔子就一直强调，教者要以身作则，为人师表。他说：“其身正，不令而行，其身不正，虽令不从。”作为一校之长，我深知自己的一言一行，一举一动，在教师和学生中的分量和影响。这就要求校长要以自己高尚的品行

和人格魅力来引领学校的校风建设。因此,我在师生中大力宣传12字校风的同时,更以自己的实际行动做贯彻校风的榜样。无论在学习上、工作上或生活上,还是在与人交往上,我都力求以自己的人格和言行感染教师、感染学生,要求别人做到的,首先自己做到,努力成为全体师生的楷模。

——对管理:我用心、用情,不“小肚鸡肠”,不独断专行,不暗箱操作,发扬民主,善于听取不同意见和建议,做到办事公开,实行阳光作业。

——对工作:我求实、求新、求效,一步一个脚印,勇于创新,力争一流,能办好的,我一定要办好,能办出一流的,就一定要办出一流。

——对教师:我尊重、信任、关心每一位教职员工,用发展的眼光正确评价每一位教职员工,善于赏识教师、激励教师、善待教师,喜欢对教师多肯定、多鼓励、多宽容、多提醒、多交流、多帮助,努力营造尊重、理解、沟通、信任、和谐的工作氛围;教职员工的困难就是我的困难,教职员工的成功就是我的成功,努力为他们多做好事,多办实事。

——对学生:我牢固树立“每一个学生在校长的心目中都是好学生”和“每一个学生都是学校小主人”的意识,努力发现每一个学生身上的闪光点,给每一个学生提供目标、动力和精神的支撑,让每一个学生阳光自信、活泼可爱、快乐健康,人人有展示自己的舞台,人人成为“开心果”和“智多星”,想方设法让每一个学生喜欢学校。

——对家长:家长是学校教育的重要力量。每次家长会,只要我有空,就一定参加,我注重调动家长的积极性,善于肯定家长的优点,常站在家长的角度谈一些想法,提出的“每个家长在孩子的心目中都是好家长,每个孩子在家长的心目中都是好孩子”的观点深受家长认可。我觉得廊下地区的家长很淳朴,绝大多数都很支持、理解和配合学校。作为校长,我尊重、感激廊小每一位家长,始终认为学校所有的成绩和荣誉中有廊小每一位家长的功劳。

——对自己:我严格要求,以身作则,为人师表,方正做人,胸怀坦荡。对名对利,我淡泊为之,不争不要,顺其自然。努力做到八有:有大局意识、有奉献精神、有担当勇气、有大度胸怀、有好学意愿、有求实作风、有创新智慧、有反思习惯。我自重自省,自警自励,廉洁奉公,自觉接受群众监督。

然而,尽管如此,校长永远是学校矛盾的焦点和汇合点。对学校出现的矛盾和问题,校长不能推辞也无法推辞,不能回避也无法回避,而只能勇于担当,去面对,去沟通,去交流,去解决。

俗话说,万事开头难。升任校长后的头几年,我经受了一个个严峻的考验。

考验一:职称聘任,僧多粥少。

记得我任校长第五个月,碰到了一件非常棘手的事。当时,小学高级教师实行评聘分开,我校已评到小学高级教师资格的有 13 位,教育局只给 4 个聘任指标,也就是说 13 位中只聘任 4 位,这是一件高难度的工作,对我这个刚做几个月校长来说,是个极大的考验。

那时,教师们议论纷纷,有的说学校领导这次要头疼了,有的说学校有好戏看了,其中 13 位教师中的 1 位还对外说,如果他聘不到肯定不会罢休,要坐在校长室里不出来。听到这样的议论和偏激的语言,我真的感到很棘手,但我很清醒。

首先,我想到的,这是我任校长后遇到的最难的一件事,教师的关注度很高,我一定要做到公正、公平、公开,不能带感情色彩,不能暗箱操作,也不能简单操作,要慎重,要考虑周到。一是要多听取大家的意见,我一一听取了每个班子人员、年级组长、部分当事人和一些教师代表的意见,还征求了有关老领导的意见;二是成立了聘任领导小组和考核小组;三是多次讨论研究,制订了考核和聘任方案,在学校八届六次教代会上通过了“廊下小学 2002 学年度关于聘任小学高级教师的方案”,并送教育局备案。方案中规定:在工作态度、工作能力、教学质量同等条件下,适当照顾工作年限较长的教师;语、数、英学科和综合学科教师同等对待;在考评期间,如发现营私舞弊、弄虚作假、拉关系等不正当手段,一经查实,将严肃处理,并追究有关当事人的责任。这样既打消了老教师和综合学科教师的疑虑,又防止了可能做小动作的事件发生。那时,有位领导受朋友所托,要我关照一下某某教师,我当场直截了当地说,这次聘任必须公正公开,按分数排序,不能带感情色彩。这位领导听了我的解释后,表示完全理解。

考评会上,学校请 13 位教师每人作 3 分钟的述职报告,主要回顾自己 5 年,特别是近 3 年来的工作做法、经验和成绩。考核小组根据他们的汇报和他们的平时表现进行考核、打分,按分数多少排名。考虑到教师面子,学校只公布了前四名,但排在后面的教师都可以来查自己排定的名次。为方便查证,我特地要求把评委打分的原始材料保管好,确保经得起上级检查复验。公布考评结果时,我强调学校最大可能地做到了公平、公正、公开,没有暗箱操作,排定的名次相对来说是合理的，但不是绝对的。我说即使还是这些考评人员，第二次再给13位教师打分，名次上下一二名都是有可能的，这个名次排队不是绝对的水平排队。例如，第4名、第5名有时很难分出高低，排在第4名的完全可能比第5名要好，但也完全有可能不如第5名，要我讲出具体理由来，我也说不准，希望大家理解。

考评结果公布后，没有被聘到的教师绝大多数表示理解，认为学校做得比较公正，但个别同志一开始情绪仍很大，通过学校耐心细致地做思想工作，一个阶段后他们也能慢慢接受现实。这件事，给了我很大启示：学校处理棘手问题，只要真正做到公正、公平、公开，再难、再大的事也能妥善、合理地解决。

考验二：交通难题，面临决断。

烦心的事，一个接一个。2003年，我校一下子有30多位教师在石化、朱泾地区购买了商品房。那时教师还没有私家车，上下班都要乘公交车，而石化到廊下又没有直达车，要先乘到张堰，再转车到廊下，且很多教师居住的小区离车站还有很长的一段路。因为交通的原因，我校很多骨干教师都动起了要调往城区的念头，且通过自找门路调走了许多，也许是出于从众心理吧，要求调离的教师越来越多。因此，解决教师的交通问题，稳定师资队伍，成了我这个新校长迫切要解决的问题。否则，骨干教师流失越来越多，学校如何能发展？我心里暗暗下了决心，一定要帮助在石化、朱泾地区的教师解决上下班交通问题。我和学校书记钱贵祥同志多次向镇领导反映，几经努力，最终得到了镇领导的支持，答应每年给学校3万元的补贴用于教师交通费用。学校再贴上3万元左右，每天租了三辆面包车接送教师，终于解决了这部分教师的上下班交通问题。

说实话，一开始，我还是有点犹豫，有人对我说，你租没有客运资质的车子风险很大；也有人说，你解决了石化、朱泾地区教师的交通问题，住在廊下也有一定路程的教师要有想法，会造成新的矛盾。但我和钱书记再三考虑，认为统一接送教师，一定有利于住在石化、朱泾地区的教师安心在廊下工作。作为学校主要领导，为教师办点实事，担点责任、冒点风险是应该的，也是乐意的。

租车行动得到了大家支持、认可和好评，尤其是一位教师打来电话对我说："朱校长，学校为我们解决了上下班交通问题，车子几乎开到了家门口，我还有什么理由不安心在廊下工作呢？"一位局领导对我说："朱校长，你有魄力，是金山区第一所为教师解决上下班交通后顾之忧的学校；你有胆量，冒着风险为教师办了一件实事。”

但有一次，一个风险的“苗子”对我触动很大。开往朱泾的面包车行驶到吕巷镇区车站的地方，一个轮胎漏气了，因为当时这段公路人多车多，车子开得慢，没有出事故，但司机和车上的教师都吓出了一身冷汗。我听到这个消息，才领悟到一个老师曾经私下对我说过的“你租没有客运资质的面包车接送教师犹如坐在火药桶上”，那句话的分量有多重。当时听到这句话的时候，虽有点压力，但我认为一般不会出事，再说上级对学校租车没有明确的要求。这次车子轮胎漏气事件发生后，我才真正体会到什么叫“不怕一万，只怕万一”。

第二天，我和钱贵祥书记急忙赶到镇里，向镇主要领导汇报轮胎漏气这件事。我们说如果学校继续这样租车，我们校长、书记天天提心吊胆；如果学校取消租车，那么越来越多的骨干教师势必要流失，师资队伍不稳定，势必会严重影响廊下的教育质量，我们强烈要求镇领导帮学校教师解决上下班交通问题。两位主要领导当场表态，镇里一定会认真考虑学校的建议。几天后，传来好消息，廊下镇人民政府决定：以政府名义每天租三辆大客车，接送住在石化、朱泾地区的廊下地区教师上下班。这是一个极振奋人心的时刻，教师们欢呼相告，一段时间以来压在我和钱书记心里的这块大石头终于落地了，不用天天再提心吊胆了。当时，廊下镇的财力还相当薄弱，是个很穷的镇，能够每年拿出四五十万解决教师交通问题，也非常不容易，从中看出镇领导高瞻远瞩，敢为人先，把重视教育真正落实在行动上，为廊下教师做了一件实事。

现在，廊下地区中、小、幼和社区学校都办得很好、很有特色，我认为，这和镇党委、镇政府对教师的关心是分不开的，正是“租车接送教师上下班”这一举措，帮助学校稳定了教师队伍，也在很大程度上提振了教职工的工作积极性。廊下地区的教师都有感恩之心，用实际行动向廊下人民交出了一份漂亮的答卷。

考验三：子女转学，牵挂心间。

一个矛盾解决了，一个新的矛盾又出现了。住在石化、朱泾地区的教师子女转学又成了一大难题。

知道内情的人都知道，那时乡镇学生转到石化、朱泾就读的难度非常大。为此，我以组织名义向教育局提出申请，要求教育局帮我校解决教工子女转学的难题。局主要领导知道我校教师子女转学情况后，给予高度重视，说这些教师在乡镇学校工作本来已经很辛苦，要解决好他们子女的转学问题，要让这些教师安心在廊下小学工作。听到这个消息，我非常激动，从内心感受到这是教育局对我这个新任校长的最大支持，也是对廊小教师的最大关心。当一位教师接到教育局下发的有关她子女转学的通知书时，给我发了一条短信："朱校长，我已接到我女儿的转学通知，我从内心真诚地感谢您，您为我们老师又做了一件实事。"看后，我心里一阵温暖，眼里有点湿润。

考验四：新老偏见，真情剖析。

2002 年前后，我校调出很多骨干教师，十分需要补充新教师，但像我们偏远的农村学校几乎不可能从本市、本区引进教师，只能从外省市引进。2003 年后，我校陆续从外省市引进了一批教师。为了让这些新教师安心工作，学校帮他们在学校里安排好一人一间的宿舍，配有电视机、洗衣机、电脑，还装好淋浴器。2012 年后，因为安全考虑，校内不再安排教师宿舍，学校出资帮他们在学校附近租好宿舍，一人一间，还安装好网线，购买好日常生活用品。他们父母来廊下，我总要和他们见个面，一起叙叙，夸夸他们的孩子，并请家长放心，学校一定会关心好、照顾好、培养好他们的孩子。这些家长十分感动，十分满意。几年下来，引进的青年教师逐步多起来了，但如何引导好这些有个性、爱冲动的青年人，也是学校管理中的一大难题，学校曾发生过一次令我非常头疼的风波。

那天中午 11:35 分左右，我正在办公室里整理资料，突然有人告诉我说，我校在 2004 年新引进的两位教师和我校一位老教师在食堂里吵起来、闹起来了，差点要打起来。我听到这个消息，心急如焚，马上去了解事情的缘由。

原来，从外省市引进的新教师总认为自己学历高、能力强，不远万里来到廊小，但总感觉到周围的一些老师对他们有偏见，看不惯他们，有时候还要说些风凉话。而本校的中老年教职工，觉得学校经费这么紧张，办学条件这么艰苦，却对这些新教师照顾得那么好，在他们身上这么舍得花钱，且大家对个别新教师的衣着、言行有点看不惯，心里或多或少都有点怨气。这次吵起来的导火线是，买饭时双方说话语气有点刺耳而闹起来了。

了解事情来龙去脉后，我想，虽然双方暂时控制住了情绪，但只要这个心结解不开，以后还会发生类似事件。怎么办？我绞尽脑汁，为这事苦思冥想好几天。我先后听取了一部分新教师和中老年教师的想法，征求了部分班子人员的意见，多次和钱书记商量，最终形成了一个自认为不错的方法。我利用一次教师大会机会，针对吵闹这件事说，教育局领导经常嘱咐我们校长，要关心好、照顾好、培养好这些从外省市引进的新教师，他们人生地不熟，需要学校教师尤其是校长更多的关心，让这些新教师安心工作。根据教育局的意见，学校在生活上给予他们比较好的关心、照顾，完全是应该的。我接着说，大家想一想，如果你的孩子去一个人生地不熟的外省市单位工作，你是否希望这个单位的领导、职工对你的孩子多照顾、多关心一下，让自己的孩子感受到像家一样的温暖？我想天底下每一个父母都会有这个发自内心的期望。紧接着，我又对新教师们说，你们来到廊小，一定看到了自己的付出和努力，一定看到了自己进步和收获，但你们的进步和收获，除了自己的努力和付出，离不开你们周围教师的真诚帮助和指导，你们应多感恩周围的教师，嘴巴甜一点，多说几声谢谢。虽然你们学历高，但你们缺少社会经验和工作经验，你们应该向周围的教师尤其是中老年教师多请教，态度再虚心一点，工作再踏实一点，为人再真诚一点，教学成绩再好一点，我相信你周围的同伴一定会真诚地认可你、支持你、关心你。从现在开始，我们不分本地外地，我们都是廊小人，我们都是一家人，要相互关心、相互理解、相互支持、相互配合，共同营造一个温馨、和谐、向上的大家庭，我们一起努力好吗？

这次会议后，我和钱书记要求班子人员，平时要有意识地引导新教师在总结、汇报工作时多感谢一下周围的同伴，多感谢一下这个组室的团队，多感谢一下学校为他们创造的条件，而在信息技术方面要多为我校的中老年教师服务。同时，我们也有意识地引导中老年教师多关心一下这些新教师，平时和他们多交流、谈心、引导，如果他们生病，要以组室的名义去探望一下；在他们的生日，要用不同形式祝贺一下；他们恋爱买房，做做他们的参谋。经过一段时间的磨合，新教师和中老年教师间的关系逐渐好起来，相处也非常和谐融洽。中老年教师都像关心自己的子女或兄弟姐妹一样关心着他们，而新教师非常热爱学校，安心在廊小工作，也非常尊重、感恩学校的中老年教师。

逆境能锻炼人。解决这一个个棘手问题和困难，使我的管理能力有了提升，教师对我的品行和人格也有了更多的认可，对我的工作给予了更多的理解和支持。

应该肯定，我们廊下小学有一支好的教师队伍。教师们工作踏踏实实、兢兢业业，热爱事业、热爱学校、热爱学生，具有很高的思想觉悟和工作积极性。

为发挥每个教师的积极性，充分调动各人之长，我做到对全体教职工一视同仁，善于肯定教师的闪光点。无论是班子成员还是教职工，不管他过去的表现如何，我都能及时捕捉到他身上的闪光点和进步之处，在不同的场合给予肯定。

真心换真情，真诚换信任，这是我对班子成员和教师的相处态度。对班子成员和教师的不足，我既不会视而不见、听而不闻，也不会训斥、责怪，会用真诚去沟通和交流，去了解他们的想法，去帮助他们解决问题，且能注意场合和语气，做到既宽容又有要求。我对中青年骨干教师寄予很大的期望，经常和他们谈心，关心他们的生活，尽可能地为他们创造条件，经常引导他们运用先进的教育理念和教育方法去提高课堂教学质量，鼓励他们运用以启发式和讨论式为主的课堂教学组织形式，充分发挥学生的主体作用，真正使每个学生都得到最优发展。

对于教职员工内心所思所想，我千方百计挤出时间，和每个教职员工通过不同的渠道、不同的场合进行沟通。可以这样说，每一次交谈，都是一次真诚的沟通。他们各自谈出真实的想法，提出自己的见解，我也真诚地讲出自己的想法和作为校长这样做的理由，真正做到了互相理解。通过沟通、交流，想法不同的能达成共识，想法相同的能形成共鸣。有了共识，有了共鸣，还有什么疙瘩解不开？还有什么误会不能消除？还有什么心事不能抛开？当然，一时解不开的疙瘩也是有的。记得有一次，几位老师在工作上碰到一些矛盾，一开始有许多想法，甚至有点过激情绪。但我不厌其烦，耐心地与他们沟通，一次不行，两次，两次不行，三次……我在教师大会上说过，我会尊重、信任、关心每一位教职员工，哪怕你不尊重我，我还会尊重你，因为你是廊小教师，我是廊小校长。我的真诚感动了大家，一位教师说：为了办好学校，你校长这么用心、这么大度、这么坦诚，我还有什么话好说呢？此时此刻，我又一次切身感受到，做校长最大的幸福是能得到大家的理解和支持。

特别要指出的是，我把廊小每一位教师尤其是青年教师当作廊小之宝，千方百计地为教师们创造条件、搭建平台，想方设法调动每一位教师的积极性，有效促进了教师专业素养的整体提升。我用我的真诚和无私胸怀，留住了许多优秀青年教师，他们对廊小的真诚留恋和感恩让我感到欣慰和幸福；当然，也有不少花了无数心血培养的优秀青年教师离开了学校，我有点遗憾和难过。

退休教师是学校的一笔宝贵财富。作为校长，我不能忘记曾经为我校作出贡献的退休老领导、老教师、老党员，没有这些老同志昨天的努力，也不会有今天我校所取得的成绩，是他们为廊下小学的发展奠定了基础，铺平了道路，我们是站在他们的肩膀上继续向上攀登。这些老领导、老教师、老党员身上，有很多我们后辈需要学习的东西，尤其是他们的敬业和无私奉献精神是学校最宝贵的精神财富。随着绩效工资的实施，我觉得，这种精神更需要继承和弘扬。我常说，关心退休教师也就是关心在职教师，退休教师的今天就是在职教师的明天。利用退休教师返校的日子，我总要向老同志汇报学校工作，尤其是学校所取得的成绩，并强调成绩的取得离不开老同志打下的基础。老校长浦小弟、老书记钱贵祥德高望重，管理经验丰富，对我们后辈很关心、支持，我碰到难题时经常向他俩请教；凡是退休教师生病住院的，学校一定要去探望、慰问，对有特殊困难的老同志，学校还向局、镇有关部门争取，努力让关心力度大一点；退休教师提出有困难的，我总会在力所能及的范围内千方百计给予帮助解决；退休教师的福利费使用，我从来不插手买这买那，由退休老同志根据上级福利使用要求自己定；我还要求在职教师特别是班子人员只要碰到退休教师来校办事，一定要热情接待，平时还要经常和退休教师沟通交流。现在，我校的退休教师对学校评价很高，他们以学校为荣，非常支持、关心学校，经常帮学校宣传办学取得的成绩。

在我的心目中，每一个廊小学生都是最可爱的。我善于肯定、鼓励、欣赏学生，善于激发、引导、帮助学生，善于批评、包容、提醒学生，让每一个学生充满自信、充满阳光、充满希望，做最好的自己。我要求每一个教职员工必须树立“每个学生在老师的心目中都是好学生”的意识，尊重、关爱每个孩子，特别要关爱困难家庭和身心特殊的学生，做到和蔼可亲、严爱相济，让每个学生感受到大爱的温暖，领略到生命的色彩，品味到心灵的呵护，享受到成长的快乐。我喜欢用书奖励在行为规范和学习上表现优秀或进步大的学生，我自己买了很多书，在每本书的扉页上都敲上一个大印章，印章上有我写的《博览群书》拍手歌，奖励时，我亲手写上小朋友的姓名、我的署名和日期。小朋友非常喜欢我，特别喜欢我给他们上课、讲话，乐意听我的话，接受我的教育。小朋友也非常尊重我，校内、校外只要碰到我，都会主动和我打招呼，向我问好。

我担任校长以来，学校基建项目不少，但我始终保持清醒的头脑，自警自励，秉公办事，自觉践行廉洁自律的各项规定。碰到质量问题，我敢于理直气壮地指出来，直到整改满意为止。学校为了让校园和江南建筑风格协调，所有屋顶需要加檐口，我发现檐口上的瓦片没有用水泥固定，我总担心不安全，时间久了，大风一吹瓦片很可能会掉下来。于是，我就和设计公司和施工老板商量，能不能用水泥把瓦片固定住，经尝试效果不错，我们就决定使用这个方法固定瓦片。施工单位一开始有想法，认为他们是根据设计图纸做的，没有错。我说，你们施工单位是没有做错，但这个设计是老方法，对多层的学校楼房有安全隐患，万一瓦片掉下来，谁都负不起这个责任，用水泥固定住瓦片对安全绝对是有利的，为了师生的安全，你们必须这样做。我的想法、要求得到了设计单位和教育局管理站的认可，最终施工单位还是非常乐意地按我的要求施工。大家都说这个方法很好，虽是小小的改进，但确保了安全。

学习，是当今校长提升自己内涵和领导力极为重要的一环。为此，我对自己的学习提出了很高的要求：每天晚上，我一般至少学习一个小时，看看教育书籍，做做学习笔记；珍惜每次专家报告，认真做好整理归纳、消化吸收；每到一所学校考察，我喜欢走到人家教室里，记下最有用的东西；微信的流行，创造了一个好的学习平台，我除了自己学习吸收，还经常把好的文章推荐给班子人员和教师，乃至家长。我特别注重学以致用，把看到、听到、学到的经验和方法及时运用到学校的管理工作中。作为校长，我要以自己的实际行动引领全体教师尤其是班子人员形成浓厚的学习氛围，让读书成为教师的一种生活方式，最大可能地让每个教师用先进的理念、先进的思想来支撑自己的教育教学，一起去追求“学而时习之不亦悦乎”的读书境界。

十多年来，我逐步形成了自己一套有故事、接地气、有特色的教育观，并努力使之成为全体教师的共识和行动，正发挥着越来越大的影响和作用。

2015 年，我非常荣幸地被评为上海市特级校长。特级校长是一种荣誉和责任，但我更多地把它看作是一种激励和鞭策。于是，我暗暗给自己写了副对联：低调，低调，再低调；努力，努力，再努力；横批：不忘初心。这个初心，就是 2002 年做校长时下的决心：我要始终虚心学、用心想、专心做，不辜负领导和学校全体师生对我的期望和信任，尽力为乡村的孩子提供最好的教育，让社会和家长满意、放心。

2019 年，我荣获中共中央、国务院、中央军委联合颁发的“庆祝中华人民共和国成立 70 周年”纪念章。

心有所信，方能行远。我要继续严格要求自己，虚心好学、务实创新，方正做人、踏实做事，做个充满人文情怀、激情与智慧的校长，用我的品行和人格魅力引领全体师生，努力办一所学生更喜欢、家长更放心和社会更满意的家门口好学校。

第六章

永在路上，还未写完的篇章

近年来，学校得到包括学生、家长、上级领导在内社会各界的高度认可，知名度和美誉度持续提升。

廊小的成功，首先赢得了历届毕业生的交口赞誉。一届又一届毕业生在回忆母校的文章里，无不神采飞扬——“母校是人生的驿站，它照亮我们人生最闪亮的一刻，也在我们身上打上永远无法抹去的痕迹”。

廊小的成功，要归功于每一位班子人员、每一位教职员工，是大家共同用智慧和汗水、担当和情怀为学校树立了基石，书写了廊小的精彩。

廊小的成功，也获得了教育界和社会各方面的赞赏。

学生家长交口称赞廊小绝对是百姓心目中的家门口好学校。

金山区教育局称廊小是一个有说服力的“典范”，一朵鲜艳夺目的“花蕾”。

国务院原副总理马凯莅临廊小调研考察时说，这里“正气充盈，文化厚重，生机盎然，校园如画”。

人民教育家于漪老师这样评价廊小的治校真谛：“寻根探源，筛选传承，找准坐标，高举明灯”。

……

当然，口碑没有最好，只有更好。“待到山花烂漫时”，百年廊小，永远在前进的路上！

第一节　真情的流露：难以忘怀的母校

每年，学校和老师们总要收到不少历届毕业生的来信和追忆母校的文章。读着这一封封饱含深情的书简和字里行间充满对母校眷恋的文章，我也仿佛与他们一样，回到了那一段段与之相处的值得铭记的时光……

2004届毕业生严嘉丽在题为《心底的欢喜——百年廊小》一文中写道：

“从廊小毕业已整整15年。纵使15年后的今天，我已是一名教师，也走过了许多精美别致的校园；甚至在闲暇之余也观览了许多令人神往的中外美景，但是母校的一砖一瓦、一景一物依旧是我心头深深的欢喜。

时间如白驹过隙，毕业后的我总是在别处求学，每次假期回来路过廊小，总是惊叹于它从容的变化。工作后，有幸几次回母校听课，每一次踏进廊小的校门，那熟稔的感觉就如同回家一般。如今的廊小风景秀丽，桃李园，莲湘园，亭台楼榭，小桥流水，百年老校苍劲坚韧，承载着所有廊小人的欢喜与美好，历久弥新！”

2012届毕业生赵瑜岑在《致母校——廊下小学》一文中一开始就写出了心中留恋：

“廊小留给我的是快乐的回忆，是我那碎片般回忆里特殊的感动。平日里，我最爱去桃李园。往何朱两先生铜像的左边看去，就是我最喜欢的静渊亭。亭柱上深深刻着‘书山有路趣为径，学海无涯乐作舟’。‘趣’而不‘乏’、‘乐’而不‘苦’，早在我心中留下了难以磨灭的印象。学要讲究乐，午后，抱着一本书踏进静渊亭；体育课后，拉着好伙伴的手跑进静渊亭；课余时，和同学们促膝于静渊亭说说笑笑，都无疑是最快乐的事情。直到现在，我仍记得学习时要伴着‘乐’。拍毕业照那天，全班都围坐在静渊亭旁，那笑容是独一无二的，真想再一次坐在亭里，感受那一份独有的情义。”

2012届毕业生孙星怡在《那时年少》一文中更是对“书香苑”情有独钟：

“廊下小学是个有着丰富文化底蕴的校园，无论是有着‘读书破万卷，下笔如有神’寓意的大门；还是有‘书山有路勤为径，学海无涯苦作舟’之意的行政楼前的雕塑；抑或是书香苑二楼‘好读书，读好书、读书好’的马春雷校友的题词，无一不时刻提醒着我们要好好读书。那个时候，我们经常约着同学中午一起去书香苑借书，看完一批再更换另一批，每次总能找到自己想看的。现在回想起来，那段时间可能是自己真正意义上没有目的地单纯看书的时候。书香苑承载着我小学时期对于阅读的所有想法与冲动，无论是在一楼借书，还是在二楼阅读，我怀念当时的感觉，我也在努力寻找回当年读书时的那种感觉，能捧起一本书，心无杂念地读。”

2014 届毕业生沈子璇在《回忆母校》写道：

“母校是人生的驿站，它照亮我们人生最闪亮的一刻，也在我们身上打上永远无法抹去的痕迹……但让人难以忘怀的是何鄂雕塑馆。何鄂奶奶的作品异常精美，刻出来的线条如行云流水绕素笺，寥寥几笔的勾勒便似瑰丽云锦夺天工。其中位于莲湘园的‘能歌善舞’便是由何鄂奶奶亲手雕刻的，其作品的庞大细致相信各位有所了解，两个小朋友在唱拍手歌，两个小朋友在打莲湘，动作神态细致入微。我也曾想过这样优秀的作品雕刻出来该有多难，且不说雕刻过程，就这基本功怕是要付出十几年乃至几十年的心血，这份坚持更是常人无法企及的。所以何鄂奶奶给予的早已不是这一件件精美的作品，而是骨子里所蕴含的坚持的灵魂。这也正启发并教育着我。”

2014 届毕业生李梓豪在《过往，皆是回忆》中的文章中讲了这样一个故事：

“五年中，每一次经历，每一段故事，都使我难以忘怀。我时常会想起在廊小玩泥巴的往事。居然还窥斑见豹引申至历次数学考试，总会有一些难以攻克的难题。每当看到那些难题时，又仿佛端详着那一片泥巴，那一片令我欲罢不能的泥巴，那一片形状各异，却闪亮着耀眼辉煌金色光芒的泥巴。这难题和这泥巴有什么关系呢？那还要从何鄂奶奶给我们上课说起。

记得那时一个阳光明媚的午后，当何鄂奶奶把那一块大泥巴放到我面前的时候，我想这一定很简单，不出两三下，我一定干出个天翻地覆，惊掉你们的下巴！但当我拿起一块泥巴，却发现并没有所想的这么简单，就像我的数学题一般，没经过绞尽脑汁，没办法想出正确结果。后来，在何鄂奶奶的教导下，我知道了要掌握玩泥巴的方法。有构思，有想象，有心灵手巧，有孜孜不倦、不达目的不罢休的努力，有不怕困难、逆水行舟、打不倒压不破的品质精神。就像解这数学题，要尝试各种思路，不要轻易被挫折击倒，要为风雨后的阳光、为夺取最后的胜利而不懈拼搏！就是那短短的一节课，我懂得了虚心讨教，掌握要点，怎么玩出个名堂。那一节何鄂奶奶的课，伴随着我的也是终身的受益无穷。”

2016年转学离开我校的学生王乐乐最难忘的是欢乐大舞台：

“最让我难忘的是每学期都会有的欢乐大舞台。‘欢乐大舞台，雏鹰展风采’，相信每一位廊小学子，对这句话都印象深刻、难以忘怀。我是‘欢乐大舞台’的常客，有时是表演节目，有时是担任主持人。记得第一次我穿着一套黑色的西装，梳着油亮光滑的发型，模仿着表演了一段轻松搞笑的脱口秀，赢来了热烈的掌声和赞赏的目光。从那时起我便爱上了大舞台，直到现在我都非常感谢‘欢乐大舞台’对我的锻炼和磨砺，它培养了我的自信，增加了我的勇气，让我在任何大场面都不会怯场，面对再多的观众也不会惊慌。‘欢乐大舞台’是一个充满能量的地方，我从不错过每一次上舞台的机会，因为我知道每一次的舞台展示都是一次提升和历练，都是一场华丽的蜕变。

时间在一点一点地溜走，我也在一点一点地成长，不知不觉中我已经上过了很多个舞台，一次次闪耀登场，一段段精彩的演出，以及人们一声声兴奋的喝彩，都令我难以忘怀最初的那个舞台。”

2016届毕业生马星宇在《母校，给梦想插上翅膀》一文中写道：

“怀着对优美景色的留恋，荣幸地成为一名百年廊小的小导游，这无疑锻炼了我的胆子、口才和实践能力，而这也成了我最热爱的校园活动之一。面对那些大人物，我也毫不胆怯，而是侃侃而谈，就像是真的把自己带入了导游的角色，也把他们当成了普通的游客，尽职尽责地介绍好景点，还时常与游客们互动。

谈起母校，还要谈谈那根不起眼却样式繁多的竹棒，即闻名遐迩的民间舞蹈——打莲湘。起初，课上教打莲湘时，我对其非常惊奇，饱受《西游记》熏陶的我，心想，就算这不是猴哥的金箍棒，那也定是什么撼天动地的神兵利器。但后来教的莲湘舞蹈，似乎软绵无力，打破了我对‘武功’的幻想，便有些食之无味。幸亏有之后的合练，着实把我震撼了一番，一个个稚嫩的孩子，紧握着莲湘棒，这莲湘的敲地声响彻云霄，却又节奏欢快，整齐划一，气势如虹，仿佛真是齐天大圣打上了天庭，扭转了我的偏见，情不自禁融入其中。一方水土养一方人，一根小小竹竿，让学生都成为非遗文化与学校教育的受益者。”

2017届毕业生陈思仪这样写道：

“我曾是一名光荣的学校小导游，曾站在何鄂雕塑馆介绍雕塑。那些雕塑在灯光下闪着光辉,深深印入我的记忆里。于是我的思绪由雕塑想起不温不燥的天气,来来往往的访客,几个小伙伴欢快而又走马灯似的身影,伴随我一遍又一遍介绍仍不感疲惫的稚气嗓音,还有手心里不知是自豪还是紧张沁出的黏黏汗渍……就在那天,我还荣幸地与何鄂奶奶合了影,我们在合影里笑,一老一小笑得童真,留下了永不褪色的色彩。”

2018届毕业生余涵这样回忆母校:

“要说廊小,我最怀念的还是稚乐园。稚乐园里面有各式各样娱乐设施,跷跷板、滑梯、单杠……应有尽有。就像它的名字一样,稚乐园承载着我的童真与快乐。记得体育老师总会带我们去那玩,大家会排着两列整齐的队伍来到稚乐园。每当老师说完那句‘解散’,我们就争先恐后地冲向最受欢迎的跷跷板。抢到了位置的同学总会坐在跷跷板上欢呼雀跃,而剩下的同学就只有羡慕的份。现在想起来,只觉得当时的学习生活十分轻松快乐。比起乏味的初中生活,在廊小的美好时光就显得弥足珍贵。”

2018届毕业生怀子鑫在给母校写的《回忆》一文中则细说了“拍手歌”给自己成长带来的帮助:

“‘你拍一,我拍一……’小学生活怎能少了拍手歌呢?拍手歌用歌词的形式,通过既简洁又明了的几句话告诉我们深刻的道理。例如:《学鲜军》拍手歌告诉我们要学习鲜军那乐于助人、自强不息、热爱学习的精神。小学里我学了很多拍手歌,有教师节拍手歌,有元宵节拍手歌,有春节拍手歌……这不,我听母校的学弟说,在疫情期间我们的朱校长又编写了一首《防疫》拍手歌:‘你拍一,我拍一,新冠病毒须警惕,你拍二,我拍二,侥幸心理要不得……你拍十,我拍十,众志成城必胜利!’用通俗易懂的简洁语言,结合生活实际,告诉我们为什么要防疫、如何防疫的道理。这就是拍手歌的魅力呀。在这里,我要感谢拍手歌,经常忍不住在课间向新同学们演示与推介,它时时为我的初中生活带来快乐的回忆。”

2020届毕业生盛鑫宇发表了这样的毕业感言:

“我留恋校园的美丽景色。松梅园里,聚几个同学,一起畅聊赏景;桃李园内,随意漫步,春风拂面,无比惬意;莲湘园中,移步换景,‘能歌善舞’和‘思乡泉’也别有一番情趣;‘鲜军雕塑’下讲述鲜军故事,‘方正之铜像’旁分享他的生平;跳莲湘舞、唱拍手歌、上大舞台、做小导游,我们样样学会,个个精通。这些,也许就是百年廊小留给我们的最纯粹的记忆了吧。”

……

读着这一篇篇曾经的廊小学子用真情写出来的对母校的追忆，我不禁想起2018届五(2)班毕业生方帅斯的妈妈毛玲女士写给学校领导的一封感谢信。她在信的结尾这样写道：

“毕业典礼那天，我带着儿子，在校园里又走了一圈，我们一起回顾在这所百年老校的生活，并在莲湘园、桃李园、松梅园留影。小学是孩子学习的起点，我为在这里放飞儿子的梦想而由衷感激，感恩廊下小学，是你们给孩子创造了一个教中有爱的学习环境，感恩老师，是你们让孩子的小学时光变得丰富多彩，每每提起，孩子的嘴角都会不自觉地上扬，那种自信和笑容永远是他前进的动力，而我们家长以廊小为荣，同时也为儿子曾经是廊下小学的一员感到骄傲和自豪。”

这封感谢信，带给我的不仅仅是发自内心的欣慰——自己在廊小校长任上近18年的心血没有白费，而更多地却是令我陷入了深思：为什么历届毕业生会对母校如此感怀，如此深情？是因为校园很美？这里有“五园三区”那令人流连忘返的一景一物、一枝一叶，那只有在“水乡家园”才能见到的石板甬道、翅檐斗拱，还有那曲桥池鱼、帘雨风竹，牡丹伴青石的美景……不，绝不是，这还只是表象——这里的美，不仅是景致。

百年廊小，百年沧桑。廊小的美，美在“情”，美在坚守着育人的初衷。金山区语文教研员、上海市普教系统首届“名师名校长”工程重点学员，曾获上海市语文教学成果一等奖的唐连明老师在他撰写的《廊小的校园，美的不仅仅是景致》一文中分析得十分透彻：

“廊小，校园很美，美的不仅是景致。廊小的美，多了一份人文。景观，是复杂的自然过程和人类活动在大地上的烙印。而人文景观，则是在自然景观的基础上叠加了文化特质。廊小的美，美在‘情’，一枝一叶、一景一物，均寄托着对乡土的情怀、对师生的期许。”

“它，亲切，充盈了乡里乡情；它，鲜活，叙述着故里故事；乡情，催生着新的故事。”

“从来没有冷冰冰、干巴巴的思想情感，它必然依附于景于物于故事。廊小校园里，不缺的就是有故事的景物。”

“廊小,校园很美,美的不仅是人文景致,廊小的美,还多了一份文化,有了这一‘化’字,教育效果必然更好。”

……

这一切,正如唐连明老师在此文最后归纳的那样:

“钟启泉在《〈基础课程改革纲要〉(试行)解读》中说,综合性学习‘基于学科,超越学科,面向真实的世界;始于课堂,走出课堂,融入复杂社会。’廊小的校园文化课程,丰富了学科知识、操练了学科技能、培养了综合能力,还拓展了视野、丰润了内心、增进了对家乡的了解,促进了知情意行和谐统一的发展,确实做到了‘始于课堂,走出课堂’‘基于学科,超越学科’。这样的课程学习过程,实质上已经成为师生运用课程资源建构知识和人生的极富意义的过程,比之新鲜热闹的表面形式,它从表浅走向深刻,从表象深入到了课程资源的核心。”

这就是廊下小学历届毕业生走出校园后,一年、两年,哪怕是数十年,仍对学校充满深情,难以忘怀之“真谛”所在。

第二节　传播校园文化的基石:我们一直在行动

廊下小学,原本是一所地处偏僻,不为人注目,被称为处于“低谷”的百年老校。当年的校园环境与现在相比,真有天壤之别。我校总务主任刘春祥老师回忆说:

“记得 2002 年 2 月,由于村校撤并,我进入了廊下中心小学任教。那时廊下中学搬到新校舍,把旧校舍拨给了廊下小学,有 8 幢陈旧的大楼,办学设施简陋,环境也很差,整个校园几乎没有绿化,只是操场边上有几棵香樟树以及在几幢教学楼前后散布着十几棵水杉树,操场是泥场地,雨天泥水满地流,晴天灰尘满天飞。”

就是这样一所普通的农村小学,何以一步步跨入了上海乃至全国的先进行列,而且把校园文化打造成了最有影响、最有成效、最有底气的特色品牌?

或许,从我校副校长卢益平撰写的《基于百年廊小校园文化建设的经历感受》一文中,我们可以找到一些答案:

“这是一所普普通通的乡镇学校。它在一位普通、低调,但对教育有执着追求的校长朱保良的带领下，始终坚持以学校文化建设为抓手，带领全校教师共同努力，硬是把学校文化建设这件事做得风生水起，把一所基础并不太好的农村学校办成了家门口的好学校，让学校走出了金山，走出了上海，逐步成为一所国内知名的优质学校。这，就是有着百年办学历史的金山区廊下小学。”

这一段描述，很直白，言简意赅地向我们揭示了两点：一是廊小的变化之大，因为有一位“对教育有执着追求的校长”的带领；二是“全校教师的努力”。这两点正是我校走出“低谷”、跨入先进行列的原因所在。

如果说，校长是校园文化的“顶层设计”者，那么学校班子成员，乃至全体教师，则一定是校园文化传承与发展的“基石”，是最坚定的践行者。一所学校要成长和发展，校长的作用固然重要，但根基在于要有一支有执行力的管理团队，更在于要有一支有专业追求和奉献精神的教师队伍。

我们先听听部分班子人员对学校校园文化建设的想法、看法和做法。

副校长卢益平是学校校园文化建设的亲历者、见证者，他深有感触地说：

“作为一位土生土长的廊下人，我从 20 世纪 80 年代中期起，有幸成为廊下小学的一名教师，成为这段时间以来学校发展的亲历者、见证者。尤其是从 21 世纪初起，和全校老师一起，跟着校长朱保良，在学校文化建设领域开始了一段持久的探索实践，漫漫前行中，对以学校文化建设作为撬动学校发展的有力支点，静下心来，专心做一件事，做好一件事，做大一件事，做强一件事，有更深的理解，更真切的感悟。

学校是传播文化的地方。学校一旦肩负了这样的神圣使命，必当义不容辞地对文化进行更深、更精准的理解，对如何传播进行更多的思考和实践。2011 年 4 月至 2013 年 12 月，我们在朱校长和教科室主任的带领下，曾以《基于百年校训资源，打造‘智慧型’农村小学》为课题，开展了长达近 3 年的课题实践研究。这使我从中深刻认识到，学校是可以通过文化传播，更多地让学生在学习、生活等诸多方面养成良好的习惯，并让各种习惯成为自己的一种生活方式，同时，借助学校文化的浸润式熏陶，帮助学生树立正确的价值观、丰富学生的精神世界、完善学生人格。近二十年来，廊下小学基于百年办学历程，致力于挖掘校史文化、丰富校史资源、丰厚学校文化，传承先辈办学思想和理念，并使之得以创新。对校史文化的梳理，基于何静渊、朱志贤两位教育先辈的‘开启智慧，报效社会’这一办学精神进行了深入细致的挖掘，创新性地提出了‘开启智慧，润泽生命'这一新时期办学思想,使办学思想一脉相承,但又不乏时代特征。由此办学思想出发,学校以校史文化为出发点,在校园环境建设上,完成了错落有致的'五园三区、一馆一阁、三十景'的格局。而做得更为靓丽的是,同样的校本课程开发,其教育资源均与校园文化建设紧密结合,如莲湘课程,如拍手歌,如七校歌,都源于对校园文化的传播。比如,几乎所有的学校都在探索如何培养学生良好的学习习惯、生活习惯,但廊下小学却别出心裁地创作了一百多首拍手歌,在拍一拍、唱一唱中引导学生知晓何为好习惯,这种创新性的做法,绝对比说教更有意义、更易让学生接受。即使是德育资源的挖掘和利用,也是基于学校自身的校史文化而来,如把学雷锋活动做成了基于英雄校友张鲜军事迹的主题教育,更是把校友方正之的事迹做成了德育大文章,让'方方正正做人,踏踏实实做事'成为全体学生,甚至是全体教师努力前行的方向。这种源于身边人物的德育资源,都是活化的德育课程,能让学生参与得更主动,感受得更真实,感悟得更透彻。

学校对文化的传播,说其难,就难在师生要能接受、能理解,更要能触摸。对于廊下小学来说,一路走来,正是借校史文化这一重要载体,通过自己的一种特有方式进行传播实践,通过环境建设让校史文化得以物化,通过基于学校文化的各类课程的开发和实施,使文化传播不再是无源之水、无本之木。

学校文化旨在影响师生。今天,我们谈学校文化建设,必须要思考如何使之成为推动师生前行的不竭动力。一批批学生,经过 5 年校园生活,通过对各类具有鲜明校园文化特征的校本课程的体验学习,通过参与一个个带有生动、鲜明校史文化烙印的主题教育活动,对学校的情感、对校友的认识、对课程的体验、对学习的经历,那种几乎融入血脉的影响是深远的,从学生对学校如数家珍般的介绍中,既可以看出,更可以感受到,我们的老师付出了多少心血!同时,你也可真切地发现,他们流露的不仅仅是对母校的一种自豪,更是学校文化带给他们的影响,对学生健康快乐成长的引导可见一斑。从廊小校园走出来的莘莘学子,对母校有更真的情、更深的悟,而这一切,无不得益于 5 年学习经历中校园文化的浸润和积淀。

廊下小学的学校文化对教师的影响也是显而易见的,对此,我有着许多真实的体验。伴随着学校的发展,一路走来,我对学校文化的理解也在逐步加深。朱保良校长执着于对校史资源的着力挖掘,使之不断丰厚起来。对学校环境基于文化建设的整体布局、精细打造,让校园环境变得美丽的同时,更闪耀着浓厚的校园文化光彩;对校本特色课程的开发,也是源于校园文化,贴近学生生活,使之更易被学生接受,让学校文化影响学生这一目标的达成变得简单、易操作。

2016 年 6 月,因组织调动,我离开了熟悉的百年廊小,来到了同样有着百年办学历程的吕巷小学,开启一段新的工作经历。

在吕巷小学的四年时间里,我常常会听到周围老师对廊下小学近年来发展的议论和评价,从他们的言谈中,我能时时读到这些老师对廊下小学在校园文化建设成就上的点赞,让我这个从廊下小学走出来的学校管理者有了更多的自豪和更厚实的底气。

岁月不居,时节如流。五十之年,忽焉已至。已过知天命的年龄,我知道自己是谁,我从哪里来,我要到哪里去,我更知道我要什么!于是,4 年之后,当我面临又一次选择时,我不假思索地选择了要回到廊下小学去,回到这个处处充满文化气息的美丽校园,我知道,原因之一,正是廊下小学的校园文化在时时召唤着我,使我愿意把自己的最后一段教师生涯停留在这所百年老校。

然而,当我再一次回到百年廊小,走进熟悉的校园时,却惊讶地发现,仅仅过去了四年光阴,这里的人,这里的事,又经历了多么大的变迁啊!我听到了不少这 4 年来发生在校长和老师们身上的关于校园文化建设的感人故事。校园景点已从原来的‘二十景’,增添到了‘三十景’,读着那镌刻于碑石上的《百年廊小赋》,感受到的是一所老校的文化积淀,从字里行间可以寻觅到百年办学的文化脉络。教学楼前,校友方正之的雕像伴随着孩子们度过每一天,每一个从雕像前走过的学生,都会想起校友方正之‘两次改名的故事’。高高矗立的文化石上,百岁老人文怀沙的题词‘学而时习之不亦悦乎’,展示的不仅是中华文化的博大精深,更是对学习方法的指点。为丰富阅读经历,培养读书习惯,学校创始人后裔、名誉校长何鄂对全校学生的寄语‘爱书吧,和好书交朋友,让阅读成为一生的兴趣和爱好’,已然成为勉励全体学生读书的座右铭;展示每个班级学生读书成果的‘阅读小舞台’也已成为每学期进行班级风采展示的经典活动。又如写字教育,不仅引进了有专业背景的老师执教,更是把普通的写字教室进行了用心装饰,并取名‘静渊堂’,让学生的写字课浸润在浓浓的书法艺术氛围中,每年还举办以廊下元代书法家陆居仁名字命名的‘居仁杯’写字比赛活动等,这样的想法、这样的做法,无一不出于让学生浸润学校文化的良苦用心。写字教育课程也已不再是碎片式的指导,已探索进行系列化的课程实施。就连校歌也已形成了《做鲜军式好少年》《好美的花园学堂》《上课乐》《课间乐》《莲湘乐》《上学乐》《放学乐》等一正六副,共七首,引导学生在不同的场合演唱不同的歌曲,安排的恰到好处,真的是把学校文化创新探索到了极致。4 年前还在苦苦思考着,如何把何鄂雕塑馆的校本资源真正用于课程开发,而如今,基于校本资源的雕塑校本课程已初步完成了构建,并已有序实施。

一所学校的文化积淀和形成,可能需要若干年,甚至几代人的努力,如廊下小学这样,仅仅在不到 20 年的时间里,把学校文化这篇文章做到如此程度,是多么的不易。这也印证了那句话:事在人为。若有对教育事业的执着追求和无限热爱,定会有很多的事情可以做,定会有很多看似很难的事却会做成功。

回望来时的路,廊下小学正是抓住了学校文化这一推动学校发展的要素,让学校发生了根本性的改变。而这一切的成功,可以说,既归功于我们的校长,同样也归功于甘于追随、甘于实践、甘于奉献的广大老师。”

分管德育的副校长姜丹红认为学校百年校史是“四史教育”和思政教育的生动教材,她说:

“我校是一所百年老校,丰厚的校史中拥有很多值得全体师生学习的榜样,是‘四史教育’和思政教育最好的教科书。

100 多年前,教育先辈何静渊和朱志贤两先生出于强烈的社会责任感和爱国心,毅然提出了‘开启智慧,报效社会’的办学初心,至今还有深远的现实意义。何静渊 5 年内办了 3 所学校,朱志贤留下了‘人在年富力强的时候正是应当为社会服务效劳的时候’名言,令人感动、令人敬佩。

何穆、马本初、张鲜军和姚芳 4 位杰出校友的事迹和精神非常感人,何穆‘一心为公,时时处处为别人着想’的品德,马本初‘两次改名’的故事,张鲜军‘舍己救人,助人为乐、无私奉献’等六种精神,姚芳‘身残志不残,为国争光’的志向,都是哺育师生的最好的精神养料。因为他们是校友,他们的这些事迹更容易打动师生,容易走进师生的心灵,教育效果会更好。

学校创始人后裔、全国著名雕塑家何鄂大师,对百年廊小充满了深厚的感情。2014 年,廊小创办了何鄂雕塑馆,她用雕塑艺术继续传承先辈创办的教育事业。她几乎每年都要回百年廊小和师生见面,每年都捐钱给学生买书。何老师那种热爱家乡、热爱艺术、艰苦创业的精神深深感动了廊小每一个师生和每一个来廊小参观者。

这些身边的榜样可敬可亲，他们的事迹和精神可学可做。学校将这些榜样与当下‘四史教育’和思政教育有机融合，将他们的优秀事迹与学校教育无缝衔接，用榜样的精神引领全体师生践行立德树人，形成了廊下小学新时代爱国主义教育的鲜明特色。”

教科研室主任何庆其说：

“今天的廊下小学，校园古朴典雅，黛瓦白墙，小桥流水，曲径通幽，时时散发出独特风韵和魅力无限的文化气息。然而在十几年前，我刚进入廊下小学的时候，整个校园几乎没有绿化，更谈不上‘文化气息’。

这一切的变化，一是要归功于校长朱保良同志从教数十年，情系廊小，办学有方。从廊小这近 20 年的变化中，我深切地体会到，中国的农村教育太需要这样具有赤子胸怀、乡土情结、专业追求，肯真抓实干的校长了；二是在朱校长的带领下，这些年来，学校教育、教学，特别是校园文化建设方面，以课题为引领，一直持续不断地开展研究，这也是非常重要一点。

记得 2004 年，廊下小学建校 100 周年时，为了梳理廊下小学一百年来的历史，学校专门收集、整理了建校百年来的资料，编写了《百年廊小纪念册》。在收集、整理资料过程中，校长朱保良敏锐地意识到有关学校的许多历史资料具有很高的教育价值和现实意义，如果加以挖掘整理，以一种特有的方式呈现给老师、学生，必定会对学校历史的传承以及对学生的教育起到很好的作用。2004 年 10 月 18 日，廊下小学举行了建校百年庆典活动，整个庆典活动高潮迭起，精彩纷呈，取得了圆满成功，得到了社会各界的一致好评。庆典的成功，更坚定了朱保良校长及其团队要把廊小的百年历史作为一种资源进行深入挖掘，并加以传承的想法。

挖掘和传承，特别是创新，需要一支有教学素养、有专业追求的教师队伍来支撑。但那时我校办学条件相对落后，加之地理位置偏远，许多青年骨干教师外流，师资队伍整体水平明显下降，而且大部分教师的教育教学观念比较陈旧，这些都严重制约了学校发展。为了尽快地改变这一状况，百年庆典后不久，校长朱保良同志站在新百年的起点上，思虑再三，觉得学校发展的关键在于教师，必须着力培养一支‘师德高、学业精的智慧型教师队伍’。于是，他一手抓教科研，着力提高教师的专业素养；一手从整顿校容校貌入手，加快校园文化建设的步伐。

当时，廊小经过反复研究，迈出的第一步就是开展课题《三步曲实践课校本研修模式研究》，这是廊小教师专业发展最成功的范例。

这项研究从2006年6月开始进行前期准备，到2010年5月后期总结阶段，历时整整4年。校长朱保良同志担任组长，我作为教科室主任同严大军、卢益平、唐连明、宋红娟、孙伟东、陆德华等老师组成了课题组，并聘请了王钰成、李秀林等专家作指导，这是廊小历史上第一次开展这样有目的、有计划的实实在在的教学实践研究。

'三步曲实践课'校本研修，它以教研组或备课组为实体，面向每一个教师，围绕课堂内容及教学方法进行研讨，这种建立在教师个体独立钻研基础之上的，同伴互助的研讨和专业引领，不但具体实在，针对性强，而且更具有实效性。校长朱保良同志视野开阔，特别重视专家引领，把市、区好多名师名家请到学校，给教师把脉诊断，面对面指导，引领教师把教学理念转化为教育教学实践，从而更有效地促进了教师教育教学水平的提升。如今，'三步曲实践课'这一平台，已成为促进教师内涵发展的持久、有效的动力和途径。教师的整体水平较过去有了长足的进步，学校还相继培养了一批在区内外有一定影响的骨干教师，为乡镇学校教师专业发展提供了宝贵经验。

这项研究，为廊小教育、教学质量的提高，为校园文化建设的丰厚发展，打下了一个坚实的基础。

第二项大的课题，是《基于百年校训资源，打造'智慧型'农村小学》的课题实践研究，这是廊小又一项与'校园文化'建设密切相关的教科研项目。

我们知道，教育文化，校园文化，除了有时代性的发展变化，还有它的地域性差异。通过这项研究，一是要回顾历史，找准时间纵线上的坐标；二是要环视本土的民风民俗，寻找滋养学校成长的精神沃土。

学校在庆祝建校100周年以后，开始总结学校文化对办学的作用。我们曾先后总结了承载学校文化的载体与途径。例如，完成了《利用校史文化对学生进行传统美德教育的实践与研究》(区级课题)、《传承莲湘文化，打造一校一品》(区级课题)等课题，尤其是把作为廊下一种历史悠久的非物质文化遗产的打莲湘，建设成为我们学校最亮丽的品牌之一，并取得丰硕成果。

当时，学校虽然已形成很多特色和亮点，但我们深感学校文化建设需要更有系统地进行，需要对现有的特色和亮点进行整合，进行更为完整的认识与更有效的实践，为今后百年的办学提供有力的支持。

于是，从2011年初开始，我们在校长朱保良同志带领下，对课题《基于百年校训资源，打造'智慧型'农村小学》进行了研究。参与这一课题研究的还有党支部副书记严大军、副校长卢益平、教导主任孙伟东、政工教导潘玲娣等。一年后，这一研究初显成果。很巧的是，那会儿恰逢'校安工程'和金山'漕廊公路观光带'项目实施，这就为廊小校园环境的改造提供了一个千载难逢的契机。

2012年，校长朱保良同志抓住这一机遇，特地邀请学校创始人后裔、美术工艺大师何顾继德先生根据我们课题研究所取得的思路、成果，为学校布局进行整体设计，并进行校园改造，前后历时两三年时间。在最近几年中又先后建了许多人文景点以及斗姥阁、何鄂雕塑馆等标志性景观，逐步形成了我校'五园三区''一阁一馆''三十景'校园文化景观。

《基于百年校训资源，打造'智慧型'农村小学》课题研究喜结硕果，其科研成果荣获金山区教科研成果一等奖，更重要的是让学校校园文化有了质的提升。学校在校园文化建设中紧紧围绕'开启智慧，润泽生命'这个核心办学理念，依托地域文化和学校特有资源，以课程建设为抓手，精心打造有故事、接地气的校园文化品牌。学校近几年先后开发了《打莲湘》《学鲜军》《百年史》《有故事的泥巴》等近十门校园文化特色课程，形成了'打莲湘''拍手歌''百年史''三十景''学鲜军''何鄂馆'六大校园文化品牌。这些课程的实施对学生的发展起到了很好的促进作用，学生在这样的校园文化熏陶下，阳光自信，活泼可爱。

如今，漫步校园，树木葱茏，亭台楼阁，布局典雅，时时感受到浓郁的文化气息，让人心旷神怡。作为廊下小学的一员，有幸见证了这十几年来学校翻天覆地的变化，我为自己能在这样一所学校工作感到幸福，感到骄傲!"

语文分管教导宋丽萍说：

"百年廊小是一个读书的好地方，是一个一定能把书读好的地方。

整个校园庄重古朴，书香四溢。一走进廊小校园，就会看到图书馆外墙上的'书香苑'三个金光闪闪的大字，这是吕型伟先生为我校图书馆题的词，大门两边的对联'书山览胜多奇趣，学海探骊有异珍'是上海市语文特级教师钱梦龙题写的，正门两边墙壁上挂着中国古代四部经典著作的介绍。操场边上的'书山有路'雕塑，象征读书给人力量；手拿书本的杰出校友方正之铜像，寓意读书对方正之的成长起着重要的作用；学生天天看到的何鄂题词石，上面刻着何老师为了激励全体学生阅读，特地题写的‘爱书吧！和好书交朋友，让阅读成为一生的兴趣和爱好！’这句人人能背诵的话语时时激励廊小学子好好读书。

除了环境熏陶，学校更重视利用读书资源开展系列阅读活动。语文老师根据学校的要求，组织学生‘每天听一个故事，每天看书半小时，每周讲一个故事’，并让学生在学校特地设计的记录本上记下听故事、阅读、讲故事的足迹；学校要求每个家庭每学期给孩子买5—10本课外书籍，这样，一个家庭五年内让孩子有50—100本课外书籍可看；我们还充分利用每周三中午的半个小时统一开设阅读课，对学生进行阅读辅导；学校的微信平台，创建‘诵读苑’栏目，定期推送部分学生的朗诵作品并推荐好书；每个班级每个学期以中队主题会的形式开展一次以阅读为主题的小舞台展示，邀请家长参与；学生人人能背诵朱校长撰写的拍手歌《博览群书》；每年一次的读书节把学校阅读活动推向高潮。

这浓郁的书香环境和一系列阅读活动，营造了学校浓厚的书香氛围，激发了学生浓厚的读书兴趣，培养了学生良好的读书习惯，有效促进了学生阅读素养的提升，成为我校校园文化建设中的一大亮点。

相信百年廊小学子，从这里带着美好梦想，插上翅膀，一定会飞得更高更远！”

一提起百年廊小，我们老师都为之骄傲，为之自豪。100多年的历史变迁，为我们留下许许多多宝贵的校园文化资源。如今建成的——“五园三区”“一阁一馆”“三十景”，形成的“打莲湘”“拍手歌”“学鲜军”“大舞台”“小导游”等，这些都是独特的、具有地方特色的最宝贵、最丰富的教育资源和特色项目活动。

那么，学校是如何充分利用这些教育资源，又是如何打造这些特色项目的？我们的老师也有很多想法、说法和做法。

小导游指导老师张雪芳这样说：

“‘一阁一馆’‘三十景’是学校的宝藏，如何让这些场馆、景点中的故事发挥更大的作用和影响？我们想到了培养小导游，开设了‘百年廊小小导游’课程。小导游活动对提升学生的综合能力太有意义了，它既能让学生更多地了解并喜欢学校，能锻炼学生的胆气，培养学生的口头表达能力、随机应变能力、待人接物的交际能力和阳光自信的气质，还能培养学生的自信心和服务意识。

为了课程的顺利实施，校长朱保良同志撰写了三十个景点、斗姥阁和何鄂雕塑馆的导游词，还特地写了如何做好小导游的拍手歌：

小导游

你拍一，我拍一，百年廊小有魅力，校园文化传美誉，
你拍二，我拍二，讲解校园多自豪，认真训练做得好；
你拍三，我拍三，读准字音须为先，背出稿子不怕难，
你拍四，我拍四，眼神交流真神奇，心有灵犀无距离；
你拍五，我拍五，脸带微笑诚意足，可爱温馨传温度，
你拍六，我拍六，站立手势有讲究，优美大方又抖擞；
你拍七，我拍七，录录声音听自己，看看表情照镜子，
你拍八，我拍八，抑扬顿挫力求佳，声情并茂顶呱呱；
你拍九，我拍九，互帮互学多交流，共同进步手拉手，
你拍十，我拍十，我爱廊小乐参与，全面发展树新姿！

学校成立了小导游校本课程开发小组，编写了课程方案。我们主要采取了以下措施来培养小导游。

以生为本。兴趣是成功的种子，要想让廊小学生成为合格的小导游，首先要让他们感兴趣。成为小导游，一件重要的事是要背出导游词，对于功课繁忙的学生来说，增加额外的背诵量，他们会感兴趣吗？为了解决这一难题，我们除了让班主任带领学生参观校园景点，介绍深厚文化，让学生喜欢景点外，还做了两件事。一是抽取一些学生，把景点导游词发给他们，让他们和老师一起参与修改导游词。这样一来，导游词会更儿童化，同时，因为他们的亲身参与，会更产生认同感，更易接受。二是让学生自由选择喜欢的景点进行介绍。虽然我们计划让学生在五年内了解三十个景点，但我们不强求把每个景点背出来，每学期能选背一个景点进行介绍即可。正因为我们站在学生的角度，遵从学生的内心，所以大家都很喜欢小导游活动，愿意成为一名小导游。

以点带面。学校倡导学生人人都成为小导游，但只凭班主任下发导游词，采取布置任务的形式，到最后成效不大，即使会讲解景点的学生也讲得质量不高。针对这一现象，我们采取以点带面的形式进行培训。我们开设了小导游拓展课，由我任教。从每班挑选较优秀的、喜欢做小导游的孩子，保证每班一到两人。课上，训练学生的礼仪、表情，指导学生的发音方法和抑扬顿挫的讲解能力；课外，建立微信群，请家长协助，当游客听孩子讲解，把孩子的朗读录音和讲

解视频发在群里。我随时指导，确保每个学生先过朗读录音关，再进行视频讲解。课上或者利用课余时间，我带领孩子们到景点，让他们进行现场讲解，其他孩子做游客，并现场录像。在我的精心指导和家长的大力协助下，一批小导游成长起来了！这些优秀的小导游辐射到全校每个班级，供同学们学习、模仿，同时，同学们也可以向所有录制的视频中的小导游学习，选择自己喜欢的景点进行讲解。

以活动促成长。为了让小导游们快速地成长起来，我们在各种活动中给他们创设锻炼和展示的机会。幼儿园大班的小朋友来参观未来的小学——廊下小学，我们会安排小导游们等候在各个景点讲解给小弟弟、小妹妹听；家长会后，我们让小导游们拉着爸爸或妈妈的手参观校园，讲解自己喜欢的景点；外校的老师或领导来我们学校，我们会安排优秀小导游满怀热情地介绍我们的人文景点。在学校的艺术节上，在每学期每个年级举行快乐大舞台活动时，都会有小导游的身影。在每学期的期末评优活动中，我们也设置了'优秀小导游'奖项。孩子们在各类活动中不断地磨炼、成长，在弘扬校园文化的过程中，更是提升了自己的表达能力和自信心。2019 年 7 月，我校一些小导游参加了金山博物馆主办的'海上之巅说古今——小小讲解员竞赛'寻找最美声音的活动。经过海选和决赛，有 8 位小导游入围，成为金山博物馆的小小讲解员。"

雕塑老师陈苗"三句不离本行"，她说：

"我们的校本特色雕塑课将课堂搬到何鄂雕塑馆，充分利用场馆资源，注重情境体验，让学生置身场馆环境，不仅能近距离接触、感受雕塑之美，提高审美能力，也能促进学生的观察、分析能力，空间意识和造型表现能力的发展，有助于学生提升美术核心素养。带学生走进何鄂雕塑馆，不是进行走马观花式的参观，而是带着学习任务单去寻找、观察、分析何鄂的雕塑作品。把雕塑馆变成课堂。学生在学习时，全身心沉浸在得天独厚的雕塑环境中，雕塑作品变成了本课的教学资源。学生在和作品'互动'与'对话'的过程中，经历了观察分析、造型表现、创意构思、空间想象、欣赏评述与探究发现，激发了自主学习雕塑的兴趣。

在《第 13 课　泥时装》一课中，我和孩子们一起分析、讨论何鄂作品《绣花女》的服饰特点，让他们倾听作品背后的故事。最后，在对中华雕塑界的瑰宝——《兵马俑》的介绍中结束课程。整个教学过程，既有美术教材中的泥塑课程教学，也有对场馆资源的充分利用，还融入了传统的雕塑文化。基于学生的泥塑基础和对传统泥塑文化的初步了解，呈现学生从单纯的泥塑技法制作转化为有文化内涵和自身见解的创作过程，呈现从重知识技能到‘三维’齐抓，到突出人文内涵和审美导向与能力达成的过程的转变。

非常荣幸，何鄂雕塑馆给我的课注入了活力和特色，我的课例《第13课泥时装》荣获教育部2019年度‘一师一优课、一课一名师’活动‘优课’。”

第一位从外省市引进百年廊小的教师汪振宇说：

“不知不觉来到廊下小学已有17个年头，我作为第一个由外省市引进的大学生，历经多年的磨炼与廊小一起成长。我切实感受到学校重视音乐学科，先后招聘3位音乐教师，并为我们创设很多学习平台，让我们迅速成长起来，在市、区音乐学科比赛中我们三位分获市二等奖、区一等奖和区二等奖。

教学中，我们利用民间艺术打莲湘培养学生对音乐的兴趣、爱好及情感，将莲湘棒作为打击乐器融合到教学活动中，将莲湘舞蹈融入现代舞蹈中，给音乐课增添了地域文化元素，让学生不仅感受到民间舞蹈带来的快乐节奏和乡土气息，更了解了非物质文化遗产的博大精深。学校的莲湘舞蹈多次在全国和市、区各类比赛中获奖。

七首校歌抒情励志，寓意深远，是百年廊小音乐校本课程的一大特色。学生人人喜欢七校歌，人人能哼唱七校歌，每个年级都有相对应的重点歌曲，在学校重要活动上都能高歌一曲。那明快优美的旋律、富有弹性的节奏，给廊小每一个学子留下了终生难忘的印象，给校园增添了一道亮丽的音乐风景。

廊小是梦想开始的地方，我也会继续与学校并肩前行，为廊下教育、廊小发展再作新贡献。”

年轻的班主任金辉召介绍了他如何带领孩子们在“五园三区”和“一阁一馆”里接受校园文化熏陶。他说：

“作为廊小的班主任，怎可不好好利用这一片文化的芳泽去浸润学生的心脾呢？

我带着孩子们来到桃李园，只见何朱两先生的雕像庄严矗立。我对孩子们说，了解两位先辈的事迹是我们后辈的责任，传承先辈的遗志更是我们的义务。坐坐静渊亭，走走志贤门，在游览中，历史浸润孩子们的心灵，播下传承的种子。松梅园的景色一年四季总有不同，最适合带孩子们来的季节是风寒料峭的冬日，此时的雪松与梅花，一个坚毅伫立，一个傲然独绽。此时此景，最适合借景育人，让孩子感受雪松与梅花的品质。来到莲湘园，赏'能歌善舞'雕塑，感受非遗文化，走走三曲桥，河中的小生命陡增灵动与生气；来到童趣园，带着孩子们玩游戏、跳房子，读彩色显示屏上的拍手歌，用双手拍出童年的烂漫与天真；来到稚乐园，和孩子们一起玩跷跷板和滑梯，踏水车；在运动区，跑跑步，做做操，看看十二生肖儿童画。若是金秋时分来到休闲区，抬头便是柚子、金橘，象征着收获，在桂花飘香的校园，我可以为孩子们讲讲校训故事。若干年后，学生回忆小学的童年记忆，能会心一笑，我想这也是廊小美景存在的意义之一。

带着学生参观、游览斗姥阁，一一讲解老物件的历史，再一起数数学校的荣誉奖牌。历史的馈赠会让孩子们自豪。走进何鄂雕塑馆，赏赏何鄂大师的每一件实物作品，读读每一件作品背后的故事……文化的熏陶培养孩子们对美的认知。

作为百年廊小的一名班主任，我要带领每一个小朋友走进'五园三区''一阁一馆''三十景'，与孩子们一起在历史与文化的芳泽中，熏染自己的灵魂，亦在生动绮丽的美景中，沁润自己的心脾。这是多么幸福，多么快乐，多么有意义的一件事!"

年级组长陆惠芳老师不无自豪地说：

"我校没有室内活动场，但我们在西操场建了个古色古香的欢乐大舞台。每个年级组利用快乐活动日，每学期在欢乐大舞台举行一次年级联合中队主题集会，是我们年级组活动的一个重头戏。

主题集会有活动仪式：出旗、唱队歌、呼号、退旗，很有仪式感；有活动口号：'欢乐大舞台，雏鹰展风采，人人上舞台，班班展风采'；有活动评比：每次都要评出最佳行为规范奖和最佳舞台表演奖；有活动亮点：学校特色项目打莲湘、拍手歌、小导游、唱校歌、讲校友故事、玩泥巴等总要在舞台上展示一番；有活动人气：学生人人上舞台表演，年级组教师人人到场，都有事干，每个学生请一位家长一起参与活动，部分老师和家长还要和孩子上台表演。

还有一个深受小朋友喜欢的保留节目：百年廊小校园文化知识问答。学校汇编了最重要的校园文化知识 20 题，包括学校的办学理念、培养目标，校风、校训、校树、校花、吉祥物，学校创始人、创校名、初创校舍名称，'五园三区''一阁一馆''三十景'名称，围墙画廊内容等，几乎概括了所有的校园文化知识。如果让学生单纯地记这些知识,学生可能感到枯燥,不感兴趣,不肯记,不愿记。但我们把它们放在大舞台,结合平时的校园文化活动,以一个保留节目的形式出现,效果就不一样。学生觉得有趣、有劲、有味、有乐。我们设置了必答题、抢答题,还有奖品,每次都能把大舞台活动推向高潮。为了让家长更多地了解学校,进一步拉近家长和学校的距离,我们还给家长留了一道知识问答题,家长们无不兴趣盎然。

小学5年,每个学生、每个班级在大舞台上至少要表演10次,每个学生都能自信地走上舞台展示风采,留下美好回忆。"

在廊小工作了35年,即将退休的老教师朱军这样说:

"2020年10月底,我即将退休。按理说,退休前一两年可以申请减轻一点工作量,尤其最后半学期可以不担任教学任务了。但我没有提出申请,即使到最后半学期,因为同事产假日期未到,学校希望我把这个班级的语文教到我退休前最后一天,我二话没说一口答应。因为,我深深地热爱百年廊小,觉得天天生活、工作在如诗如画、温暖如家的校园里就是一种幸福,为自己是百年廊小的一员感到无比自豪和骄傲。我一生没有轰轰烈烈的事业,也没有豪言壮语,但百年廊小用文化哺育了我35年、培养了我35年,让我成为金山区'园丁奖'的获得者,成为金山区优秀辅导员。我辅导的少先队主题活动课——'祖国妈妈,您好!'曾获金山县爱国主义教育展示活动评比一等奖。我要有感恩之心,在退休前每一天,再认认真真、踏踏实实地为我心爱的学生和美丽的百年廊小做点事,给自己的教师生涯画上一个圆满的句号。"

入职第一年的新教师张芳冰说:

"参观校史馆是新教师入职的第一课。非常开心,那天,朱校长带着我参观了校史馆——斗姥阁。

古色古香的校史馆里布展了学校110年校史,珍藏了几百件教育史料和文物,令人震撼,尤其是'何朱两先生'的生平和事迹深深地感染了我。1904年,何静渊在斗姥阁创办了廊下小学的前身——开智初等小学,由此拉开了廊下小学的序幕;1912年,朱志贤先生独捐巨资,扩大校舍,几年后,学校规模和影响在平湖、金山两县首屈一指。他俩提出的'开启智慧,报效社会'的初心令人崇敬,朱志贤先生所言'人在年富力强的时候正是应当为社会服务效劳的时候',朴实而又有力量的话让我感触良多。

作为青年教师，很幸运可以在这样一所有厚重文化积淀的学校里工作、学习。正值青春年华的我，一定要守住、传承何静渊和朱志贤的办学初心，用奋斗来打磨我的青春和人生，好好工作，为廊下的教育工作奉献自己的一份力。”

新教师范小珍也十分自豪地说：

“我与廊小的情缘始于2016春夏之交。彼时考教师编制，‘廊下’这个有趣的地名吸引了我。初来廊小面试，甫一进校园就听得淙淙古琴乐流淌在白墙黛瓦间，满园的古色古香；移步换景，又见亭台小榭、小桥流水。直感受到一种诗意的美好，心向往之。

而后以准教师的身份第一次在廊小参观游赏，在桃李园偶遇一名学生商同学，热情地跟我打招呼，问我叫什么、教什么科目，还要我留电话留QQ，我想拍照，她主动帮我撑伞，热心地给我介绍一景一物，让我倍感惊讶和温暖。后来我才知道，这位同学是传统意义上的‘后进生’，在我进入廊小的第一年毕业。我有时会回想她的那份热情大方和坦诚主动，这是很多优等生也没有的。这份感触我一直留在心底，一直以来，在对待学生和自己的孩子时，我都坚信不仅要让他们学知识，也希望能在潜移默化中感染他们学会做人，保护他们性情中的真善美。

此后几年在廊小工作，我家的生活也对廊小越发倚重起来。逢周末或者节假日，时常来校园玩玩逛逛，尤其有了宝宝之后，一说去妈妈的学校，他立即兴奋得不得了。孩子爸爸在篮球场投篮，我玩滑板，奶奶牵着蹒跚学步的小娃儿在后面跑，成了周末廊小的常见一幕。廊小简直成了我们家的后花园。

每天，我看到活跃在校园中的小朋友们努力而专注地学习，时而嬉笑吵闹。校园中的一石一画，都以无声的语言向生活于其中的我们传达历史的心声、文化的力量。宁静的校园，欢动的学生，奏出一曲和谐的向上的乐章。看到我们的孩子用充满自信和自豪的声音向前来参观学习的老师们介绍校园一景，看到我们的孩子绽放着灿烂的笑容、踏着欢乐的莲湘舞步走上广阔的舞台，看到我们的孩子整齐地唱着拍手歌学文化、识道理，我们自豪于在传达科学文化知识之外，能够给予学生情感上的陶冶。

我真心觉得，廊小是个特别让人留恋的地方。”

新教师唐玲在回忆起当年荣获“上海市见习教师基本功大赛”一等奖时很有感触地说：

“这是一所以‘开启智慧，润泽生命’为办学宗旨的小学，作为一名普通的新教师，我也在潜移默化中被它的文化所滋养。

校园里，我最喜欢的地方非松梅园莫属了。它是一个开放的园子，没有门框的束缚，只有两道相连的白墙掩映其中。园子里满是校树（雪松）、校花（梅花），故名松梅园。松梅园的围墙上还有一副清代诗人、散文家张惠言写的对联：‘雪压青松松更翠，霜打梅花花更艳’。这句话鞭策着每一位廊小学子，也鞭策着每一位教职员工，当然也包括我。工作中、生活中，遇到难题时，想想松梅园里傲雪挺立的雪松、凌寒绽放的蜡梅，好像咬咬牙也可以挺过去。

得益于学校优秀的青年教师培养模式，以及校领导特别是朱校长对青年教师成长的关心，我参加工作第一年就有幸参加了上海市首届见习教师规范化培训比赛活动。刚接到参赛通知时，内心是极其忐忑的，对未知的挑战充满了恐惧。但是当我走过每天的必经之地——松梅园，看见那已经八十多年树龄却仍然挺立的雪松和那绽放了近百年岁月的红梅，才使得我又有了乘风破浪、披荆斩棘的勇气。

在筹备比赛的过程中，我遇到了很多困难：要准备多个课时的教案、模拟课堂、演讲、‘三笔’字等。作为新教师，我难免手忙脚乱，幸得区教研员唐连明老师、张英老师每周一次驱车来校耐心指导，对课堂上的一字一句斟酌、演练，将提交的教案反复琢磨、推敲，使我对比赛环节有了更多底气。在两位恩师的帮助下，我最终取得了该评比活动的一等奖。

工作五年来，学校对我关怀备至。在生活上，我一来沪就为我安排免费宿舍，安装空调、洗衣机等家用电器，平时，一个灯泡坏了，都会帮忙维修。在工作上，对我的成长倾心尽力。学校十分重视对青年教师的培养，制订了多项培养方案，其中，‘三步曲实践课’就是助推我快速成长的平台。通过一学期上三次公开课，每节公开课都经历至少‘三次备课’，我的教学能力显著提升。特别是朱校长为激励青年教师成长而设定的‘十一个一’的要求，极大程度提升了我的各项素养。学校还鼓励青年教师‘走出去’。2019 年 4 月，在朱校长的安排下，我有幸前往北京清华大学附属小学进行了为期一周的学习。著名语文特级教师窦桂梅校长的热情接待和精心安排，让我受益匪浅，收获满满。这一周里，我参观了教室、办公室、大队部、校长室，看到了校园内处处体现出‘成志’教育理念，相关知识和学生作品满布教室、走廊和其他公共场合；我深入课堂，入座聆听，感受自然而灵动的课堂氛围——孩子们进行小组合作学习，相互讨论、交流，乃至争论，时时碰撞出智慧的火花；我还观摩各类活动，对升旗仪式、体育大课间、图书义卖等丰富多彩、自由快乐的校园生活留下了深刻的印象。

这五年，我的每一次成长，离不开两位教研员的点拨指导，离不开学校的培养制度，更离不开朱校长的良苦用心！这是一所优秀的乡村学校，这是一个美景如画的校园，这是一个处处充满文化气息的学苑，它虽地处上海远郊，却用文化孕育、滋养着在这里读书的人、在这里教书的人，甚至每一个来过这里的人……

百年廊小是我教师生涯的第一站，以后，我无论走到哪里，她永远会是我心中最美好的想念。”

同样获得“上海市见习教师基本功大赛”一等奖的新教师吴健斐说：

“我之所以选择廊下小学，一是因为校园环境优美：学校如花园，文化厚重，赏心悦目，令人流连忘返，给人以愉悦感；二是校园氛围和谐：同事之间互帮互爱，教研氛围热烈，有股向上的力量，给人以幸福感；三是教师发展平台宽：‘三步曲实践课’、师徒带教、外出听课、专家指导、各类参赛，忙而充实，苦而甜蜜，给人以成就感。

这是一块适宜青年教师成长的沃土，只要你有梦想，只要你努力，就能找到展示的舞台。我有幸参加了 2017 年‘上海市见习教师基本功大赛’，并荣获一等奖。

衷心感谢百年廊小的滋润和培养，让我的教师生涯有了良好的开端。我一定会再接再厉，不辜负学校和校长的期望，力争为百年廊小作出更大的贡献。”

听了这些有代表性的、令人心灵震撼的声音，相信你能看到百年廊小的老师们都在为传播校园文化行动着、努力着……

第三节　最高的奖赏：四方人士评廊小

有人说，文化立校，是教育家办学的命题，也是区域优质教育的主题，更是现代教育的课题。我很赞同这一说法。

2002 年 8 月，我被教育局任命为廊下小学第 25 任校长。这时，正值金山区教育局在引导和鼓励全区中小学办出有文化立校品质的教育、有文化育人品味的学校，并作出了一系列部署。正是在这样的大背景下，我校又恰逢即将迎来百年校庆的盛典，于是，我便借此“东风”，带领班子成员开展了“文化立校”这一重大课题的实践研究，并取得了一定的成绩。

一、金山区教育局：一个有说服力的典范，一朵鲜艳夺目的花蕾

起步是艰难的。但革命导师马克思说得好：“在科学上没有平坦的大道，只有不畏劳苦沿着陡峭山路攀登的人，才有希望达到光辉的顶点。”这闪光的语言，在以往的日子里，曾经鼓舞了多少人前进的脚步。从 2002 年至今，我们从“百年廊小十景点”起步，延至“二十景”，再拓展到如今的“三十景”，自此巧妙地融合在“五园三区”之中，这其中“攀登”的艰辛，又何尝不是如此呢？然而，目标明确的辛劳，总不会是白费的，它常常与成绩、荣誉、奖赏联成不可分割的纽带。你看，廊小的“五园三区”，那桃李园、松梅园、莲湘园，不仅是量的增加，而且是质的规格提升，景中有“画”，景中有“情”。更值得一提的是，每一景都有历史渊源，都有故事，都有艺术意蕴，都有教育元素。因此，金山区教育局有关领导在一次又一次考察了廊小的校园文化建设后，曾给予这样极高的评价：

“可以说，廊下小学校园文化，是金山区中小学校园文化建设过程中涌现出来的一个颇有说服力的典范，也是绽放在全区中小学文化花圃中的一朵鲜艳夺目的花蕾。”

区教育局领导把廊小校园文化称之为“典范”，并不是莫名的夸奖，而是在从中总结提炼出了四点最令人信服、最具生命力的“真经”后得出的结论：

第一，廊下小学的校园文化是有“根”的，根深叶茂。

廊下小学的文化之根，就在于将学校历史文化与中华优秀传统文化合二为一，文化景观与弘扬社会主义核心价值观一脉相承，集文化熏陶与贯彻“五育并举”全面发展的教育方针于一体，这样的文化建设根基扎实，也就有了繁荣的天地。

第二，廊下小学的校园文化建设是有“魂”的，魂铸导人。

从 100 多年前“开启智慧，报效社会”的办学初心，到现在“开启智慧，润泽生命”的办学理念，从杰出校友马本初先后改成“朗夏”“方正之”这两次改名的故事，到现在缘此引用而来的“方方正正做人，踏踏实实做事”的校风，从

“育英、启发、崇朴、崇本、敦仁”五所村校的校名，到现在的“以学生为本”的家门口好学校，都昭示着立德树人、教书育人，引导学生做正直之人、有用之人的“灵魂”。

第三，廊下小学的校园文化建设是有“特”的，特色鲜明。

作为独特的校园文化，这里既有历史名镇廊下的“乡土风光”，也有历史名校留下的“城南旧事”，更有校园文化建设的“百园特色”，美不胜收。“乡土风光”成为热爱家乡的“画板”，“城南旧事”成为传承传统的“底板”，“百园特色”成为素质育人的“芯板”，不是“拿来主义”，也不是“唯美即收”，而是与学校相近，与地域相缘，与师生相亲，接地气又有故事。

第四，廊下小学的校园文化建设是有“实”的，实实在在。

“实”的体现，用金山区教育局领导的话来说，就是廊下小学的校园文化开的是一代新风，走的是平凡路线，用的是教育真情。学校没有室内活动场，在西操场上建了一个古色古香的室外“欢乐大舞台”。“人人上舞台，班班展风采”，多么响亮的口号。每学期每个年级开展主题集会，每次活动邀请家长共同参与。每位学生从一年级到五年级毕业前，至少有 10 次机会登上大舞台表演。学校有 7 首校歌，学生每次登上大舞台，总要高歌一曲。

这四点是最具生命力的“真经”。金山区教育局领导曾说过：“这是摆在教育人面前的一大课题。廊下小学用自身颇有文化定力的重点、颇有教育实力的亮点、颇有艺术魅力的看点，为新时代校园文化建设交出了一份具有文化深意、教育寓意、艺术美意的上佳‘答卷’，绘就了一张走向更美好未来的‘蓝图’。”

二、国务院原副总理马凯：正气充盈，文化厚重，生机盎然，校园如画

2010 年 6 月 26 日，廊下小学荣幸地迎来了一位尊贵的客人——国务委员兼国务院秘书长马凯回家乡并到百年廊小考察、调研。

马凯一行边听取我对学校的介绍，边饶有兴趣地参观了校园“十大人文景点”，并在唱游室观看了学校特色节目打莲湘。短短的一刻钟，廊下小学给马凯一行留下了深刻的印象，尤其是当听到学校把“培养快乐健康、能歌善舞、微笑待人的‘开心果’和全面发展、兴趣广泛、敢于提问的‘智多星’”作为目标时，更是给予充分肯定和赞赏。马凯一行临走时，我对首长表态：“感谢首长对家乡百

年廊小的视察，我一定要引领全体教师求真务实，敢于创新，把学校办好！”

马凯一直惦记着百年廊小，殷切期待着廊小广大教师把百年廊小建设得更加美好！

时隔九年，2019 年 11 月 8 日，原中共中央政治局委员、国务院原副总理马凯再次到百年廊小考察、调研。

首长一行在我的介绍下，一一参观了学校的童趣园、桃李园、松梅园、斗姥阁、书香苑、莲湘园等景点，感受到了百年廊小的处处生机和活力。美丽的校园、悠久的历史、深厚的文化积淀、大师的雕塑作品、鲜明的办学特色，给首长留下了非常深刻的印象。在童趣园，首长听了小导游对“方正之铜像”景点的介绍，给予小朋友热烈的掌声，还主动提议和小朋友合影留念；在桃李园，首长看到校史文化和校园环境相映成趣，校园充满文化魅力，说师生在这样的校园环境里工作、学习、生活是很幸福的；在斗姥阁（校史馆），首长看到学校珍藏了这么多的珍贵史料和文物，连声说好，叮嘱我们要继续好好利用这些校史文化资料，发挥其价值；在书香苑，首长向学校赠送了他著的《心声集》和《马凯诗词存稿》，还向学校赠送了十件科技作品。我代表学校向首长回赠了《百年廊小》《我爱廊小拍手歌》《我与百年廊小》等书籍、校徽、吉祥物和首长前次考察廊小时的影集；在表演区，首长饶有兴趣地观看了小朋友的莲湘操训练和《核心价值观》拍手歌彩排，说学校运用拍手歌对学生进行德育教育是一种好方法，学生喜欢又容易听得进；在中国传统节日墙边，首长看到学校用一首拍手歌和一幅农民画表达每一个传统节日，赞赏以这种形式宣传传统节日非常接地气；在莲湘园，首长指着“能歌善舞”雕塑说，大师的作品就是不一样，栩栩如生，活灵活现，展示了廊小学子朝气蓬勃的良好精神风貌。

临走前，首长拉着我的手深情感叹：“家乡教育发展得很好！感谢辛勤的老师们，衷心祝愿百年廊小越办越好！”我激动地说：“谢谢首长，我们一定不忘初心，继续努力，让农家的孩子也能享受到最优质的教育，让百年廊小走向更美好的明天。”

马凯回北京后不久，便于 2019 年 12 月 12 日，以题赠“朱保良校长”的形式，给百年廊小寄来了一封对学校寄予厚望的信。信中，对廊小予以极高的评价：

“一个乡镇的小学，能够办得如此正气充盈、文化厚重、生机盎然、校园如画，实在难得，实属不易。看了校史及您的著述，深知这里凝结着在前任基础上您和广大教师们的心血，热爱教育、无私奉献、求真务实、勇于开拓的精神值得学习。祝愿也相信廊小会越办越好，更上层楼。”

三、人民教育家于漪：寻根探源，筛选传承，找准坐标，高举明灯

专家的“慧眼”，也印证了领导的评说。

人民教育家、全国著名特级教师于漪在2018年初审阅我的书稿《我与百年廊小》，并在“序”中这样写道：

“敬畏历史，寻根探源。朱校长首先做的事是不忘本来。要让百年老校发出新枝，郁郁葱葱，繁花似锦，先要把老校的根根底底弄清楚。弄清楚根在哪里，魂在何处，价值、意义何在。‘根’与‘魂’是根本性、稳定性的东西，经过筛选能不断连续和传承下来的东西。忽视或丢失学校的历史文化，血脉是不通畅的，精神家国是坍塌的，价值取向会出现乱象。朱校长深知其中要义，花大气力作深入细致的调查研究，奔波行走，查阅文献资料，访问校友，访问学校创始人后裔，获得了丰富的史料，了解了捐巨资兴办学校、扩大规模的感人事迹，而创办学校的初心更是令人崇敬——‘开启智慧，报效社会’。办学理念就是要开启学生智慧，觉悟人生，报效国家社会，改变贫穷落后状况。《华严经》中说，‘不忘初心，方得始终’。百年老校，历经沧桑，爱国兴校、兴校爱国的传统要继承，要发展。为了更贴近学生，适合学生，在新的历史起点上学校确立了‘开启智慧，润泽生命’的办学理念。办学为了启智，为了让每一个生命更充实，更好地为国家为社会服务。传承不是照搬，而是要把握根本性的东西，根据育人需求、时代特点，进行创新性的发展。”

于老师还进一步指出：

“教育文化、校园文化除了时代性的发展变化，还有它的地域性差异。朱校长治校不仅回顾历史，找准时间纵线上的坐标，而且环视本土的民风民俗，寻找滋养学校成长的精神沃土。其中尤为突出的是革命前辈投身革命的业绩给后辈以深刻的教育。‘方正做人，踏实做事’是校友马本初的人生信条，也是他家人信奉的价值观，朱校长将此吸纳，以‘方方正正做人，踏踏实实做事’作为校风。他认为：‘校风是一所学校的精神和灵魂。将校友的家风作为校风，旨在让孩子们学习革命前辈不畏艰险、无私奉献、坚韧不拔的民族气节，也是对中华传

统美德的传承。’这样纵横交错、时空聚焦的思考与举措，把时间深处的育人价值明灯高高升起，闪发出时代的光辉。”

领导与专家的评说如此吻合，看法如出一辙，这说明我校的校园文化建设摆正了“教育人”的位置，有“文化深意、教育寓意、艺术美意”，是“有灵魂的教育、有温度的教育”。它有型有范，可圈可点，是向人民交出的一份校园文化建设的特殊“作业”。

四、在读的学生家长：廊下小学绝对是老百姓家门口的好学校

校园文化建设，是优质教育的重要组成部分，也是办家门口好学校的美好形象标志，更是实现教育现代化的题中之意。把家门口的学校办好，这是一项最大的民生工程。金杯、银杯，不如家长的口碑。廊下小学十多年来的校园文化建设，学生家长是怎样评论的？他们的感受又如何？这里，我们摘录几位家长的评价——

“一提起廊下小学，我们当地老百姓无一例外竖起大拇指。廊下小学不仅校园环境优美，文化厚重，它始终围绕‘开启智慧，润泽生命’的核心理念教学，始终注重内涵发展，关注师资队伍建设。在孩子的一、二年级学习生涯中，我慢慢地在孩子的口中，在跟老师的互动交流中，有了更加清晰的答案。在廊下小学，每个学生在老师的心目中都是好学生，每个老师在学生的心目中都是好老师。老师像春风，用爱为学生播撒知识的种子；老师像春雨，滋润着学生求知的心田。孩子们爱老师，主动用微笑与老师打招呼；孩子们信老师，把老师的谆谆教导挂心里。每天，看着孩子的脸上始终洒满阳光，心中始终充满快乐，嘴里始终放满问号，那神态、那气质，体现了廊小学子朝气蓬勃、阳光自信的精神风貌。这就是我们家长对廊下小学的最大满意和放心！”

这是二(3)班学生家长周子健对学校的印象。

“第一次开家长会，我就被校园里‘志远行近’的校训吸引，我立刻查阅了它的意思，‘不积跬步，无以至千里；不积小流，无以成江海’，‘志远’是每一个孩子的人生目标，‘行近’是孩子们成长的过程和细节，是孩子们在这里学习和生活的点点滴滴。通过与老师的交流和认真查看学校的宣传资料，我对整个校训有了更深刻的认识。多年来，学校在着力建设一支师德高、学业精的智慧型的教师队伍，倾心打造充满生机和活力的智慧课堂，努力把每个学生培养成为快乐

健康、能歌善舞、微笑待人的‘开心果’和全面发展、兴趣广泛、敢于提问的‘智多星’。转眼间，孩子已经在这里上学四年了，通过百年廊小历史的熏陶、文化的感染、课程的浸润、活动的体验和时代的激励，通过坐坐静渊亭，走走志贤门，打打莲湘，唱唱拍手歌，学学鲜军，孩子身上发生的春风化雨般点点滴滴的成长印记无不印证着学校的办学理念，诠释着什么是办人民满意的教育这一目标。”

这是四(1)班学生家长尹山华发自内心的表白。

最有意思的是三(1)班家长蔡莉写了一首《廊小赞歌》，来表达她对百年廊小的爱——

“廊小风光，百年历史，美名远扬。

望校园内外，绿树白墙；教室上下，书声琅琅。

观何鄂雕塑馆，精雕细琢，独具匠心，传世之作赞炎黄。

看斗姥阁，校史陈列，卓越非凡，珍贵文物绽放光芒。

赏五园三区，松梅傲雪，桃李芬芳；雏鹰展翅，竞相翱翔。

学张鲜军，见义勇为，乐于助人，品格高尚。

打莲湘操，传承文化，强身健体，童心飞扬。

唱拍手歌，韵律轻快，节奏明朗，激情荡漾。

徜徉在知识的海洋，用爱铸就翅膀，为祖国的腾飞培养栋梁。

赞廊小领导求实创新，热血教育，生命无悔谱写华章。

颂廊小老师才华横溢，满怀热情，疫情面前无私奉献有担当。

歌廊小学子，奋发图强，努力学习，心怀梦想，为祖国发展贡献力量。

廊下小学，百炼成钢，让我们深情为您歌唱。

畅想未来，您的光辉必将代代相传，百世流芳！”

……

这一份份家长对学校的评价，表达了同一个声音，就是对廊小的信任和认可，这就是一种“金不换”的口碑。

今天，廊下小学校园文化之所以能根深叶茂，其实是源于一代代廊小人的不懈努力，尤其是倾注了全体教职员工的心血、汗水和情怀，也融入了他们不懈的创新精神。这几年，廊下小学的校园文化在朝着内容深刻化、景观美悦化、教育柔情化的方向发展，不是作秀式地点缀，也不是单纯地守护，而是有所创新，追求品质。就像校友张鲜军的事迹，我们也对其进行了多元的开拓，园内有雕像，课堂里有读物，活动中有主题，还创作了校歌，很有看点。打莲湘成为上海市非遗进校园的经典品牌课程，并且我校的莲湘节目走进中央电视台、上海旅游节开幕式、上海世博园。穿着红马甲的小导游，带着一种自信穿梭在校园里，向嘉宾介绍校园三十景、斗姥阁和何鄂雕塑馆。

凡此都说明一点，我们把校园文化作为一种育人氛围、一种精神力量来建设，且只有起点，没有终点，永在路上！

第四节　待续的篇章：廊小的一份未来蓝图

自 2004 年百年校庆后，站在新百年的起点上，廊小又走过了近 16 个春秋。近 16 年来，全体师生共同努力，写就了一篇又一篇可圈可点的不凡文章。校长的使命，就在于不断地勾画学校的发展蓝图。

自 1983 年参加工作至今，我和百年廊小结缘、相伴、相长了近 37 年，担任副校长 6 年，担任校长也已经 18 年。回头看看自己走过的历程和留下的足迹，在百年交替的重要历史节点，能由我引领大家把一所普通的老校打造成一所富有特色、富有成效、富有影响的家门口的好学校，这既缘于组织对我一以贯之的信任，也缘于全体师生一如既往的坚持，由此我感到非常幸运、欣慰和满足。

我要感谢廊小每一位教师，是他们的支持、理解和配合，才使得我静下心来思考学校该如何更好、更快地发展；我要感谢教育局和廊下镇历任领导，是他们的肯定、鼓励、支持和包容，让我抓住了一个个机遇，把一个个大胆设想变成现实；我要感谢所有关心、帮助过廊小的专家，是他们的悉心指导，让学校的文化站位和品位年年有提升，少走了很多弯路；我更要感谢的是廊小一批批学子，是他们的阳光自信和追风奔跑给学校带来了无限的生机和活力。

不知何故，随着任校长时间的积累，我总觉得要考虑和做的事情反而越多，投入工作的干劲越足。应该说，我几乎把所有的时间和精力献给了学校，干得很忙碌、很辛苦、很劳累，压力也很大，但看到校园环境越来越美，文化积淀越来越厚重，看到学校取得了一个又一个荣誉，跨上一个又一个台阶，看到教师尤其是青年教师快速地成长，取得一个个成绩，看到孩子们阳光自信、快乐健康、文明有礼，成为一个个“开心果”和“智多星”，看到家长们对学校的真心满意、真正放心和由衷感谢，看到专家和领导对学校的高度认可和无限赞赏，所有的忙、苦和累都烟消云散，幸福感、成就感和充实感就油然而生。

面对成绩和荣誉，我从不夸夸其谈，我始终谨记自己只是一名普通的校长，没有轰轰烈烈的事迹，也没有豪言壮语，只是做了一名校长应该做的、能够做的、喜欢做的、执着做的、坚守做的事，尽到了一个土生土长的、深深爱着家乡并希望家乡教育越办越好的“廊下人”的责任和义务，这也是对生我养我的家乡廊下的一种义不容辞的感恩和报答。我深知，学校所有的成绩和荣誉都是每一位师生和所有关心、支持、帮助廊小的领导、专家、家长等共同努力的结果。

在看到成绩和荣誉的同时，我还清楚地知道，百年老校，虽有其发展的潜在优势，但在发展的同时，还会遇到这样或那样的困惑和问题：

——学校的办学思想有待于进一步落实。学校的办学思想有故事，接地气，但需要持续不断地加以完善、丰富、细化，使之更富有内涵、更切实可行、更富有成效，真正全面落实到师生的行动中。

——学校的课程质量有待于进一步提高。课程是学校的核心竞争力，是学校办出特色的重要支架。纵观学校课程，其体系还不够完善，课程目标与培养目标的关联度还不够强，课程内容还不够丰富，学生的选择余地还不够大，课程评价还缺乏科学性、系统性和针对性。

——教师队伍的整体素养有待于进一步提升。教师队伍的整体素养与百姓的期望和学校改革发展的要求还不相适应，教师的责任感、使命感和危机感还不够强，缺少有深度的学习、研究与反思，能起引领作用的骨干教师还不够多，这些都是制约学校发展的瓶颈。学校各层级管理的独立运行能力有待进一步提升，还缺少发现问题的慧眼、破解难题和突破瓶颈的勇气。

——校园文化的特色和亮点有待于进一步优化。学校在校园文化建设上虽然已形成了一系列特色和亮点，但还需进一步深化、提升、优化，如与学校课程有机渗透、无缝对接，更有效地发挥校园文化浸润式教育、无痕育人作用等。

……

这些困惑和问题既是困难、压力，也是再突破、再发展、再创新的机遇和动力，能使我们尤其是我这个校长保持清醒的头脑，在制订学校发展目标时做到总揽全局、整体考虑，视野更宽一些，要求更高一些，有利于学校的理性定位、健康发展和整体提升。

课程建设仍是学校内涵发展的核心内容，是实现教育目标的基本途径。我们仍要积极探索学生成长规律和教育教学规律，将“开启智慧，润泽生命”的核心理念融入课程建设，围绕“立德树人”这一根本任务，继续落实国家课程规范化、校本化实施，实现校本课程多样化、特色化、个性化，构建具有学校特色的，系统的、完善的课程体系，让学生的经历更丰富、生活更纯真、学习更快乐、身心更健全，使课程真正成为学生的成长沃土和生活乐园。

课程建设的关键，还是要培养一支师德高、学业精的智慧型教师队伍。我们要把加强师资队伍建设列为课程建设的最重要内容，要按照“多渠道、多层次、全方位培养师资”的原则，紧紧依靠每一位教师，真诚信任每一位教师，为每一位教师搭建发展平台，把每一位教师的积极性调动起来，把每一位教师的智慧发挥出来，让每一位教师获得成就感、归属感和使命感，让每一位教师都能做最好的自己；要重点培养班子队伍、骨干教师队伍和新教师队伍，让班子人员坚定有力地带好头、引好路，让骨干教师尽心尽力地做好示范、引领，让新教师的成长快一点、稳一点，形成凝心聚力、同心同德、真抓实干、携手前行的浓厚育人氛围。

进一步加强校园文化建设，不仅是办好学校的关键，而且是时代赋予我们的历史使命。校园文化是一所学校最根本的特征表现，是引领学校发展的灵魂。校园文化建设没有最好，只有更好。我们认为，学校校园文化建设的终极目标就在于创建一种氛围、一种力量、一种精神，以陶冶师生的情操，砥砺师生的品行，构建师生健康的人格，全面提升师生的素质。

我校的校园文化品牌是经长期积淀而形成的，这是一个持续努力和革新的过程，更是一个综合各种因素整体推进的过程。经验告诉我们，校园文化建设不能急功近利，不能好高骛远，不能骄傲自满，要不断自我诊断，用持之以恒的韧劲、脚踏实地的干劲、砥砺前行的闯劲、与时俱进的钻劲、永不满足的拼劲，去建设、去营造、去推动。唯有这样的思考、这样的提醒、这样的行动，百年廊小所拥有的独树一帜的校园文化才会永葆青春活力，成为学校和全体师生长足发展、可持续发展的核心力量。

如何让全体师生共同参与校园文化建设，真正让校园文化渗透到师生心灵深处，融入血脉？如何让校园文化资源在课程化、精品化、特色化上与时俱进，不断丰富并赋予时代文化内涵，更好地突显文化育德、文化育人的功能，让百年老校更富有生机和活力？这些课题需要更多的思考、更多的研究、更多的探索。

让校园文化的地域性、历史性、文化性和艺术性更明显、主题更鲜明、个性更明显、整体更融合，打造出可示范、可推广、可辐射的特色文化品牌，进一步发挥校园文化对师生的凝聚、熏陶、教化、导向、激励、规范功能，方能让办学更有灵魂、更有品质，走向更美的远方。

路漫漫其修远兮，吾将上下而求索。我愿与每一位廊小人和关心廊小发展的人士共勉。

我坚信：百年廊小的未来一定更美好、更精彩！

上海教育丛书

反映先进教育思想和实践经验　传播教育教学智慧

体现上海教育改革发展的成果　引领教育教学改革

1994 年

上海普通教育史(1949—1989)　17.20 元

吕型伟　主编

为了未来——我的教育观　17.00 元

吕型伟　著

1995 年

耕耘散记　10.00 元

方仁工　著

语文教学新探——“双分”教学的理论与实践　9.00 元

陆继椿　著

听力残疾儿童的语言教学　12.00 元

银春铭　编著

班主任日记　7.90 元

黄静华　著

1996 年

和校长教师谈教学　9.00 元

陆善涛　著

语文教学与智力发展　7.50 元

周寿仁　著

幼儿心理素质教育　9.50 元

高志方　著

小学生心理辅导札记　10.00 元

毛蓓蕾　著

1997 年

我和愉快教育　10.00 元

倪谷音　著

以物讲理和见物思理——谈谈中学物理的教与学　12.60 元

唐一鸣　著

语文教学谈艺录　10.80 元

于　漪　著

青春期教育的实施　11.80 元

姚佩宽　著

幼教改革新探——“幼儿园综合性主题教育”探微　9.80 元

倪冰如　赵　赫　著

学校家长工作　9.30 元

高　峰　著

沿着未知的道路漫游——上海的 OM 活动　9.00 元

陈伟新　陈玲菊　著

中学化学教与学的优化　10.50 元

何吉飞　著

少先队的自动化　14.70 元

段　镇　沈功玲　著

我教化学课　13.30 元

黄有诚　著

1998 年

走进幼儿绘画世界　9.50 元

李慰宜　著

文言文的教与学　12.50 元

卢　元　著

家庭教育心理　11.00 元

吴锦骠　郭德峰　著

开发潜能　发展个性　10.80 元

恽昭世　著

注重方法　自我发展——谈谈物理尖子学生的培养　13.50 元

张大同　曹德群　著

情系操场　12.70 元

李华丰　著

物理实验创造技法和实验研究　11.50 元

冯容士　陈燮荣　著

探索中学英语教学成功之路　8.80 元

陈少敏　著

思想品德课教学原则与方法　9.30 元

顾志鸣　张振芝　著

培养数学思维能力的探索　17.90 元

陈振宣　著

爱的奉献——工读耕耘手记　8.85 元

周长根　著

集体的组织与培养——少先队工作回忆笔记　9.60 元

刘元璋　著

献给孩子们的歌　8.00 元

严金萱　著

中学历史课堂教学方法研究　14.00 元

朱光明　著

1999 年

幼儿园"生存"课程的研究　12.70 元

姜　勇　徐　刚　著

育人之路二十载——大同中学教改纪实　9.30 元

王世虎　陈德生　张浩良　徐志雄　著

心与心的交流——走进小学语文教学的艺术殿堂　8.50 元

张平南　著

中学数学思想方法的教学　13.00 元

戴丽萍　著

跳跃的音符——唱游教学 10.50元

陈蓓蕾 著

和青年教师谈语文教学 11.00元

钱梦龙 著

让思想政治课充满活力 8.30元

浦以安 著

中、外幼儿教育的比较与实践 10.40元

钱 文 封莉容 主编

数学教师札记 12.50元

胡松林 著

青浦实验启示录 11.00元

顾泠沅 郑润洲 李秀铃 编

学会参与 走向未来 14.00元

张雪龙 著

感悟生命——谈中学生物的教与学 7.10元

王[illegible]玛 著

2000年

农村教育综合改革与燎原计划 12.70元

俞恭庆 著

小学科技活动课探索 9.50元

刘炳生 著

面向市场 主动适应——上海市竖河职校办学之路 9.30元

黄应义 著

绿色教育——中学环境教育的实践与认识 12.40元

周大来 著

2002年

为了未来——我的教育观(续集) 26.00元

吕型伟 著

校舍建设50载 25.00元

刘期泽 著

2003 年

小班化教育　16.00 元

毛　放　著

幼儿园“生存”课程的实践　14.00 元

吴荷芬　主编

岁月如歌——上海世界外国语小学的成长故事　20.00 元

王小平　钱佩红　著

从第二课堂走来——尚文中学教改纪实　13.00 元

毛懿飞　管彦丰　吴端辉　著

2004 年

课堂，走向儿童——上海市实验小学开放教育再探　16.00 元

杨　荣　等著

2005 年

残障儿童心理生理教育干预案例研究　14.00 元

何金娣　贺　莉　编著

继承传统　直面挑战——上海市省吾中学德育工作纪实　15.00 元

陆雪琴　陈佩云　陈炳福　胡侣元　编著

2006 年

理想与现实——我的教育实践　12.00 元

李汉云　著

情理相融创和谐——我当校长 20 年　15.00 元

李首民　著

2007 年

把德育过程还给学生——黄浦区德育工作纪实　16.00 元

曹跟林　李　峻　毛裕介　著

学校课程领导与教师群体发展——上海市长宁区初级职业技术学校的研究与实践　17.00 元

夏　峰　沈　立　编著

女校·女生　25.00 元

徐永初　主编

探究学习与教师行为改善 29.50 元

吴子健　编著

当好大队辅导员 21.00 元

洪雨露　著

2008 年

有效教研——基础教育教研工作导论 49.00 元

赵才欣　著

现代学校解读与建构 42.00 元

赵连根　等著

2009 年

语文名篇诵读 46.00 元

唐婷婷　著

用现在竞争将来——上海市南湖职业学校围绕市场办学的实践 40.00 元

张云生　等著

搏动的讲台——我教思想政治课 35.00 元

秦　璞　著

资优生教育——乐育菁英的追求 52.00 元

唐盛昌　著

2010 年

未成年学生不良行为的发现与教育调适 30.00 元

杨永明　等著

园长的故事——幼儿园领导与管理案例 48.00 元

何幼华　郭宗莉　黄　铮　编著

视障教育——上海盲校百年印证 57.00 元

徐洪妹　编著

愉快学习　有效课堂——愉快教育学科学习设计的实践 47.00 元

徐承博　等著

让每个学生在创造实践中成长 44.00 元

芮仁杰　丁　姗　著

走进游戏　走近幼儿　49.00元

徐则民　洪晓琴　编著

我的语文修炼　35.00元

王雅琴　著

2011年

有效教学——金山区课堂教学实践写实　38.00元

徐　虹　等著

教学生活得像个"人"——我的大语文教学　52.00元

黄玉峰　著

寻找适合每个学生发展的教育之路——徐汇教育优质均衡发展改革纪实　33.00元

王懋功　等著

志高者能远行　50.00元

鲍贤俊　著

满足儿童需要　成就幸福童年　35.00元

郭宗莉　著

学校体育之心语　37.00元

徐阿根　著

2012年

陈鹤琴与上海教育　49.00元

上海市陈鹤琴教育思想研究会　著

腾飞于沃土　39.00元

任淑秋　刘夏亮　朱　瑛　编著

语文教学谈艺录(修订本)　36.00元

于　漪　著

科技星星在这里闪烁　36.00元

卢晓明　著

舞蹈追梦　57.00元

胡蕴琪　著

治一校若烹小鲜　49.00元

卞松泉　著

后“茶馆式”教学　43.00元

张人利　著

2013年

缔造未来　60.00元

陈白桦　等著

家庭教育精选百例　35.00元

仲立新　唐洪平　编著

段力佩与育才中学　34.00元

陈青云　编著

“人之为人”的教育追求——我的育人思想与办学实践　46.00元

仇忠海　著

赵宪初与南洋模范　37.00元

高　屹　李雄豪　等编著

见证变革——站在上海基础教育转折点上　54.00元

尹后庆　著

2014年

重规范　强实践　求创新——上海市全面实施中小幼见习教师规范化培训纪实　48.00元

上海市见习教师规范化培训项目组　编著

陶行知与上海教育　52.00元

屠　棠　编著

口述教改——地区实验或研究纪事　38.00元

顾泠沅　著

走向新优质——“新优质学校推进”项目指导手册　45.00元

胡兴宏　主编

墙外开花墙内香——委托管理与成功教育　40.00元

刘京海　著

生态寻梦——崇明县生态教育写真　39.00元

黄　强　主编

2015 年

激发成长自觉——“中和位育”引领的求索之路 48.00 元

张建中　主编

2016 年

师道　匠心——特级教师给学生、家长和教师的 60 堂公开课 72.00 元

上海市特级教师联谊会　上海教育杂志社　编著

上海课程改革 25 年(1988—2013) 49.00 元

孙元清　徐淀芳　张福生　赵才欣　著

空间引发的学习变革——上海市市西中学“思维广场”解码 38.00 元

董君武　方秀红　等著

中学化学教学设计 54.00 元

叶佩玉　著

2017 年

让孩子表现自己　让教师发现孩子——以幼儿自主学习为核心的低结构活动探索 52.00 元

郑惠萍　编著

宝宝心语 39.80 元

茅红美　主编

让每个学生创意翱翔——头脑奥林匹克活动 30 年 49.00 元

陈伟新　叶品元　等著

教育剧场——女中的创新课程 36.00 元

徐永初　主编

上海教研素描——转型中的基础教育教研工作探讨 34.00 元

陆伯鸿　著

让每一个孩子成为与众不同的自己 40.00 元

徐　红　著

名师之路——上海市“双名工程”的探索与实践 68.00 元

上海市教师专业发展工程领导小组　著

在玩中与科技结缘——科技幼儿园的办园追求与实践　45.00元

高一敏　著

特色之路——上海民办中小学发展历程　36.00元

胡　卫　主编

2018年

行进在上海数学课程改革路上　35.00元

邱万作　著

修炼(上、下)——百位特级谈教师专业成长　108.00元

上海市特级教师特级校长联谊会　上海教育杂志社　编

教育信息化——走进自适应学习时代　46.00元

张　治　等著

DIS,上海创造——数字化实验系统研发纪实　76.00元

冯容士　李　鼎　著

教育中的情和爱——儿童、青少年情感发展与教育研究40年　50.00元

梅仲孙　著

新优质学校设计　43.00元

胡兴宏　汤林春　主编

2019年

铺路——让学生有更好的发展　48.00元

邬宪伟　著

小学生社会情绪能力养成教育设计　38.00元

曹坚红　著

发现　理解　支持——指向个性化教育支持的幼儿发展评价实践　42.00元

温剑青　编著

满眼繁花——一个语文教师的成长手记　38.00元

郑朝晖　著

足迹(上、下)——上海教育故事　198.00元

《上海教育丛书》编委会　主编

2020 年

黄炎培与浦东中学 48.00 元

倪瑞明　著

探物求理——手边物理实验　身边物理问题 56.00 元

张　越　著

静待花开(上、下)——百位特级谈育人智慧 108.00 元

上海市特级教师特级校长联谊会　编

创造的力量——一所学校 40 年的创新坚守 50.00 元

张军瑾　著

2021 年

一所百年老校的文化情怀——我和我的廊小 46.00 元

朱保良　著

图书在版编目（CIP）数据

一所百年老校的文化情怀：我和我的廊小 / 朱保良著.
— 上海：上海教育出版社，2021.2
ISBN 978-7-5720-0541-1

Ⅰ. ①一… Ⅱ. ①朱… Ⅲ. ①廊下小学 - 校史
Ⅳ. ①G629.285.13

中国版本图书馆CIP数据核字(2021)第017965号

责任编辑　隋淑光
装帧设计　陆　弦

上海教育丛书
一所百年老校的文化情怀：我和我的廊小
朱保良　著

出版发行　上海教育出版社有限公司
官　　网　www.seph.com.cn
地　　址　上海市永福路123号
邮　　编　200031
印　　刷　启东市人民印刷有限公司
开　　本　700 × 1000　1/16　印张 21.75　插页 3
字　　数　345 千字
版　　次　2021年2月第1版
印　　次　2021年2月第1次印刷
书　　号　ISBN 978-7-5720-0541-1/G·0400
定　　价　46.00 元

如发现质量问题，读者可向本社调换　电话：021-64377165